KB235303

이 책은 한국학술진흥재단 중점연구소 연구지원과제
제1단계(1999년 12월 ~2001년 11월) 연구성과임

(KRF-99-005-B00008)

다도해 사람들

-역사와 공간-

최성락 · 이헌종 · 강봉룡 · 김경옥 · 고석규
문병채 · 배현미 · 박종철 · 김지민 공저

景仁文化社

서 문

이 책은 한국학술진흥재단 중점연구소 지원과제 제1단계(1999년 12월~2001년 11월) 연구성과를 간추려 대중들에게 선보이는 첫 번째 공식 출판물이다. 「서남해 도서·연안지역 문화자원 개발과 지역활성화 방안 연구」라는 총괄과제 아래 유형문화자원과 무형문화자원으로 분야를 나누어 연구하고 그 성과를 단행본으로 간행하게 되었다. 이 책은 제1 세부분야 유형문화자원에 대한 연구 결과이다.

우리는 부지불식간에 바다를 단절과 장애의 공간, 허망한 이별의 공간으로 간주하곤 한다. 애타게 목놓아 부르던 "저 바다가 없었다면…"의 유행가 노랫말에 우리의 이러한 인식이 묻어 있다. 우리는 바다를 천시하는 버릇도 있다. 바다를 배경으로 살아가는 사람들을 비하하여 '섬놈' 이니 '뱃놈'이니 부르곤 하는 언어 습관에서 그런 버릇의 일면을 엿볼 수 있다. 그러나 바다에 대한 이런 부정적 인식은 알고 보면 우리의 전 역사에 적용될 수 있는 것은 아니다. 어느 시점부터인가 역사적 굴절의 과정을 겪은 연후에 형성된 일시적 현상일 뿐이다. 조금만 주의를 기울여 보면 우리 역사에서 바다를 개방적 교류의 통로로 삼아 왕성한 해양활동을 전개했던 시대가 더 많았던 것을 알 수 있다.

섬(도서)이란 바다 속에서 인간이 살아가는 해양인의 삶의 공간이다. 바다를 단절과 장애의 공간으로 인식하는 한, 섬은 보편적 인간의 삶과 격리된 특수 인간들이 살아가는 안쓰러운 삶의 공간으로 비춰질 수 있다. 그러나 바다를 개방적 교통과 연결의 공간으로 간주하게 된다면, 섬은 문화 교통로의 중간거점, 징검다리로 받아들여질 수 있을 것이다. 그리고 바다를 배경으로 살아가는 해양인들의 역동적 삶의 의미를 재발견할 수 있을 것이다.

우리가 바다를 역사와 문화의 관점에서 접근하려는 것은 '바다 바로보기'의 외로운 시도이다. 목포대 도서문화연구소가 그 외로운 길을 걸어온 지도 어느덧 20개 성상이 흘렀다. 그리고 노력의 성과물이 조금씩 쌓여서 이제는 스스로 자부심을 느낄 정도는 되었다. 주위에서도 이를 주목하는 사람들이 늘어나고 있다. 도서문화연구소가 1999년 한국학술진흥재단으로부터 「서남해 도서·연안지역 문화자원의 개발과 활용방안 연구」라는 과제 수행을 위한 중점연구소로 선정된 것은 가시적 성취의 본격적 시작이었다. 이를 계기로 도서문화연구소의 연구 역량은 배가되었고, 연구성과 역시 질적·양적으로 성숙되었다.

그 동안 연구팀 구성원들은 바다를 벗삼아 유·무형의 도서·연안 문화를 조사·연구하는 과정에서, 자신도 모르는 사이에 스스로 해양인의 일부가 되었다. 이것이야말로 겉으로 드러나지 않는 가장 소중한 성과일 것이다. 겉으로 드러난 연구성과 역시 상당량에 달하고 있다. 그렇지만 지면 관계상 모든 성과물을 한 권의 책으로 망라하지 못한 것을 못내 아쉽게 생각한다.

이 책은 주로 신안군을 중심으로 다양한 주제의 논문들을 표본 추출하여 크게 4부로 구성하였다. 제1부는 고고학적 사례 연구이다. 먼저 신안군 선사문화의 전체상을 개관하고, 압해도·자은도·비금도의 지표조사를 통해서 수습한 고고자료의 구체적 사례를 소개하고 그 성격을 살펴보았다. 제2부는 역사적으로 접근한 연구이다. 흑산도·압해도·비금도·자은도의 섬들을 대상으로 하여, 고대~고려시대 항로의 문제와 행정구역의 문제, 조선시대 목장 및 토지 운영의 문제, 그리고 근대의 소작쟁의와 교육의 문제 등을 다루었다. 제3부는 자연환경과 공간구조를 살핀 연구이다. 지리·생태학적 접근에서 시작하여, 간척지 조성으로 인한 경관 및 환경상의 변화 양태, 그리고 섬 중심 마을의 공간구조 및 전통민가의 특징

등을 살펴보았다. 마지막으로 제4부에서는 이러한 연구 성과를 문화적 관점에서 활용할 수 있는 방안을 모색해 보았다. 조사·연구의 과정에서 다양한 분야의 연구자들이 학문 분야의 벽을 넘어선 학제간 연구와 토론을 벌여왔으며, 이를 집약하는 워크샵 및 학술대회도 수 차례 개최하였다. 그러면서 자연스럽게 지역활성화를 위한 문화론적 활용방안을 모색할 기회도 가질 수 있었다. 그 논의 내용을 유형문화자원의 활용방안과 문화컨텐츠 개발방안 등으로 나누어 정리하였다.

마지막으로 이번 1단계 연구에 도움을 주신 분들께 고마움을 표해야겠다. 그간 잘 알려지지 않았던 도서문화연구소의 잠재적 역량을 높이 평가해주고 중점연구소로 선정하여 연구의 기회를 제공해준 한국학술진흥재단의 관계자 및 심사위원님들께 감사의 말씀을 먼저 드려야겠다. 다음에 어려운 여건 속에서도 도서·해양문화라는 미지의 영역을 개척한다는 일념으로 의기투합해준 연구팀 구성원 여러분들의 노고는 아무리 위로해도 부족하지 않을 듯 싶다. 그리고 연구 과정에서 협조와 지원을 아끼지 않은 신안군청과 면사무소의 관계자 여러분, 특히 섬 주민들의 열성적인 제보와 도움이 없었다고 한다면, 본 연구는 가능하지 않았을 것이다. 이 자리를 빌어 특별한 감사를 표하고 싶다. 앞으로 계속적이고 진지한 조사·연구로써 이 분들의 기대에 부응하고자 한다.

2003년 7월
공동연구자를 대표하여 최성락 씀

목 차

제1부 선사시대의 문화성격

제2부 섬과 바다의 역사

제3부 자연환경과 공간구조

제4부 문화론적 지역활성화 모색

선사시대의 문화성격

제1부

제1장 신안지역의 선사문화

최 성 락*

I. 머리말

신안지역은 전남 서남부지역에 자리잡고 있으며 수많은 도서로 이루어져 있다. 이 지역에 대한 고고학적 조사는 1950년대로 거슬러 올라간다. 즉 1954년에 국립중앙박물관팀이 중심이 된 서해도서조사팀이 처음으로 대흑산도 패총과 지석묘를 조사하였다.[1] 그리고 1966~67년에는 서울대 동아문화연구소 주관으로 남해도서에 대한 조사를 실시하면서 하태도, 가거도 패총을 비롯하여 많은 유적이 조사되었다.[2] 1970년대 이후에는 임자도[3]와 압해도[4]의 선사유적이 조사되었다. 1980년대에는 목포대 도서문화연구소가 활동을 시작하면서 이 지역에 대한 정밀조사가 이루어졌고, 그 성격이 일차적으로 정리되었다.[5] 그밖에 압해도 복룡리유적에 대한 추가조사가 이루어져 다량의 유물이 수습되었다.[6]

신안지역의 선사문화를 밝히는 작업은 아직도 초보적인 단계에 머물러

---

* 목포대학교 역사문화학부 고고학전공 교수

1) 국립박물관,『서해도서조사보고』, 을유문화사, 1957.

2) 김원용 · 임효재,『남해도서고고학』, 서울대 동아문화연구소, 1968.

3) 최몽룡,「임자도의 선사유적」『고문화』20, 한국대학박물관협회, 1980.

4) 이영문,「신안 압해도의 선사문화」『향토문화』7, 향토문화연구회, 1982.

5) 최성락,「서남해도서지역의 선사문화」『도서문화』제7집, 목포대 도서문화연구소, 1990.

6) 이영문 · 김경칠 · 조근우,「신안 복룡리 출토 석기류」『오윤용진교수정년퇴임기념논총』, 1996.

있다. 지금까지 비교적 많은 지표조사가 이루어진 편이나 아직까지 정식 발굴조사를 거친 유적은 전무한 실정이다. 그래서 본고에서는 지금까지 지표조사를 통해 알려진 유적을 중심으로 그 성격을 검토해 보고자 한다. 신안지역의 선사문화를 구석기문화, 신석기문화, 청동기문화, 철기문화, 고분문화 순으로 살펴본다.

Ⅱ. 시대별 문화양상

1. 구석기문화

구석기문화의 성격은 아직 파악되지 않았으나, 그 존재는 알려지고 있다. 즉 압해도 동서리, 학교리, 복룡리 등지에서 구석기유물이 이헌종교수(목포대 역사문화학부)에 의해 채집되었다. 이들 유물은 석영제의 석기로, 여러면 석기, 찍개 등이 확인되었다. 그러나 아직도 정식 학술조사에 의하여 층위적으로 확인되지 못하였기 때문에 정확한 성격을 알 수 없다. 다만 최근 영산강유역의 나주, 영암 등지에서 구석기유적들이 집중적으로 발견되고 있다. 20개소에서 구석기유물이 발견되었는데 주로 몸돌, 격지, 찍개, 여러면 석기 등이 수습되고 있으며, 이들은 전형적인 찍개문화의 정형을 보여주는 것이다.[7] 또한 최근 함평 장년리 당하산유적에서도 구석기유물이 신석기층 아래에서 발견되고 있어, 앞으로 압해도를 비롯한 신안지역에서 발굴조사가 이루어진다면 구석기문화의 성격을 파악할 수 있을 것이다.

---

7) 이헌종, 「영산강유역 신발견 구석기유적군」『호남고고학보』5집, 호남고고학회, 1997.

2. 신석기문화

신안지역에서 신석기유적이 발견된 것은 1960년대 이후이며 대흑산도 패총을 시작으로 하태도 패총, 가거도 패총, 우이도 패총, 어의도 패총 등이 있다. 아직 이들 유적이 정식적으로 발굴조사가 이루어진 적은 없으며 간헐적인 지표조사에 의해 그 성격이 알려지고 있다. 처음 신석기유적이 발견된 당시는 이 지역의 신석기문화의 성격이 서해안지역과 관련이 많으며 시기적으로는 신석기시대 후기에 속한 것으로 추정되었다. 그러나 그 후 이들 유적에서 발견되는 유물중에서 서해안보다는 남해안 지역과 관련된 요소들이 발견되었다. 즉 二重口綠, 丹塗磨硏土器, 隆起文土器, 押引文土器 등이 있다. 이들 토기의 존재로 보아 신안군 지역의 신석기문화는 남해안지역의 신석기문화와 관련이 되고, 연대도 신석기시대 전기까지 올라갈 가능성이 있게 되었다.

일본인 小原哲은 전남지방의 신석기토기를 隆起文土器 이외에 A~F류로 분류하면서 그 문화의 양상을 다음과 같이 파악하였다. 즉 초기에 있어서는 한반도에 퍼진 융기문토기가 있고, 전기에는 구연부에 압날문, 자돌문 압인문을 시문하여 지역성이 농후한 토기가 나타나며 제주도 고두기 유적의 刺突列點文土器도 같은 시기의 것으로 보았다. 중기에서 후기에 있어서는 沈線文系의 토기가 분포하는데 중기에 비정되는 침선에는 경남지방의 太線文수법이 발견되지 않아 중부지방과의 관련성을 상정할 수 있으며 만기가 되면 경남지방과 동일계통의 토기가 분포하여 이 지역의 독자성이 희박하다고 보았다.[8]

이런 견해는 전남지방의 신석기문화를 새롭게 해석하는데 큰 도움을 주는 것으로 주목할 필요가 있으나 몇 가지 문제점이 있다. 먼저 융기문토기를 한반도 중남부지역에서 무조건 조기로 볼 수 없다는 점이다. 특히

---

8) 소원철, 「조선 즐목문토기의 변천」 『동아시아의 고고와 역사』, 1987.

중부지방에서는 융기문토기의 존재가 불확실하며 경남 남해안지역을 제외하면 융기문토기가 조기로 설정될 근거가 없다. 다음은 전남지방에서는 아직 발굴된 신석기 유적이 하나도 없는 상태에서 융기문토기의 존재로만 조기를 설정한 것은 선입관에 의한 성급한 주장이라고 볼 수 있다.

다만 신안군 지역의 신석기문화는 전남지역에서 최초로 발굴조사된 여천군 송도패총[9]에서 나타나는 양상과 같이 경남 남해안지역과의 관련성이 더욱 높아진 것은 분명하며 신석기시대의 상한도 중기 내지 전기까지 소급될 가능성이 높아졌다. 앞으로 신석기시대의 유적이 발굴된다면 이러한 문제들은 해결될 것으로 기대한다.

3. 청동기문화

청동기문화를 보여주는 것으로 지석묘가 있고, 유물로는 무문토기와 석기들이 있다. 지석묘는 청동기시대의 대표적인 묘제로 동북아시아 중에서 한반도가 중심적인 위치를 차지한다. 지석묘는 전국에서 가장 많은 수가 전남지방에 분포하고 있으며 약 2만 여기가 넘을 것으로 알려지고 있다. 이들 지석묘는 서해안, 남해안과 영산강 및 섬진강유역에 밀집되어 있으며 앞으로 정밀조사가 이루어지면 그 수가 더욱 늘 것으로 보인다.

신안지역에서 발견된 지석묘는 140여기로 그 형식은 남방식에 속하며 상석의 장축방향이나 군집의 방향이 대체로 주위의 자연환경에 의해 결정되고 있다(<표 1>). 이들 지석묘의 성격을 쉽게 단정할 수 없으나 서해안지역에 자리잡은 지석묘의 사용인이 이곳 도서지방으로 이주하였을 것으로 생각된다. 이와 같은 견해를 뒷받침해 주는 것이 이 시기의 독특한 석기들이다.

---

9) 지건길 · 조현종, 『여천 송도유적 Ⅰ · Ⅱ』, 국립광주박물관, 1989 · 1990.

<표 1> 신안지역 지석묘의 분포현황

지 역	군집수	기 수	비 고
지도읍	3	13	
임자면	4	11	
증도면	1	1	
자은면	4	11	
압해면	10	44	
안좌면	6	47	
장산면	4	5	
하의면	2	4	
흑산면	1	6	
계	35	142	

　　안좌면 방월리에서 발견된 석기 중에서 유구석부는 장대형으로 전남 지방에 한정되어 발견되고 있는데 이 형식은 승주 서면 월곡리, 장흥 장흥읍 우목리 등에서 발견된 바가 있다. 또한 편평단인석부는 측면에 흠이 있는 것으로 같은 형식이 나주 노안면 영평리에서 발견된 바 있고, 상·하단이 분리된 양인석부는 압해면에서 3점이 수습되었고, 비금면에서도 1점이 출토되었는데 나주 반남면 덕산리, 함평 월야면 주림리, 담양 봉산면 제월리, 화순 동면 무포리 등지의 내륙에서 발견된 바 있다. 따라서 신안지역의 청동기문화는 전남지역의 나주·장흥·영암·해남 지역과 관련이 많다고 생각된다.10) 그리고 압해 복룡리유적은 유구석부 19점, 마제석부 8점, 대패날 2점 등을 비롯하여 60여 점의 석기와 많은 미완성 석기들이 출토된 석기 제작지로 추정되는 곳이다. 이곳에서 수습된 유물을 통해 石材의 선택으로부터 석기의 제작과정을 복원할 수 있게 되었다.

　　한편 이 지역에서는 청동기가 한 점도 발견된 바가 없어 청동기시대 후기의 문화를 설명할 수가 없다. 다만 임자도패총이나 하태도패총에서 점토대토기편이 수습된 바가 있어 앞으로 청동기가 발견될 가능성이 많다고 본다.

---

10) 최성락, 앞의 논문, 1990.

4. 철기문화

철기문화와 관련된 유적으로는 패총만 3개소 알려져 있으며 토기편을 제외하면 별다른 유물이 알려지지 않고 있다. 전남지방의 철기문화를 단적으로 보여주는 유적으로 최근 발굴된 해남 군곡리패총이 있다. 이 유적은 바로 바닷가에 위치하며 과거 중국과 일본까지 형성된 해상 통로의 중간 기착점으로 보이는데 이 유적을 통해 보면 어느 정도 당시의 문화상을 알 수 있을 것이다.

군곡리패총에서는 청동기시대 후기로부터 고분시대에 이르는 시기가 퇴적층으로 단절 없이 나타나고 있어 매우 중요한 역할을 하고 있는 유적이다. 즉 철기문화는 적어도 기원전 2세기 후반 내지 1세기초에 시작되었으며 초기에 사용되는 토기는 무문토기에서 발전된 경질무문토기이며 이것이 타날문토기로 바뀌는 것은 철기문화가 어느 정도 발전된 이후이다. 철기문화에는 청동기문화와 다르게 철기가 일반화된 것 이외에도 토제품, 골각기, 장신구 등이 발전되었으며 대외적인 접촉의 결과로 보여지는 貨泉(중국 新나라의 화폐), 卜骨(개인의 흉복을 점쳤던 유물)과 같은 유물도 존재하였다. 당시 사회는 이 지역에 한정된 토착적인 사회가 아니라 타지역과의 활발한 관계를 가졌던 사회임을 추정할 수 있고, 이 유적에서 발견된 탄화미, 동물뼈 및 대형 낚시 등으로 보아 생업은 농경이 중심이지만 수렵이나 연안어업도 존재하였음을 알 수 있다.[11] 최근 조사된 이 시기의 유적으로 광주 신창동유적, 치평동유적, 보성 금평패총 등 영산강유역뿐만 아니라 전남 전지역에서 발견되고 있어 옹관고분이 출현하는 3세기 말 이전의 문화양상을 짐작하게 한다.

신안지역에서는 지표조사를 통해 알려진 철기시대의 패총을 통해보면 대체로 타날문토기와 함께 무문토기가 발견되고 있는데 이들 중에는 해

---

11) 최성락, 『한국 원삼국문화의 연구』, 학연문화사, 1993.

남 군곡리패총에서 보이는 철기시대의 경질무문토기도 있다. 또한 타날문 토기의 존재를 통해서도 철기문화의 존재를 분명히 알 수 있다. 더구나 해상통로 상에 위치하고 있기 때문에 앞으로 이 시대의 유적이 더 많이 발견될 가능성이 있다. 이 시기의 역사적인 배경은 三韓 중의 馬韓에 해당한다. 마한은 경기도, 충청도, 전라도 등 광범위한 지역에 자리잡고 있었으므로 신안지역도 여기에 속한다고 볼 수 있다.

5. 고분문화

전남지방에서 발견되는 고분에는 대형옹관묘(옹관고분)와 백제계 석실분으로 나누어진다. 신안군에서는 백제계 석실분이 많이 확인되는데 비해 대형옹관은 파편만 발견될 뿐 옹관고분은 확인되지는 못하였다.

甕棺古墳은 3세기 말경에 시작하는데 영산강유역인 나주시, 영암군, 무안군, 함평군, 영광군, 해남군, 강진군 등지에서 분포하고 있으며 이들 묘제는 다른 지방에서 찾아볼 수 없는 독특한 것이다. 옹관고분은 대부분 큰 봉토 속에 여러 기의 옹관을 안치하고 있는 지상식으로 분구의 형태는 원형 이외에도 방대형, 장방형 등이 있다.12) 이 무덤은 5세기 후반에는 점차 쇠퇴하나 6세기 전반까지 지속되었다. 신안지역에서는 옹관고분이 발견된 예는 없으나 발견된 옹관편으로 보아 옹관고분의 존재를 의심하지 않는다. 옹관고분의 성격을 단순히 백제시대의 고분으로 단정할 수는 없다. 이것은 영산강유역에서 집중적으로 분포하는 독특한 무덤이고, 백제적인 요소도 극히 적기 때문이다. 결국 이 무덤은 이 지역의 토착적인 세력들이 남긴 무덤으로 볼 수밖에 없다.

이어서 등장되는 石室墳은 크게 전기와 후기로 구분된다. 전기에 속하는 석실분은 5세기 말에서 6세기 전반에 축조되는 데 분구의 축조가 옹관

---

12) 성낙준, 「영산강유역의 대형옹관묘 연구」 『백제연구』 15, 공주대 백제연구소, 1983.

고분의 전통을 가진 것이 대부분이다. 또한 이 시기에는 前方後圓形 古墳 혹은 長鼓墳이 출현하기도 한다. 이 시기의 고분들은 백제세력에 의해 축조된 것으로 보기보다는 토착세력에 의해 축조된 것으로 해석되고 있다. 그리고 후기 석실분은 백제가 이 지역을 직접 통치한 이후에 나타나는 백제계 석실분을 말하는 데 장산면 도창리에서 확인된 것을 비롯하여 안좌면 읍동리나 비금면 광대리 등지에서 발견되었다. 전남지방에서 조사된 백제계 석실분은 많지 않다. 즉 일제시에 조사된 나주 흥덕리석실분이 있고, 1973년에 우연히 발견된 해남 월송리조산고분, 1978년에 발굴된 나주 대안리고분이 있으며, 1984년에 조사된 장성 영천리고분이 있다. 그밖에 최근 조사된 나주 복암리고분, 무안 인평고분군 등이 있다.

백제계 석실분은 그 형식이 매우 다양한데 전남지방의 석실분은 횡혈식 석실분 중에서 平石天井式에 속한다. 평석천정식에는 다시 맞조림식, 괴임식 및 사벽수직식이 있는데 해남 월송리고분과 장성 영천리고분은 맞조림식에 속하고, 장산 도창리고분은 괴임식에 속하며, 나주 흥덕리와 나주 대안리고분은 사면수직식에 속한다.[13]

이들 각 형식간의 선후관계는 부여지방과 공주지방의 석실분 연구에 바탕을 두어 맞조림식에서 괴임식으로 발전되었고, 사면수직식은 가장 늦은 시기의 것으로 보고 있다. 연대적으로는 이들 고분이 모두 백제가 공주나 부여로 천도한 이후의 것으로 보이기 때문에 5세기 말 이후의 것으로 보고 있다. 장산 도창리고분의 경우 대체로 6세기 중엽에서 7세기초에 축조된 것이다. 이와 같이 백제계의 석실분이 장산면과 같이 도서지역에 어떻게 분포하게 되었을가 하는 것은 매우 흥미 있는 일이다. 이것은 백제가 이 지역을 직접 지배하기에 앞서 백제로부터 일본에 이르는 해상루트를 먼저 장악하였을 것이며 그 결과로 나타난 것으로 추정된다.

---

13) 최성락, 「장산도·하의도의 유적·유물」『도서문화』제3집, 목포대 도서문화연구소, 1985, pp.27~29.

Ⅲ. 맺음말

이상 살펴본 바와 같이 신안군을 중심으로 한 서남해안의 문화는 나름대로 독자적인 문화를 형성하고 있다고 볼 수 있다. 이들 문화의 성격을 요약하면 다음과 같다.

먼저 구석기문화는 일부 지표조사에서 확인되고 있으나 아직 발굴조사가 이루어지지 않아 그 성격을 정확히 파악할 수 없으며, 신석기문화의 경우 전남지방의 대부분의 유적이 이 지역에 밀집되어 있다. 신석기문화는 종래 서해안지역과 관련이 깊은 것으로 보았으나 지금은 남해안의 신석기문화와 관련이 깊고 그 연대도 신석기 중기 내지 전기까지 올라갈 가능성이 많아졌다. 청동기문화로 확인된 유적과 유물이 지석묘와 석기류에 지나지 않아 그 성격을 구명하는데 한계가 있으나 대체로 지석묘 축조인들은 전남의 서해안지역에서 도서지역으로 유입되었을 것으로 보이며 석기류에 있어서는 유구석부, 편평단인석부, 단이 있는 양인석부 등 전남 내륙지방의 석기들과 관련이 많고 그 유입시기는 전남지방에서 석기가 활발하게 제작될 당시 이루어졌을 것으로 보인다.

다음은 철기문화의 성격은 아직 분명하게 파악 할 수는 없으나 당시의 패총유적이 존재하는 것으로 보아 해남 군곡리패총에서 알 수 있듯이 경질무문토기와 타날문토기가 공존하였을 것으로 보이며 이 지역은 해안통로 상에 위치하였기 때문에 당시의 유적이 많이 분포하였을 것으로 보인다. 고분의 경우에는 아직 대형옹관묘(옹관고분)가 발견되지 않았으나 수습된 유물을 통해 그 존재를 짐작할 수 있다. 그리고 백제계의 석실분은 다수 확인된 바가 있는데 특히 장산 도창리고분은 전남지방에서도 대표적인 괴임식 석실분으로 그 중요성이 인정된다.

이상과 같이 신안지역의 선사문화는 그 유적의 수가 많고 비교적 일찍부터 알려진 편이나 아직까지 정식 발굴조사가 이루어지지 않아 그 성격을 파악하기는 어려운 형편이다. 앞으로 발굴조사를 통해 선사사대의 문화양상이 밝혀지기를 기대한다.

그리고 내륙지역뿐만 아니라 도서지역도 최근 국토개발의 미명하에 많은 유적이 훼손될 처지에 놓여 있다. 가능한 한 이들 유적들은 보존되어야 하고, 지역 주민들과 학생들을 위한 사회교육의 자원이나 관광 자원으로 활용되어야 한다. 만약에 개발에 의해 피치 못하게 훼손되어야할 유적이 있다면 사전에 철저하게 학술조사가 이루어져야 할 것이다.

제2장 신안군 신발견
고고유적 분포와 문화적 성격

이 헌 종*

I. 머리말

압해도는 행정구역 상 전라남도 신안군 압해면에 해당한다. 지형적으로 압해도의 동쪽에는 무안군 삼향면과 청계면이, 남쪽에는 목포가, 북쪽으로는 망운면이, 서쪽으로는 암태도와 자은도가 인접해 있다. 이러한 지형조건은 현재 압해도가 섬으로 되어 있기는 하지만 썰물 당시 나타나는 현재의 상황으로만 보아도 내륙과 거의 연결되어 있는 양상이라고 할 수 있다. 그 동안 압해도에서 선사문화가 비교적 많이 확인되고 있는 것도 그러한 면을 반증해 준다고 생각된다. 또한 압해도는 일반적인 섬 지형과는 달리 산이 적은 편이며 구릉지대가 잘 발달하였다. 때문에 지리적 환경이 좋아서 인간이 생활하기에는 좋은 여건을 가지고 있다고 할 수 있다. 물론 압해도 전역에 걸쳐 제 4기 퇴적도 잘 남아있어 지질층위상 구석기시대 이래 인류의 잔존물을 안정적으로 확인할 수 있는 지질환경을 갖고 있다.

전남 서해안 도서지역에 대한 조사를 망라한 『南海島嶼考古學』[1]에서도 다루어지지 않았던 압해도에서는 신안군의 다른 섬들의 조사 결과 많은 선사 유적들이 확인될 것이라는 예측이 가능했다. 압해도의 여러 유적들

---

* 목포대학교 역사문화학부 고고학전공 부교수

1) 金元龍·任孝宰,『南海道嶼考古學』, 서울大 東亞文化研究所, 1968.

은 『全南考古學地名表』에 구체적으로 소개2)되면서 지속적인 조사가 요구되었다. 1981년도에는 압해도에서 지석묘, 입석, 패총 등이 조사된 바 있다. 이 자료들이 모아져 압해도에 대한 종합 연구된 논문이 1982년에 발표되었다.3)

이 글에서는 대천리 지석묘 2기, 동서리 지석묘 2기, 동서리 입석 1기, 대천리 패총A, B, C지구가 소개되었다. 압해도에서는 개인 소장 유물이 많았다. 이 논문에서는 조정호씨 소장 6점, 오갑석씨 소장 15점의 석기들이 소개되었다. 석기들은 대체로 마제석촉, 석검, 마제석부, 타제석부, 석착 등이었다. 『新安郡의 文化遺蹟』에서 처음 확인된 바 있는 복룡리유적에서 석기 집중 산포지가 확인되면서 압해도의 여러 지역에 청동기시대 유적의 확인가능성을 알 수 있게 해 주었다. 이러한 가능성이 제기된 지 10여 년이 지난 후 이 곳에서 수집한 석기들과 마을 주민인 高在洙씨의 수집품을 중심으로 「新安 伏龍里 出土 石器類」라는 제목 하에 연구논문이 발표되었다.4)

그 후 일부 자료에서 조금씩 인용되는 사례는 있었으나 본격적으로 새로운 자료가 소개된 예는 드물다. 1987년 목포대 박물관에서는 신안군에 대한 종합적인 조사 보고서를 출간하였다.5) 보고서에서는 대천리 패총A, B, C지구, 대천리 광립 지석묘군(2기), 동서리 도창 지석묘와 같이 이미 알려진 유적들 이외에도, 대벌 지석묘군(4기), 조천 지석묘A군(15기), 조천 지석묘B(1기), 조천 지석묘C(1기), 학교리 목교 지석묘군(10기), 신용리 회룡 지석묘군(5기), 복룡리 세천 지석묘(1기), 분매리 원분매 지석묘(1기), 복룡리 유물산포지, 대천리 유물산포지 등이 새로이 발견, 보고되었다(지도 1).

---

2) 崔夢龍, 『全南考古學地名表』, 1975.
3) 李榮文, 「新安 押海道의 先史文化」 『향토문화』 7, 향토문화개발협의회, 1982.
4) 李榮文·金京七·曺根佑, 「新安 伏龍理 出土石器類」 『碩晤尹容鎭敎授停年退任起念論叢』, 碩晤尹容鎭敎授停年退任起念論叢刊行委圓會, 1996.
5) 崔盛洛, 「新安地方의 先史遺蹟·古墳」 『新安郡의 文化遺蹟』, 木浦大學博物館, 1987.

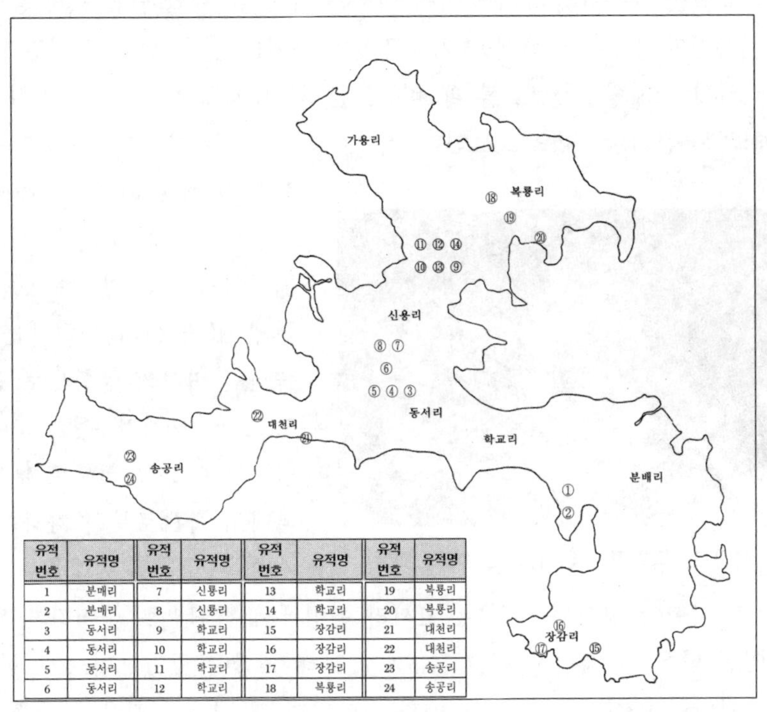

유적 번호	유적명	유적 번호	유적명	유적 번호	유적명	유적 번호	유적명
1	분매리	7	신룡리	13	학교리	19	복룡리
2	분매리	8	신룡리	14	학교리	20	복룡리
3	동서리	9	학교리	15	장감리	21	대천리
4	동서리	10	학교리	16	장감리	22	대천리
5	동서리	11	학교리	17	장감리	23	송공리
6	동서리	12	학교리	18	복룡리	24	송공리

[지도 1] 압해도의 고고유적

우리나라 서남단에 위치하고 있는 비금도는 행정구역상 전라남도 신안군 비금면으로서 동경 125°55′, 북위 34°45′ 지점에 자리하고 있다. 총 면적은 51.53㎢로 신안군의 8.20%를 차지하고 있다. 동으로는 바다건너 암태, 팔금, 안좌면과 서쪽은 바다건너 흑산면과 마주하고 있다. 남으로는 바다건너 도초면, 북으로는 바다건너 자은면과 이웃하고 있다. 최근 도초면과 연륙되어 왕래가 자유롭다. 비금도에는 유인도서 3개(비금도, 수치도, 상수치도)와 무인도서 79개로 형성되어 있으며 해안선은 132.64km에 이르고 있다. 동서가 길고 남북이 짧으며 동으로 성치산맥과 서로 선왕산맥이 위치하고 있다.

성치산맥은 크게 두 봉우리로 이루어져 있는데 북단에 있는 것은 146m, 남단에 있는 것은 164.4m로써 동안에서는 가장 높은 산이다. 크게 동남쪽과 서쪽편의 높은 두 산맥을 기조로 중앙부에는 낮은 산들이 밀집해 있다.6) 현재의 지형 상으로 볼 때 비금도는 여러 개의 섬이 서로 연결되어 현재의 한 섬이 된 것으로 보인다. 작은 섬들 사이의 공간이 좁은 곳은 전신세(Holocene) 이후 해수면 상승과정에서 모래로 서서히 메꾸어져 갔던 것으로 보인다. 현재 표고 20m 이하에는 지속적인 바다의 영향으로 인해서 고운 모래가 주로 북에서 남으로 이동한 것으로 보이며 따라서 북으로부터 가파른 산 →좁은 구릉→모래층→갯벌

[사진 1] 죽립리 상암마을 토양쐐기 세부

순으로 지형이 형성되어 있다. 고서리 원평에서 평림으로 들어가는 과정에 있던 낮은 산 자락은 표고 17m까지 모래가 쌓여 있었으며, 그러한 현상은 지당리 마산, 도고리 일대에도 나타나며 그 낮은 구릉은 모래층으로 이루어져 있다. 특이한 것은 광대리와 용소리 일대에서 나타나는데 용소리의 낮은 구릉은 광대리에 위치한 성치산으로 부터 지속적인 사면붕적토가 형성된 것으로 보인다. 그러한 이유로 이 일대에는 황갈색 혹은 적갈색 사질점토층이 퇴적되어 있으며 토양화 과정도 다른 지점에 비교하여 왕성하였던 것으로 보인다.

이 지역의 퇴적은 갱신세 당시부터 진행되었다고 보여진다. 따라서 이러한 고토양은 작물이나 곡물재배에 매우 유용했으며 선사시대 이래 이 지역을 중심으로 사람들이 연속적으로 거주하게 된 중요한 요인이 되었던 것으로 보인다. 비금도에서도 전라남도 일대에서 잘 발달해 있는 토양쐐기의

---

6) 신안군, 『신안군지』, 2000, p.940.

양상이 확인되고 있다
(사진 1~3).

죽림리의 상암마을,
신원리의 평림마을,
고서리의 덕대와 한산
마을 일대에서 토양쐐
기가 잘 발달하여 있
다. 물론 동일 지역이
라 할지라도 지역적으
로 가파른 산과 연관
된 구릉일 경우 부분
적으로 토양쐐기가 단
절되거나 없어지는 양
상도 자주 보이고 있어
서 지역적 특성에 따른
토양쐐기의 양상에 변
화가 있다는 것이 확인
되었다.

비금도에 대한 고고
학 조사에서는 이 지
역의 선사시대부터 역
사시대에 이르는 지표
조사 뿐 아니라 입도

[사진 2] 덕산리 한산들 부근 퇴적상태

[사진 3] 신원리 평림마을 토양쐐기

조 문제와 연관된 것들도 확인하고자 하는 조사가 병행되었다. 주요 분포
지역은 용소리이다(지도 2).

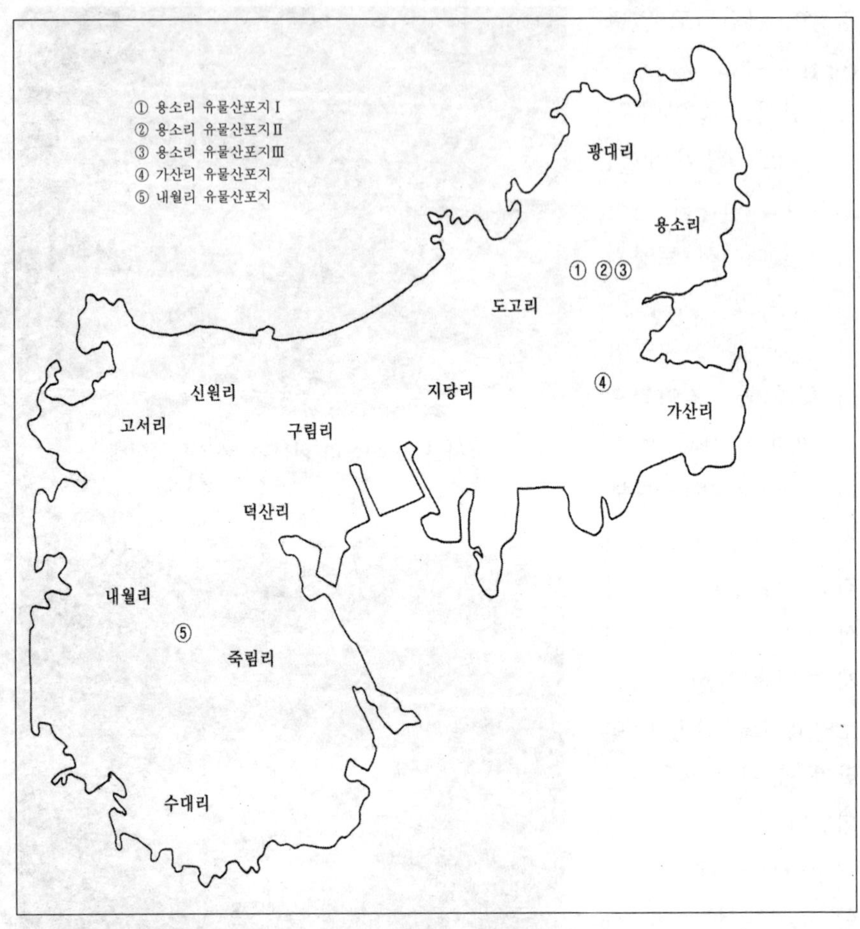

[지도 2] 비금도 유적 분포도

자은도는 행정구역상 전라남도 신안군 자은면에 해당하며, 동경 126°
03′, 북위 34° 53′상에 위치한다. 총 면적은 52.30㎢로 신안군의 6%를 차
지하고 있다. 동쪽으로는 임자면과 증도면, 동남쪽은 암태면, 서남쪽은 비
금면과 인접해있고 서쪽은 황해바다로 통한다. 자은도는 유인도인 체도와
33개의 무인도로 구성되어 있으며, 최근 암태도와 자은도를 잇는 연륙교
가 건설되어 왕래가 자유롭다.7)

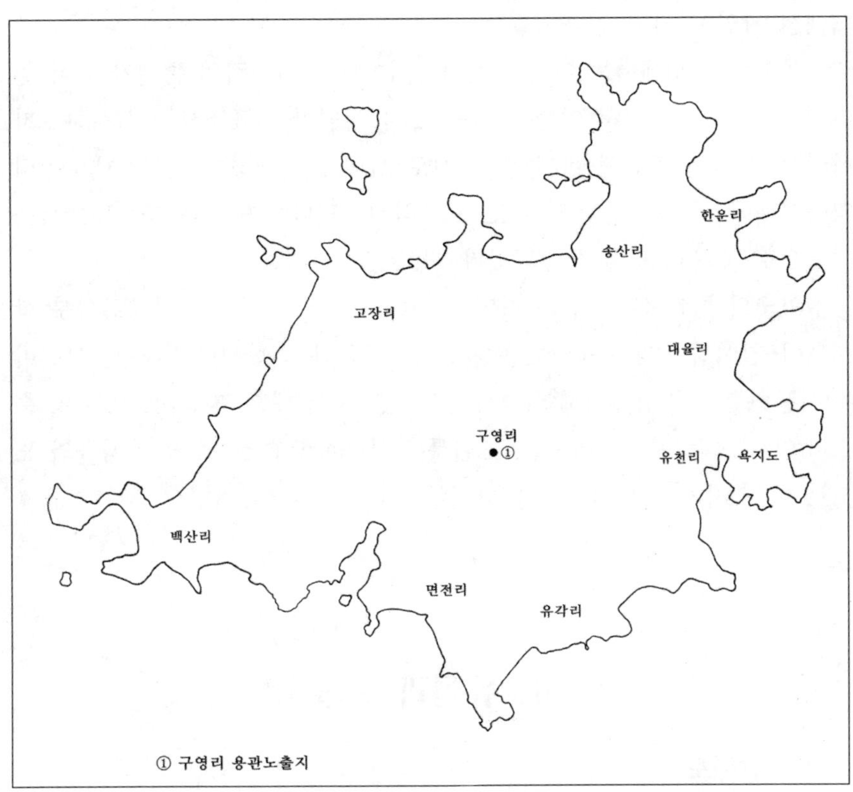

[지도 3] 자은도의 유적 위치

자은도에는 363.8m의 두봉산이 서북 및 동남으로 체도를 동서로 구분하고 있다. 현재의 지형상으로 볼 때 자은도는 해수면이 상승한 이후 각 섬간의 공간이 모래로 매꾸어지면서 여러 개의 섬이 서로 연결되어 현재의 한 섬으로 된 것으로 보인다. 현재 자은도는 해발 30m 이하에는 바다의 영향으로 인해 고운 모래가 쌓여있다. 하지만 가파른 산 아래의 좁은 구릉에서는 적갈색 사질 점토층이 퇴적되어 있었다.

또 자은도에서는 전라남도와 서남해안 지방의 섬에 잘 나타나 있는 토양쐐기 양상이 확인되었다. 이러한 양상은 구영리의 낮고 편평한 구릉일

---

7) 신안군, 『신안군지』, 2000.

대에서 확인이 되고 있다.

그동안 자은도에서는 어떠한 선사유적이나 역사유적의 존재가 전혀 알려지지 않았다. 따라서 이번 조사는 보다 정밀한 지표조사를 실시하고자 하였고, 유적이 확인된 바 없는 관계로 시대에 관계없이 선사시대로부터 역사시대에 이르는 종합적인 조사를 실시하였다. 그 결과 자은도에서는 처음으로 옹관 고분이 확인되었다.(지도 3)

신안군의 주요 섬인 이 세 지역에 대한 조사에는 많은 역사문화학부 학생들이 참여하였다. 특히 호용수(고고인류학과 대학원), 김지영, 이원미(역사문화학부 졸업), 이혜연(역사문화학부 4), 장대훈, 김문국, 오민미, 손수미(역사문화학부 3), 이승현, 조현무(역사문화학부 2) 등 제 학생들의 노고로 이 조사가 이루어졌음을 밝혀두고자 한다.

Ⅱ. 유적과 유물

1. 압해도

그 동안 압해도에서 확인된 유적들은 주로 지석묘유적과 일부 유물산포지 및 패총에 집중되어 있었다. 이번 조사에서 우선 주목할 만한 것은 다수의 구석기시대유적, 유물 산포지, 패총유적이 새롭게 확인되었다는 점이다. 새롭게 확인된 유적을 포함한다면 압해도의 유적의 수가 30여 지점에 이르기 때문에 이 지면을 통해서 모두 소개하기 어렵다고 판단되어 새롭게 발견된 유적 중심으로 기술하고자 하며, 기존에 발견된 유적들은 그 중 특별한 분포지와 유물이 수습된 지점을 중심으로 간단히 서술하고자 한다. 나머지 유적들은 서론에 언급한 것으로 대신하고자 한다. 이번 조사로 새로이 확인되거나 새로운 유물이 수습된 지점은 분매리(2지점),

동서리(4지점), 신룡리(2지점), 학교리(6지점), 장감리(3지점), 복룡리(3지점), 대천리(2지점), 송공리(2지점) 등 24 지점이다(지도 1).

1. 분매리 신기유적

위치 : 압해면 분매2구 신기마을
      (사진 4~6)

내용 : 마을에서 서쪽에 위치하고 있는 두개의 큰 산봉우리를 지나면 저평한 구릉지대가 나타난다. 이곳은 원래 해안가와 인접하고 있었던 유적으로 지금은 간척사업으로 인해 벼농

[사진 4] 분매리 신기유적 근경

사가 재배되고 있다. 산 쪽으로 인접하고 있는 구릉은 돌이 많아 척박한 편이지만 구릉 안쪽으로 갈수록 4기 퇴적이 관찰된다(사진 4).

석영제의 잔 자갈돌이 많은 편이며 이곳에서 찌르개가 수습되었다(사진 6). 찌르개는 육성 석영편의 한 면으로부터 박리를 가해 단면으로 조정하여 뾰족한 끝을 만들었다. 또한 구석기 확인 지점으로부터 500여m 떨어진 곳에 낮

[사진 5] 신기 수습유물-경질토기
구연부

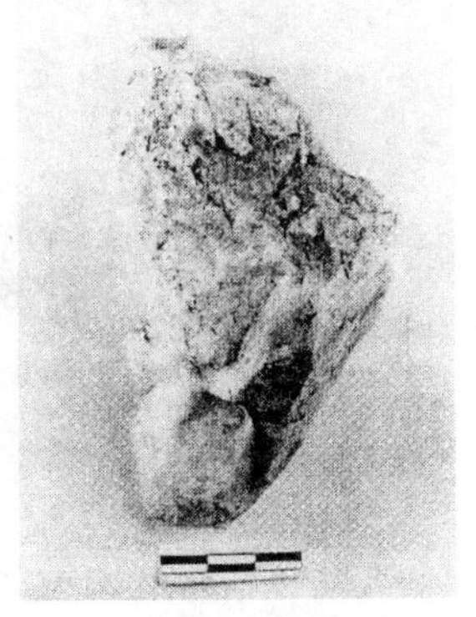

[사진 6] 신기
수습유물-구석기

은 구릉이 있는데 그곳에서는 통일신라시대의 것으로 추정되는 대호의 구연부편이 확인되었다(사진 5).

2. 분매리 갯모실유적

[사진 7] 분매리 갯모실유적

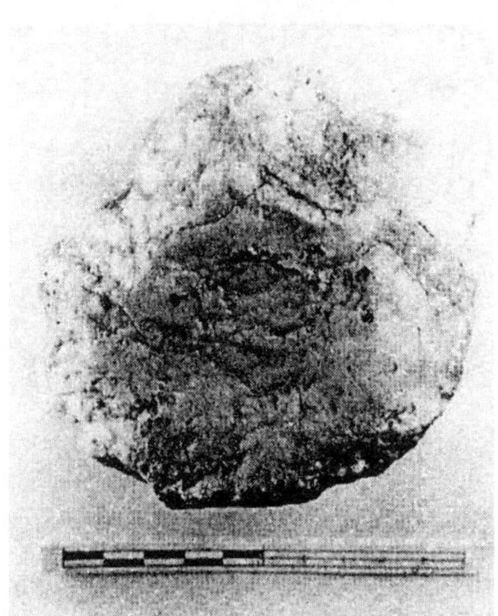

[사진 8] 갯모실 수습유물-구석기

위치 : 압해면 분매2구 갯모실(사진 7~8)

내용 : 낮게 발달하고 있는 구릉을 주위로 자리잡고 있는 갯모실 부락은 소규모의 가구가 위치하고 있다. 주로 벼농사와 밭농사로 생활하며 축산업을 하는 가구도 있다. 주변에 노출된 토양은 암편이 많이 섞여있지 않은 4기 퇴적층의 양상을 보이고 있다(사진 7). 이 지역의 퇴적층은 비교적 안정적인 사면붕적퇴적을 이루고 있다고 할 수 있다. 얼마 전까지 이 구릉으로부터 얼마 떨어지지 않은 지점까지 바닷물이 들어 왔었다. 이 유적에서는 여러면 석기가 1점 수습되었는데 마을이 자리잡고 있는 구릉 언저리 부분에서 발견되었다(사진 8). 이 석기는 주로 석영제 자갈돌 주변에 간단한 손질로 둥근 형태의 석기를 만들었다.

3. 동서리 월포유적

위치 : 압해면 동서2구 월포마을(궁개들 일대)(사진 9~12)

내용 : 월포마을에서 남서쪽으로 발달하고 있는 저평한 궁개들은 과거 간척사업하기 이전에는 물이 차 오르던 곳이었다(사진 9). 지금은 벼농사와 밭농사로 이용되고 있다. 유물은 구릉 하부에서 수습되었는데 오랜 기간동안에 흘러내려 온 것으로 보인다. 주로 발견된 유물은 구석기시대의 석기들이다. 유물이 확인된 곳으로부터 10여m 위쪽에는 저평한 구릉이 위치하고 있으며 역시 4기퇴적이 잘 형성되어 있다. 이 지역일대에는 더 많은 구석기유적이 확인될 수 있는 지형조건을 갖추고 있다. 석기는 큰 격지 1

[사진 9] 동서리 월포유적-궁개들 일대

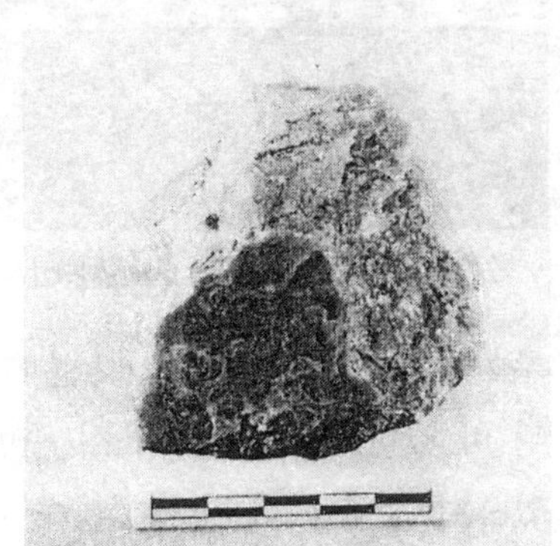

[사진 10] 월포 수습유물-구석기

[사진 11] 월포 수습 유물-구석기

[사진 12] 월포 수습 토기편

점(사진 11)과 양면박리를 하여 외형상 주판알 모양의 소형 양면찍개 1점 (사진 10)이 수습되었다. 또한 이 유적에서는 경질토기 구연부편등 다수의 토기편들도 다수 확인되었다(사진 12).

4. 동서리 서촌유적

[사진 13] 동서리 서촌유적 원경

위치 : 압해면 동서1구 서촌마을 구릉 일대(사진 13~15)

내용 : 새마을 회관 뒤편에 비교적 높게 발달한 구릉에서 각종 토기편과 석기를 수습할 수가 있었다. 황토질의 비옥한 토양으로 밭농사가 많이 이루어지고 있으며 구릉 하단부에는 벼농사가 이루어지고 있다(사진 13). 기존에 이 유적에서는 토기편 일부가 수습, 확인된 바 있다. 하지만 이 유적 주변에는 더 넓은 지점에 유물이 산포하고 있었으며 새로운 유물도 상당수 확인되었다. 유물은 특히 구릉 서쪽사면에

[사진 14] 서촌 수습토기편

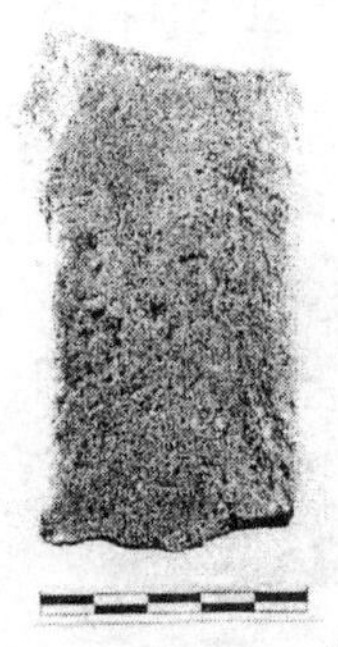

[사진 15] 서촌 수습유물-마제석기

고루 분포하고 있으며 수습된 유물은 대부분이 경질토기편이며 기벽이 얇고 주로 타날문토기편들이 집중적으로 확인되었다(사진 14). 또한 마제석기 1점(사진 15)과 다량의 격지가 함께 수습되었다.

5. 동서리 도창 I 유적

위치 : 압해면 동서1구 도창부락 I (사진 16~17)

내용 : 도창부락에서 서쪽으로 약 500m정도 떨어진 곳에 구남봉재가 있다(사진 16). 이곳에서 남쪽으로 발달하고 있는 구릉사면에서 석부를 수습할 수가 있었다(사진 17). 이 석부는 응회암제로서 복룡리를 비롯한 여러 지역에서 확인되고 있는 석기나 격지들과 동일한 석재이다. 조사 당시에는 정상부를 제외하고 주변이 잡목이 없는 초원이었다. 이 구릉상에서 멀지 않은 곳에 바다가 보이는데 간척사업 이전에는 현재의 구남재골을 따라 산허리까지 드나들었을 것으로 생각된다.

[사진 16] 동서리 도창유적 I

[사진 17] 도창 수습유물-석부편

6. 동서리 도창Ⅱ 유적

〔사진 18〕 동서리 도창유적Ⅱ   〔사진 19〕 도창 입석

　위치 : 압해면 동서1구 도창부락Ⅱ(사진 18~21)

　내용 : 도창부락의 북쪽에 위치한 수안들(41m) 일대 정상 부근에서 석기류가 수습되었다. 비교적 높은 구릉으로서 전체적으로 밭농사로 이용되고 있다(사진 18).

　주위에는 염소를 사육하고 있으며 정상 주변에는 민묘가 자리잡고 있다. 이 유적에서는 반월형석도편(사진 20)과 석부편(사진 21)이 수습되었다. 이 유적으로부터 700~800여 m 떨어진 곳에는 입석이 이미 확인된 바 있어 서로 문화적 상관관계가 있는지 규명할 필요가 있다(사진 19).

〔사진 20〕 도창Ⅱ 수습유물-석도편

〔사진 21〕 도창Ⅱ
수습유물-석기편

7. 신룡리 회신Ⅰ 유적

위치 : 압해면 신룡2구 회신
마을Ⅰ(사진 22~23)

내용 : 이 유적은 회신마을 서
쪽에 자리잡고 있는 안산(38.5m)
의 북쪽사면으로 흘러 내려가는
구릉이 위치하고 있으며 그 일
대에서 유물이 수습되었다(사진

[사진 22] 신용리 회신Ⅰ유적 근경

22). 산을 전체적으로 과수원으
로 개간하여 이용하고 있으며 하단부에는
벼농사가 이루어지고 있다. 땅이 척박한 편
이며 돌이 많은 편이다. 이 유적에서는 잡
이 부분이 전면 마연되어 있으며 날 부분만
타격되어 있는 석부편이 확인되었다(사진
23). 이 석기 역시 재료는 응회암제이다.

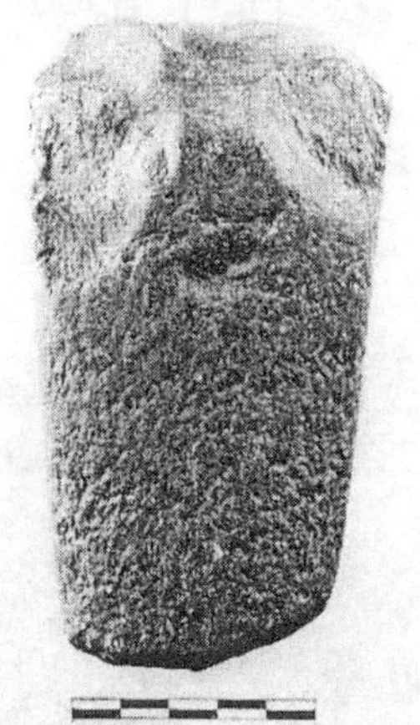

[사진 23] 회신Ⅰ 수습유물-석부

8. 신룡리 회신Ⅱ 유적

위치 : 압해면 신룡2구 회신마을
Ⅱ(사진 24~25)

내용 : 이 유적은 마을 입구에서
약 80m정도 포장길을 거슬러 올라
가면 비탈진 산사면이 있는데 그곳
에 넓게 형성되어 있다(사진 24). 이

[사진 24] 신용리 회신Ⅱ유적 근경

곳에서는 밭으로 가는 길과 계속 마을로 올라가는 갈림길이 나오는데 유물은 이곳 주변에서 발견되었다. 이 지점은 현재 밭으로 이용되고 있으며 주변에는 축산시설이 있다. 이 유적에서는 소량의 경질토기편과 우각형파수 1점(사진 25)이 수습되었다.

[사진 25]
회신Ⅱ수습유물-파수

9. 학교리 목교Ⅰ 유적

위치 : 압해면 학교리 목교일대
(사진 26~29)

[사진 26] 학교리 목교 I 유적 원경

[사진 27] 목교 I 유적 근경

내용 : 이 유적은 목교부락에서 서쪽에 자리잡고 있는 낮은 야산(10.9m)의 동쪽사면에 위치하고 있으며 규모가 그다지 크지 않은 패총이다(사진 26). 간척사업 전에는 바닷물이 유입되었던 지역으로 가까운 곳에 바다가 위치하고 있다. 도랑을 만드는 과정에서 대부분이 유실되어 약간의 패각층과 패각류가 흩어져 있다(사진 27 · 사진 28). 패각층 상에서 적갈색 연질토기편이 수습되었다(사진 29).

[사진 28] 목교 I 유적 수습패각류

[사진 29] 목교 I 유적 패각층 출토
연질토기류

10. 학교리 목교 II 유적

[사진 30] 학교리 목교 II 유적 원경

위치 : 압해면 학교리 목교일대
(사진 30~31)

내용 : 이 유적은 목교 I 유적에
서 북쪽에 위치한 지방도를 지나
맞은편에 위치한 산 중턱(36.8m)에
위치하고 있으며 그곳에서 다양한

유물이 출토되었다(사진 30).
유물은 현재 밭으로 이용되고
있는 지점과 전나무 숲 일대
의 골 가장자리 부분에서 격
지류와 토기편들이 다수 수습
되었다. 토기편들은 주로 타

[사진 31] 목교 II 수습유물-경질토기편

날문이 시문된 것들이 대부분이다(사진 31). 과거 바다물이 유입되었을 경우에 생활지역으로 알맞은 지리적 요건을 가지고 있다.

11. 학교리 목교Ⅲ 유적

위치 : 압해면 학교리 목교 일대(사진 32~34)

내용 : 이 유적은 목교Ⅱ 유적에서 산(57.5m)쪽으로 올라가다 보면 중턱에 위치하고 있으며 그 주변에서 유물이 발견된다(사진 32). 유물은 소

[사진 32] 학교리 목교Ⅲ유적 원경

량의 토기편과 유구석부편 및 격지들이 수습되었다(사진 33 · 사진 34).

[사진 33]

목교Ⅲ수습유물-유구석부편

[사진 34] 목교Ⅲ수습유물-격지

12. 학교리 목교Ⅳ 유적

[사진 35] 학교리 목교Ⅳ유적 원경

위치 : 압해면 학교리 목교일대(사진 35~36)

내용 : 목교부락에서 북으로 400m정도 떨어진 곳에 공안산(63.8m)이 있다. 이 유적은 공안산의 남쪽으로 나 있는 골 주변에 위치하고 있는데, 마을사람들은 이곳을 삼들이골이라고 부른다. 대부분 계단식 논으로 이용하고 있으며 부분적으로 밭으로 이용하기도 한다. 지형적으로는 목교Ⅱ의 유적과 매우 비슷하다(사진 35). 이곳에서는 토기와 격지 및 석부편이 수습되었다(사진 36). 이곳에서 발견된 석부 역시 학교리 일대에서 확인되고 있는 다른 석기와 격지들과 마찬가지로 응회암제로 만들어져 있다.

[사진 36] 목교Ⅳ수습유물-석부편

13. 학교리 목교Ⅴ 유적

위치 : 압해면 학교리 목교일대(사진 37~38)

내용 : 마을은 전체적으로 북쪽에 위치한 산에서 내려오는 산줄기를 타

[사진 37] 학교리 목교Ⅴ유적 근경

[사진 38] 목교Ⅴ수습유물-유구석부편

고 위치하고 있다. 마을주변의 언덕은 과수원도 있지만 대부분이 논과 밭으로 이용되고 있다(사진 37). 바다는 마을과 가깝게 인접하고 있으며 수산업으로 생활하는 주민도 있다. 유적은 마을입구에 있는 지석묘 주변에 위치하고 있으며 이 지석묘는 이미 확인된 바 있다. 현재 주위에는 지석묘 2기가 자리잡고 있다. 이 유적에서는 새로이 유구석부편이 1점 발견되었다(사진 38).

14. 학교리 목교Ⅵ 유적

위치 : 압해면 학교리 목교일대(사진 39~41)

[사진 39] 학교리 목교Ⅵ유적 원경

내용 : 가룡리와 복룡리로 가는 갈림길에서 우측에 돼지사육장이 자리잡고 있다(사진 39). 이곳은 목교 지석묘군이 있는 지점으로 유물은 동남쪽 구릉사면 일대에서 수습할 수가 있었다. 이 지

역 일대에 4기 퇴적층이 잘 남아있으나 구석기유물을 확인하지 못했다. 이 유적에서는 주로 석부편이 수점 확인되고 있다(사진 40·사진 41). 역시 석기의 재질은 응회암제이다.

[사진 40] 목교Ⅵ수습유물-석부편

[사진 41] 목교Ⅵ수습유물-석부편

15. 장감리 터골Ⅰ 유적

[사진 42] 장감리 터골Ⅰ 유적 원경

위치 : 압해면 장감리 터골마을 일대(사진 42~43)

내용 : 터골마을에 들어서기 전에

[사진 43]
터골Ⅰ수습유물-구석기

낮은 언덕을 올라가면 좌측에 저평한 구릉지대와 바다가 눈에 보인다. 이 유적은 그 구릉일대에 위치하고 있는데, 그 곳에는 굵은 사립이 많이 섞여 있는 적갈색층이 노출되어 있다(사진 42). 바다를 메운 지역은 논으로 사용되고 있다. 이 유적에서는 강 자갈의 끝 부분에 간단한 잔손질을 해서 날이 형성된 외면찍개 1점이 수습되었다(사진 43).

16. 장감리 터골 II 유적

[사진 44] 장감리 터골 II 유적 원경

위치 : 압해면 장감리 터골 마을 일대(사진 44~45)

내용 : 이 유적은 터골마을의 야산(44.5m)을 뒤로하고 북쪽해안가변 구릉상에 자리잡고 있다. 구릉상에서 동북쪽으로는 광산이 눈에 보이며 유적의 좌측편에는 장뻘이라는 모래해안가가 자리잡고 있다(사진 44). 이 유적에서는 석창 1점이 수습되어 주목된다(사진 45). 이 석기는 석기제작 수법상 구석기시대와 신석기시대에 공히 사용된 세워떼기에 의해 만들어졌으며 거의 전 양면에 박리를 가해 만들었다. 특히 잡이를 고정시키기 위해 창끝 맞은 편에는 손질

[사진 45] 터골 II 수습유물-석창

을 베풀어 고정시키기에 용이하도록 면을 조성하였다. 추가적인 유물이
확인되지 않아 일단 유물편년은 미루고자 한다.

17. 장감리 터골Ⅲ 유적

[사진 46] 장감리 터골Ⅲ유적 전경　　　　　[사진 47] 터골Ⅲ유적 근경

위치 : 압해면 장감리 터골
마을일대(사진 46~50)

내용 : 이 유적은 터골Ⅱ유
적에서 300여 m 떨어진 구릉
하단부의 끝에 자리잡고 있다.
이 지점은 구릉에서 내려다보
면 돌출된 낮은 언덕을 볼 수
가 있는 데 동쪽면에 패총을
확인할 수가 있다(사진 46). 바

[사진 48] 터골Ⅲ유적 수습 패각류

닷물의 오랜 침식으로 인해 대부분이 파괴되어 패각류가 주위에 흩어져
있다(사진 47). 패각층에서 토기편과 각종 패각류를 수습할 수가 있었다
(사진 48). 토기편은 주로 타날된 경질토기편들이 수습되었다(사진 49). 이
지역은 토양쐐기가 잘 발달되어 있다(사진 50).

[사진 49] 터골Ⅲ유적 패각층내
수습 경질토기류

[사진 50] 장감리 토양쐐기

18. 복룡리 세천Ⅰ 유적

위치 : 압해면 복룡3구 세천마
을Ⅰ(사진 51~53)
내용 : 세천마을로 가는 길목에
서 도로 좌측에 야산(20m)이 자리

[사진 51] 복룡리 세천Ⅰ유적 전경

[사진 52]
세천Ⅰ 수습유물-석부편

[사진 53] 세천Ⅰ 수습유물-석부편

잡고 있다. 유적은 이 야산들 중 좌측에 위치하고 있는 산 중턱에 위치하고 있으며, 현재 한쪽 면을 개간하여 밭으로 이용하고 있다(사진 51). 유물은 개간을 한 산사면에서 출토되었는데 주로 석부편과 격지들이다(사진 52·사진 53). 압해도에서 발견한 유적으로서는 비교적 높게 위치하고 있으며 복룡리 일대에서 확인한 유물과 같은 재질이며 형태도 유사하다. 남쪽으로는 바다가 넓게 보인다.

19. 복룡리 세천Ⅱ 유적

위치 : 압해면 복룡3구 세천마을Ⅱ(사진 54~60)

내용 : 이 유적은 이미 확인된 유적으로서8) 그 주변에 대한 종합적인 조사 결과 더 많은 지점에서 유물을 수습할 수 있었다. 세

[사진 54] 복룡리 세천Ⅱ유적 원경

[사진 55] 세천Ⅱ 수습유물-구석기

[사진 56] 세천Ⅱ 수습유물-구석기

---

8) 崔盛洛,「新安地方의 先史遺蹟·古墳」『新安郡의 文化遺蹟』, 木浦大學博物館, 1987.
李榮文·金京七·曺根佑,「新安 伏龍理 出土石器類」『碩晤尹容鎭敎授停年退任起念論叢』, 碩晤尹容鎭敎授停年退任起念論叢刊行委圓會, 1996.

[사진 57] 세천Ⅱ 수습유물-구석기

천마을은 801번 도로를 사이에 두고 좌우로 과수원이 발달하고 있다. 마을입구에 미처 못 가서 약 30m정도 지점에 우측으로 작은 길이 나 있는데 이 길을 따라 지나면 저평한 구릉 지대가 발달하여 있다(사진 54). 우측면에는 과수원이 있으며 좌측면에는 주로 농작물을 재배하고 있다. 유물은 주로 이 주변에서 대량으로 수

[사진 58]

세천Ⅱ 수습유물-석부

[사진 59]

세천Ⅱ 수습유물-석촉

[사진 60]

세천Ⅱ 수습유물-석촉

습할 수가 있었다. 이미 확인된 유물은 구석기시대와 청동기시대의 석기이다. 구석기시대의 석기들은 몸돌과 여러면 석기들이었으며, 청동기시대의 것들은 많은 양의 격지와 석부편, 두 점의 석촉이 새로이 수습되었다(사진 55~60). 이 지역은 청동기시대의 석기 제작소이면서 또한 낮은 구릉과 사면에 4기 퇴적이 잘 남아있어 구석기유적이 넓게 분포할 가능성도 높다.

20. 복룡리 남촌 유적

위치 : 압해면 복룡3구 남촌마을(사진 61~63)

내용 : 남촌마을은 이 일대에 발달한 저평한 구릉지대를 자리잡고 있다(사진 61). 마을 주민 대다수가 해태양식과 과수원, 농작물을 키우며 생활하고 있다. 안

[사진 61] 복룡리 남촌유적

산(43.8m)이라고 불리는 야산을 지나 남쪽으로 길게 발달한 구릉지대를 볼 수 있는데, 유물은 이 일대에서 수습할 수가 있었다. 수습된 유물들은 주로 석기와 격지류이며(사진 63), 특히 대형 석부편이 수습되어 주목된다(사진 62). 하지만 석재는 역시 응회암제이다.

[사진 62] 남촌유적 수습유물-석기류

[사진 63] 남촌유적 수습유물-석기류

21. 대천리 조천 유적

[사진 64] 대천리 조천1구유적 전경

위치 : 압해면 대천리 조천 1구(사진 64~66)

내용 : 유적은 조천마을에서 새마을회관을 지나 반월마을로 가는 길목에서 낮은 내리막길을 타고 내려가는 좌측에 위치하고 있다(사진 64). 이곳은 "조천지석묘군A" 유적으로 이미 조사되었는데 주변을 조사하는 도중 다량의 유물들을 추가로 수습할 수가 있었다. 이 유적의 지석묘는 현재 대부분 파괴되었으며 그중 일부 지석묘에는 아직까지 성혈이 잘 남아있다(사진 65). 이 유적의 주변에서는 잘 만들어진 석부와 격지들이 수습되었다(사진 66).

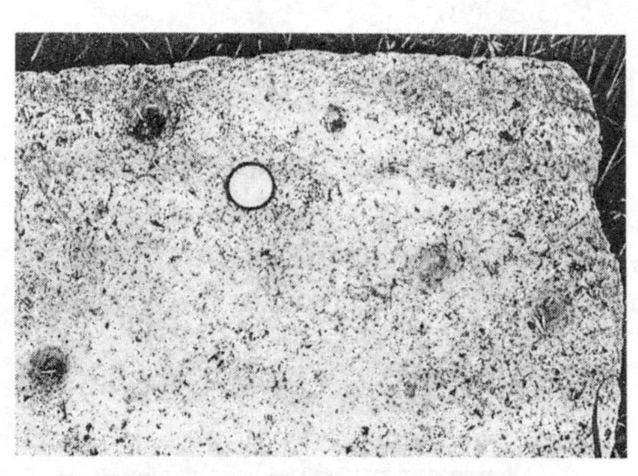

[사진 65] 유적내 지석묘 성혈

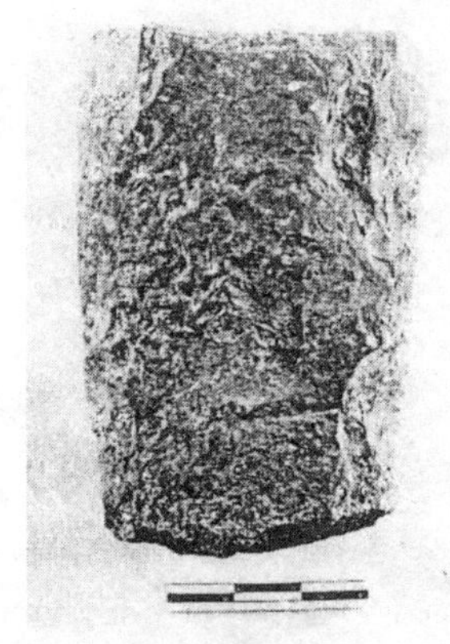

[사진 66] 조천유적 수습유물-석부

22. 대천리 반월 유적

위치 : 압해면 대천2구 반월 부락(사진 67~68)

내용 : 압해서초등학교 뒤편에 발달하고 있는 구릉 일대에서 유물을 수습할 수가 있었다. 남서쪽으로는 안산(91.2m)이 자리잡고 있다(사진67). 이 반월부락 주변에는 4기 퇴적이 잘 발달하고 있고 토양이 비옥하여 농작물이 많이 재배되고 있다. 이 유적에서 확인한 유물은 구석기시대의 여러면석기이다(사진68). 이 석기는 석영제 자갈돌의 가장자리에 간단한 박리를 하여 둥근 여러면 석기를 만들었다. 이 일대는 지질 및 지형 환경이 좋아서 정밀한 조사가 실시될 경우 좋은 유적을 발견할 것으로 기대된다.

[사진 67] 대천리 반월유적 전경

[사진 68] 반월유적 수습유물-구석기

23. 송공리 대촌 유적

위치 : 압해면 송공리 대촌부락 (사진 69~70)

내용 : 마을에서 우측편으로 동― 서로 길게 발달한 넓은 저평한 구릉

[사진 69] 송공리 대촌유적 원경

[사진 70] 대촌유적 수습유물-토기류

지대를 볼 수가 있는데 대부분 농경지로 이용되고 있다(사진 69). 이곳에서 다량의 유물들을 수습할 수가 있었다. 황토질의 토양으로 비옥하며 서쪽으로 바다와 인접하고 있어서 대규모의 해태 양식이 발달하고 있다. 이 유적에서는 경질 타날문토기편들이 다량 수습되었다 (사진 70).

24. 송공리 상촌 유적

[사진 71] 송공리 상촌유적 전경

[사진 72] 송공리 장밖부락 토양쐐기

위치 : 압해면 송공리 상촌부락(사진 71~74)

내용 : 상촌부락에 들어서기 전에 좌측으로 자리잡고 있는 야산에서 산길을 타고 올라가면 마을공동 밭이 있다. 곳곳에서 산 사면을 개간하여 밭으로 이용하고 있는데 유물은 이 주변에서 수습할 수가 있었다(사진 71). 서쪽에는 확 트인 공간으로 바다가 눈에 들어오고 인근해역에는 대규모의 해태양식을 하고 있다. 이 유적의 사면에는 토양쐐기가 잘 발달하

고 있으며(사진 72) 그 주변에서 구석기시대의 격지가 지표수습 되었다
(사진 73). 그밖에 청동기시대의 여러 격지편도 함께 수습되었다(사진 74).

[사진 73] 상촌유적
수습유물-구석기

[사진 74] 상촌 유적
수습유물-격지

〈신안군 압해면 신발견 유적 목록표〉

유적번호	유적명	소재지	유적성격
1	분매리	분매2구 신기마을	구석기·유물산포지
2	분매리	분매2구 갯모실	구석기
3	동서리	동서2구 월포(궁개들 일대)	구석기
4	동서리	동서1구 서촌마을 구릉일대	유물산포지(토기 및 석기류)
5	동서리	도창부락 I	유물산포지
6	동서리	도창부락 II	유물산포지
7	신룡리	회신마을 I	유물산포지
8	신룡리	회신마을 II	유물산포지
9	학교리	목교 I	패총
10	학교리	목교 II	유물산포지
11	학교리	목교 III	유물산포지
12	학교리	목교 IV	유물산포지
13	학교리	목교 V	구석기·유물산포지
14	학교리	목교 VI	유물산포지
15	장감리	터골마을 I	구석기
16	장감리	터골마을 II	유물산포지
17	장감리	터골마을 III	패총
18	복룡리	세천마을 I	유물산포지
19	복룡리	세천마을 II	구석기·유물산포지

2. 비금도

이번 조사에서 주목할 만한 자료는 용소리를 비롯하여 가산리 나배마을, 내월리 외촌마을에서 발견되었다.

1) 용소리

용소리의 입지조건을 살펴보면 토양이 비옥하고 다른 곳에 비해 농업용수가 풍부하여 선사시대 이래 역사시대의 주민들이 비금도에 정착하는데 필요한 환경적 조건을 갖고 있었다. 용소리와 가깝게는 광대리가 있으며 이 곳에 성치산성과 고분군이 확인되어 알려지고 있다. 용소리에는 크게 세 지점의 유물 수습지역이 있다.

(1) 용소리 I (사진 75)

[사진 75] 용소리 I 유적전경

위 치 : 비금면 용소리 비금동초등학교 남쪽 밭 일대

내 용 : 위 유적은 비금동초등학교 정문에서 남쪽으로 약 50m 지점의 논밭지대이다. 가산리 나배마을에서 광대리로 가는 길목 중간에 위치한 옥도상회 좌측 일대이다.

이곳에서는 격자문 경질토기편, 귀얄문 분청사기편, 조선시대 자기편 등을 수습하였다.

① 토기편[사진 76, 도면 : 1-①]

[사진 76] 용소리 I 수습토기편

[도면 1-①] 용소리 I 수습유물

외면과 내면은 회색, 속심은 회갈색을 띄고 있는 경질토기의 동체부편이다. 외면에는 격자문이 타날되어 있고, 내면에는 회전손질 한 흔적이 희미하게 남아있다. 입자가 고운 모래를 섞은 태토를 사용하였다.

② 토기편[사진 77, 도면 : 1-②]

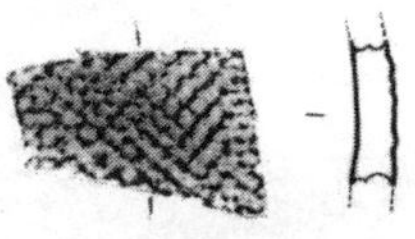

[도면 1-②] 용소리 I
수습유물

[사진 77] 용소리 I 수습토기편

외면과 내면은 회청색, 속심은 회갈색을 띄고 있는 경질토기의 동체부편이다. 외면에는 격자문이 타날되어 있으며 내면에는 회전손질한 흔적과 손으로 누른 자국이 남아있다. 입자가 고운 모래가 섞인 태토를 사용하였다.

③ 귀얄문 분청사기편〔사진 78, 도면 : 1-③〕

[사진 78] 용소리 I 수습
귀얄문분청사기편

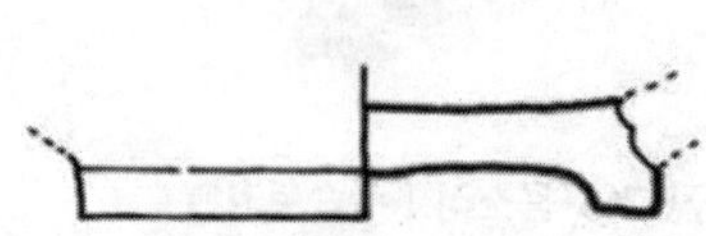

[도면 1-③] 용소리 I 수습유물

분청사기의 저부편으로 그릇의 안쪽에 귀얄문이 시문되어 있는 것이 특징이다.

④ 자기편〔사진 79, 도면 : 1-④〕

[사진 79] 용소리 I 수습자기편

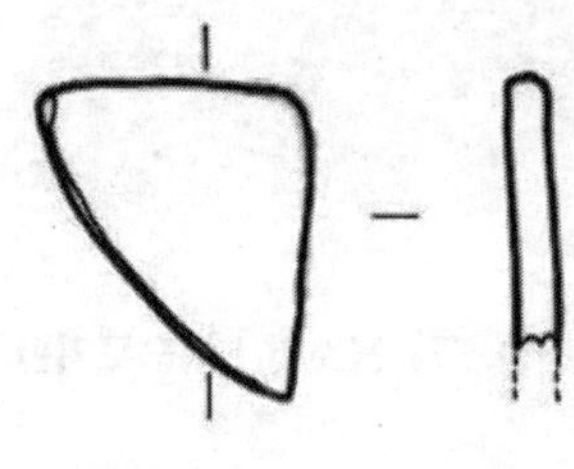

[도면 1-④] 용소리 I 수습유물

　백자의 구연부편으로 외반구연이며 백색의 유약을 입혔다. 현재 남아
있는 부분으로는 원래의 기형을 추정하기 어렵다. 빙렬이 있으며 양질의
태토를 사용하였다. 조선시대 후기의 것으로 추정된다.

⑤ 자기편[사진 80, 도면 : 1-⑤]

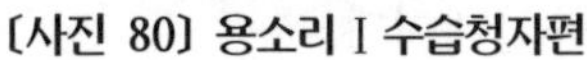
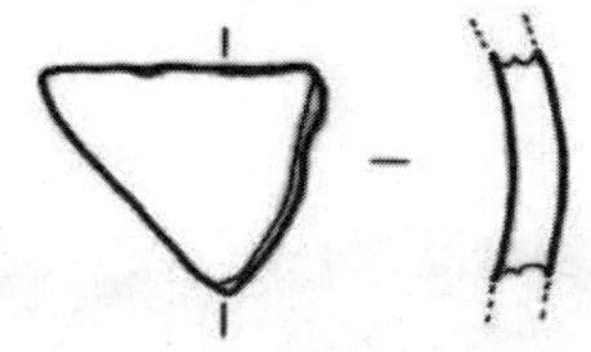

[사진 80] 용소리 I 수습청자편　　　　　[도면 1-⑤] 용소리 I 수습유물

　청자의 동체부편으로 동체부의 거의 바닥부분으로 보인다. 색깔은 옅
은 청색을 띠고 있으며 빙렬이 있다. 양질의 태토를 사용하였다.

⑥ 자기편[사진 81, 도면 : 1-⑥]

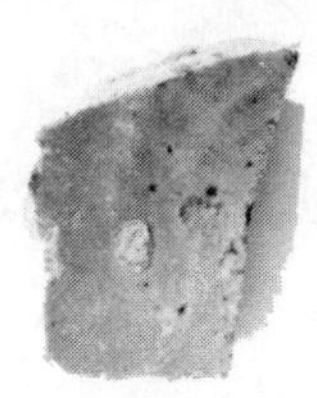
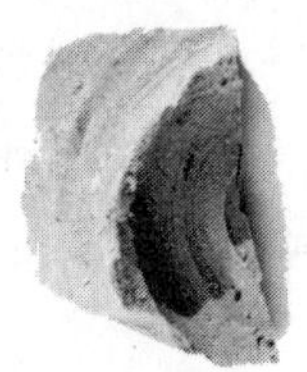

백자의 저부편으로 굽은 높이가 낮
고 내경하며 윗면에는 포개구이의 흔
적이 남아있다. 태토에는 미세한 잡
티가 소량 섞여 있으나 양질의 태토
를 사용하였다. 바닥에는 물레자국이
그대로 남아있다. 조선시대 후기의

[사진 81] 용소리 I 수습자기편　　　　것으로 추정된다.

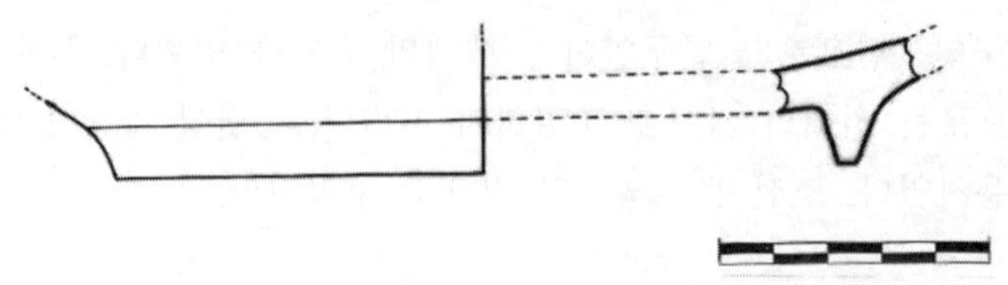

[도면 1-⑥] 용소리 I 수습유물

(2) 용소리 II (사진 82)

[사진 82] 용소리 II 유적 전경

위치 : 비금면 용소리 동부교회 주변일대. 위 유적은 동부교회를 중심으로 약 서쪽으로 100m, 동쪽으로 200m의 논밭일대와 구릉일대이다.

내용 : 용소리 II 에서 수습된 유물로는 갈돌과 파수 2점, 경질토기편, 호(구연부편), 연화문 분청사기, 청자편 등이 있다. 이 유물들로 보아 용소리에서는 다양한 시기에 걸쳐 사람들이 살았던 유적의 분포가 확인되었다.

① 갈돌[사진 83, 도면 : 2-①]

화강암제의 갈돌로 한쪽끝 가장자리가 깨져있다. 한쪽 면은 갈아져 있다. 크기는 길이 15.2cm, 너비 8.2cm, 두께 5.2cm 이다.

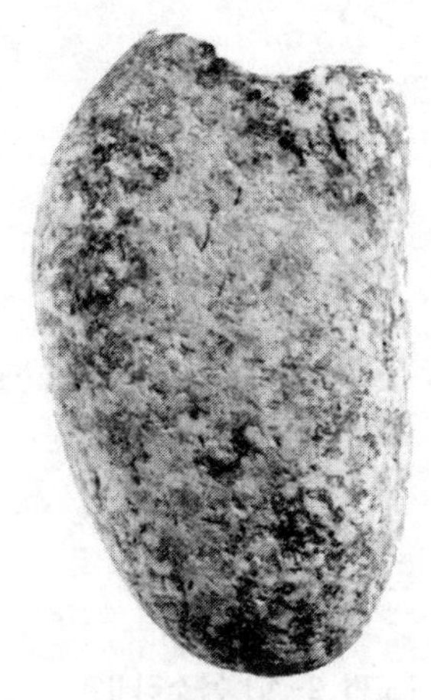

[사진 83] 용소리활자 수습석기

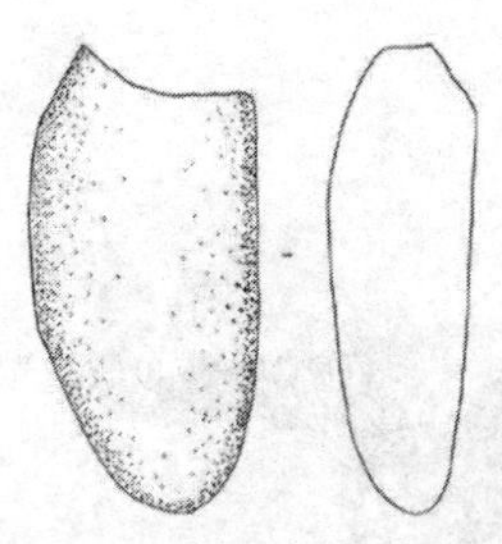

[도면 2-①]
용소리 Ⅱ 수습유물

② 파수[사진 84, 도면 : 2-②]

우각형의 파수로 색깔은 연갈색이며 가는 모래가 섞인 태토를 사용하였으며 한쪽편에 홈이 파여져 있다.

[사진 84] 용소리 Ⅱ 수습파수

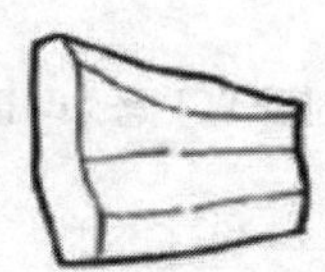

[도면 2-②] 용소리 Ⅱ
수습유물

③ 파수〔사진 85, 도면 : 2-③〕

〔도면 2-③〕 용소리 Ⅱ
수습유물

〔사진 85〕 용소리 Ⅱ 수습파수

우각형의 파수로 색깔은 연갈색이다. 입자가 고운 태토를 사용하였다.

④ 토기편〔사진 86, 도면 : 2-④·⑤·⑥〕

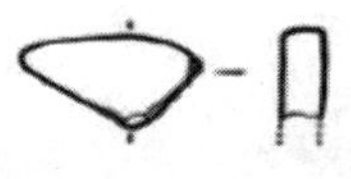

〔도면 2-④〕 용소리 Ⅱ
수습유물

〔사진 86〕 용소리 Ⅱ 수습토기편

〔도면 2-⑤〕 용소리 Ⅱ
수습유물

〔도면 2-⑥〕 용소리 Ⅱ
수습유물

세 점 모두 겉면, 내면, 속심이 붉은 색을 띠는 토기편으로 그 중에 한 점은 구연부 편[사진 86-①], 나머지 두 점은 동체부편으로 전체적으로 산화가 잘 된 토기편이다. 동체부 편 중 하나에는 점열문이 시문되어 있으며[사진 86-②] 모두 굵은 모래가 섞인 태토를 사용하였다.

⑤ 토기편[사진 87, 도면 : 2-⑤]

외면은 회색, 내면은 회백색을 띠는 경질토기의 동체부로 외면에는 격자문이 타날되어 있으며 내·외면에 회전 손질한 흔적이 있다. 정선된 태토를 사용하였으며 속심은 적갈색이다.

[도면 2-⑤] 용소리Ⅱ 수습유물

[사진 87] 용소리Ⅱ 수습토기편

⑥ 토기편[사진 88, 도면 : 2-⑥]

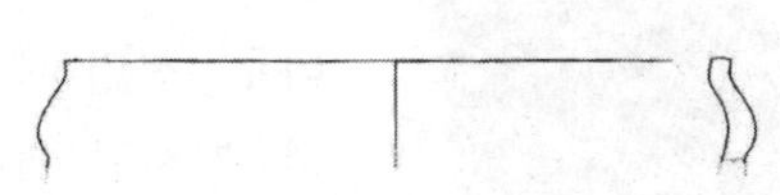

[도면 2-⑥] 용소리Ⅱ 수습유물

[사진 88] 용소리Ⅱ 수습토기편

겉면과 내면은 회색, 속심은 적갈색을 띠는 경질토기의 구연부편으로
본래의 기형은 대형호형토기로 추정된다. 구연부는 외반되었으며 이 구연
부편의 아랫부분에는 V자문이 시문되어 있다. 입자가 고운 모래가 섞인
태토를 사용하였다.

⑦ 토기편[사진 89, 도면 : 2-⑦]

겉면, 내면은 회색, 속심은 적갈색을 띠는 경질 토기의 동체부편으로
격자문이 타날 되었으며 입자가 고운 모래가 섞인 태토를 사용하였다.

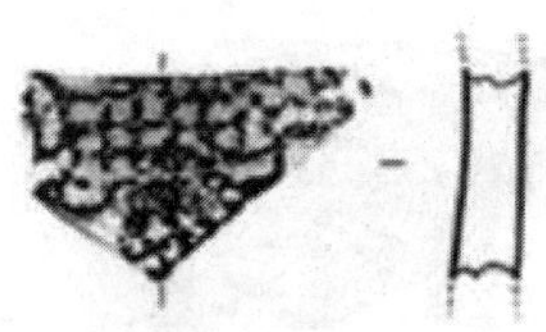

[도면 2-⑦] 용소리 II
수습유물

[사진 89] 용소리 II 수습토기편

⑧ 토기편[사진 90-①, 도면 : 2-⑧]

회색을 띠는 경질 토
기의 동체부 편으로 겉
면에 타날된 격자문이
아주 선명하게 남아있
다. 정선된 태토를 사용
하였다.

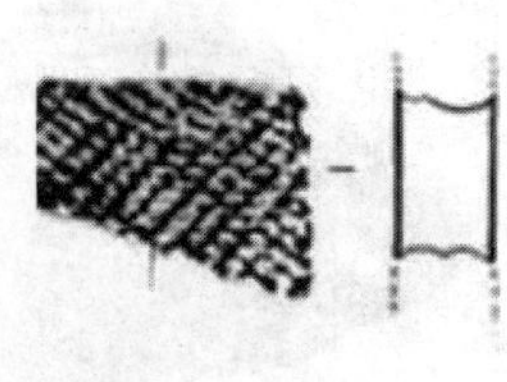

[도면 2-⑧] 용소리 II
수습유물

[사진 90-①]
용소리 II 수습토기편

⑨ **토기편**〔사진 90-②, 도면 : 2-⑨〕

[사진 90-②]
용소리Ⅱ 수습토기편

회청색을 띄는 경질토기의 동체부편으로 겉면에 타날된 격자문이 아주 선명하다. 내면에는 회전손질 한 흔적이 남아있으며 모래가 약간 섞인 태토를 사용하였다.

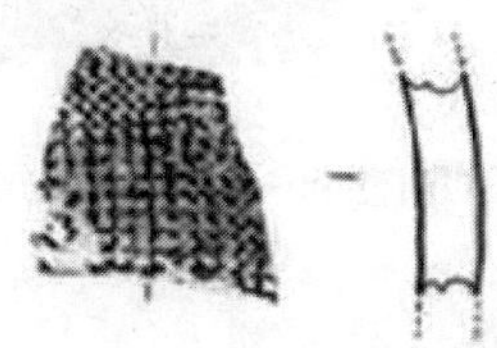

[도면 2-⑨] 용소리Ⅱ
수습유물

⑩ **토기편**〔사진 90-③, 도면 : 2-⑩〕

회색을 띄는 경질토기의 동체부편으로 외면에는 승문이 희미하게 남아있다. 입자가 고운 모래가 섞인 태토를 사용하였다. 길이 2.0cm, 너비 3.0cm, 두께 0.5cm이다.

[사진 90-③]
용소리Ⅱ 수습토기편

[도면 2-⑩]
용소리Ⅱ 수습유물

⑪ **토기편**〔사진 90-④, 도면 : 2-⑪〕

외면과 내면은 진한 회색, 속심은 회갈색을 띄는 경질토기의 동체부편으로 외면에는 3줄의 단사선문이 시문되어 있으며 모래가 약간 섞인 태토를 사용하였다.

[사진 90-④] 용소리Ⅱ 수습토기편

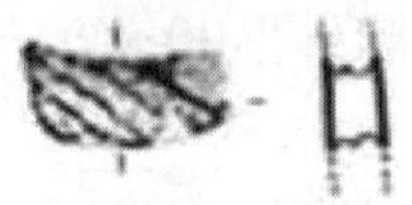

[도면 2-⑪] 용소리Ⅱ
수습유물

⑫ 토기편[사진 91, 도면 : 2-⑫]

겉면과 내면은 진한 회색, 속심은 적갈색을 띠는 경질토기의 뚜껑부분이다. 입자가 굵은 모래가 섞인 태토를 사용하였으며 회전손질한 흔적이 보인다.

[사진 91] 용소리Ⅱ 수습토기편

[도면 2-⑫] 용소리Ⅱ 수습유물

⑬ 토기편[사진 92, 도면 : 2-⑬]

겉면과 내면은 흑색, 속심은 적갈색을 띠는 경질토기의 구연부편으로 내반하는 형태를 가지고 있으며 윗부분은 약간 비스듬하게 깎았다. 정선된 태토를 사용하였다.

[사진 92] 용소리Ⅱ 수습토기편

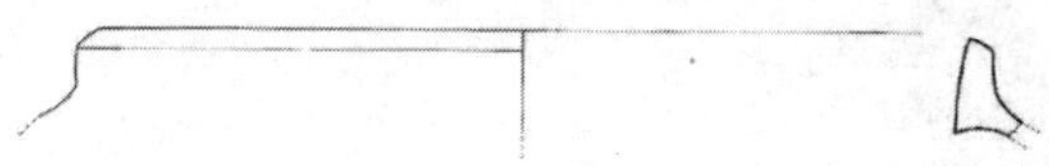

[도면 2-⑬] 용소리Ⅱ 수습유물

⑭ 토기편[사진 93, 도면 : 2-⑭]

[사진 93] 용소리Ⅱ 수습토기편

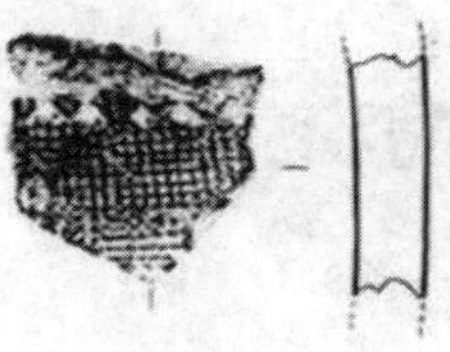

[도면 2-⑭] 용소리Ⅱ
수습유물

겉면과 내면, 속심이 모두 회색인 경질토기의 동체부편으로 동체부의 가장 윗부분인 것으로 추정된다. 윗부분에는 거치문이 시문되어있고 아랫부분에는 격자문이 타날되었다. 굵은 모래가 약간 섞인 태토를 사용하였다.

⑮ 자기편[사진 94, 도면 : 2-⑯]

[사진 94] 용소리Ⅱ 수습 연화문
분청사기편

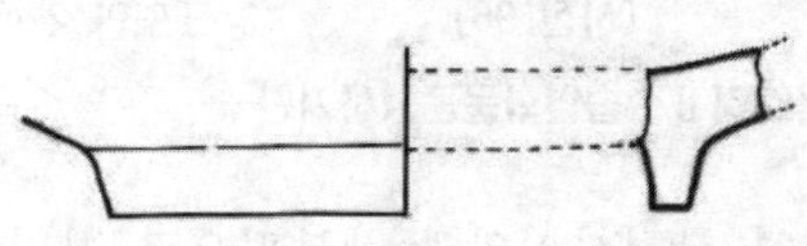

[도면 2-⑯] 용소리Ⅱ 수습유물

인화국화문 분청사기의 저부편으로 현재 굽부분만이 남아있다.

⑯ 자기편〔사진 95, 도면 : 2-⑰〕

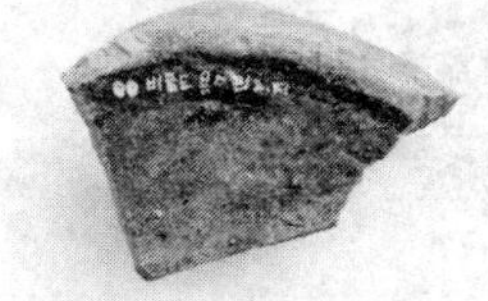

녹청자의 저부편으로 몸체에서 바로 바닥이 이어지는 형태로 바닥은 평저이며 굽은 없다. 색을 갈색빛을 띠는 청색으로 바깥쪽에만 시유하였을 뿐 안쪽에는 시유하지 않았다. 내면에는 물레손질 한 흔적이 남아있으며 굵은 모래가 섞인 태토를 사용하였다.

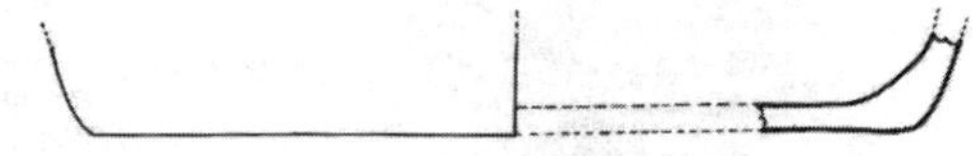

〔사진 95〕 용소리Ⅱ수습
연화문 분청사기편

〔도면 2-⑰〕 용소리Ⅱ수습유물

⑰ 자기편〔사진 96, 도면 : 2-⑱·⑲〕

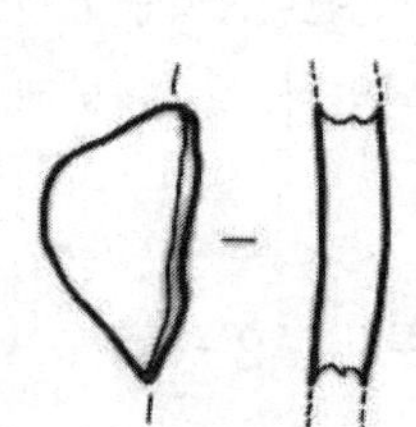
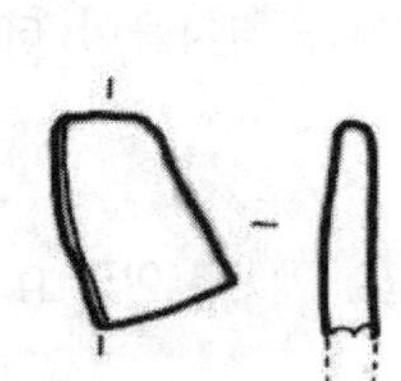

①   ②

〔사진 96〕
용소리Ⅱ수습연화문분청사기편

〔도면 2-⑲〕 용소리Ⅱ
수습유물

〔도면 2-⑳〕 용소리Ⅱ
수습유물

인화 분청사기의 동체부편으로 자기의 극히 일부분만 남아 원래의 기형과 문양을 추정하기 힘들다. ①은 청색유약을 입혔으며 ②는 회백색 유약을 입혔다.

⑱ **자기편[사진 97, 도면 : 2-㉑]**

인화 국화문 분청사기의 구연부편으로 흑색의 유약을 입혔으며 외반구
연이다. 잡티가 소량 섞였지만 양질의 태토를 사용하였다.

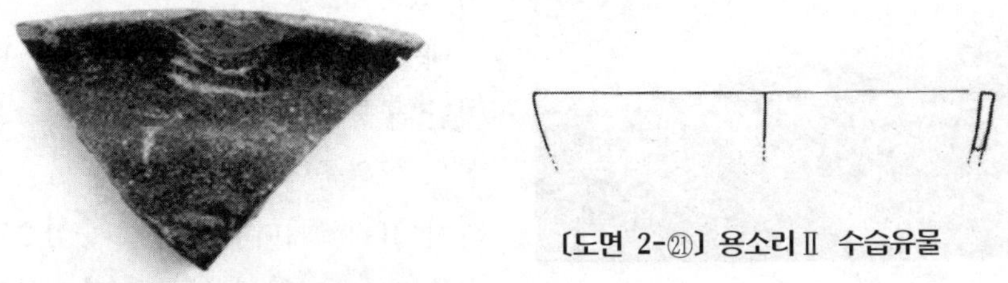

[사진 97] 용소리 Ⅱ 수습자기편

[도면 2-㉑] 용소리 Ⅱ 수습유물

⑲ **자기편[사진 98, 도면 : 2-㉒]**

백자의 저부편으로 회백색의 유약을 얇게 입혔
으며 빙렬이 있다. 양질의 태토를 사용하였으며
굽에는 시유하지 않았다. 굽의 모양은 바깥굽이
며 윗면에는 포개구이의 흔적이 있다.

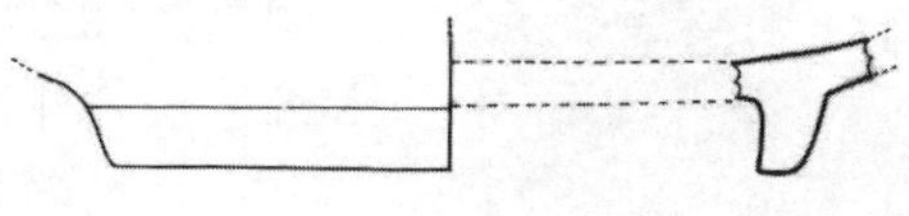

[도면 2-㉒] 용소리 Ⅱ 유물

[사진 98]
용소리 Ⅱ 수습자기편

(3) 용소리Ⅲ[사진 99]

[사진 99] 용소리Ⅲ 유적전경

위치 : 비금면 용소리 사자 석상이 있는 묘지 주변.

내용 : 이 곳의 위치는 마을을 벗어난 구릉 일대에서 동부교회를 중심으로 왼쪽에 있는 소로에 이르기까지 Ⅱ지구이며 이 길을 중심으로 왼쪽 150m 지역에 위치한 사자석상이 있는 묘지까지에 이르는 지역을 Ⅲ지구로 나누었다. 여기에서는 다섯 점의 경질토기편이 수습되었는데 구연부로 추정되는 것이 세 점, 부위를 알 수 없는 갈색 점열문 편과 검은색 승문편, 조선시대 후기의 것으로 보이는 자기편들이 수습되었다.

① 토기편[사진 100-①, 도면 : 3-①]

[사진 100-①]

용소리Ⅲ 수습토기편

회색을 띠는 경질토기의 구연부편이다. 몸통부부에서 안쪽으로 들어오다가 한 번 꺾어서 구연부를 형성하였다. 회전손질 하였으며 태토에는 모래가 약간 섞여있다.

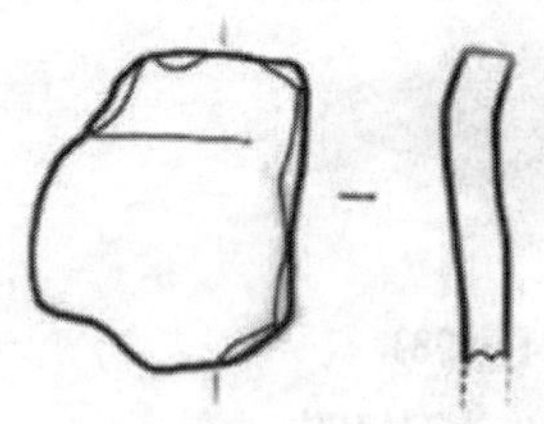

[도면 3-①] 용소리Ⅲ 수습유물

② 토기편[사진 100 - ②, 도면 : 3 - ②]

외면과 내면은 진한 회색, 속심은 적갈색인 경질토기의 구연부편으로 바깥으로 꺾어서 구연부를 형성하였으며 내면에는 회전손질 한 흔적이 뚜렷하다. 모래가 약간 섞인 태토를 사용하였다.

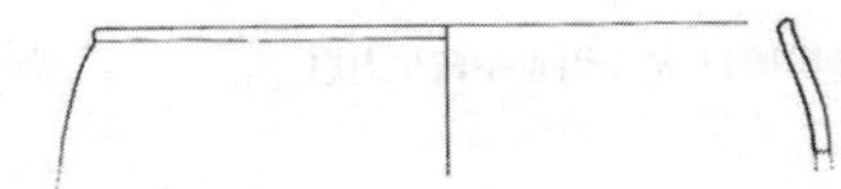

[사진 100-②]
용소리Ⅲ 수습토기편

[도면 3-②] 용소리Ⅲ 수습유물

③ 토기편[사진 100 - ③, 도면 : 3 - ③]

회색을 띄는 경질토기의 목부분으로 바깥쪽으로 외반되어 있다. 모래가 섞인 태토를 사용하였다.

[사진 100-③] 용소리Ⅲ 수습토기편

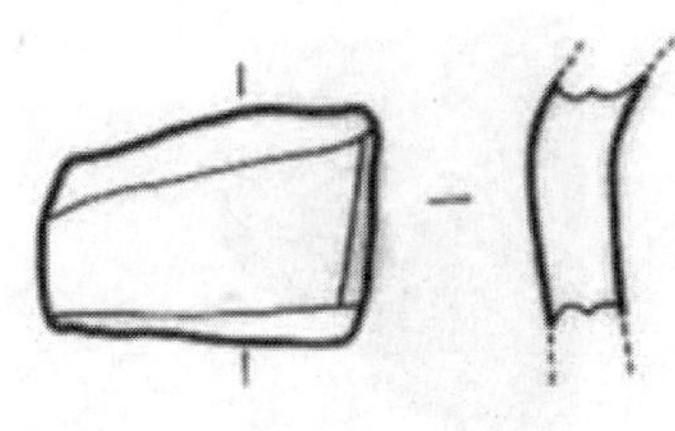

[도면 3-③] 용소리Ⅲ 수습유물

④ 토기편[사진 101, 도면 : 3-④]

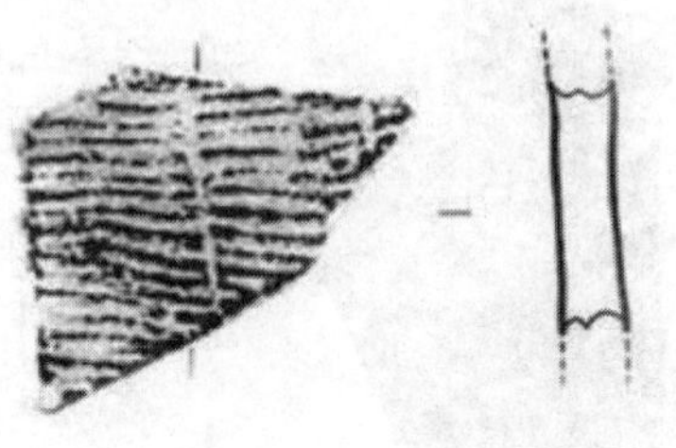

[사진 101] 용소리Ⅲ수습토기편   [도면 3-④] 용소리Ⅲ 수습유물

겉면과 내면은 흑색, 속심은 회갈색을 띠는 경질토기의 동체부편으로 겉면에는 승문이 타날되어 있다. 입자가 고운 모래가 섞인 태토를 사용하였다.

⑤ 토기편[사진 102, 도면 : 3-⑤]

겉면, 내면, 속심 모두 적갈색을 띠는 경질토기의 동체부편으로 윗부분에 점선열문이 시문되어 있으며 입자가 고운 모래가 섞인 태토를 사용하였다.

[사진 102]
용소리Ⅲ수습토기편

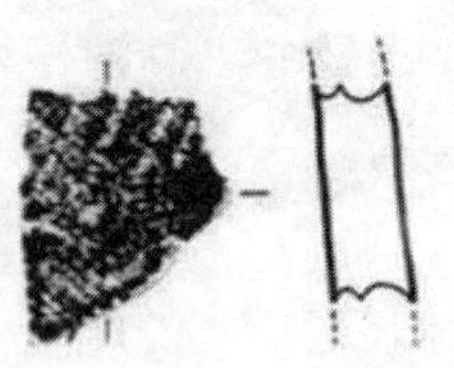

[도면 3-⑤] 용소리Ⅲ수습유물

⑥ 자기편[사진 103, 도면 : 3-⑥]

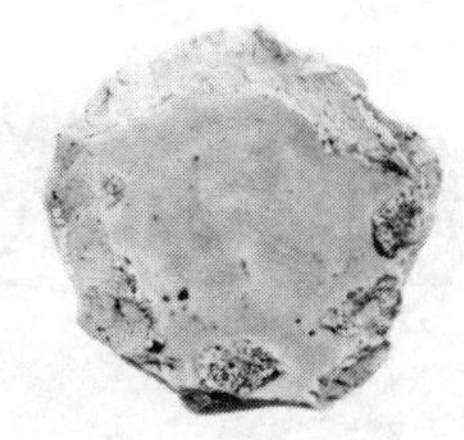

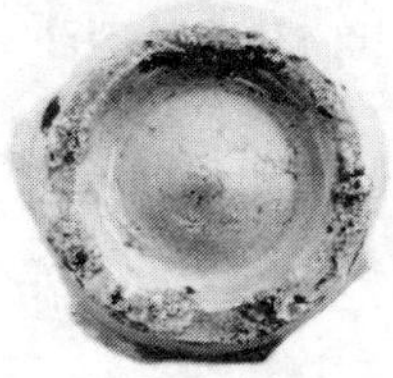

[사진 103]

용소리Ⅲ수습자기편

백자의 저부편으로 굽부분만 남아있어 원래의 기형을 완벽하게는 추정할 수 없으나 접시로 이용되었던 것 같다. 백색의 유약을 입혔으며 빙렬이 있다. 윗면에는 포개구이의 흔적이 있다.

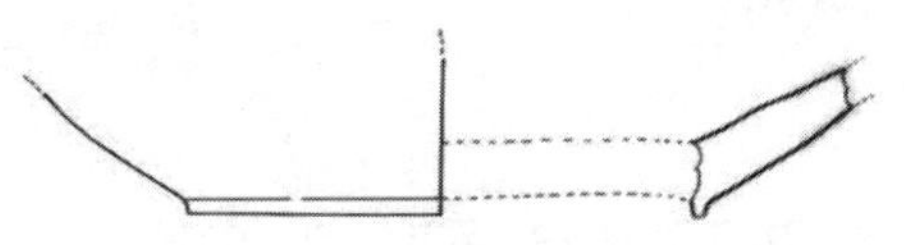

[도면 3-⑥] 용소리Ⅲ수습유물

⑦ 자기편[사진 104, 도면 : 5-⑦]

백자의 저부편으로 청색 유약을 입혔으며 빙렬이 있다. 굽은 내반되어 있으며 그 높이가 아주 낮다.

[사진 104]

용소리Ⅲ수습자기편

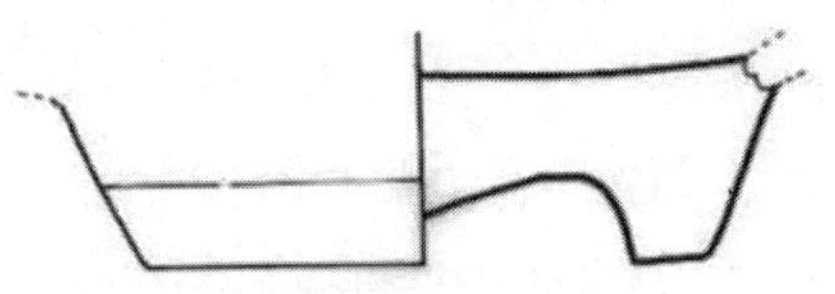

[도면 3-⑦] 용소리Ⅲ 수습유물

2) 가산리 나배마을[사진 105]

위치. : 비금면 가산리 나배마을

내용 : 위 유적은 가산리에서 서쪽으로 약 500m 정도 떨어진 곳에 위치하고 있으며 이 유적에서는 격자문 경질토기, 인화국화문 분청사기의 저부, 자기편 등이 수습되었다.

[사진 105] 가산리 나배유적 전경

① 토기편[사진 106, 도면 : 3-①]

겉면, 내면, 속심이 모두 회색을 띄는 경질토기의 동체부편이다. 겉면에는 격자문이 타날되어 있으며 내면에는 회전 손질한 흔적이 남아있다. 고운 모래가 섞인 태토를 사용하였다.

[사진 106] 가산리 나배 수습토기편

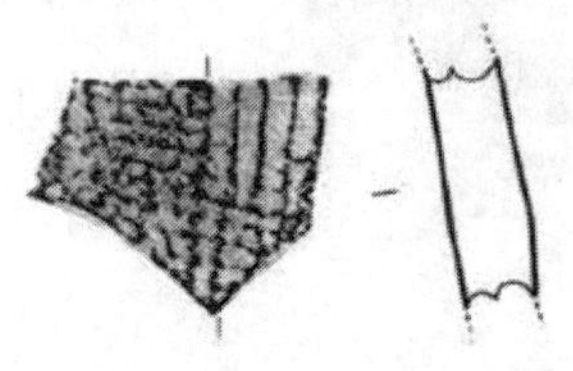

[도면 3-①] 가산리 나배
수습유물

② 자기편[사진 107, 도면 : 3-②]

인화국화문 분청사기의 저부편으로 백색 유약을 입혔으며 빙렬이 있다. 극히 작은 부분만 남아 원래의 기형을 추정하기는 힘들다. 굽은 남아있지 않으며 양질의 태토를 사용하였다.

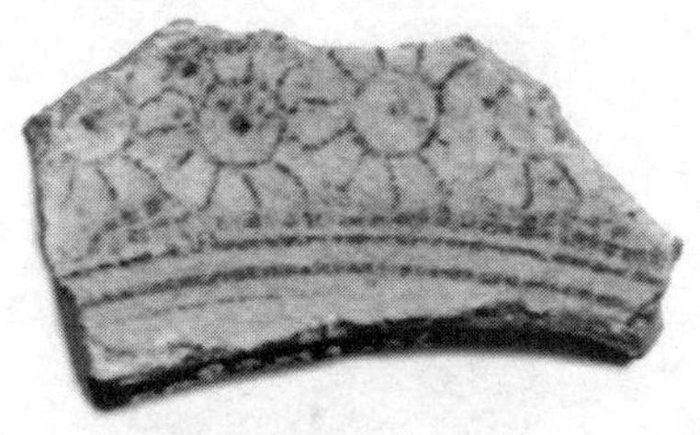

[사진 107] 가산리 나배 수습 연화문
분청사기편

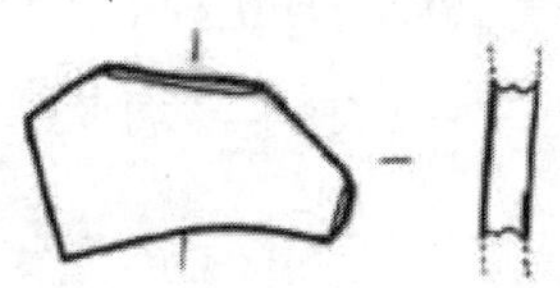

[도면 3-②] 가산리 나배 내월리
수습유물

③ 자기편[사진 108, 도면 : 3-③]

상감청자의 저부편으로 안쪽에 국화문이 상감되어 있다. 바닥에 내화토 비짐을 받쳐 번조하였으며 몸체의 기벽이 사선을 그리며 굽에 이어지는 형태로 굽의 모양은 외반되었다. 굽에는 시유하지 않았으며 잡티가 소량 섞인 양질의 태토를 사용하였다. 빙렬이 있다.

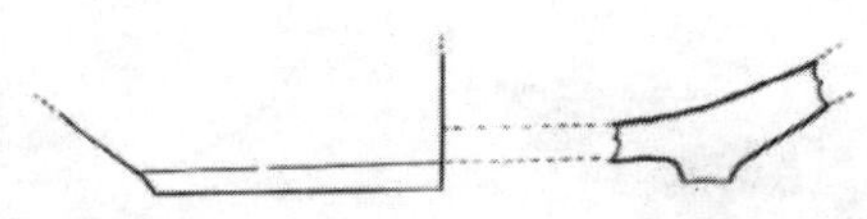

[도면 3-③] 가산리 나배 수습유물

[사진 108] 가산리 나배 수습
상감청자편

④ 자기편[사진 109, 도면 : 3-④]

백자의 구연부편으로 연한 청색의
유약을 얇게 씌웠으며 잡티가 소량
섞인 양질의 태토를 사용하였다.

[도면 3-④] 가산리 나배 수습유물

[사진 109] 가산리 나배 수습 자기편

⑤ 자기편[사진 110, 도면 : 3-⑤]

백자의 저부편으로 약간 붉은빛을 내는 유약을 입혔으며 빙렬이 있다.
구연부의 형태는 알 수 없고 몸체의 기벽이 수평에 가까운 사선을 그리며
굽에 이어지는 형태이다.

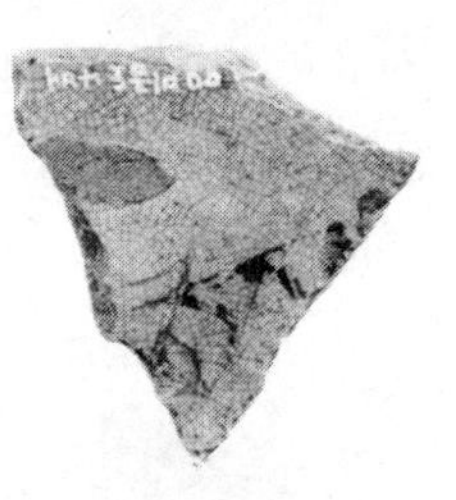

굽의 높이는 아주 낮으며 굽에는 시유하지
않았다. 윗면에는 포개구이의 흔적이 있으며
입자가 고운 양질의 태토를 사용하였다. 빙렬
이 있다.

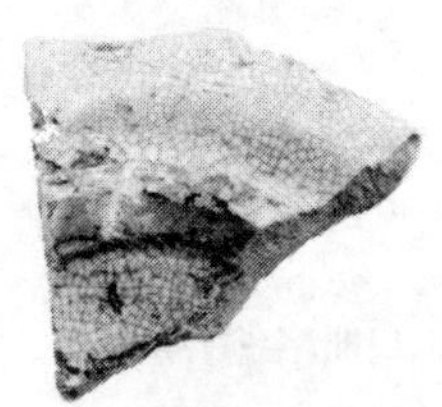

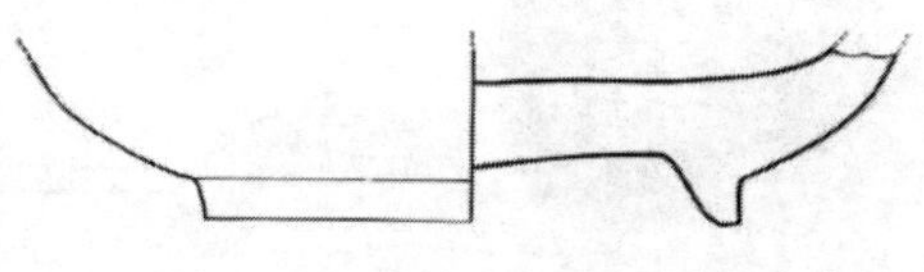

[도면 3-⑤] 가산리 나배 수습유물

[사진 110] 가산리 나배
수습 자기편

⑥ 자기편〔사진 111, 도면 : 3-⑥〕

백자의 저부편으로 유색은 붉은색을 띠고 있다. 구연부의 모양은 알 수 없고 몸체의 기벽이 완만하다가 굽에 이어지는 형태이다. 윗면에는 포개구이의 흔적이 남아있으며 잡티가 약간 섞인 태토를 사용하였다.

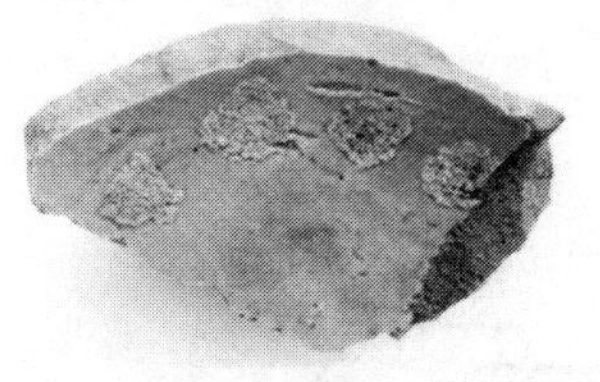

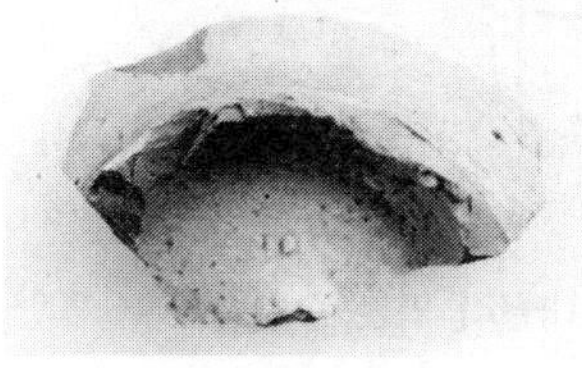

[사진 111] 가산리 나배 수습 자기편

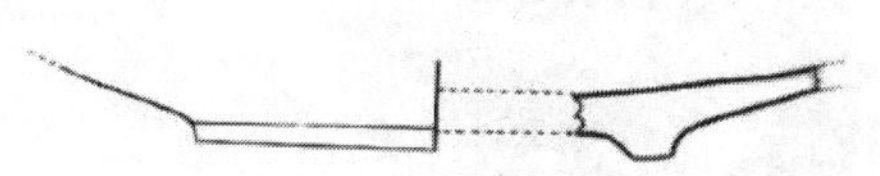

[도면 3-⑥] 가산리 나배 수습유물

3) 내월리(사진 112)

위치 : 비금면 내월리 외촌마을

내용 : 위 유적은 그림산 남쪽 방향의 구릉일대에 위치하고 있는 마을로써 죽치저수지에서 서쪽으로 약 500m 정도를 조사하였다. 이곳은 비금 서부교회 뒤편(동쪽) 구릉일대이다. 수습 유물로는 조선 후기의 자기편들이 있다.

[사진 112] 내월리 외촌 유적 전경

① 자기편〔사진 113, 도면 : 4-①〕

백자의 저부편으로 백색의 유약을 전체에 입혔다. 몸체의 기벽은 완만

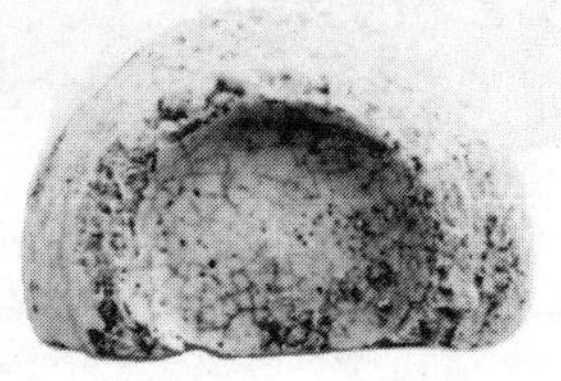

[사진 113] 내월리 외촌 수습
자기편

하게 사선을 이루다가 굽에 이어지는 형태
로 굽은 내반되어 있다. 빙렬이 있다.

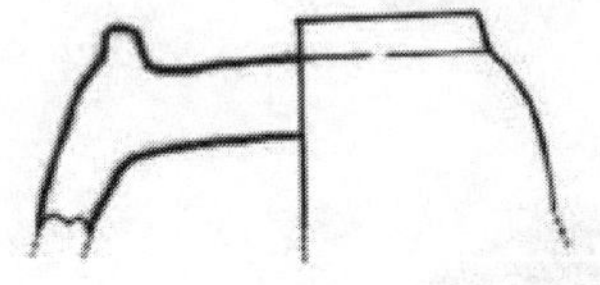

[도면 4-①] 내월리 외촌 수습유물

② 자기편[사진 114, 도면 : 4-②]

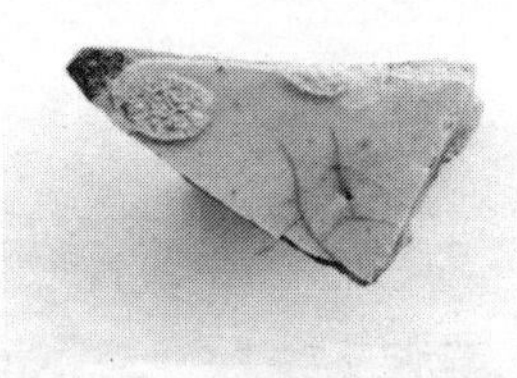

[사진 114] 내월리 외촌 수습
자기편

백자의 저부편으로 현재 굽부분만 남아있
어 원래의 기형을 추정하기는 힘들다. 굽의
모양은 내반되어 있으며 굽에는 내회토비짐
을 받쳐 번조한 흔적이 보인다. 백색의 유약
을 전체에 입혔으며 윗면에는 포개구이의
흔적이 있다.

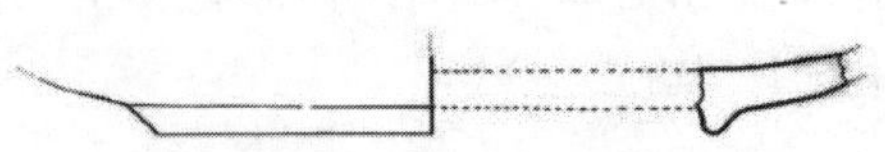

[도면 4-②] 내월리 외촌 수습유물

3. 자은도

이번 조사에서 처음으로 철기 시대의 옹관 즉 초기 옹관이 확인되었다. 이 옹관고분에 대한 자세한 설명은 아래와 같다.

위치: 자은면 구영리 구영 2구 구릉의 한 단면 상(사진 115~117, 지도 3)

내용: 이 유적은 자은면 구영리 구영 2구에서 금포 마을로 가는 805번 지방도로의 서쪽에 위치하고 있다. 해발 88m의 야산 아래로 좁게 뻗어 내린 구릉은 도로 준설 과정에서 깎여 나가있는 상태였으며 옹관은 그 중 구릉의 한 단면에 노출되어 있었다(사진 115~116). 이 단면상에는 총 2기의 옹관을 확인할 수 있었으며, 옹관이 땅속에 깊이 박혀있어 주위에 흩어져 있는 옹관편만을 수습하였다(사진 117).

외면과 내면은 회갈색, 속심은 회색을 띄고있는 옹관의 동체부로 연질이다.

[사진 115] 구영리 유적전경

[사진 116] 구영리 유적 근경

[사진 117] 구영리 유적 옹관노출 장면

① 옹관편(13.5cm／13.0cm／1.2cm)(사진 118-①, 도면 5-①)토기의 기면에는 격자문이 깊고 촘촘하게 타날되어 있으며 기벽이 1.2cm 정도로 두텁고 일정하다.

[사진 118-①] 구영리 유적
수습 옹관편

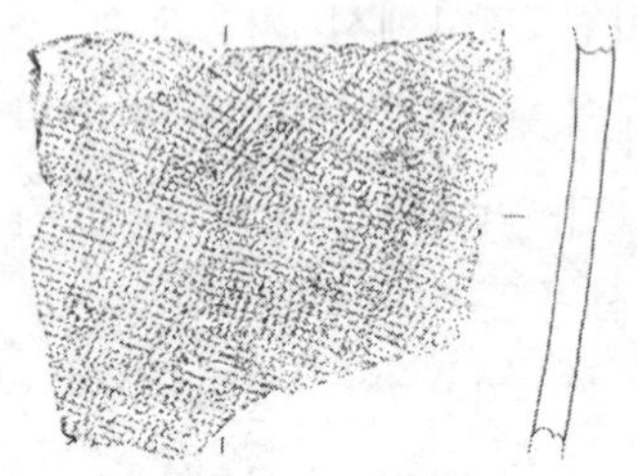

[도면 5-①] 구영리 출토 옹관편

② 옹관편(11.5cm／5.8cm／1.1cm)(사진 118-②, 도면 5-②)

외면과 내면은 회갈색, 속심은 회색을 띠고있는 옹관의 동체부로 연질이다. 외면에는 격자문이 깊고 촘촘하게 타날되어 있으며 기벽이 1.1cm 정도로 두텁고 일정하다. 이 옹관편은 타날된 문양이나 옹관편의 두께, 색깔 등으로 보아서 위의 ①번 옹관편과 동일한 개체인 것으로 추정된다.

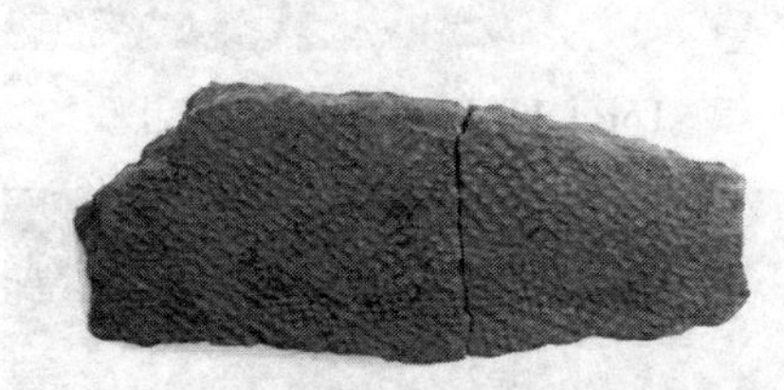

[사진 118-②] 구영리 유적 수습 옹관편

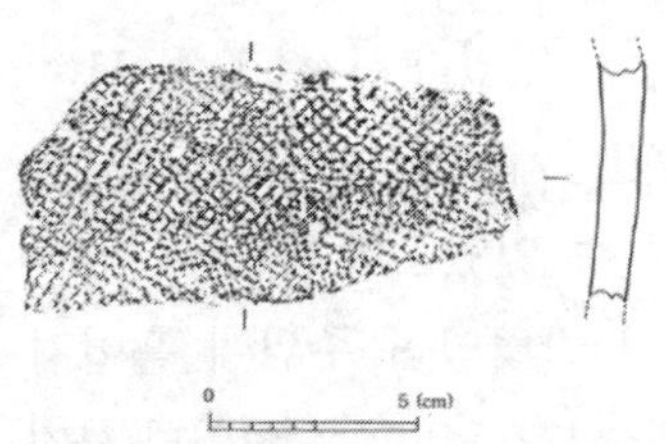

[도면 5-②] 구영리 출토 옹관편

③ 옹관편(21.0cm／15.7cm／0.8cm)

외면과 내면, 속심이 모두 회갈색을 띠고 있는 옹관의 동체부로 연질이다. 외면에는 격자문이 타날되어 있으나 심한 박리현상으로 인해 현재에는 잘 남아있지 않다. 입자가 굵은 석영 알갱이들이 기벽에서 다수 관찰된다. 기벽이 두께로 0.8cm로 얇지만 비교적 일정하다.

Ⅲ. 신발견 유적의 의미

신안군 압해도, 비금도, 자은도에 대한 고고학 조사과정(지표조사)에서 중요한 시대별 분포와 주요 문화성격을 밝힐 수 있었다는 점에서 의미를 찾을 수 있을 것이다. 하지만 이번 조사로 인해 이 섬들에 대한 문화유적 조사가 완전히 마무리되었다고 할 수는 없다. 80년대부터 지금까지 꾸준한 개발을 하고 있는 과정에서 이미 수많은 유물들이 주민들에 의해서 수습·신고가 되었지만 아직까지 총괄적인 파악도 안된 실정이다.

이번 압해도 지역에 대한 조사 결과 몇 가지 주목할 만한 의미 있는 발견이 있었다고 생각한다. 지역적으로 압해도는 내륙과 가까운 위치에 있어 선사시대부터 주민들의 활동이 왕성했던 여러 적소가 있었다고 생각된다.

우선 먼저 주목할 만한 것은 이 지역에서 8지점의 구석기유적이 발견되었다는 점이다. 이러한 양상은 다른 섬 지역에서 잘 나타나지 않는 점이기는 하지만 앞으로 섬과 도서지역에서 구석기유적이 지속적으로 확인될 수 있는 가능성이 높아졌다. 또한 영암, 나주, 해남, 무안 등 전남 서해안을 접하고 있는 도서 지역에서 많은 구석기유적이 확인되는 점과 이 유적들이 현재의 해수면과 소하천변에 위치하고 있어 유적 형성시기를 기후를 중심으로 하는 환경조건에 대한 연구로 끌어낼수 있다는 점에서 중요하게 되었다. 과거 유적이 형성될 시기가 현재의 해수면보다 낮았다면 지금과 같은 구릉지역이 구석기시대인들에게 적합한 환경조건을 제공할 수 있었는가 하는 점을 고려하여 볼 때 현재 해수면과 소하천 그리고 그러한 물(하천)과 물자원(하천과 바다)의 활용을 가능케 하는 배경을 근거로 살기에 적합한 낮은 구릉들은 현재와 유사한 환경에서 구석기인들의 이 지역에 점거했을 가능성을 보여준다. 현재 확인되고 있는 압해도의 구석기유적은 비슷한 환경조건에서 확인되고 있으며, 유물도 자갈돌 석기전통을 유지하고 있는 것이 특징이다.

압해도에서 또 하나 주목할 것은 다양한 청동기시대의 유적의 확인이다. 특히 압해도의 여러 유물산포지에는 동일한 응회암제 석기와 다량의 격지들이 확인되는 양상을 보이고 있다. 또한 복룡리와 같은 대단위의 석기제작소가 있었다는 것은 다수의 지석묘군과 함께 청동기시대의 집단 주거지가 존재한 가능성을 보여주는 의미 있는 발견이다9). 압해도에서 확인되고 있는 이러한 유적들은 이 지역 뿐만 아니라 전남지방의 청동기문화를 복합적이며 보다 세밀하게 복원하는데 중요한 자료가 될 것이다.

끝으로, 이번 조사에서 철기시대 이후의 많은 유적을 확인할 수 있었다는 점이다. 특히 동서리 서촌유적과, 학교리 목교 Ⅱ 유적은 그 범위가 넓어 집단 취락지가 있었을 가능성을 보여주는 곳이어서 상당히 주목된다 하겠다. 또한 패총유적도 대체로 이 시기에 집중하고 있어 바닷길에 대한 문제, 바다자원 활용 문제등 여러 가지 고고학적 과제를 해결할 수 있는 자료가 축적되었다고 할 수 있다.

결국 압해도에는 구석기시대 이래로 내륙과 연관되어 많은 선사시대인들이 왕래한 곳이었다. 특히 청동기시대 이후에는 집단적인 거주 양상을 보이는 유적이 확인되고 있어 압해도는 선사시대인들이 생활터전으로서 선택될 수 있는 좋은 환경조건을 갖춘 곳이었다. 앞으로 보다 정밀한 조사를 통해 청동기시대의 주거 산포지와 신석기시대의 유적을 확인하는 것이 과제로 남는다.

비금도 조사에서 주목할 만한 성과는 용소리를 중심으로 전개되었던

---

9) 李榮文·金京七·曺根佑, 「전게논문」, 1996, p.130.

비금도의 역사를 종합적으로 검토할 수 있었다는 점이다. 용소리는 비금
도의 동쪽에 있는 곳으로 저평한 구릉지대로 이루어졌으며 용소리의 동
쪽에는 광대리와 성치산, 서쪽과 남쪽은 넓은 들판, 북쪽은 바다가 있어
농경과 어로 생활을 모두 할 수 있는 입지가 아주 좋은 곳이다. 최근에도
용소리는 가뭄의 피해를 입고 있던 다른 마을들과는 달리 주변에 광대저
수지와 용소저수지, 그리고 자그마한 저수지들이 있어 논과 밭의 경작상
태가 좋았다. 더욱이 이 지역은 선사시대 이래 연안항로의 주요 기착지
였을 뿐 아니라 내륙에서 바다로 경제영역을 확대해 나아갈 때 빠르게 장
악할 수 있는 좋은 환경여건을 갖고 있었다.

　용소리에서는 Ⅰ·Ⅱ·Ⅲ 세 지점의 유물 산포지가 확인되었다. 이 유
물 산포지에서 수습된 유물은 시기적으로 배열하면 대략적인 용소리의
주민 거주시기를 알 수 있다. 철기시대의 파수, 백제시대의 격자문 경질토
기편, 통일신라시대의 호형토기의 구연부편, 고려시대의 녹청자편, 상감
청자편, 조선시대의 분청사기편과 백자편으로 배열이 된다. 또 송맹기씨
(용소리 이장)과 인터뷰 도중 현재 비금동부교회의 북동쪽 논에 지석묘
한기가 있었는데 경지정리 작업 중에 파괴되었다는 것을 알 수 있었다.
또한 이번 조사에서 수습된 화강암제 갈돌은 적극적인 자료는 아니지만
청동기시대 유구 확인이 필요하다는 가능성을 열어 놓을 수 있다는 점에
서 의미가 있다. 하지만 전라남도 서남부 일대로부터 확산되어 가는 주거
영역의 확대의 결과로 철기시대 이후부터는 이 지역에 보다 본격적으로
주민들이 살았던 것으로 보여진다.

　조사기간이 짧았다는 단순한 이유 이외에도 농작물 경작을 위해 지속
적인 객토가 이루어져 원 문화층이 드러나지 않아 유물 수습 양이 충분하
지는 않았다. 또한 유물 수량은 경작 방법이 어떤 것인가에 따라 얼마든
지 많거나 적어질 수 있다. 따라서 단지 간단한 지표조사 결과로 얼마나
많은 주민들이 이곳에 거주했는지에 대한 문제를 다룰 수는 없다. 다만
이 용소리 일대의 환경조건과 유사한 작물재배가 이루어지는 이 지역일

대의 양상을 통해서 가장 많은 유물 산포를 이루고 있다는 것은 조선시대 후기를 제외하고 다른 지역에 비해 이 지역에 주민 거주가 본격적으로 이루어졌던 것으로 보인다. 광대리의 성치산성과 고분의 존재는 이 지역의 중요성을 말해 주는 자료일 것이다.[10] 용소리의 지형적인 특징과 수습된 유물을 보고 추정을 했을 때 비금도는 과거 용소리가 중심지의 역할을, 성치산성이 있는 광대리가 방어의 역할을 했다고 볼 수 있다.

이번 조사에서 또 하나 주목해야 할 점은 이 유적에서 다양한 종류의 청자류, 분청사기류가 출토되고 있는 점이다. 물론 이 종류의 유물이 발견되는 지점은 가산리 나배와 용소리 일대에 국한되고 있다. 분청사기로는 인화국화문과 귀얄문 등 전형적인 분청사기류들이 출토되고 있는 것이 특이하다. 분청사기는 여말선초의 특징적인 생활용구로서 고려 말에 실시된 공식적인 공도정치와 현실적으로 그 지역에 살던 주민들의 일반생활과 어떤 관계가 있는지를 규명해 줄 수 있는 자료가 된다. 즉 당시의 정치적인 상황과 비금도 주민들의 대응이 항상 일치하지 않을 수 있다는 점을 주목할 필요가 있다.

비금도는 용소리 이외의 지역에서는 주로 조선 후기의 자기편만이 수습되었으며 그보다 더 앞선 시기의 유적이 분포되었을 것이라고 추정되는 지역은 이미 경지정리작업 등으로 농경지 위에 갯벌을 덮어버려 조사가 불가능했다.

결국 비금도에 대한 간단한 조사를 통해 아래와 같은 몇 가지 결론에 도달하게 되었다.

첫째, 비금도에는 철기시대 이후에 주민들이 본격적으로 거주했던 것으로 추정된다. 둘째, 용소리는 좋은 환경조건을 가지고 있어 철기시대로부터 조선시대에 이르기까지 중요 점거지역이었다. 셋째, 공민왕 이후 조

---

10) 新安郡, 『新安郡誌』, 2000.
　　木浦大博物館, 『新安郡의 文化遺蹟』, 1987.
　　全羅南道, 『文化遺蹟總攬』, 1986.
　　朝鮮總督府, 『朝鮮寶物古蹟調査資料』, 1942.

선 전기까지 계속된 공도정치라는 공식적인 정치적 결단과 비금도 내에 머물던 주민들의 대응과정이 항상 원칙대로 이루어지지 않았을 가능성이 있다.

자은도 조사에서 주목할 만한 성과는 구영리에서 옹관고분을 확인할 수 있었다는 점이다. 단면상에 노출되어 있는 이 옹관고분은 최소 2기의 옹관이 매장되었다는 것을 알게 해준다. 이러한 정황으로 보아 이 구릉 일대는 옹관고분군이 있을 것으로 추정되며 그동안 거의 유실되지 않아 잘 보존되어 있을 것으로 보인다.

구영리의 옹관고분은 신안 지역의 섬에서는 처음으로 발견된 것으로[11] 옹관고분사회의 세력범위에 대해서 연구할 수 있는 계기를 제공해 준 것으로 생각된다. 또 옹관고분이 발견된 구영리 주변에는 비록 풍부한 유물은 수습할 수 없었다. 하지만 높은 산을 배경으로 저평한 구릉이 존재하고 있고 가까운 곳에는 바다가 있어서 선사시대와 역사시대의 사람들이 살기 좋은 자연환경을 가지고 있었음을 알 수 있다. 이러한 조사 자료를 통해서 볼 때 비교적 내륙과 멀리 떨어진 자은도에도 옹관고분사회의 세력이 영향을 미쳤음을 알 수 있다.

그리고 이 주변의 구릉에는 토양쐐기를 포함한 제 4기 퇴적층이 존재하고 있었다. 이러한 4기 퇴적층이 존재하고 있음에도 구석기시대의 유물은 발견되지 않았다. 영산강 하구언 뚝이 만들어지기 전까지 계속 바다의 영향을 받아왔던 영산강유역 하류를 비롯하여 도서지역 일대에 대한 구석기시대 유적 조사가 지난 6년 여간 지속되어 왔다.[12] 그 과정에서 몇

---

11) 목포대학교박물관, 『신안군의 문화유적』, 1987 ; 성낙준, 「영산강 유역의 대형용관묘 연구」 『백제연구』 제15집, 공주대학교 백제연구소, 1983.

12) 李憲宗, 「榮山江流域 新發見 舊石器遺蹟群」 『湖南考古學報』 5號, 湖南考古學會, 1997 ; 李憲宗, 「榮山江流域 舊石器遺蹟의 分布와 研究方法」 『地方史와 地方文化』 創刊號, 1998 ; 李憲宗, 「莞島의 先史遺蹟과 遺物」 『島嶼文化』 16, 木浦大學校 島嶼文化研究所, 1998 ; 李憲宗, 「押海島 先史遺蹟의 新發見」 『島嶼文化』 18, 木浦大學校 島嶼文化研究所, 2000 ; 이헌종, 「전남 서해안 도서지역의 구석기시대 석기문화와 주거체계」 『호남고고학보』 14, 호남고고학회, 2001.

가지 중요한 결론에 도달하게 되었다. 아직까지 더 많은 조사가 이루어져야 하겠지만 내륙과 가까이에 위치한 곳 예를 들면 압해도, 완도 등지에서는 구석기시대의 유적이 확인되고 있지만13) 먼 바다에 위치한 섬 즉 금당도, 생일도, 비금도, 장산도 등에서는 아직 유적이 확인되고 있지 않았다.14) 이러한 정황으로 볼 때 당시 이 지역에 정거하며 살았던 구석기시대 사람들이 내륙과 인접한 섬들까지는 자유롭게 왕래하며 그들의 삶을 영위하였지만 반대로 내륙과 멀리 떨어져 있는 섬까지는 그들의 생활영역을 확대하지는 않았던 것을 알 수 있다. 이러한 현상은 단순히 섬으로 이동하는 과정을 보여주는 것 뿐 아니라 그들의 자원획득 전략과 연관된 점거 패턴을 살펴볼 수 있는 자료가 된다. 또한 이러한 구석기시대 유적의 발견 위치(표고) 및 분포양상은 갱신세의 해수면 변동과 깊은 연관이 있는 것으로 보인다.

---

13) 李憲宗, 「莞島의 先史遺蹟과 遺物」『島嶼文化』16, 木浦大學校 島嶼文化硏究所, 1998.

  ______, 「押海島 先史遺蹟의 新發見」『島嶼文化』18, 木浦大學校 島嶼文化硏究所, 2000.

14) 이헌종, 「완도 금당도의 유적과 유물—입도조문제를 중심으로—」『島嶼文化』17, 木浦大學校 島嶼文化硏究所, 2001.

  ______, 「비금도 주민정착에 대한 시고」『島嶼文化』19, 木浦大學校 島嶼文化硏究所, 2001.

제1장 고대 한·중항로의 활성화와 흑산도의 번영

강 봉 룡*

Ⅰ. 머리말

흑산도가 국제 해상교역의 중심 거점항으로 부상하여 번영을 구가하기 시작한 시점은 언제부터일까?

서남해 연안의 육지부에서 멀리 떨어져 있는 絶島인 흑산도가 국제 해상교역의 중심 거점으로 떠오르게 된 것은, 한·중 횡단항로가 일상화되는 조건이 충족될 때 비로소 가능할 것으로 여겨진다. 따라서 이 문제를 따져 보기 위해서는 고대 한·중 항로에 대한 검토가 필수적이다. 먼저 그간 고대 한·중 항로에 관한 논의를 참조하여, 연안항로시대에서 횡단항로시대로 발전해 간 도식을 설정해 보려 한다.

다음에 연항항로시대와 횡단항로시대로 나누어, 흑산도 위상의 발전 과정을 정리하기로 한다. 우선 연안항로시대에는 서남해 연안의 인근 도서지역이 항로의 거점으로 부각되어 갔던 반면, 연안 육지부에서 멀리 떨어진 흑산도는 사람들의 발길이 매우 소원하여 외로운 孤島의 상태에 머물러 있었다는 점을 살피게 될 것이다. 이어서 횡단항로가 개척되고 활성화되어감에 따라 흑산도가 항로의 중심 거점항으로 부상하여 번영을 구가하게 된 모습을 살피려 한다.

II. 고대 한·중 항로

고대 한·중 항로에 관한 그간의 연구에 의하면 초기에는 안전한 연안 항로에 의존하다가 항해 기술이 발달하면서 언제부터인가 위험하지만 가까운 횡단항로를 주로 이용하게 되었다는데 의견이 일치한다. 그렇지만 고대 한·중 항로의 명칭과 횡단항로를 주로 이용하게 된 시기의 문제 등에 관한한 의견이 분분하다. 먼저 명칭문제를 살펴보자.

고대 한·중 항로에 대한 논의는, 老鐵山水道航路와 黃海橫斷航路, 그리고 東支那海斜斷航路의 세 항로로 구분하고, 각 항로의 특징과 주 이용 시기를 논했던 것에서 시작되었다.[1]

먼저 '노철산수도항로'의 코스는, 한반도 서해연안을 북상하여 압록강 하구에 이르고, 여기에서 요동반도 남단연안을 따라 서쪽으로 항해하여 長山群島를 거쳐 요동반도 서남단의 老鐵山에 이르는데, 여기에서 다시 廟島群島를 지나 발해해협을 횡단하면 산동반도의 登州에 이르게 된다. 이 노철산수도항로는 요동반도의 서남단의 노철산을 반드시 거쳐야 하는 항로라 하여 붙여진 이름이다. 그런데 이는 노철산이라는 특정 지명을 冠한 명칭이므로 역사성이 떨어진다고 여겨지며, 바로 이 점을 착안하여 '고려·발해항로'라 칭하자는 견해가 제기되기도 하였다.[2] 그렇지만 이 항로는 고려와 발해만이 이용한 것이 아니라 춘추전국시대 혹은 진시황 시대 이래 항로 개척의 초창기부터 이용되어온 항로라는 점에서, 이 명칭 역시 역사적 대표성을 갖기는 어렵다. 이 점을 고려하여 이를 '황해 북부 연안항로'라 칭하자는 견해가 제기되기도 하였다.[3] 그렇지만 이 항로는

---

1) 孫兌鉉·李永澤, 「遣使航運時代에 關한 研究」『國立海洋大學論文集』6, 1981.
   金在瑾, 「張保皐 時代의 貿易船과 그 航路」『張保皐의 新研究』, 완도문화원, 1985.
2) 申瀅植, 「韓國古代의 西海交涉史」『國史館論叢』2, 1989.
3) 尹明喆, 「고구려 해양교섭사 연구」, 1993.

황해 북부에만 한정되는 것이 아니라 중국의 동해 연안과 한반도 서남해 연안으로 계속되는 항로이므로, 필자는 이를 '한·중 연안항로'라 총칭하는 것이 더 타당할 것으로 본다.[4]

다음에 '황해 횡단항로'는 중국의 산동반도에서 황해를 횡단하여 한반도 서해안으로 직행하는 항로를 말한다. 일반적으로 이 항로의 주요 코스로는 남양만의 唐恩浦에서 연안을 따라 황해도 서쪽까지 북상하여 황해도 장산곶 근처의 長口鎭에서 황해를 횡단하여 산동반도에 이르는 코스를 들고 있지만,[5] 이 외에 당은포에서 직접 황해를 횡단하여 산동반도에 이르는 코스도 상정하는 견해도 있다.[6] 그리고 그 명칭에서도 '황해 중부 횡단항로'라 칭하자는 견해가 있다.[7]

그리고 '동지나해 사단항로'는 한반도 서남해지방에서 흑산도를 거쳐 강남의 명주 등지에 도착하는 코스를 말하는데, 이 항로의 명칭은 동지나해를 비스듬하게 가로지르는 코스라 하여 붙여진 것이다. 그러나 이 항로는 동지나해 보다는 대부분 황해를 경유하고 있다는 반론이 제기되었으며, 그 점에서 '황해 남부 사단항로'라 칭하는 것이 타당하다는 견해가 있다.[8]

이처럼 명칭의 차이는 있지만 고대 한·중 항로를 세 개의 항로로 나누는 것에 대해서는 이견이 없다. 그리고 항로 이용 시기에 대해서도 노철산수도항로(황해 북부 연안항로)가 가장 이른 시기에 개통되었고, 이어서

權德永, 『古代韓中外交史－遣唐使研究』, 一潮閣, 1997.

4) 한·중 연안항로를 남방연해로(산동반도에서 중국 동해안을 따라 남하하는 항로)와 북방연해로(산동반도에서 노철산과 압록강구를 거쳐 한반도 서남해로 이어지는 항로)로 구분하는 견해도 있으나(무함마드 깐수, 「남해로의 동단－고대 한·중해로」 『장보고와 청해진』, 혜안, 1996), 구분의 의미와 실익은 적다.

5) 權德永, 앞 책, 1997.
   李基東, 「후삼국·고려 초기 한·중 해상교역 개황」 『장보고와 21세기』, 혜안, 1999.

6) 金在瑾, 앞 논문, 1985.

7) 權德永, 앞 책, 1997.

8) 權德永, 앞 책, 1997.
   李基東, 앞 논문, 1999.

통일신라기에 황해 횡단항로(황해 중부 횡단항로)가 개통되었으며, 동지나해 사단항로(황해 남부 사단항로)는 빨라야 신라 말기에나 개통된 것으로 보는 것이 일반적이다.

그러나 최근에 표류 및 향토지 기사의 검토를 통해서 세 번째 항로가 두 번째 항로 못지 않게 일찍부터 이용되었을 것으로 보는 견해가 제기되기도 하였고,9) 계절풍과 黑潮 혹은 對馬暖流와 같은 해류를 효과적으로 이용하면 오히려 신속하고 용이하게 횡단할 수 있을 것으로 본 견해도 있고 보면,10) 굳이 세 번째 항로의 이용 시기를 두 번째 항로보다 늦추어 잡을 필요는 없으리라 본다. 또한 두 번째 항로의 한반도 측 출발지를 황해도의 장구진이나 당은포에 한정하고 있으나, 서남해지방에서 흑산도를 거쳐 산동반도에 이르는 코스도 활용되었을 것으로 여겨지므로, 세 번째 항로와 그 출발지가 중복되기도 한다.

이처럼 두 번째 항로와 세 번째 항로가 이용시기와 출발지가 서로 중첩되고, 그 항로에서 취한 바다가 똑 같이 황해였다고 한다면, 굳이 두 항로를 구분할 필요가 있을까 한다. 이 점에서 필자는 두 항로를 '한·중 횡단항로'라 총칭하고자 한다. 이렇게 본다면 '한·중 횡단항로'의 코스는 ① 장구진에서 산동반도에 이르는 코스, ② 당은포에서 산동반도에 이르는 코스, ③ 서남해지방에서 흑산도를 거쳐 산동반도에 이르는 코스, 그리고 ④ 서남해지방에서 흑산도를 거쳐 강남의 명주 일대에 이르는 코스가 있었던 셈이 된다.

앞에서 첫째 항로를 '한·중 연안항로'라 총칭하기로 한 것과 함께 이러한 '한·중 횡단항로'를 생각한다면, 고대 한·중 항로는 크게 연안항로와 횡단항로로 2대분할 수 있을 것이다. 이제 이를 기준으로 하여 연안항로의 시대에서 횡단항로의 시대로 발전해 가는 과정을 살펴보고, 각 단계별 흑산도의 위상변화에 주목해 보고자 한다.

---

9) 金井昊, 「신라시대 한·중항로」『장보고와 청해진』, 혜안, 1996.
10) 權德永, 앞 책, 1997.

III. 연안항로시대 흑산도의 외로운 처지

1. 연안항로 시대

중국 동해 연안과 한반도 서해 및 남해 연안을 거쳐 일본열도에 이르는 국제 연안항로는 아주 이른 시기부터 개통되어 중국대륙과 한반도와 일본열도 사이에 활발한 인적·물적 교류가 이루어지고 있었다. 우리에게 흔히 '徐福설화'로 알려져 있는 '徐市설화'가 연안항로에 대한 가장 이른 시기의 사실을 반영하는 설화가 아닐까 한다.

> 齊人 徐市 등이 상서를 올려 말하였다. "바다 가운데 삼신산이 있다고 하는데 그 이름은 蓬萊·方丈·瀛洲라고 하며 그곳에 仙人이 산다고 합니다. 청하옵건대 齋戒하고 童男女와 더불어 그것을 구하고자 합니다." 이에 (진시황은) 徐市를 파견하고 동남녀 수천 명을 보내어 바다에 들어가 선인을 구하도록 하였다.11)

『史記』의 秦始皇本紀에 역사적 사실처럼 전하는 서복에12) 관한 위의 기사는 중국대륙과 한반도, 그리고 일본열도를 잇는 연안항로의 요소 요소에 서복설화를 남기게 하는 전거가 되었다. 중국의 경우 산동반도의 낭야에서 서복 일행이 떠났다는 전승이 전해오고 있고, 우리 나라의 경우에는 진시황이 선인들이 먹는 不死의 약을 구하기 위해 보낸 서복 일행이 도착했다는 곳이 여러 곳에 전하고 있다. 특히 경남 남해도 금산과 제주도 서귀포에는 서복 일행이 새겨 놓았다고 하는 石刻文이 남아 있어,13)

---

11) 『史記』 卷6, 秦始皇本紀.
12) 이하에서는 '徐市(서불)'을 우리에게 더 잘 알려진 '徐福'이라 칭하기로 한다.
13) 남해군 금산에는 진 제국이 문자통일을 하기 이전의 문자체로 "徐市起 禮日出"이라 새긴 마애석각이 있으며, 제주도 정방폭포의 암벽에도 "徐市過此"라는 문구가 새겨져 있다고 한다(尹乃鉉, 「中國 동부해안지역과 韓半島~滿洲지역의 相互關係」 『장보고 해양경영사연구』, 도서출판이진, 1993, p.72.

서복 일행이 남해군과 제주도를 거친 것을 사실로 보는 견해가 있을 정도이다. 그리고 일본에서도 和歌山縣 新官市 上野에 서복이 다녀갔다는 전승이 전해지고 있다.14)

이러한 서복설화가 어느 정도의 사실을 반영한다고 한다면, 진시황의 치세인 B.C. 3세기 경부터 중국대륙-한반도-일본열도를 연결하는 연안항로가 이미 개통되어 있었다는 말이 된다. 이는 충분히 가능성이 있는 이야기이다. 그 이전 시기부터 서북한지역과 만주지역에는 고조선이 자리잡고 있었으며, B.C. 4세기 말경에는 전국 칠웅의 하나인 연 나라와 국경을 맞대고 쟁패를 벌이기도 하였던 것으로 보아,15) 중국과의 교류는 일찍부터 활성화되어 있었을 것이다. 따라서 진시황이 전국시대를 종식시키고 처음 중국대륙을 통일하는 주인공으로 대두하는 B.C. 3세기 이후에 연안해로를 통해 국제적 교류가 시도되었다는 것을 시사하는 서복설화는 그만큼 사실을 반영하는 것일 가능성이 크다.

실제로 B.C. 194년에 위만에게 왕위를 찬탈당한 고조선의 준왕이 무리를 이끌고 南奔하여 韓地에 정착했던 것도 서복이 이용했다는 한반도의 연안항로를 따라 내려온 것으로 여겨진다.16) 이를 감안하면 이 연안항로는 적어도 B.C. 2세기 초에는 대규모의 인적·물적 교류에서 육로를 더 능가하고 있었다고 해야겠다.

이러한 연안항로가 B.C. 108년 한군현이 설치된 이후부터 A.D. 3세기 경까지 낙랑군을 중심으로 동아시아의 국제교역로로서 활용되었음을 나타내 주는 구체적 기사가 다음과 같이 전하고 있다.

> (낙랑·대방)郡으로부터 왜에 이르는 경로는 다음과 같다. 군에서 해안을 따라 가다가 韓國을 거쳐 다시 남쪽과 동쪽으로 잠시 가다보면 그 북쪽해안에 있는 狗

---

14) 金井昊, 「장보고 선단의 무역항로와 교역」『장보고와 21세기』, 혜안, 1999.
15) 『三國志』卷30, 魏書 東夷傳 韓條 所引「魏略」.
16) 『三國志』卷30, 魏書 東夷傳 韓條, 「侯準既僭號稱王 爲燕亡人衛滿所攻奪 將其左右宮人走入海 居韓地」.

邪韓國에 이르게 되는데 여기에서 거리가 7천리이다. 여기에서 처음 바다를 건너 1천여리 가면 대마도에 이르게 된다.[17]

윗 기사에 나타난 연안항로는 '낙랑군→(서해 남행)→한국→(서해 남행)→(남해 동행)→구야한국→(바다)→대마도'의 코스가 된다. 이 중 韓國은 아산만을 지칭하고, 狗邪韓國은 김해를 지칭하는 것으로 여겨지거니와, 이들 지역이 당시 연안항로의 주요 거점이 되고 있었음을 보여준다. 실제로 서남해 연안의 요소에 중국 화폐가 수습되고 있어,[18] 당시 연안항로를 통해 이루어진 국제 해상교류가 얼마나 활성화되고 있었는가를 증언해주고 있다.

먼저 경남 서부해안지대에 한·중·일 해양 문화교류의 중심 거점 역할을 담당하는 해양세력 가야가 대두되었음을 지적할 수 있다. 이에 대해서는 이미 학계에서 상세히 연구된 바 있으므로 구체적인 서술은 약한다.[19]

다음에 전남 서남부 해안지대에서도 해양세력이 성장하고 있었음이 점차 확인되고 있다는 점을 지적해야겠다. 즉 영산강유역과 서남해안 일대에는, 다른 지역에서는 거의 찾아볼 수 없는 대규모 옹관고분들이 분포하고 있음이 확인되어 주목을 끌고 있는데, 이들이야말로 전남 서남해 지역의 해양세력이 남긴 역사적 자취인 것이다.[20] 더욱이 일본에 논어와 천자문을 전해주었다는 왕인의 출생 및 성장지가 옹관고분이 밀집한 지역에 인접해 있는 영암 월출산 밑 구림마을이라는 전설이 현지에 전해지고 있는 것도 5세기 초 이 지역의 해양세력의 존재와 관련하여 유의할 만한 대

---

17) 『三國志』 卷30, 魏書 東夷傳 倭人條.

18) 姜鳳龍, 「3~5세기 영산강유역 '甕棺古墳社會'와 그 성격」 『歷史敎育』 69, 1999, p.82의 주 52) 참조.

19) 李賢惠, 「4세기 加耶社會의 交易體系의 變遷」 『韓國古代史硏究』 1, 1988.
　　李賢惠, 「三韓의 對外交易體系」 『李基白先生古稀紀念 韓國史學論叢』 上, 一潮閣, 1994.
　　尹龍九, 「三韓의 朝貢貿易에 대한 一考察―漢代 樂浪郡의 교역형태와 관련하여―」 『歷史學報』 162, 1999.

20) 姜鳳龍, 앞 논문, 1999.

목이다.

이처럼 서남해안 지역은 낙랑·대방군을 매개로 하여 중국대륙과 일본 열도를 잇는 국제 연안항로의 교류 상에서 중심적 역할을 담당하였던 것 이다.

그런데 4세기 전반에 이르러 낙랑·대방군이 한반도에서 퇴출당함에 따 라 백제가 서남해를 통한 국제 해상문화교류의 주도권을 장악해 갔다. 특 히 4세기 후반 백제의 근초고왕은 오늘날 해남반도 일대와 가야지역에 거 점을 확보하고, 중국대륙과 한반도와 일본열도를 연결하는 연안항로를 통 해 고대의 동아시아 국제 해상교역을 주도했던 우리나라 최초의 해상왕 으로 기록되어도 좋을 것이다.

그러나 이러한 백제의 국제 해상교역활동은 4세기 말경에 고구려의 반 격을 받아 주춤하였다. 고구려의 광개토왕·장수왕은 수군을 동원하여 서 해를 따라 백제·신라·가야·왜의 해양 활동을 제어하고, 역시 서해 연 안항로를 통해 남조와 북조와의 등거리 외교를 실시하여 동북아 세력균 형을 주도적으로 조성해 갔다. 이의 효율적 관리를 위해서 고구려에 절실 히 요구되었던 것은 역시 해양능력이었으며, 이를 위해 장수왕은 연안항 로의 요지인 평양으로 천도하여 유리한 고지를 선점하려 하였다.21)

이후 5세기 중반 경에 이르러 백제는 다시 한번 해양 주도권을 회복하 기 위해 야심찬 도전장을 던졌으며, 6세기에 접어들면서 고구려의 견제와 신라·가야·왜의 추격이 집요하게 뒤따르는 가운데 왕년에 누렸던 해양 주도권을 회복하였다.22) 당시 중국 남조의 梁 왕조는 무령왕 대의 백제가 다시 강국이 되었음을 선언하였는데, 이는 해양을 지배하는 나라가 곧 강 국이 된다는 등식을 다시 한 번 확인해 준 셈이다.

---

21) 尹明喆, 「長壽王의 南進政策과 東亞地中海의 力學關係」『高句麗 南進經營史의 硏 究』, 백산자료원, 1995.
22) 姜鳳龍, 「5~6세기 영산강유역 '甕棺古墳社會'의 해체」『百濟의 地方統治』, 학연문 화사, 1998.

2. 서남해 도서지역, 연안항로의 거점으로 부상

이처럼 연안항로가 활성화되고 있던 시절에, 서남해의 도서연안지역은 연안항로의 주요 거점으로 부상하였다. 그 흔적은 문헌 자료가 거의 없는 관계로, 전적으로 고고학적 자료에 의존하여 살펴볼 수밖에 없다.[23] 고고학적인 성과를 바탕으로 구석기시대 이래로 신안군 도서지역에서 확인되는 도서인의 삶의 흔적들을 살펴보면서, 연안항로시대 서남해 도서지역의 위상을 엿보기로 한다.

먼저 구석기시대인의 삶의 흔적은, 압해도 일대에 대한 최근의 지표조사에서 구석기 중후기에 보편화된 자갈돌석기전통의 찍개나 몸돌류가 발견되면서 처음 확인되었다.[24] 따라서 신안군 도서지역에 구석기시대부터 사람이 살기 시작했다는 것은 일단 인정할 수 있게 되었다. 그렇지만 구석기시대인들이 신안군의 모든 도서지역에 널리 퍼져 살았다고 보기는 어려울 것이고, 아마도 육지와 가까운 극히 일부의 큰 도서에서만 살았다고 보는 것이 옳을 것이다. 또한 그들의 삶의 모습에 대해서 구체적으로 거론하기는 어려운 실정이지만, 구석기시대에 조성된 패총의 흔적을 찾아볼 수 없는 것으로 보아 일단 어로생활과는 거리가 있었을 것으로 판단된

---

23) 신안군 도서지역에 대한 주요 고고학적 성과를 열거하면 다음과 같다.
　　국립박물관,『서해도서조사보고』, 을유문화사, 1957.
　　김원룡·임효재,『남해도서고고학』, 서울대 동아문화연구소, 1968.
　　최몽룡,「임자도의 선사유적」『고문화』20, 한국대학박물관협회, 1980.
　　이영문,「신안 압해도의 선사문화」『향토문화』7, 향토문화개발협의회, 1982.
　　이해준,「암태도의 문화유적과 유물」『도서문화』1, 목포대 도서문화연구소, 1983.
　　최성락,「암태도의 문화유적과 유물」『도서문화』3, 목포대 도서문화연구소, 1985.
　　최성락,「안좌도지역의 선사유적」『도서문화』4, 1986.
　　최성락,「지도의 선사유적·고분」『도서문화』5, 1987.
　　최성락,「흑산도지역의 선사유적」『도서문화』6, 1988.
　　목포대박물관,『신안군의 문화유적』, 1987.
24) 이헌종,「押海島 先史遺蹟의 新發見」『도서문화』18, 2000.

다. 아마도 그들은 섬의 야산에서 수렵이나 채집을 통해 삶을 영위해 갔을 것으로 보는 것이 타당하겠다.

서남해의 도서 일대에 사람이 널리 확산되어 살게 된 것은 신석기시대부터였던 것으로 생각된다. 신석기시대인들의 삶의 흔적은 주로 패총유적을 통해서 살펴볼 수 있다. 신안군 일대에서 확인된 신석기시대의 패총으로는 대흑산도·소흑산도(가거도)·하태도·우이도·지도읍 어의리 등지에서 조사된 것들을 들 수 있겠는데, 이들 패총유적에서 즐문토기편을 위시로 하여 이중구연토기·압인문토기·융기문토기·단도마연토기 등에 이르기까지 신석기시대 중기 이전 시기의 토기편들이 출토된 바 있다. 이처럼 패총유적이 일반화된 것으로 보아, 신석기시대인들은 그들의 삶의 영역을 바다로 확대하여 어로생활을 영위하기 시작하면서, 도서 일대에 널리 퍼져 살게 되었던 것이다.

청동기시대에 이르면 서남해의 도서인들은 바다로 삶의 영역을 확대한 신석기시대 사람들의 어로생활을 발전적으로 계승해 갔다. 청동기시대 어로생활의 흔적을 보여주는 패총은 임자면 구산리, 압해면 대천리, 흑산면 하태도 등지에서 조사된 바 있다. 그리고 한편으로 섬을 개간하여 농경생활을 개시하고, 육지와의 문화 교류를 시작함으로써 삶의 질을 더욱 높여 갈 수 있었다. 이 시대의 대표적 유적인 지석묘가 신안군 전역에 분포하고 있는 것이 이러한 발전적 변화상을 잘 보여준다. 현재까지 조사된 바에 의하면 신안군의 지석묘는 지도·임자도·증도·압해도·안좌도·장산도·하의도·흑산도 등지에서 35군데 142기가 분포하는 것으로 알려지고 있다. 전남 일대가 지석묘의 세계적 밀집지역이라는 것을 염두에 둔다면, 서남해 도서지역이 전남지방 지석묘사회의 일부 혹은 연장으로 확대되었음을 의미하는 것으로 이해할 수 있겠다. 이 점에서 추후 전남지방의 지석묘와 도서지역의 지석묘 사이의 관계를 보다 정밀하게 추적할 필요가 있다고 본다.

철기시대에 이르면 신안군지역 도서인들의 어로생활은 또 한 단계의 발전을 이룩했던 것으로 보인다. 철기시대 어로생활의 모습을 보여주는 패총유적이 임자면 대기리와 삼두리, 하의면 어은리, 증도면 갈마도 등지에서 6개소가 조사된 바 있는 것이다. 또한 바다와 영산강의 수로를 통해 영산강유역의 연안지역과 더욱 활발한 문화교류를 전개해 가면서 도서지역은 농경문화도 본격 발전시켜 갔을 것으로 여겨진다. 이와 함께 중국대륙과 한반도와 일본열도를 잇는 연안항로가 활성화되어 가면서 서남해 도서지역은 동아시아 국제교역의 요충지로 부상하였다.

『삼국지』 위지 동이전 왜인조에 의하면, 1~3세기에 중국대륙과 한반도와 일본열도를 잇는 연안 해상 교역이 활성화되고 있었음을 알 수 있는데,[25] 그 때 서남해안이 연안 항로의 주요 거점으로 활용되었으리는 점을 염두에 둔다면,[26] 서남해안 육지부에 살고 있던 사람들은 인근 도서지역에 대한 선진 문물의 배급자로서 지도적인 위치에 있었을 가능성이 크다.

이러한 관계는 3세기 후반 이후 영산강유역권에 옹관고분을 지배층의 공통 묘제로 썼던 단일의 정치연맹체('옹관고분사회')가 결성됨에 이르면,[27] 영산강유역 정치세력의 도서지역에 대한 지도적 위치는 더욱 강화되었을 것이다. 현재 서남해 도서지역에서 옹관고분의 확실한 흔적을 확인하지는 못하였지만 일부 옹관편이 수습되기도 하는 것으로 보아,[28] 추후 조사의 진전에 따라서는 신안군의 도서지역 역시 영산강유역 '옹관고분사회'의 일원으로 편입되어 있었을 가능성도 있다고 할 수 있다.

백제가 영산강유역을 지방으로 편제하여 완전 지배한 시점은 6세기 중반 이후였다. 백제는 영산강유역을 완전 지배하게 된 것을 계기로 하여 지방제를 담로제에서 '方−郡−城制'로 개편·정비하였다. 전국을 5개의

---

25) 주 17) 참조.

26) 한반도 서남해 연안항로의 중심 거점은 해남군 백포만 일대였을 것으로 생각된다. 이 일대의 군곡리패총에서 발견된 중국 신나라의 화폐 貨泉은 당시 연안 해상교류의 유력한 증거물로 볼 것이다(崔盛洛, 『해남군곡리패총 Ⅰ·Ⅱ』, 목포대박물관, 1987·1988.

27) 영산강유역 '옹관고분사회'에 대해서는 姜鳳龍, 1999, 앞 논문 참조.

28) 이헌종, 「자은도의 신발견 옹관고분」 『도서문화』 21, 2003.

광역행정구획인 5方(동·서·남·북·중방)으로 나누어 편제하였고, 각 방을 다시 기초행정단위인 군과 성으로 나누어 편제하였던 것이다. 전남 지방은 남방의 관할지역으로 편제되었고, 서남해 도서지역은 남방을 구성하는 기초행정단위로 편제되었을 것으로 보인다. 6세기 중엽 경부터 전형적인 백제 사비양식의 횡혈식석실분이 전남 내륙지방은 물론이고 도서지역에까지 출현하게 된 점이야말로 백제의 전남지역 완전 지배의 고고학적 지표로 볼 것이다.[29]

『삼국사기』 지리지에서 당시 백제가 서남해 도서지역을 편제한 사례를 찾아보면 阿次山縣, 居知山縣, 古祿只縣, 徒山縣, 買仇里縣 등을 들 수 있다. 이들을 오늘날의 지명에 대응시켜 보면, 아차산현은 압해도에, 거지산현은 장산도에, 고록지현은 임자도에, 도산현은 진도의 북부지역에, 매구리현은 진도 남부지역에 각각 비정된다. 결국 백제는 신안 도서지역에서 압해도와 장산도와 임자도의 세 곳을 현으로 편제한 셈이다.

압해도와 장산도와 임자도에는 縣 치소에 걸맞게 성과 고분이 분포하고 있다. 먼저 압해도를 보면 송공리에 송공산성이 있고, 일제시대까지만 해도 그 산성 동쪽의 대천리 일대에 58기의 고분이 분포하고 있었다.[30] 현재는 고분의 흔적이 거의 남아있지 않아 그 실체를 알 수 없지만, 백제 계통의 횡혈식석실분이 다수 포함되었을 것으로 판단된다.

다음에 장산도에는 장산리와 대리 일대에 장산토성지가 있고 공수리에 대성산성이 있으며, 그 산성의 주변인 도창리에 5~6기의 석실분이 분포하고 있다. 이 중 비교적 원형이 잘 보존되어 있는 아미산 남쪽 기슭의 석실분은 백제 사비 천도 이후의 사비양식을 전형적으로 띠고 있어, 6세기 중엽~7세기 초에 축조된 것으로 판단된다.[31] 이는 6세기 중엽을 전후한

---

29) 영산강유역에 대한 백제의 지배 과정에 대해서는, 강봉룡, 「5~6세기 영산강유역 '옹관고분사회'의 해체」『백제의 지방통치』, 학연문화사 참조, 1998 참조.
30) 朝鮮總督府, 『朝鮮寶物古跡調査資料』, 1942.
31) 김원룡·임효재, 『남해도서고고학』, 1968 ; 최성락, 「장산도의 유적·유물」『도서문화』 3, 1985.

시기에 백제의 지방관이 직접 서남해 도서지역에 파견되어 상주하고 있었음을 시사해주는 것이다.

마지막으로 임자도에는 大屯山城址가 있으며, 또한 석실분으로 추정되는 고분의 흔적이 있다는 제보가 있다. 그러나 아직 이에 대한 조사의 손길이 미치지 못하여 성지의 초축시기와 고분의 확인 작업이 미진한 상황이어서, 추후 이에 대한 정밀 조사 작업이 이루어지길 기다릴 수밖에 없다.

백제가 현(성)으로 편제한 서남해 도서지역은 위의 세 곳 이외에도 더 있었을 가능성이 있다. 이러한 가능성과 관련하여 위에서 살핀 신안군의 세 섬(압해도·장산도·임자도) 이외에도 성곽과 고분이 분포하는 섬들을 주목할 필요가 있다. 예를 들어 비금도에는 도고리에 산성산성이 있고 광대리에 성치산성이 있는데, 이들 산성 주위에서 40여기의 고분이 분포하고 있으며, 이들 중 일부는 백제 석실분으로 확인된 바 있다. 이 외에도 안좌도의 읍동리와 대리 일대에서 석실분 6기가 확인되었고, 지도 어의리, 하의도 대리 등지에서도 성격을 알 수 없는 고분군이 찾아진 바 있다. 이러한 섬들 역시 백제의 행정적 편제가 이루어진 지점으로 의심해 볼 필요가 있다. 그리고 추후에 조사가 진전됨에 따라서는 이외의 지역에서도 성곽 및 석실분의 흔적이 더 찾아질 가능성은 있다.

이처럼 서남해 연안에 가까이 있는 신안군의 도서지역은 구석기시대 이래 백제시대에 이르기까지 연안 육지부와 연계되어 발전되어 왔고, 그만큼 국가적으로 중시되어 왔음을 알 수 있다. 이는 서남해 연안도서지역이 연안항로의 요충지로 각광받고 있었음을 의미한다.

3. 외로운 섬, 흑산도

일찍이 연안항로가 활성화되면서 서남해 도서 연안지역은 그 중요성이 증가해 갔던 반면에, 육지부에서 멀리 떨어져 있어 연안항로의 범위에 벗어나 있던 흑산도의 경우는 별다른 주목을 받지 못했던 것 같다. 이러한 사정은 흑산도에서 찾아낸 고고학적 자료를 통해서 엿볼 수 있다.

이제까지의 고고학적 조사에 의하여 흑산도에는 신석기시대와 청동기 시대에 사람들이 살고 있었던 것을 알 수 있게 되었다. 일찍이 흑산도 예리에서 찾아낸 신석기시대의 패총유적과 진리에서 확인된 7기의 지석묘가 이를 증명해주고 있다. 즉 1954년 국립중앙박물관의 서해도서조사팀에 의해서 흑산도의 패총과 지적묘가 처음 발견되었고,[32] 1967년에는 서울대 동아문화연구소에 의해 흑산도 패총들이 시굴 조사되면서,[33] 선사시대 흑산도인의 삶의 흔적들이 비로소 알려지게 되었던 것이다.

먼저 패총유적 조사과정에서 다수의 신석기시대의 토기편과 석기와 골제품이 수습되었다. 이중 가장 많은 양이 수습된 것은 토기편이었는데, 대부분 흑갈색을 띠고 있고, 문양이 없는 것이 다수를 이루고 있는 가운데 일부는 點列文과 線列文과 貝殼線文 등을 시문한 것도 있다. 또한 기형은 평저는 하나도 없고 모두 원저를 이루고 있고, 구연부는 直立口緣과 有脣口緣, 그리고 二重口緣 등의 양식을 취하고 있는 것으로 알려졌다. 그리고 1980년대에 들어 목포대 도서문화연구소에서 조사하면서 신석기시대의 토기편과 석기편들을 추가로 수습하였고, 여기에 토제 방추차를 처음 찾아내는 성과를 거두었다.[34]

이러한 일련의 조사 성과를 통해서 신석기시대 흑산도인들의 문화상과 생활상을 희미하게나마 엿볼 수 있게 되었다. 먼저 토기 구연부의 이중구연 양식은, 남해안지역의 신석기유적에서 만기 즐문토기의 특징적인 요소를 띠는 것으로서, 흑산도 신석기문화를 한반도 남해안일대 신석기문화의 범주 속에서 이해할 수 있는 단서를 제공하고 있으며, 토제 방추차의 존재는 신석기시대 흑산도인의 의생활상을 짐작하는데 조그만 단서가 되고 있다.

---

32) 國立博物館,『韓國西海島嶼』, 國立博物館特別調査報告第一册, 1957.

33) 金元龍·任孝宰,『南海島嶼考古學』, 東亞文化硏究所, 1968.

34) 崔盛洛,「黑山島地域의 先史遺蹟」『島嶼文化』 6, 1988.

다음에 흑산도에서 조사된 7기의 지석묘는, 전남 육지부에서 20,000여 기에 달하는 지석묘가 조사되어 세계적인 지석묘 밀집지역임이 확인된 것을 감안한다면, 전남지방 지석묘사회의 연장선 상에서 이해해도 좋으리라 본다. 이미 앞에서 살폈듯이 신안군의 연안 도서지역이 서남해 육지부의 신석기·청동기문화의 범주 속에서 발전하였던 사실을 상기한다면, 흑산도 역시 신석기시대와 청동기시대에 남해안 육지부와 연안도서지역과 문화적 교류를 활발히 유지해 온 것을 알겠다.

그런데 흑산도에서 이후 철기시대의 유물·유적이 현재 전혀 확인되지 않고 있다. 그렇다면 이는 청동기시대까지 이어진 남해안 육지부와 흑산도의 문화적 교류관계가 철기시대에 이르러 갑자기 단절된 것을 의미하는 것일까? 청동기시대까지의 추세로 미루어 볼 때, 미미하지만 철기시대 이후에도 흑산도와 남해안지방과의 관계가 전혀 없었다고 보기는 어려울 것으로 보며, 앞으로 철기시대의 고고학적 유적·유물이 찾아질 것을 기대해 본다.

다만 현재 영산강유역의 지배적 고분이라 할 옹관고분의 흔적이 전혀 찾아지지 않는 것으로 볼 때, 흑산도에는 아직 자생적인 고대 정치세력집단이 성장할 만한 단계로까지는 발전하지 못했다고 보아야겠다. 그리고 6세기 중반 이후에 백제가 서남해지역에 대한 지배·편제를 관철시켜간 이후에, 흑산도에 대한 편제를 시도한 흔적이 전혀 찾아지지 않는 것으로 보아, 백제의 관심 역시 흑산도 지역까지는 미치지 못하였음을 반영하는 것이 아닐까 한다. 이는 신안군의 연안도서지역에서 철기시대의 유물·유적은 물론이고 고분의 흔적도 다수 확인되고 있는 것과 대조되는 현상이다. 이러한 현상은, 곧 철기시대 이후 삼국시대까지 주로 연안항로가 활성화되어 가고 있던 시기에는, 연안항로의 경유지인 해안 육지부와 연안도서지역을 중심으로 부상했고, 육지부에서 비교적 멀리 떨어져 있는 흑산도는 그만큼 소외될 수밖에 없었던 사정을 반영하는 것으로 볼 것이다.

이렇듯 연안항로 시대에 외로운 섬으로 방치되어 있던 흑산도는, 통일

신라시대에 들어 황해 횡단항로가 개척되고 본격 활용되면서, 일약 동아시아 해상교역의 중심 거점으로 부상해 갔다. 다음 장에서 이 문제를 살펴보기로 하자.

Ⅳ. 황해 횡단항로시대 흑산도의 번영

1. 횡단항로의 개척

삼국간 대결구도가 치열해져 감에 따라 해양 주도권 장악은 필수적인 변수로 대두되어 갔다. 자연히 삼국은 연안항로에서 상대국가의 활동을 방해하고 저지하려는 노력을 필사적으로 기울였다.[35] 6세기에 접어들어 신라가 해양 진출에 가세하면서, 이제까지 백제와 고구려 사이에 전개되어 오던 중국대륙과 한반도와 일본열도를 잇는 연안항로에 대한 주도권 쟁탈전의 양상은 더욱 복잡하게 전개되어 갔다. 법흥·진흥왕 대에 신라는 해양 진출의 요충지에 해당하는 가야지역을 완전 병탄하고 한강 하류 지역에 진출하는데 성공하게 되었으며, 이어서 중국 남조 및 북조에 대한 해양을 통한 외교를 적극 추진해 갔던 것이다.

그러나 7세기에 들어 신라의 해양 진출은, 곧 고구려와 백제의 견제를 받아 연안항로가 차단됨에 따라 무력화될 위기에 처하게 되었다. 뿐만 아니라 신라는 백제와 고구려의 집중 공격을 받아 국가 자체를 유지하기조차 어려운 고립적인 처지에 빠지게 되었다. 이에 신라는 연안항로를 포기하고 새로운 황해 횡단항로를 개척하여 당과의 연결을 시도함으로써 새

---

35) 예를 들어 백제가 문주왕 2년(476)에 송에 사신을 보내려 했으나 고구려가 길을 막아 가지 못하고 돌아왔고, 동성왕 6년(481)에는 남조에 고공하려 했지만 역시 고구려병의 방해로 가지 못한 적이 있었다(『三國史記』 卷26 百濟本紀 文周王條 및 東城王條).

로운 활로를 모색하기에 이르렀다.

황해 횡단항로는 고구려와 백제의 위협을 피할 수 있을 뿐 아니라, 거리도 연안항로에 비해 크게 단축할 수 있었으므로 신라에게는 여러 모로 유리한 면이 있었다. 그렇지만 한편으로 횡단항로는, 연안항로에 비해 항해 과정에서 위험도가 훨씬 높았을 뿐만 아니라 이에 대한 고구려와 백제의 견제 역시 오히려 더욱 집요해져 갔으므로,36) 곧바로 활성화되기 어려운 바가 있었다.

황해 횡단항로는 648년에 나당군사동맹이 체결됨으로써 본격 개척되었다. 군사동맹 이후 나당 간의 원활한 교통을 위해서는, 고구려와 백제의 영향력 하에 있는 연안항로를 대신할 새로운 횡단항로의 개척이 절실히 요청되었던 것이다. 황해 횡단항로를 통한 대규모 군사 이동은 660년에 실현되었다. 소정방이 이끄는 당군이 산동반도를 출발하여 서해를 횡단하여 덕물도(오늘의 덕적도)에 잠시 진주하였다가, 이를 발판으로 기벌포에37) 상륙한 것이 그것이다. 이 기벌포 상륙작전의 성공은 판세의 전환을 가져와 결국 나당연합군이 백제를 멸망시킬 수 있게 한 전초가 되었다. 또한 백제 사비성 함락 후에는 백제부흥세력이 그와 동맹관계에 있던 왜 지원군과 함께 기벌포(백강구)에서 나당연합군과 다시 한번 국운을 건 일대 격전을 벌였는데(백강구 전투), 이는 횡단항로의 상륙지점 기벌포가 얼마나 중시되고 있었는 가를 여실히 보여준다. 이로 볼 때, 나당연합군 승리의 동인은 역시 황해 횡단항로의 개척을 통해서 성공적으로 제해권을 장악했던 것에서 찾을 수 있지 않을까 한다.

이처럼 660년 대규모 당군의 황해 횡단 성공은 이제까지 예외적이고 간헐적인 통로로서 이용되어 오던 황해 횡단항로의 활용 가능성을 높여 주는 계기가 되었다. 그렇지만 이러한 횡단항로가 곧바로 가동된 것은 아

---

36) 642년에 고구려와 백제가 공동으로 당항성(오늘의 남양만)을 탈취하려 했던 것은 신라가 황해 횡단항로를 통해 당에 접근하려는 것을 차단하려 하기 위한 것이라 할 수 있다.
37) 기벌포는 오늘날의 금강 하구 혹은 동진강 하구라는 설이 있다.

니었다. 백제와 고구려를 멸망시킨 후에 당이 백제와 고구려의 옛 땅은 물론이고 신라의 땅 마저도 지배하려는 야욕을 드러내면서 나당 간의 공조체제가 무너지고 결국 668년부터 8년여에 걸친 나당전쟁이 시작되었기 때문이었다. 나당전쟁에서 신라는 고구려 및 백제의 부흥군을 지원하면서 육전에서 크고 작은 승전들을 거두어 점차 당의 기세를 꺾어 갔으며, 676년에는 황해를 횡단하여 기벌포에 상륙하려는 설인귀의 군대를 격파한 것을 계기로 결정적 승기를 잡게 되었다. 기벌포 해전의 승리는 신라에게는 황해 제해권의 장악을 가능하게 하였고, 당에게는 침략 의욕을 버리지 않을 수 없게 하는 결정적 계기가 되었다는 점에서 주목해 볼 만하다.

신라의 삼국통일 이후에, 당은 애써 신라와의 관계를 외면하였고, 왜는 동맹국 백제를 멸한 신라에 노골적인 적대감을 드러내었으므로, 신라는 당분간 대외적으로 고립되지 않을 수 없었다. 문무왕은 이를 의식했음인지 한편으로 당과 전쟁을 치루면서도 한편으로는 사죄 사절단을 네 차례나 당에 파견하여 당과 최소한의 관계를 유지하려 애쓰는 모습을 보여주었다. 그러나 675년부터 나당 사이의 외교관계는 완전 단절되었으며, 남으로 왜의 해상 침입이 우려되는 고립 상황은 당분간 이어져갔다.

그렇지만 8세기에 접어들면서 동아시아 국제사회에 점차 새로운 해빙 무드가 조성되었으며, 당과 신라 사이의 국교도 재개되었다. 당과 신라와 일본 사이에 국제 해상교역이 점차 활기를 띠기 시작했으며, 발해와 당, 발해와 일본 사이에도 국제 해상교역의 분위기가 진작되었다. 이중 특히 당과 신라와 일본 사이의 교역이 중심을 이루었는데, 그 교역로는 산동반도 혹은 절강성 일대에서 출발하여 황해를 횡단하고 한반도 서남해안을 거쳐 신라의 외항인 울산 지역에 이르고, 여기에서 다시 바다를 건너 큐슈의 하카다에 이르는 항로가 주로 이용되었다.

나당 간의 횡단항로는 더욱 다양화되었다. 660년에 당군이 개척한 '산동반도－황해－덕적도－기벌포'의 항로 이외에도, 산동반도와 옹진반도를 연결하는 최단거리의 코스를 위시로 하여 '산동반도－남양만' 코스,

'산동반도-흑산도-서남해안' 코스, '절강성-흑산도-서남해안' 코스 등의 횡단항로가 활성화되어 갔던 것이다.

2. 국제해상교역의 발달과 장보고

통일전쟁과정에서 소정방이 이끈 당 대군이 황해를 횡단함으로써(660년) 본격 개척의 계기가 마련된 황해 횡단항로는, 백강구전투(661~663년)와 나당전쟁(668~676년)을 치르는 과정에서 신라·당·왜가 서로 대립하게 되어, 당분간 활성화되지 못하였다. 그러다가 8세기에 이르러 동아시아에 새로운 해빙 무드가 조성되기 시작하면서 황해 횡단항로는 점차 중심 무역항로로서 각광받게 되었다.

8세기 당시에 국제 교역의 주요 담당자는 견당사였으며, 특히 신라 견당사의 활약상이 두드러졌다. 신라의 견당사는 당시 양주·초주·명주 등 중국 동해안 일대에 포진해 있던 대표적인 국제무역항을 활동무대로 하였는데, 이곳에서 중국의 산물 뿐 아니라 인도·페르시아·아라비아 등지로부터 반입된 각국의 산물들을 사들여 신라는 물론이고 일본에까지 배급하는 등 국제 교역활동을 주도하였다. 동대사의 보물 창고인 일본 정창원에서 발견된 일본 귀족들의 신라물건 매입신청서에 당과 남해 및 서아시아의 산물들이 기재되어 있는데, 이는 당시(752년) 신라 견당사의 국제 교역활동의 실상을 여실히 반영하는 것이다.[38]

일본에서 가장 인기를 끈 신라 고급상품으로는 사하리라 불리는 유기 그릇류와 모전이라 불리는 순모의 깔개 제품이었다. 현재 동대사의 정창원에는 대접 436개, 접시와 쟁반 700개, 숟가락 345개 등 많은 양의 사하리제품과 함께 약 50여장의 모전이 소장되어 있어, 당시 신라 상품이 일본에서 크게 유행했던 상황을 짐작케 해 준다. 이밖에도 비단·염료·칠

---

38) 權德永, 앞 책, 1997.

기·피혁 등의 제품이 주요 대일 수출품이었으며, 倭典이라는 부서가 이러한 국제 교역을 총괄하였다.[39)

그러나 8세기말부터 동아시아는 다시 한번 분쟁의 휘용돌이에 휩싸이게 되었으며, 이에 따라 국제 해상교역은 자연히 위축을 면치 못했다. 먼저 신라에서는 왕위계승을 둘러싼 귀족간의 상쟁으로 연일 내전의 상태에 빠져들었을 뿐만 아니라 착취와 흉년으로 기근에 시달리던 농민들의 항쟁이 봇물 터지듯이 일어나고 있었다. 그리고 당에서도 중앙정부와 지방의 번진세력(절도사) 사이에 치열한 다툼히 벌어지고 있었다. 자연히 동아시아의 국제 해상교역활동은 크게 퇴조되어 갔고, 무도한 해적집단이 점차 해양권을 유린하기 시작했다.

이처럼 8세기말~9세기초에 동아시아 해양질서가 무너져갈 즈음에 재당 신라인 장보고가 중심이 되어, 국제 해상교역의 질서를 복구하여 이를 다시 주도하게 된 것은 동아시아 해양사에 빛나는 쾌거가 아닐 수 없다.

장보고가 당에 건너간 시기는 8세기 말경이었다. 당시 당나라의 정국은 지방 번진들의 도전을 받아 혼미한 상황에 빠져 있었다. 중앙정부는 지방에 대한 통제권을 확실히 하기 위해 반란을 일으킨 지방 번진세력에 대한 대대적인 토벌작전에 나섰고, 지방의 번진세력은 독자적인 지배력을 유지하기 위해 중앙정부에 극렬하게 저항하고 있었던 것이다.

평노치청의 번수 이정기세력도 중앙에 대해 극렬하게 저항하던 세력의 하나였다. 이정기는 영주출신의 고구려 유민으로서 안사의 난을 계기로 795년에 평로치청의 번수가 되었으며, 그 뒤 그의 일족은 819년까지 무려 55년 동안이나 오늘날 산동성의 전역을 배타적으로 지배하였으며, 그의 손자 이사도의 대에는 당 중앙정부의 간섭을 배제하고 '소왕국'의 제왕으로 행세하고 있었다.

이런 상황에서 장보고는 815년에, 산동반도의 이사도세력을 토벌하기 위해 조직한 서주 무령군의 군중소장직에 올랐으며, 819년에 이에 대한

___

39) 李成市(김창석 옮김), 『동아시아의 왕권과 교역』, 청년사, 1999.

토벌을 완료하면서 소장직에서 물러났다. 그리고 그후 828년에 귀국하기까지 9년 동안 당에서 계속 머무르면서 엄청난 부를 축적하면서, 일약 동아시아 국제 해상무역을 좌지우지하는 '해상왕'으로 떠올랐다.

불과 9년만에 장보고가 대성할 수 있었던 비결은 무엇이었을까? 이 문제를 둘러싼 의견은 분분하다. 무언가 불법적인 일에 종사하지 않고서는 단기간에 엄청난 부를 축적하는 것이 불가능했 것으로 전제하여 장보고가 노예 무역이나 해적행위에 종사했을 것으로 예단한 견해도 일부 있지만,[40] 대부분은 정상적인 국제 해상무역을 통해서 부를 축적했을 것으로 보고 있다.[41] 특히 미국의 저명한 동양사학자인 라이샤워는 장보고의 무역가로서의 뛰어난 발자취를 높이 평가하여 '해양상업제국의 무역왕(The Trade Prince of the Maritime Commercial Empire)'이라 치켜세우기도 했다.

장보고의 재당 시절 장보고와 접한 적이 있는 당의 저명한 시인 杜牧(803~852)이 그의 문집 『번천문집』에서 장보고의 인간적 면모를 평가하여 仁義之心이 충만한 사람으로 기술했던 것이나,[42] 장보고의 지원을 받아 그렇게 소원하던 도당 유학을 10년 동안(838~847) 성공리에 수행한 일본의 저명한 천태종 승려 엔닌(圓仁)이 청해진대사 장보고를 친견하기를 절실히 소망한 심정을 그의 구법 일기인 『入唐求法巡禮行記』에 남겼던 것[43] 등을 볼 때, 장보고는 당시에 동아시아 문화계의 중요한 후원자였을 가능성이 크다. 이런 점에서 그를 해적이나 노예무역 종사자로 본

---

40) 浦生京子, 「新羅末期の張保皐の擡頭と反亂」 『朝鮮史硏究會論文集』 16, 1979.
41) 대표적인 논고를 들면 다음과 같다.
　　金庠基, 「古代의 貿易形態와 羅末의 海上發展에 就하여」 『震檀學報』 1·2, 1934·1935.
　　李基東, 「張保皐와 그의 海上王國」 『張保皐의 新硏究』, 완도문화원, 1985.
　　金文經, 『淸海鎭의 張保皐와 東亞細亞』, 향토문화진흥원, 1998.
　　Reischauer, Edwin, 1955, ennin's Travels in T'ang China, New York: Ronald Press.
　　Hugh R.Clark, 「8~10세기 한반도와 남중국간의 무역과 국가관계」 『張保皐 해양경영사 연구』, 이진출판사, 1993.
42) 『樊川文集』 卷6, 張保皐·鄭年傳.
43) 『入唐求法巡禮行記』 卷2, 開成 5年(840) 2月 17日條.

것은 확실히 지나친 억측이라 할 것이다.

그렇다면 그가 짧은 기간 동안에 급성장한 비결은 다른 곳에서 찾아야 할 것이다. 이를 해명하기 위해서는 재당 시절 그의 행적을 간추려볼 필요가 있다.

첫째, 재당 신라인사회를 성공적으로 조직화했다는 점을 들 수 있다. 장보고는 서주 무령군의 군중소장으로서 이정기 일가의 평로치청을 토벌하는 과정에서, 산동반도에 많은 신라인들이 살고 있다는 것을 확인했고, 또한 이정기 일가가 이들을 조직화하여 하나의 독립적인 '소왕국'을 이룰 정도로 번영을 누릴 수 있었던 것도 알게 되었을 것이다. 그리하여 819년에 평로치청에 대한 토벌이 완료되자 장보고는 무령군 군중소장직에서 물러나 이정기 일가가 통솔해온 산동성 일대의 신라인사회를 재조직하는 일에 착수했을 것으로 보인다.

당시 당나라의 동해안 일대에는 삼국통일 전쟁기에 전란을 피해 이미 당으로 건너온 고구려계, 백제계를 포함한 많은 신라인들이 살고 있었고, 또한 8세기말부터 기근 상태가 지속되는 신라를 떠나 생존을 위해 많은 신라인들이 새로이 밀려오고 있었는데, 이들 중에서 인신매매의 대상으로 전락하는 경우도 허다히 있었다. 장보고는 전쟁과정에서 이를 수없이 목도하면서 이들을 재조직할 필요성을 더욱 굳히게 되었을 것이다.

그는 먼저 산동성의 신라인들을 재조직하는 일에 몰두하였다. 그 조직의 방법은 신라인사회의 중심지였던 산동성 석도진의 적산포에 법화원을 세워 신라인 신앙공동체를 구성하는 것으로부터 시작했던 것 같다. 이러한 방법이 어느 정도 성과를 거두게 되자, 똑같은 방식으로 중국 동해안 전지역에 흩어져 살고 있는 신라인들에 대한 조직 사업에 뛰어 들었다. 그 주요 지역은 적산포로부터 시작하여 유산포·묵주·초주·양주·항주·명주 등 중국 동해안 전지역에 걸치고 있었다. 이들 각 지역에는 신라인 집단 거주지역으로서의 신라방과 그 자치적 관리기구인 신라소, 그리고 신라원이라는 사찰이 설치되어 있었던 것이다.44)

둘째, 정치색을 배제하고 철저히 경제활동에만 종사함으로써, 당의 후원을 이끌어내는데 성공했다는 점이다. 장보고는 이정기 일가의 몰락을 지켜보며 당 황실에 군사적으로 대적한다는 것이 얼마나 어리석은 일인가를 실감했을 것이다. 그리하여 그는 8세기에 동아시아 국제 해상무역을 주도하던 신라 견당사들의 활동상을 떠올리면서, 정치색을 배제하고 국제 해상무역이라는 야심찬 사업을 구상하여, 이를 실천에 옮겨갔을 것이다.

셋째, 신라인들의 뛰어난 선박 제조기술과 항해술이 뒷받침되지 못했다면, 장보고의 성공은 어려웠을지도 모른다. 실제 당시에 일본인들이 신라 배의 우수성을 찬양하면서 신라 배의 확보에 대해 논의하고 있는 것이나,45) 중국에 간 일본 사신이 우수한 신라 배를 빌려타고 재당 신라인 항해기술자를 고용하여 귀국한 사실을 기술하고 있는 것으로 보아,46) 재당 신라인의 선박 제조술과 항해술은 국제적으로 정평이 나 있었던 것으로 보인다. 장보고는 이들을 휘하에 조직화하고 우수한 신라 배와 신라 항해 기술자들을 확보하여 황해 횡단항로를 가로질러 국제 해상무역을 주도할 수 있었을 것으로 보인다.

넷째, 적절한 국제 교역상품을 선택했다는 점도 간과할 수 없다. 그는 중국의 상품 뿐 아니라 당시 중국에 밀려들고 있던 인도·아라비아·페르시아 상인들이 가져온 이국적 상품들을 사들여 중국 각지에 배급하고, 더나아가 신라와 일본, 그리고 멀리 동남아시아에까지 보급하는 일을 성공적으로 수행해 갔을 것이다. 이 과정에서 신라인사회의 조직망이 활용되었을 것임은 물론이다.

828년에 장보고가 귀국하여 신라 흥덕왕에게 건의하여 완도에 청해진

---

44) 金文經, 「張保皐, 해상왕국의 사람들」『張保皐 해양경영사연구』, 이진출판사, 1993.
45) 『續日本後紀』에서 신라 배의 우수성을 강조한 구절을 찾아보면 다음과 같다. 「大宰府에 명하여 바람과 파도를 능히 감당할 수 있는 신라배를 만들도록 하였다」(卷8 仁明天皇 6年 7月 丙申條) ; 「大宰府에서 말하기를 "…전해 듣건대 신라 배는 능히 파도를 헤치고 갈 수 있다고 하니, 바라건대 신라 배 6척 중에서 1척을 나누어 주십시오'라고 하였다」(卷9 仁明天皇 7年 9월 癸酉條).
46) 『入唐求法巡禮行記』卷1, 開成 4年 3月 17日條.

건설을 관철시킬 수 있었던 것은 국제적 거부로 성장한 장보고의 성공이 그 배경이 되었을 것임은 물론이다. 당시 신라는 822년에 김헌창이 일으킨 대란의 여파로 지방으로부터 稅收가 급감하여 국고의 곤궁을 느끼고 있었을 때였던지라, 장보고의 재력은 신라 조정에게 필요한 것이었다. 이런 상황에서 신라 조정은 청해진 설치는 물론이고 서남해 지방에 대한 장보고의 영향력까지 상당부분 용인해줄 수밖에 없었을 것이다.47)

그렇다면 장보고가 완도를 택했던 이유는 무엇일까? 일차적으로는 그곳이 고국의 땅이자 그가 태어난 고향이었기 때문이기도 했겠지만, 보다 근본적으로는 이 지역의 지리적 조건과 인적 물적 자원의 조건 등 제반 조건들이 폭넓게 검토된 연후에 결정되었을 것이다.

한반도는 중국대륙과 일본열도를 해양으로 연결하는 중심지에 위치하고 있다. 그 중에서도 서남해지방은, 황해 횡단항로가 활성화되어 있던 당시에 동아 삼국의 국제 해상교역의 요충지에 해당한다. 뿐만 아니라 이 지역은 전통적으로 해양 성향의 인적 자원을 풍부하게 갖고 있어, 인적 자원의 조건을 충족시켜 주고 있다. 여기에 또 하나 보탤 수 있다면 이 지역이 대규모 도자기 생산단지를 건설할 수 있는 제반 조건을 갖추고 있었다는 점일 것이다. 즉 장보고는 당에서 생산된 도자기를 국제 무역의 상품으로 유통시키면서 거부를 축적했던 경험을 살려, 좋은 조건을 갖춘 청해진 주변의 서남해지방에 도자기 생산기술을 이식시킴으로써 도자기의 생산과 국제적 유통망의 접합을 시도하였음직하다.48)

청해진 주변지역인 해남·강진·영암 일대에서 최근에 수많은 도자 요

---

47) 清海鎭의 清海는 원래부터 오늘날의 완도를 지칭하는 고유명사였다기 보다는 '바다를 깨끗이 한다'는 의미의 추상명사에서 비롯되었다고 여겨진다. 이런 관점에서 본다면, 청해진의 대상 범위는 서남해의 바다와 연안을 포괄하였을 것으로 보아 무방할 것이다. 다만 청해를 완도의 옛 이칭으로 부르게 된 것은 청해의 영역을 통솔하는 기지로서의 청해진이 완도에 설치되었다는 점에서 연유한 것이 아닐까 한다.

48) 강봉룡, 「해남 화원·산이면 일대 靑磁窯群의 계통과 조성 주체세력」『전남사학』 19, 2002.

지들이 발견되고 있다. 그런데 그 중에서도 특히 화원반도를 따라 길게 형성된 산골짜기에 조성되어 있는 요지군이 그 수를 헤아릴 수 없이 밀집되어 있고, 그곳에서 생산되었을 초기청자 계통의 도자편들도 무수히 수습되고 있어, 장보고가 건설한 도자기 산업단지의 규모를 짐작하게 하는 데 손색이 없다.[49]

3. 국제해상교통의 요충지 흑산도의 번영

장보고는 청해진을 근거로 하여 중국 동해안에 산재해 있는 신라인사회를 장영 등의 대리인을 통해 원격 조정하는 한편, 일본열도의 최대 무역항이었던 하카다를 중심으로 재일 신라인도 조직화하였다. 그리고 그는 청해진대사의 명의로 당에 견당매물사를, 일본에 대일회역사를 파견하여 당시 동북아시아 국제 물류를 주도하였다. 서남해의 도서지역, 특히 황해횡단항로의 요지에 위치한 흑산도가 국제 해상무역의 메카로 대두하게 된 것은 이러한 장보고의 활동상과 관계가 있을 것이다.

그렇다면 장보고 무역선단은 주로 어떤 항로를 택하였을까? 일본 승려 엔닌(圓仁)이 847년에 귀국할 때 택한 항로를 통해서 장보고 무역선단의 예상 항로를 유추해 보기로 하자.

『입당구법순례행기』에 기술된 엔닌의 취항 항로는 다음과 같다.

산동반도 赤山 莫耶口 출발(847년 9월 2일 정오) →(동행)→ 서웅주 서해(9월

---

49) 이제까지 우리나라 도자기 생산은 고려시대부터 생산된 것으로 본 것이 통설이었다. 그러나 최근에 한·일 연구자 사이에서 그 생산 시기를 9세기 단계까지 올려볼 수 있다는 견해가 제기되고 있어 그 귀추가 주목된다(金井昊, 「康津靑瓷와 淸海鎭」 『張保皐 해양경영사 연구』, 1993 ; 吉岡完祐, 「高麗靑瓷의 出現」 『장보고 해양경영사 연구』, 1993 ; 김영원, 「통일신라시대 한·중교역과 자기의 출현」 『장보고와 21세기』, 혜안, 1999).

4일 새벽) →(동남행)→高移島(9월 4일 오후 9시경) → 무주 黃茅島(혹은 丘草島)(9월 6일 오전 6시경) →(동행)→ 雁島(9월 8일 오전 9시경) →(동남)→ 대마도(9월 10일 오전) → 큐우슈우 肥前國 松浦郡 鹿島(9월 10일 초저녁)

이에 의하면 산동반도를 출발하여 불과 이틀만에 서웅주 서해(충청도 먼 바다)에 이르렀고, 여기에서 다시 동남쪽으로 항해하여 高移島에 도착하고, 이어 黃茅島(丘草島)와 雁島를 거쳐 일본 큐우슈우에 도착하고 있음을 알 수 있다. 여기에서 高移島는 압해도 북변에 접해 있는 古耳島를 지칭하는 것으로 보이며, 雁島는 여수 남쪽에 위치한 安島를 지칭하는 것으로 보아 좋을 것이다. 다만 황모도(구초도)의 위치는 비정하기 어려운데, 비정에 도움이 될 만한 지형 관련 기술 부분을 인용하면 다음과 같다.

> 고이도에서 구초도에 이르기까지 산과 섬이 이어져 있고 동남쪽 멀리 탐라도가 보인다. 이 구초도로부터 신라의 육지까지 가는데는 바람이 좋은 날이면 하루가 걸린다.50)

윗 구절에서 고이도에서 구초도에 이르는 과정이 산과 섬으로 이어져 있다고 한 것은 연안 육지부의 산과 신안군의 섬 사이로 남하한 것을 의미하는 것으로 이해할 수 있을 것이다. 그리고 동남쪽에 탐라도(제주도)가 보이고 육지까지 이르는데 하루가 걸린다고 한 것으로 보아 구초도는 육지에서 비교적 멀리 떨어진 서남단의 섬일 가능성을 시사한다. 이런 점들을 염두에 둘 때, 진도 서남단에 위치한 巨次島가 눈에 띤다. 丘草島에서 동쪽으로 항해하여 安島에 이르렀다는 항해의 방향을 감안해도, 구초도를 거차도에 비정하는 것이 무난할 듯 싶다. 거기다가 구초도와 거차도는 음도 서로 유사하므로, 이 비정에 더욱 애착이 간다.

그렇다면 엔닌의 항로는 산동반도에서 동쪽으로 곧바로 항해하여 황해를 횡단하여 충청도 먼 바다에 이르렀고, 여기에서 동남쪽으로 꺾어 항해

---

50) 『入唐求法巡禮行記』 卷4, 會昌 7年 9月 6日條.

를 계속하여 고이도에, 다시 연안을 따라 남으로 항해하여 진도 서남단의
거차도에, 그리고 다시 동쪽으로 꺾어 항해하여 여수의 안도에 이르렀으며,
여기에서 동남쪽으로 항해하여 일본에 귀환한 것으로 정리할 수 있겠다.

  이 외에 고이도에 정박해 있을 때 전해 들은 흑산도에 대한 이야기를
다음과 같이 소개하고 있다.

> 고이도의 서북쪽으로 백 리 남짓한 곳에 흑산도가 있는데 섬의 모습은 동서로
> 다소 길다. 듣자니 이곳은 백제의 제3 왕자가 도망하여 피난한 곳이라 한다. 오늘
> 날에는 300~400가구가 산속에서 살고 있다.[51]

  비록 엔닌이 흑산도는 거치지 않았어도, 흑산도에 대한 전언을 기술한
것은 흑산도가 당시 항로의 중간 기착지로 널리 알려져 있음을 암시해 준
다. 당시 흑산도에 300~400가구가 살고 있었다고 한 것으로 보아 상당한
번영을 누리고 있었음을 반영한다. 이런 관점에서 徐兢의 『고려도경』에
전하는 다음의 흑산도 관련 기사를 주목할 필요가 있겠다.

> ① 흑산은 … 처음 바라보면 극히 높고 험준하고, 바싹 다가가면 산세가 중복
> 되어 있는 것이 보인다. 앞의 한 작은 봉우리는 가운데가 굴같이 비어 있고 양쪽
> 사이가 만입했는데, 배를 감출 만하다. ② 옛날에는 바닷길을 지날 때 이곳에다
> 선박을 머물게 하였다. 館舍가 아직 남아 있다. ③ 그런데 이번 길에는 여기에 정
> 박하지 않았다. 여기에는 주민의 부락이 있다. 나라 안의 대죄인으로 죽음을 면한
> 자들이 흔히 이곳으로 유배되어 온다. 언제나 중국 사신의 배가 이르렀을 때 밤이
> 되면 산마루에서 봉화불을 밝히고 여러 산들이 차례로 서로 호응하여 왕성에까지
> 이르는데, 그 일이 이 산에서 시작된다.[52]

  서긍이 고려에 방문한 것은 1123년의 일이며, 그가 택한 항로는 명주
정해현(오늘날의 영파)에서 출발하여 흑산도 근처를 지나 서남해지방을
거쳐 서해를 북상하여 개경에 이르는 길이었다. 그런데 서긍은 흑산도 인

---

51) 『入唐求法巡禮行記』 卷4, 會昌 7年 9月 4日條.
52) 『高麗圖經』 第35卷, 黑山條.

근을 항해하면서 이곳에 머물지 않고 지나쳐 버렸다. 그러면서도 그는 ①
흑산도 항구의 지형과 ② 지나는 배들이 이곳에 머무르곤 하여 館舍가 있
었는데 아직도 남아 있다는 옛 관행의 회고, 그리고 ③ 이곳에 주민이 살
고 있고 대죄인의 유배처이며 사신이 오면 산마루에 봉화를 피워 왕성에
알린다는 당시의 상황 등을 기록으로 자세히 남기고 있다. 엔닌이 흑산도
에 들르지 않은 것은, 아마도 지체된 여정을 단축하기 위해 일부러 하는
생각이 든다.

　여기에서 말하는 ‘옛날’이란 언제를 지칭하는 것인지 알 길이 없지만,
아마도 신라의 장보고시대(9세기)까지는 올라가지 않을까 한다. 이는『택
리지』에 전하는 다음의 기사로서 짐작해 볼 수 있는 바이다.

　　나주의 서남쪽이 영암군이고 월출산 밑에 위치하였다. 월출산은 한껏 깨끗하고
수려하여 火星이 하늘에 오르는 산세이다. 산 남쪽은 월남촌이고 서쪽은 구림촌
이다. 아울러 신라 때 이름난 마을로서 지역이 서해와 남해가 맞닿는 곳에 위치하
였다. 신라에서 당나라로 조공갈 때 모두 이 고을 바닷가에서 배로 떠났다. 바닷
길을 하루 가면 흑산도에 이르고, 흑산도에서 또 하루 가면 紅衣島에 이른다. 다
시 하루를 가면 可佳島에 이르며, 艮方(동북 방향)의 바람을 만나면 3일이면 台州
寧波府 定海縣에 도착하게 되는데, 실제로 순풍을 만나기만 하면 하루만에 도착
할 수도 있다. 남송이 고려와 통행할 때 정해현 바닷가에서 배를 출발시켜 7일만
에 고려 경계에 이르고 뭍에 올랐다는 것이 바로 이 지역이다. 당나라 때 신라 사
람이 바다를 건너서 당나라에 들어간 것이 지금 通津 건널목에 배가 잇닿아 있는
것 같았다. 그 당시에 최치원, 김가기, 최승우는 장삿배를 편승하고 당나라에 들어
가 당나라 과거에 합격하였다.53)

『택리지』의 저자 이중환은 신라시대에 바닷길로 중국에 가는 길을 소
개하고 있는데, 그 항로는 ‘영암 구림리 혹은 월남촌 → 흑산도 → 홍의도
(홍도) → 가가도(가거도=소흑산도) → 중국 영파’였다는 것이다. 이는 곧
흑산도가 신라시대에 황해 횡단항로의 중요한 기착지였음을 보여주는 것
인데, 이로써『고려도경』에서 서긍이 칭한 ‘옛날’이란 신라시대였음을 알

---

53)『擇里志』, 八道總論 全羅道篇.

겠다. 또한 이중환이 윗 기사에서 제시한 신라시대 항로의 중국 측 출발지 영파는 서긍의 출발지와는 일치하고 엔닌이 출발한 산동반도와는 차이가 있다. 이는 아마로 신라·고려시대의 서남해로 통하는 항로가 산동반도에서 출발하는 루트와 영파에서 출발하는 루트가 병존했을 가능성을 보여주는 것이 아닐까 한다.

또한 당시에 신라인이 바다를 건너 당에 들어간 것이 매우 빈번했음을 빗대어 '지금 통진 건널목에 배가 잇닿아 있는 것 같았다'고 표현하고 있는데, 이것이 사실이라면 항로의 중간 기착지였던 흑산도의 방문객은 매우 많았을 것이다. 그 대표적인 예로 신라말의 최치원, 김가기, 최승우의 도당 건을 들고 있다.

그런데 서남해지방에 이 중에서 최치원의 도당과 관련된 흔적과 전설들이 전해지고 있어 유의해볼 만하다. 우선 해남군 화원면 금평리의 雲居山 기슭에 있는 瑞洞寺를 최치원이 세웠다고 하는 전설이 전한다. 최치원의 호가 '외로운 구름'이라는 뜻의 孤雲이라는 점을 상기할 때, '구름이 머무는 산'이라는 뜻의 雲居山 이름이 우선 심상치 않게 다가온다. 비금도와 우이도에도 최치원과 관련된 전설이 전하는 것을 보면, 그의 도당 항로는 '화원반도→비금도→우이도→흑산도→영파'였을 가능성이 크다.

이와 함께 화원반도의 끝자락 바닷가에 '唐浦'라는 지명이 있는 것도 예사스럽지 않다. 당포는 '당으로 떠나는 포구'란 의미로 해석될 수도 있기 때문이다. 이와 관련하여 화원반도 주변에는 장보고 이래 조성된 대규모 도자기 요지군이 밀집되어 있다는 것을 유념할 필요가 있다. 즉 원래 당포란 이곳에서 생산된 도자기를 무역선에 실어 당에 수출하던 항구가 아니었을까 의심이 가기도 한다. 당포의 앞 바다엔 연안항로시대 이래 항로의 요지로 활용되던 장산도가[54] 눈앞에 바라다 보이고 있어, 당포를 떠

---

54) 장산도에는 10여기의 지석묘와 백제 석실분을 포함한 6~7기의 고분들, 그리고 2군데의 고대 산성 등이 확인된 바 있어(崔盛洛, 1985, 「長山島·荷衣島의 遺蹟·遺物」『島嶼文化』 3), 고대시대 이래 매우 중시되던 섬이었음을 실감할 수 있다.

난 무역선은 장산도을 위시로 하여 신안군의 여러 섬들을 경유하여 흑산도에 이르고, 여기에서 다시 중국에 이르렀을 가능성이 크다.

그렇다면 흑산도는 장보고시대에 도자기 무역항로의 중간 기착지로서 성황을 누렸으며, 장보고 이후 신라 말기에는 최치원 등의 도당 통로로서 활용되었던 것이고, 고려시대에 들어서도 서긍 등의 사신들이 왕래하는 통로로 활용되었다고 할 것이다. 또한 장보고가 뿌려 놓은 서남해지방의 도자기산업은, 고려시대에 이르러 강진지역을 중심으로 고려청자의 최대 생산지로 이어졌음을 감안할 때, 고려시대까지 그 생명력의 뿌리를 굳건히 유지해 감으로써, 흑산도를 연결고리로 하는 한중 해상교역은 고려시대에도 계속되어 갔을 것으로 보인다.

이처럼 장보고시대 이래로 국제 해상교역의 메카로 떠오른 흑산도는 국가로부터 그에 걸맞는 편제를 받았을 것으로 보인다. 『東國輿地勝覽』에 이를 짐작해 볼만한 기사가 다음과 같이 전하고 있다.

> 가) 흑산도는 수로로 9백리되는 거리에 있는데 섬의 둘레가 35리이고 옛날 흑산현이라 칭하며 그 유지가 남아있다(羅州牧 山川條).
> 나) 나주의 남쪽 10리에 있다. 본래 흑산도 사람들이 육지로 나와 남포에 옮겨 살았으므로 영산현이라 하였다. 고려 공민왕 12년에 군으로 승격했다가 뒤에 나주에 소속되었다(羅州牧 古跡 榮山廢縣條).

가) 기사에 의하면 흑산도에 현이 설치된 적이 있음을 전하고 있다. 흑산도 주민 사이에서 옛날 흑산도가 '月山郡'이었다는 전승도 내려오고 있지만 이는 근거가 희박하고,[55] 흑산현이 설치된 적이 있었다는 가) 기사의 내용은 흑산도의 번영을 돌이켜 볼 때 충분히 가능성이 있다고 본다. 그렇다면 그 置縣의 시기는 통일신라 후말기나 고려시대에 이루어졌을 것이다.

다음에 나) 기사에서 고려 후말기에 왜구의 침탈을 피해 흑산도 주민들

---

55) 李海濬,「黑山島文化의 背景과 性格」『島嶼文化』6, 1988.

을 현재의 영산포지역으로 집단 이주시킨 것을 계기로 하여 그 이주 지역을 榮山縣이라 칭하고 공민왕 12년(1363)에 이르러 榮山郡이라 개칭했다고 한 것으로 보아, 흑산도 주민은 고려말까지 현 혹은 군을 칭할 수 있을 정도의 규모를 갖추고 있었다고 할 수 있다.

이러한 흑산도의 번영은 통일신라 이후 황해 횡단항로가 본격 개척되고, 장보고시대 이래 국제 해상교역의 메카로 부상하면서 누리게 된 결과였을 터이다.

V. 맺음말
: 흑산도 읍동마을 문화유적과 상라산성의 성격

흑산도가 통일신라와 고려시대에 국제 해상교역의 중간 기착지로서 번영을 누렸다고 한다면, 그에 상응하는 문화유적의 흔적들이 당연히 있을 것이다. 과연 그 번영기의 흔적들은 邑洞 마을의 도처에 생생하게 남아 있다. 먼저 대표적인 문화유적을 보면, 상라산성, 寺址, 館舍址 혹은 縣廳址로 추정되는 곳, 그리고 제사지 혹은 봉수지로 추정되는 곳 등을 들 수 있다. 그리고 주요 유물로는 제사지로 추정되는 곳에서 철마 3구와 자기편이 다량 수습되었고, 寺址와 館舍址 혹은 縣廳址로 추정되는 곳에서 와편과 자기편이 다량으로 수습되었다.[56]

특히 주목할 것은 와편 중에 '无心寺禪院'이라는 명문이 새겨진 것이 확인되어, 그간 그 이름과 내력을 전혀 알 수 없던 寺址의 이름이 밝혀지게 되었음은 물론 그 성격을 살필 수 있는 근거를 확보할 수 있게 되었다는 점이다.

---

56) 목포대 도서문화 연구소, 『흑산도 상리산성연구』, 2000.

우선 '무심사선원'의 이름에서 이 사찰은 선종과 관련이 있을 것으로 생각된다. 이와 관련하여 신라 후말기에 많은 선종 승려들이 도당 혹은 귀국 루트로 서남해지방을 즐겨 이용했다는 것을 주목할 필요가 있다. 서남해지방의 주요 항구인 會津을 통해 귀국한 선승의 예를 들면, 희강왕 2년(837)에 玄昱이,57) 진성왕 10년(896)에 眞澈大師 利嚴이,58) 그리고 효공왕 12년(908)에는 오룡사 法鏡大師 慶猷59) 등이 찾아지고 있다. 이 시기에 전남 일원에 저명한 선종 사찰이 집중적으로 세워지고 있는 것을 보면,60) 이밖에도 확인되지 않는 선사들의 출입이 서남해지방을 통해서 이루어졌을 가능성이 크다. 그렇다면 흑산도의 무심사선원은 이러한 선승들이 황해를 횡단하여 한반도 서남해지방과 중국 동해안 사이를 항해하면서 잠시 머물러 예불하기 위해 세운 절이었을 가능성이 크다.

이 중에서 특히 현욱의 경우 장보고의 활동시기와 겹치고 있어 장보고의 후원을 받았을 가능성이 있다. 이는 장보고가 구법활동과 불교신앙활동을 적극 지원해 주었던 행적에 비추어 볼 때 더욱 그렇다고 여겨진다. 장보고가 일본의 천태종 승려 엔닌의 입당구법활동을 후원한 것이나 산동반도 석도진에 법화원을 세워 불교신앙활동을 권장했던 것이 그 대표적인 예가 될 수 있겠다. 이를 염두에 둘 때, 당시 황해 횡단항로의 요충지이자 장보고선단의 주요 기착지로 활용되었을 흑산도에 장보고의 후원 하에 무심사선원이 세워졌을 가능성도 상정해 볼 수 있다.

이번 조사에서의 또 하나의 수확은 상라산의 정상인 상라봉에서 철마 3점을 수습했다는 점이다. 흔히 철마는 祭祀址에서 발견되고 있는데, 神體로 사용하는 것으로 알려지고 있다. 그간 전남 일원에서 발견된 철마를 보

---

57) 『祖堂集』 卷17, 東國 慧目山和尙傳.
58) 「廣照寺 眞澈大師碑銘」.
59) 「五龍寺 法鏡大師碑銘」.
60) 예를 들어 가지산문이 개창된 장흥 보림사, 동리산문이 개창된 곡성 태안사를 위시로 하여 사자산문의 모태가 된 화순 쌍봉사, 실상산문이 개창된 남원 실상사 등은 신라 하대에 일어난 대표적 선종 사찰인 9산문과 관련이 있다.

면 대개 해안가의 제사터에서 나오고 있어,61) 해양문화, 특히 항해의 안전을 기원하는 해양신앙과 관련이 있는 것이 아닐까 하는 생각이 든다. 그런데 부안 죽막동에서 발견된 토마의 경우 5세기를 중심연대로 편년되고 있고,62) 월출산 천황봉의 토마와 철마는 통일신라시대로 편년되고 있다.63)

이러한 馬像 모조품의 출토 사례에 비추어 볼 때, 흑산도 상라봉 출토의 철마 역시 항해의 안전을 기원하는 해양신앙과 관련된 것으로 여겨지며, 그렇다면 상라봉에 철마를 신체로 모셔 놓고 제사를 지내기 시작한 것은 횡단항로가 본격 개통되기 시작한 신라 하대부터일 것으로 보아 좋을 것이다.64) 실제 토마가 수습된 상라봉 정상에서 다량의 토기와 자기편이 깨뜨려진 채로 수습되었는데, 이들이 통일신라부터 고려시대의 것으로 판단되고 있어, 이러한 생각을 뒷받침해 주고 있다.

읍동리 일대에 寺址와 祭祀址, 더 나아가 館舍址, 혹은 縣廳址에 이르기까지 다양한 유지가 조합상을 이루며 모여 있다는 것은, 곧 통일신라 후기에서 고려시대에 이르는 시기에 흑산도의 번영의 정도를 보여주기에 충분하다. 이런 관점에서 볼 때, 상라산에 축조된 상라산성은 번영기 흑산

---

61) 지금가지 전남 일원에서 확인된 馬像 유물을 보면, 진도 철마산성의 철마, 완도군 금일면 유서리의 철마, 여천군 화정면 개도리 화산마을 天祭의 철마, 여천군 남면 횡간리 당제의 土馬, 고흥군 나로도 신금리 당제의 石馬, 나로도 예당마을 당산제의 사기마, 영광군 낙월면 안마도 都祭의 철마, 신안군 도초면 우이도 馬神祭의 철마 등이 있고(표인주,「말의 象徵的인 意味와 模造品 馬類의 信仰的 用途」『靈巖 月出山 祭祀遺蹟』, 목포대학교박물관, 1996), 최근에 월출산 천황봉의 제사유적지에서 철마 3점과 토마 11점이 수습되었으며(목포대학교,『靈巖 月出山 祭祀遺蹟』, 1996), 부안 죽막동 제사유적지에서도 토마의 몸체 5점, 머리 1점, 다리 2점이 수습된 바 있다(전주국립박물관,『扶安 竹幕洞 祭祀遺蹟』, 1994. 이들은 모두 해안가나 도서지역에 해당한다.

62) 전주국립박물관,『扶安 竹幕洞 祭祀遺蹟』, 1994.

63) 목포대학교,『靈巖 月出山 祭祀遺蹟』, 1996.

64) 다만 이번 조사는 지표조사에 그쳐 지표면에 나타난 것만 수습한 관계로 철마만 수습되었을 뿐 토마는 없었는데, 시굴을 통한 보다 정밀한 조사를 한다면 월출산 천황봉에서처럼 토마가 출토될 가능성도 있다고 본다. 여기에서 정밀 조사의 필요성을 제기해 두고자 한다.

도의 중심지를 방어하는 관방체제의 핵심 시설이었을 가능성이 크다고
하겠다.

제2장 押海島의 번영과 쇠퇴
-고대·고려시기의 압해도-

강 봉 룡*

Ⅰ. 머리말

목포대 도서문화연구소에서는 1999년 6월 22일부터 26일까지 5일 간에 걸쳐 압해도 현지조사에 나섰다. 필자도 압해도 현지조사단의 일원으로서 고려이전의 역사자료를 조사하는 일에 참여하였다. 압해도는 백제시기 이래 고려시기까지 郡으로 편제될 정도로 국가적으로 중시되고 있었던 만큼, 이에 상응하는 역사적 흔적들이 남아있을 것으로 기대했었다. 그런데 이번 조사에서는 기대했던 만큼 많은 흔적들을 찾아내지는 못했지만, 의미있는 유적지들을 적지 않게 찾을 수 있었다. 앞으로 보다 정밀한 조사를 실시한다면 좀더 많은 자료를 찾아낼 수 있을 것으로 생각되었다.

이번에 확인한 역사적 흔적들이 비록 미미하다 해도 고려시기 이전의 압해도 역사를 복원하는데 매우 귀중한 자료로 활용될 수 있음은 물론이다. 여기에서 필자는 압해도 현지에서 조사한 내용을 간략히 제시하면서 고려이전의 압해도 역사이야기를 전개하는 조그만 디딤돌을 마련하고자 한다.

압해도는 무안반도의 연안을 따라 마치 용과 같은 형상을 띠고서 길게 늘어서 있다(<지도 1> 참조).[1] 육지와 연접해 있고 또한 해로의 요충지

---

* 목포대학교 역사문화학부 역사학전공 부교수
1) 압해도에는 유독 '龍'자가 들어가는 지명이 많다. 예를 들어 용 머리 부분에 해당하

에 위치해 있어서 그런지, 압해도에는 멀리 구석기시대 이래로 선사시대의 사람들이 살았던 흔적들이 확인되고 있다. 그리고 이번 조사 결과, 고대시대 이후에도 이곳에는 많은 사람들이 들어와 살면서 상당한 번영을 구가했던 것으로 판단되었다. 비록 소략하기는 하지만 이러한 조사 내용을 근거로 하여, 이하에서는 네 주제(군현의 치소, 해로의 요충지, 해양세력의 근거지, 외세에 대한 저항과 좌절)로 나누어 고대에서 고려시대에 이르는 시기의 압해도 역사이야기를 기술하기로 하겠다.

비가 내리는 궂은 날씨에도 불구하고 필자와 함께 팀을 이루어 압해도 조사에 참여한 土居邦彦씨(조사 당시 日本 立教大學 大學院 博士課程), 이재근군(조사 당시 목포대 사학과 대학원 석사과정), 박준희양(조사 당시 목포대 사학과 3학년)에게 이 자리를 빌어 고마움을 표한다.

Ⅱ. 고읍촌·흙성안과 阿次山郡(壓海郡)의 편제 실태

1. 조사 내용 : 고읍촌과 흙성안

압해도는 백제시기 이래 군 혹은 현이 설치되었다는 기록이 전하고 있다. 그만큼 당시에는 압해도가 중시되었던 것이다. 이 때문에 이번 압해도 조사에서는 군 혹은 현의 치소를 확인하는 것을 중심 주제의 하나로 삼았

는 것으로 여겨지는 북쪽의 좌우에 駕龍과 伏龍이 있고, 가룡과 복룡에서 남으로 내려오면서 만나는 지점에 會龍이 있으며, 더 남으로 내려오다 보면 新龍과 居龍 등이 눈에 띤다. 지명에 '용'자가 많이 들어가 있는 것에 어떤 유래가 있는가 주민들에게 문의를 한 결과, 특별한 유래는 없고 '용'자가 들어간 마을은 물이 잘나오는 공통점이 있다는 이야기를 들었다. 이에 필자는 압해도가 용의 형상을 띠고 있어서, 물이 잘나와 일찍이 마을이 형성된 곳에 '용'자를 포함한 지명이 붙여진 것이 아닐까 하는 생각이 들었다.

다. 그 결과 신룡리 일대에서 백제·통일신라·고려에 의해 설치된 군 혹은 현의 치소터와 관련이 있는 듯한 흔적들을 찾을 수 있었다. 古邑村과 흙성안이라 불리는 곳이 그것이다.

고읍촌은 신룡리 신촌마을 외곽 지역에 완만한 구릉으로 되어 있는 곳을 지칭한다. 옛날에는 이곳에 古家가 여러 채 있었고 오래된 우물도 있었다고 하는데,2) 지금은 논과 밭으로 되어 있고 민가는 전혀 없다. 이 일대를 조사하면서 논둑과 밭둑 양편에서 기와편과 토기편, 그리고 자기편들을 다량 수습할 수 있었다. 이들은 대체적으로 볼 때 통일신라시기와 고려시기의 것으로 추정되며, 일부는 백제시기의 연질토기로 추정되는 것도 있다.

그리고 흙성안은 고읍촌에서 서쪽으로 약 1.5km 정도 거리의 바닷가에 추섬이 바라다 보이는 위치에 있는데, 지금은 추섬과 연결되어 남서쪽으로 매립된 넓은 논이 펼쳐져 있다. 흙성안이란 '土城內'라는 의미여서, 혹시 토성이 있지 않을까 하는 기대감을 가지고 이곳을 답사하였는데, 역시 기대했던 대로 바다를 면한 북쪽에 토성이 있음을 확인하였다. 토성의 높이는 약 4m에 달하고 현재 남아있는 토성의 길이는 약 200여m 되었다. 그리고 토성의 주위에서 고읍성에서 수습한 것과 같은 기와편, 자기편, 토기편들을 수습하였다.

고읍촌과 흙성안에 대한 조사를 하면서 신룡리 일대가 몇가지 점에서 옛 군현의 치소였을 가능성이 크다는 생각을 하게 되었다. 옛 읍이 있었던 곳이라는 의미의 古邑村이라는 지명이 전해지고 있는 점, 관방시설로서 해안가에 토성이 조성되어 있다는 점, 그리고 그 일대에서 백제시기와 통일신라 및 고려시기에 쓰였을 것으로 추정되는3) 생활유물들이 수습되었다는 점 등에서 그렇다.

---

2) 고읍촌에 대한 이야기는 신룡리에 거주하는 오남석씨(67세)의 제보에 따른 것이다.
3) 고읍촌과 흙성안에서 수습된 기와편, 자기편, 토기편들은 대부분 형태를 헤아리기 어려울 정도로 조각난 파편들이 대부분이어서 정확한 편년을 정하기는 어렵다. 앞으로 이 지역에 대한 보다 정밀한 조사가 요청된다.

이처럼 고읍성과 흙성안의 유적·유물을 군현의 치소와 관련된 것으로 볼 수 있다면, 이를 실마리로 삼아 압해도의 군현 편제 사실과 관할 범위 등을 살펴보기로 하자.

2. 압해도의 군현 편제 실태와 관할 범위

압해도에 군현을 편제했다는 사실은 몇몇 자료로 전해온다. 먼저 『三國史記』 地理志3 부분에 나온 다음 기사를 보기로 하자.

> 壓海郡은 본시 백제의 阿次山縣으로, 경덕왕이 개명하여 지금도(고려) 그대로 쓰고 있다. 영현이 셋이다. 碣島縣은 본시 백제의 阿老縣으로, 경덕왕이 개명하였는데, 지금은 六昌縣이다. 鹽海縣은 본시 백제의 古祿只縣으로, 경덕왕이 개명하였는데, 지금은 臨淄縣이다. 安波縣은 본시 백제의 居知山縣으로, 경덕왕이 개명하였는데, 지금은 長山縣이다.4)

이에 의하면 압해도는 백제시기에 阿次山縣이라는 이름으로 縣이 처음 설치되었고, 통일신라시기에 壓海郡으로 개명하며 郡으로 승격된 이후에 고려시대에도 계속 유지되었다는 것이다. 그리고 백제시기에 압해도 주위 지역에 현이 설치된 것으로는 阿老縣, 古祿只縣, 居知山縣 등이 있었는데, 이들은 통일신라시기에 각각 碣島縣, 鹽海縣, 安波縣으로 개명되고, 고려시기에 다시 六昌縣, 臨淄縣, 長山縣으로 개명된 것으로 되어 있다.

그런데 『삼국사기』의 다른 부분, 즉 백제 군현을 열거한 地理志4에서는5) 백제시기부터 阿次山郡이 설치된 것으로 되어 있고, 『高麗史』와6) 『新增東國輿地勝覽』 등에서도 이를 따르고 있어, 백제시기에 아차산현을 설치했다는 윗 기사와는 차이가 있다. 이러한 차이를 어떻게 보아야 할

---

4) 『三國史記』 卷36, 地理志3 武州 壓海郡條.
5) 『三國史記』 卷37, 地理志4 百濟條.
6) 『高麗史』 卷57, 地理志2 壓海郡條.

까? 필자는 아차산군이 설치되었을 가능성이 크다고 보며, 잠시 이 문제를 살펴보기로 한다.

백제시기에 압해도와 인접한 서남해지방의 군 설치의 실태를 보면, 勿阿兮郡(무안), 因珍島郡(진도), 道武郡(강진)의 4군이 있었다.[7] 이중 물아혜군은 무안반도의 연안 육지부를 관장하는 중심지였을 것이고, 인진도군은 오늘날 진도군의 여러 섬들을 관장하는 중심지였을 것이며, 도강군은 해남반도의 연안 육지부를 관장하는 중심지였을 터이다. 그렇다면 오늘날 신안군의 여러 섬들이 남게 되는데, 압해도가 이들을 관장하는 중심지의 위치에 있었을 것으로 보인다. 이런 면에서 백제시기에 압해도에 설치한 것은 아차산현 보다는 아차산군이었을 가능성이 큰 것이다.[8] 그렇다면 압해도에는 백제시기에 처음 아차산군이 설치되었고,[9] 통일신라시기에 압해군으로 개칭되어 고려시대까지 유지되었다고 할 수 있겠다.[10]

그러면 아차산군(압해군)의 관할 범위는 어디까지 미치고 있었을까? 이는 통일신라시기에 압해군에 영속되었다는 3현(碣島縣, 鹽海縣, 安波縣)을 기준으로 하여 설정해 볼 수 있다. 압해군과 상기의 3현이 관할했던 섬들의 이름이 『고려사』에 열거되어 있는데, 이를 정리해 보면 <표 1>과 같다.

---

7) 『三國史記』 卷36, 地理志3 武州 陽武郡・務安郡條.

8) 이전 논문에서 필자는 백제시기에 아차산현이 설치되었다가 통일신라시기에 압해군으로 승격된 것으로 파악한 적이 있다(「영산강유역의 고대사회」, 『榮山江流域史研究』, 한국향토사연구전국협의회, 1997, p.136). 이 자리를 빌어 견해를 수정한다.

9) 압해도에 阿次山郡이 처음 설치된 것은 백제가 영산강유역을 영역화하여 이를 지방제로써 편제한 6세기 중반 이후에 이루어졌을 것이다. 姜鳳龍, 「5~6세기 영산강유역 '甕棺古墳社會'의 해체」『百濟의 地方統治』, 학연문화사, 1998, p.256.

10) 『高麗史』 卷1, 太祖世家의 909년의 기사 중에 '壓海縣'이란 표현이 나오는데, 이 표현이 착오가 아니라면 나말여초기에 압해군이 압해현으로 강등되었다가 고려시기 언젠가에 다시 압해군으로 격상된 것을 의미하는 것으로 볼 수도 있겠다.

〈표 1〉 압해군과 3현이 관할하던 섬들

군현 이름				소속 섬의 이름(『高麗史』 卷57 地理志2)
백제	통일 신라	고려시기	현 지명	
阿次山郡	壓海郡	壓海郡	압해도	只上島, 道沙島, 斤斬島, 述只島, 毛也島, 八欽島, 靑安尼島
阿老縣	碣島縣	陸(六)昌縣	고이도(?)	比尒島, 류島, 神葦島, 靑道, 禿島, 白良島, 慈恩島, 岶墮島, 櫻島, 鷺島, 乃破島
古祿只縣	鹽海縣	臨淄縣	지도(?)	北師子島, 南師子島, 開要只島, 竹知島
居知山縣	安波縣	長山縣	장산도	古參島, 新伊良島, 上於島, 安昌島, 阿於島, 松島

각 군현에 소속해 있는 섬들은 그 이름이 오늘날의 것과 다른 것이 많으므로 정확하게 비정하기는 어렵다. 다만 음상사를 기준으로 하여 몇몇 섬들에 대해 비정을 시도한 이해준 교수의 견해가 있는데, 참고로 이를 소개하면 다음과 같다.11)

① 壓海郡＝押海島, 只上島＝只佐島(箕佐島), 道沙島＝都草島, 述只島＝朴只島, 八欽島＝八禽島

② 陸昌縣＝영광군 남면 남창리, 比尒島＝飛禽島, 慈恩島＝慈恩島, 岶墮島＝巖泰島

③ 臨淄縣＝荏子島

④ 長山縣＝長山島, 安昌島＝安昌島, 阿於島＝荷衣島

위의 지명 비정은 대체적으로 타당한 것으로 여겨지지만, 육창현을 영광군 남면 남창리로 비정한 것은12) 재고의 여지가 있다고 본다. 왜냐하면 육창현의 치소는, 통일신라시기 지명이 碣島縣이었던 것에서 알 수 있듯이, 연안 육지부에서 있었던 것이 아니라 섬에 설치되었을 것으로 보이기

---

11) 李海濬, 「新安 島嶼地方의 歷史文化的 性格」 『島嶼文化』 7, 1990, pp.64~65.

12) 육창현을 영광군 남면 남창리로 비정한 것은, 일찍이 영광군 영내로 비정한 기왕의 막연한 견해를(李丙燾, 『國譯 三國史記』, 을유문화사, 1977, p.555) 수용하면서 육창과 남창의 음상사를 염두에 두고서 내린 견해라 생각된다.

때문이다. 이런 관점에서 볼 때 碣島縣의 碣島는, 909년에 왕건에 대항하던 압해도의 해상세력 能昌이 葛草島 도적과 서로 연결했다고 나오는 『고려사』 구절의[13] '葛草島'와 같은 것으로 보아 좋을 듯하다.

그렇다면 갈초도는 어디를 지칭하는 것일까? 필자는 이를 압해도 북쪽에 인근해 있는 古耳島에 비정하고자 하며, 이에 대한 몇 가지 이유를 제시하기로 한다.

첫째, 왕건이 압해도의 능창을 사로 잡은 곳이 갈초도의 나루터 입구였다는 점에서, 갈초도는 압해도에서 쉽게 왕래할 수 있는 가까운 지점에 위치할 것으로 생각되므로, 고이도로 보는 것이 옳을 듯하다. 둘째, 고이도에는 王山城이라 불리는 산성시설이 있어서, 일찍이 유력세력의 근거지였을 가능성을 시사해주고 있다. 셋째, 고이도는 연안해로의 요충지에 해당한다는 점을 들 수 있다. 예를 들어 왕건이 909년에 珍島를 수중에 넣고 皐夷島의 항복을 받아낸 연후에 영산강을 거슬러 올라가 덕진포에서 견훤군과 일대 격전을 벌였던 것이라든가,[14] 그 이전에 일본의 승려 엔닌(圓仁)이 845년에 중국에서 일본으로 귀국하는 해양 루트에서 高移島에 정박했던 것,[15] 그리고 조선전기에 고이도의 對岸인 무안군 운남면 성내리에 多慶浦鎭을 설치했던 것 등을 보면 고이도가 역대 연안해상 교통로에서 높은 비중을 차지하고 있었다는 것을 알 수 있다.

이러한 이유로 碣島＝葛草島＝皐夷島＝高移島＝古耳島로 보아, 고이도에 갈도현＝육창현의 치소가 있었던 것으로 보고자 한다.[16] 이렇게 본다

---

13) 주 38) 참조.
14) 주 36) 참조.
15) 『入唐求法巡禮行記』 卷4, 會昌 7年 9月 4日條.
16) 육창현(갈도현)의 치소가 고이도에 있었다고 보는 데 몇 가지 문제가 있긴하다. 먼저 고이도가 현 치소를 설치하기에는 너무 작은 섬이라는 점을 들 수 있다. 그런데 그 보다 더 큰 문제는 『고려사』에 나오는 909년의 같은 기사에서 皐夷島와 葛草島가 함께 섞여 나오고 있어, 갈초도와 고이도를 별개의 것으로 볼 수 있겠다는 점이다. 그럼에도 불구하고 압해도에 가까운 거리에서 현이 설치될만한 섬을 찾으려면, 비록 작은 섬이긴 해도 연안해로의 요충지로 알려진 고이도만한 곳을 찾기 어려운

면 서남해 도서지역의 군현 치소는 육지부에 沿해 있는 해로의 요충지 상에 두어지는 경향성을 엿볼 수 있다. 압해도와 장산도와 고이도의 경우는 이러한 경향성에 부합하는데, 임치현의 치소로 비정한 임자도는 육지부에서 좀 떨어져 있다. 따라서 임치현의 치소는 임자도 보다는 육지부에 연해 있는 智島에 설치되었을 것으로 보는 것이 자연스러운 면이 있다.17)

이상에서 살핀 바를 토대로 하여 아차산군(압해군)의 관할 범위와 편제 실태를 <지도 1>에 표시하였다. <지도 1>에 나타난 바에 의하면 당시 군현 편제의 방식이 매우 독특했다는 것을 엿볼 수 있다. 먼저 군현의 치소가 두어진 곳이 육지부에 연해 있는 교통의 요충지라는 특징이 있다는 것은 앞에서 지적한 바 있거니와, 이 외에 각 치소에 의해 관할되는 섬들이 바다 쪽으로 길게 뻗어나간 형상을 띠고 있다는 특징도 엿볼 수 있다. 이는, 섬들에 대한 군현 편제가 가까이 있는 섬들끼리 묶는 방식으로 이루어진 것이 아니라, 당시 해상 교통로로 연결되는 섬들끼리 묶는 방식으로 이루어진 것을 반영하는 것이겠다. 그렇다면 당시의 해상 교통로는 ① 압해도(압해군)→팔금도→도초도의 코스, ② 고이도(육창현)→자은도→암태도→비금도의 코스, ③ 지도(임치현)→임자도 코스 ④ 장산도(장산현)→상·하태도→하의도의 네 코스가 있었다고 상정할 수 있을 것이다. 이는 당시 도서지역의 생활권 형성에서 해상 교통로가 차지하는 비중이 매우 높았음을 의미하는 것이다. 이런 조건 위에서 특히 郡이 설치된 압해도는 서남해 도서지역의 해상 교통로 상에서 가장 중요한 위치를 점하고 있었다고 해야 할 것이다.

것도 사실이다. 그래서 필자는 일단 고이도와 갈초도를 同處異名으로 간주하여, 육창현(갈도현)의 치소를 고이도에 비정하기로 한다. 주 40) 참조.

17) 智島는 해제반도에 연해 있을 뿐만 아니라, 조선전기에 지도의 對岸인 해제면 임수리에 임치진이 설치된 바 있어, 임치현(염해현)의 치소로 보는 것이 더 진실에 가까울 것으로 본다. 또한 참고로 통일신라와 고려시기에 海際縣이 별도로 설치되어 있었으므로 조선전기에 임치진이 설치된 해제면 임수리 일대는 해제현의 관할 범위에 포함되었을 것으로 보는 것이 좋겠다.

이처럼 서남해 도서지역의 중심지로서 군으로 편제되었던 압해도는 고려 후기에 이르러 왜구 침탈의 대상이 되어 폐지되는 운명에 처하고 만다.18)

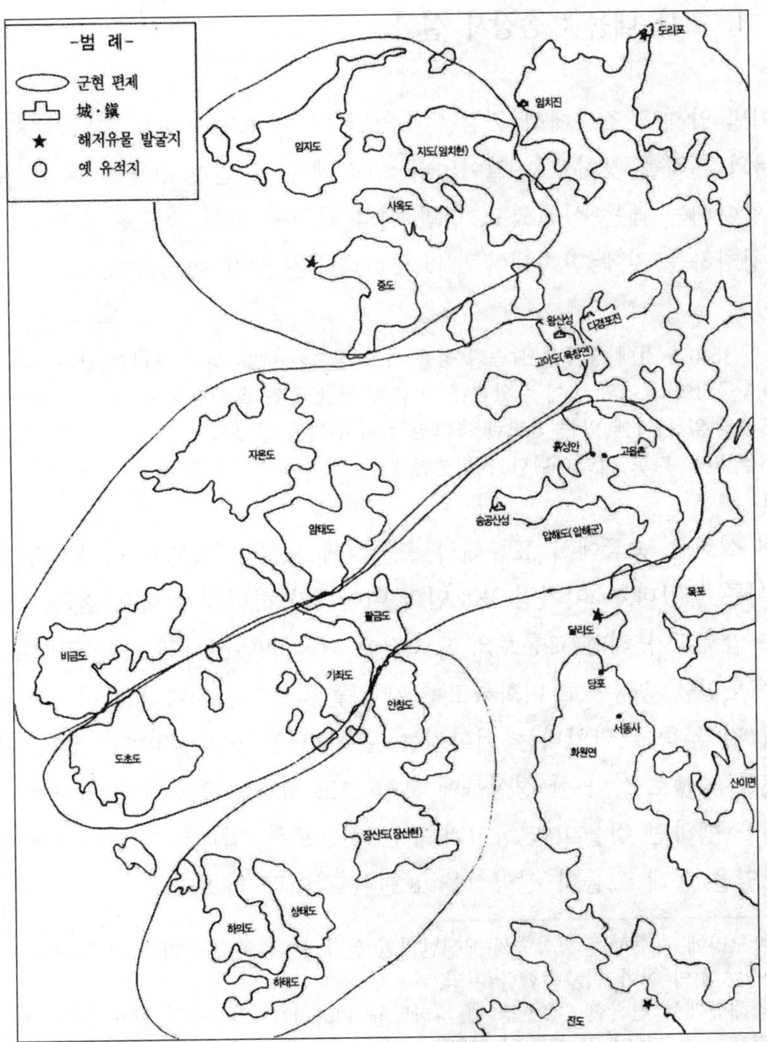

[지도 1] 아차산군(압해군)의 군현편제와 해로의 거점

---

18) 이 문제는 Ⅴ장에서 상론하기로 한다.

Ⅲ. 송공리의 송장수 설화와 해로의 요충지

1. 조사 내용 : 송장사 설화

이번 압해도 조사에서 중점을 두었던 또 하나의 주제는 해로의 요충지로서의 흔적을 찾아보는 일이었다. 그러나 이에 관한 유형의 유물·유적을 찾아내는 데는 실패했고, 다만 이와 관련될 만한 것으로 송장수 설화를 청취하는 것에 만족해야 했다. 그 내용은 대강 이러하다.

> 1500년 전에 중국에서 송씨 성을 가진 장수가 배를 타고 오다가 난파를 당하여 송공리에 들어와 굴에 살았는데, 이를 송씨굴 혹은 솔구지라 부른다. 송장수는 송공리 앞 바다에 있는 역도란 조그만 섬에서 말을 길렀으며, 송공산과 매화도의 산을 말을 타고 날아다니다가 칡넝쿨에 걸려 넘어져 죽었다.[19]

윗 설화는 중국에서 표류해서 송공리에 도착한 漂到人 이야기가 근간을 이루고 있다.[20] 이처럼 표도인의 이야기가 하나의 설화로 전하고 있는 것은 압해도가 해상 교통로의 요충지에 해당함을 시사해 주는 것이다. 또한 표도인을 송장수로 미화하고 그가 말을 타고 날아 다니는 이적을 행하다가 결국 죽고 말았다는 이야기는, 흔히 해안 도서지역에서 鐵馬 혹은 土馬를 神體로 삼아 산 정상부에 모셔 놓고 항해의 안전을 기원하는 제사 의식을 행하던 것을[21] 연상시켜 주는 것으로서, 압해도의 바닷 사람들이 표도인을 통해 그들의 신앙심을 표현한 것이라 하겠다.

---

19) 학교리에 거주하는 김상술씨(제생한의원 원장, 82세)와 송공리에 거주하는 김상국씨(76세)의 이야기를 종합한 것임.

20) 압해면에서 편찬한 『鄕土誌』에 의하면(pp.426~427) 송장수가 송씨굴에서 태어난 것으로 기술되어 있는데, 이 설화의 내용을 취한다면 송장수는 표도인이라기 보다는 토착 해양세력을 지칭하는 것으로 볼 수도 있겠다. 이 문제에 대해서는 다음 장에서 언급하기로 한다.

21) 姜鳳龍, 「고대 한·중 횡단항로의 활성화와 흑산도의 번영」(본서 수록) 참조.

이 설화가 전하는 송공리는 '3'자의 형상을 이루며 남북으로 길게 뻗어 있는 압해도의 중심부에서 다시 서쪽으로 길게 뻗어나온 부분의 끄트머리 지점에 있어 바다 교통의 요지가 될만한 조건을 갖추고 있다. 실제 이곳에는 송공산성이 있고, 일제시기까지만 해도 58기의 고분이 있었다고 한 것으로 보아, 일찍부터 번영을 누렸던 것을 짐작할 수 있다. 이제 송공리에 전하는 송장수 설화를 실마리로 삼아 해로 요충지로서의 압해도의 면모를 살펴보기로 하자.

2. 해로의 요충지

서남해지방의 해로를 염두에 두면서 압해도의 주변 일대를 면밀히 관찰하다 보면, 연안 도서지역에서 발견된 해저 유물들에 관심이 모아지게 된다. 지금까지 발굴된 사례만을 열거해 보면, ① 신안 증도 앞바다에서 발굴된 송·원대 도자기 무역선을22) 비롯하여 ② 무안 도리포 앞바다에서 인양된 14세기 후반 경의 청자유물,23) ③ 목포 달리도 갯펄에서 발굴한 12세기 경의 고려배,24) ④ 진도 벽파리에서 발굴한 12~13세기 경의 중국 통나무배,25) 그리고 ⑤ 완도 조약도 어두리 앞바다에서 발굴된 11세기 경의 고려배와 녹청자유물26) 등을 들 수 있다. 이 밖에 무안·신안·진도·완도의 도서해안지역 일대에서 수습된 도자기 신고품까지 아우른다면27) 서남해 일대는 그야말로 해저 도자기유물의 보고라 할만하다.

서남해 해저 유물의 이러한 분포상은, 당시에 국내외적인 도자기 교류

---

22) 文化公報部·文化財管理局,『新安海底遺物(綜合篇)』, 1988.
23) 국립해양유물전시관,『무안 도리포 해저유물』, 1995.
24) 국립해양유물전시관,『발굴조사 목포 달리도 배』, 1999.
25) 목포해양유물보존처리소,『진도 벽파리 통나무배 발굴조사 보고서』, 1993.
26) 金正基,「莞島海底發掘調査 槪要」『국립해양유물전시관(도록)』, 1995.
27) 李榮文·趙現鐘 편,『全南 埋藏文化財 目錄』, 1998.

가 대단히 성했음을 시사해 줌과 동시에 서남해지역이 해로의 중심지였음을 일러주는 지표가 된다. 그리고 해로의 중심지라는 조건은 인적·물적 교류를 활성화시켰을 뿐만 아니라, 당시에 최고 인기 교역품으로 각광받던 도자기의 대규모 생산단지를 조성하게 함으로써, 서남해지방에 번영의 시대를 활짝 열어주었다.

일찍이 서남해지방에서 대규모 도자기 생산단지가 조성된 곳으로는 해남의 화원면과 산이면 일대, 영암의 구림리 일대, 그리고 강진의 대구면 일대 등을 들 수 있다. 이중 특히 화원면 일대에는 9세기대에 녹청자를 생산하던 도자요지가 수십기 밀집되어 있어, 이 일대가 통일신라 후기에 자기 생산의 중심지였음을 증언해주고 있다.

여기에서 생산된 도자기들은 영산강 하구로 일단 집결되어 해로를 통해 국내외에 보급되었을 것으로 보이는데, 이와 관련하여 목포의 달리도와 화원반도의 끄트머리 지점이 서로 마주보며 바다로 나가는 좁다란 통로를 이루고 있는 지형에 주목할 필요가 있다. 먼저 달리도에서는 고려배가 발굴되어 그 지점이 가지는 해로상의 중요성을 상기시켜 준 바 있거니와,[28] 그 對岸의 화원반도 끄트머리 지점에서 唐浦라는 옛 지명이 있음을 확인하면서[29] 그 지점 역시 해로상의 중요 지점임을 새삼 짐작할 수 있게 되었다. 즉 唐浦란 '당으로 떠나는 항구'란 의미로서 신라의 대당 교역항으로 널리 알려진 남양만의 唐恩浦를 연상시켜, 서남해지방에서 중국(당)으로 떠나는 중심 항구의 기능을 수행했을 가능성이 크다고 여겨지기 때문이다. 실제 서남해지방은 신라후기에 玄昱, 眞澈大師 利嚴, 그리고 法鏡大師 慶猷 등의 禪師들과 최치원·김가기·최승우 등의 저명한 유학생들이 중국에 왕래하는 통로로 이용하였던 것이다.[30]

---

28) 주 24) 참조.

29) 남영우 편,『舊韓末 韓半島 地形圖』4卷,「木浦港」, 성지문화사, 1997.

30) 『擇里志』八道總論 全羅道篇에 의하면, 당시 신라인이 서남해지방을 통해서 바다를 건너 당에 들어간 것이 매우 빈번했음을 빗대어 '지금 통진 건널목에 배가 잇닿아 있는 것 같았다'고 표현하고 있다.

이중 특히 최치원은 서남해지방의 여러 설화에 등장하고 있어 더욱 유의해볼 만하다. 즉 상기한 唐浦에 인접한 화원면 금평리의 雲居山 기슭에 있는 瑞洞寺가 있는데, 이 절을 최치원이 세웠다고 하는 설화가 전해지고 있다.

최치원과 관련된 설화는 비금도와 우이도에도 전해온다. 비금도에는 최치원이 물을 마셨다는 샘이 있고, 우이도에는 최치원이 초기 상산봉에 머물면서 이적을 보여주고 철마와 銅佛을 남기고 떠나갔다는 이야기가 전한다. 이적을 보여주었다는 것이나 철마를 남겼다는 것 등의 이야기는 그 모티브가 앞에서 소개한 압해도 송장사 설화와 통하는 바가 있어 자못 흥미롭다. 그런데 더욱 흥미를 끄는 것은 최치원에 관한 일련의 설화들이 그의 도당 항로를 시사해 준다는 점인데, 이에 따라 그의 도당 항로를 추정해 보면 '화원반도(당포)→비금도→우이도→흑산도→영파'의 코스를 그려볼 수 있을 것이다.

그런데 압해도는 화원반도의 당포에서 가까운 거리에 있고, 백제시기 이래 군이 설치되어 있었다는 점에서, 서남해지방의 해상 교통로 상에서 중요한 기능을 수행했으리라는 점은 충분히 짐작해 볼 수 있다. 앞에서 예를 들었듯이 846년에 엔닌이 귀국길에 高移島에 정박했던 것이라든가, 왕건이 서남해지방으로 진출하는 과정에서 진도와 함께 제일 먼저 장악하려 했던 곳이 皐夷島였다는 점, 그리고 조선전기에 고이도의 對岸인 무안 운남면 성내리에 多慶浦鎭을 설치했던 점 등은 해상 교통로 상에서 고이도의 중요성을 보여주는 것이지만, 고이도의 남쪽에 인접해 있는 압해도 역시 이에 못지 않았을 것이다. 이상에서 살펴본 서남해지방의 해로 관련 자료를 <지도 1>에 표시하였다.

Ⅳ. 송공산성·왕산성과 해상세력의 거점

1. 조사의 내용 : 송공산성과 왕산성

압해도는 서남해지방 해로의 요충지에 해당하기 때문에 백제시기부터 고려시기에 이르기까지 각 왕조의 조정은 이 지역에 군을 설치하여 서남해 도서지역에 대한 행정 편제의 중심지로 삼고자 하였다. 마찬가지로 해로의 요충지라는 조건은 강력한 해상세력의 성장을 조장하는 배경이 되었으며, 이들 해상세력은 왕조의 통제력이 약화될 때는 번번히 행정체계를 무력화시키고 독립세력화하였을 것이다. 이 점에서 강력한 해상세력의 흔적을 찾는 것을 이번 조사의 또 하나의 테마로 삼았다. 우선 송공산성과 왕산성에 대한 조사를 통해서 해상세력의 존재 가능성을 타진해 보기로 하자.

먼저 송공산성을 보기로 하자. 일제시기의 조사자료에 의하면, 정상에 소형의 石壘와 井戸가 있는 송공산성은 삼한시대 이전부터 존재해온 것으로 전승되어 오고 있으며, 송공산의 동쪽에 인접해 있는 대천리 일대에 고분 58기가 있는 것으로 되어 있다.[31] 이번 조사에서는 숲이 우거져 송공산의 정상부에 접근하지 못하여 산성에 대해 자세히 살피지 못하였다. 또한 송공산 주위에서 고분의 흔적을 거의 찾을 수 없어 일제시기에 조사된 대천리 고분들이 거의 모두 훼손된 것으로 판단되었다. 다만 송공리 상촌마을 앞 논 가운데에 직경 약 7~8m, 높이 3~4m 정도 되는 토축 마운드를 발견하였는데, 혹 고분이 아닐까 짐작하고서 주위를 조사해 보았지만 확증이 될만한 근거를 찾아내지는 못했다. 추후 이에 대한 자세한 조사를 제안하고 싶다.[32]

---

31) 朝鮮總督府, 『朝鮮寶物古蹟調査資料』, 1942, p.170.
32) 고분이라 생각되는 마운드를 동네사람들은 '長伐' 혹은 '불등'이라 부르는데, 송장

송공산성은 남북으로 길게 뻗은 압해도의 중간 지점에서 다시 서쪽으로 길게 뻗어나온 부분의 끄트머리에 위치한다. 이러한 위치 때문에 송공산성 일대는 일찍이 해로의 요충지로 각광받아 해상세력의 근거지가 되었을 가능성이 있다. 송공산성과 그 주위에 있었다는 고분들이 그 가능성을 뒷받침해 준다. 또한 일제시대에 조사한 전승을 그대로 믿기 어렵긴 하지만, 그에 따르면 송공산성이 이른 시기부터 토착세력의 근거지였을 가능성을 일단 짐작해볼 수는 있겠다.

다음에 고이도의 왕산성에 대해 보기로 하자. 왕산성은 무안의 내륙과 바다의 屛風島·梅花島·馬山島·蟬島 등의 섬들이 한눈에 바라다 보이는 왕산에 포곡식으로 축조된 산성이다. 현재 남아 있는 성벽을 보면 1m 내외의 자연석과 50x20cm 정도의 잡석을 이용하여 狹築法에 의해 결구축성하였는데 대부분 붕괴된 상태이다.[33] 일제시기 자료에 의하면, 왕산성은 당시에도 대부분 붕괴된 상태로 남아 있고, 왕건의 동생 某가 해적이 되어 이곳에 근거를 두고 약탈을 일삼았다는 전설이 전한다고 되어있다.[34] 그런데 왕산성에 관해서 이와 다른 전승이 전해지기도 한다.

> 왕건의 숙부 왕망이란 사람이 고려를 건국할 때 큰 공을 세웠는데 건국 후에 왕건이 자신의 공을 무시하자 불만을 품고 왕산성에 입거하여 거사하였다. 그러나 사전에 발각되어 도망가다가 현 무안군 망운면 두무치밑 '고시'라는 연못에서 칼맞아 죽었다.[35]

위의 전승은 주인공이 왕건의 동생이 아니라 숙부로, 해적이 아니라 반역자로 되어 있어 일제시기에 조사된 전승 자료와는 차이가 있긴 하지만, 고려에 대항했다는 점에서는 일치하고 있다. 또한 그 주인공이 왕건의 친족으로 되어 있지만, 이는 어디까지나 나중에 수식되어진 바이고, 실제로

수가 불을 켠 등이 둥둥 떠 있었다 하여 그렇게 불렀다고 한다.

33) 木浦大博物館, 『新安郡의 文化遺蹟』, 1987, p.159~160.

34) 주 32)과 같음.

35) 신안군, 『내고장 자랑』, 1982, pp.144~145.

는 고려 왕조에 대항한 토착 해상세력이 존재했음을 시사해주는 것이라 할 것이다.

2. 압해도의 해상세력
-압해도의 '賊帥' 能昌과 고이도의 '小賊'-

이처럼 송공산성과 왕산성을 통해서 압해도의 해상세력의 존재를 상정할 수 있다면, 역사에서 이에 상응하는 해상세력의 구체적인 예를 찾아볼 수 있을까?

먼저 송공산성의 주위에 58기의 고분이 있었다는 일제시대의 자료와 송공산성의 존재를 염두에 둔다면, 송공리와 대천리 일대에 고대 해상세력이 존재하고 있었을 가능성을 타진해 볼 수는 있다. 다만 현재로서는 송공산성의 始築 시기를 알 수 없고, 고분도 이미 소멸되어 버려 석실분인지 옹관고분인지 알 수 없는 상황이라 속단하기는 어렵고, 송공산성과 그 주변에 대한 정밀 조사와 연구를 기다려야 할 형편이다. 고이도의 왕산성 역시 마찬가지이다.

압해도 해상세력의 구체적인 사례는 나말여초기에 가서야 확인된다. 즉 왕건이 909년에 서남해지방으로 진군하는 과정에서 직면하게 되는 고이도와 압해도 해상세력이 그것이다.

> (태조가) 수군을 거느리고 광주 鹽海縣에 이르러 견훤이 吳越에 보내는 배를 나포하여 돌아오니 궁예가 매우 기뻐하여 흐뭇하게 포상하고, 다시 태조로 하여금 전함을 貞州에서 정비하게 하고 闕粲인 宗希와 金言 등을 부장으로 삼으니 (태조는) 군사 2,500을 거느리고 나아가 광주 珍島郡을 쳐서 이를 빼앗고 전진하여 皐夷島에 이르렀다. 城中 사람들은 군대의 위용이 엄정함을 바라보고 싸우지 않고 항복하였다.36)

---

36) 『高麗史』卷1, 太祖世家1 즉위전 기사.

윗 기사에 의하면 왕건(태조)이 서남해에서 택한 진군로의 주요 지점은 鹽海縣과 珍島郡과 皐夷島였음을 알 수 있다. 鹽海縣은 智島의 육지부 對岸에 해당하는 오늘날 해제면 임수리 일대이고 皐夷島는 압해도 북쪽에 있는 古耳島로서 모두 연안 해로의 요충지에 위치한다.37) 견훤이 염해현을 선점하여 중국 오월에 사신을 파견하는 포구로 활용했던 것이나, 왕건이 이를 점거하여 견훤의 사신 배를 나포했던 것은 모두 해로 요충지인 염해현을 둘러싼 쟁탈전이 치열하게 전개되었음을 보여준다.

염해현을 점거한 왕건은 일단 개선하였다가 다시 이곳에 대한 공략에 나섰는데, 이번에는 남쪽으로 쭉 내려가 서남해의 巨島인 진도를 먼저 점거하고 북상하여 고이도의 항복을 받아냈다. 특히 기사에 나오는 고이도의 城은 오늘날 왕산성을 지칭할 것으로 여겨지며, 城中 사람들은 고이도의 토착세력일 가능성이 크다.

윗 기사의 다음 부분을 보면 고이도의 항복을 받아낸 왕건은 다음에 영산강을 거슬러 올라 나주를 공략하려 했고, 이를 저지하려는 견훤의 군함을 불태워 대승을 거두고 급기야 나주에 입성한 것으로 되어 있다. 그렇다면 왕건이 고이도 해상세력을 제압한 것은 영산강 진군을 위한 사전 포석의 성격이 강하다고 할 수 있다. 고이도의 해상세력은 왕건 군대의 위세에 압도되어 일단 항복하긴 하였지만, 내심으로는 침략세력에 대한 대항의식이 강했을 것으로 보인다. 이 점은 왕건에 저항한 압해도 해상세력 능창에 관한 다음 기사를 살피면서 부연해 보기로 하자.

> 드디어 광주 西南界 潘南縣 포구에 이르러 첩자를 적의 경계에 놓았더니 壓海縣의 賊帥 能昌이 海島 출신으로 水戰을 잘하여 水獺이라고 하였는데 도망친 자들을 불러 모으고 드디어 葛草島의 小賊들과 결탁하여 태조가 이르기를 가다려 그를 맞아 해하고자 하였다. 태조가 諸將에게 말하기를 "능창이 이미 내가 올 것

---

37) 조선전기에 임수리에 臨淄鎭이 설치되었고, 고이도의 육지부 對岸인 오늘날 운남면 성남리에 多慶浦鎭을 설치했던 것은 이들이 연안해로의 요충지였음을 반영한다. 주 18) 참조.

을 알고 반드시 도적과 함께 변란을 꾀할 것이니 적도가 비록 소수라고 하더라도 만약에 힘을 아우르고 세력을 합하여 앞을 막고 뒤를 끊으면 승부는 알 수 없는 노릇이니 헤엄을 잘 치는 자 십여인으로 하여금 갑옷을 입고 창을 가지고 작은 배로 밤중에 葛草島 나룻가에 나아가 왕래하며 일을 꾸미는 자를 사로잡아서 그 꾀하는 일을 막아야 될 것이다"라 하니 諸將이 다 이 말을 따랐다. 과연 조그마한 배 한 채를 잡아보니 바로 능창이었다. 궁예에게 잡아 보내었더니 궁예가 크게 기뻐하여 능창의 얼굴에 침을 뱉고 말하기를 "海賊들은 모두가 너를 추대하여 괴수라고 하였으나 이제 포로가 되었으니 어찌 나의 신묘한 계책이 아니겠느냐" 하며 여러 사람 앞에서 목베었다.38)

윗 기사는 왕건이 나주에 머물다가 수도인 철원으로 귀환하는 과정에서 압해도 능창의 저항에 직면하게 되면서 벌어진 사건의 전모이다. 그런데 능창에 대해서 賊帥 혹은 '해적의 괴수'라 표현하고 있는데, 이는 어떠한 정치권력에도 소속하지 않은 독립적인 해상세력이었음을 의미한다고 볼 수 있겠다.39) '수전에 능하여 수달이라 불리었다'는 구절 역시 능창의 해상세력으로서의 면모를 시사해 주는 것이다. 또한 왕건이 능창과 직접 해전을 벌이면 승부를 기약하기 어렵다고 한 것이나, 궁예가 능창에 대해 해적들이 추대하여 괴수로 삼았지만 자신의 신묘한 계책에는 당하지 못했다고 호언하면서 목벤 것 등에서 볼 때, 해상세력으로서의 능창의 위세가 만만치 않았을 것임을 짐작할 수 있다.

그런데 여기에서 주목되는 것은 능창이 갈초도의 세력과 결탁했다는 점인데, 이 점은 왕건이 "만약에 힘을 아우르고 세력을 합하여 앞을 막고 뒤를 끊으면 승부는 알 수 없는 노릇"이라고 말했던 것에도 나타나 있다. 이

---

38) 『高麗史』 卷1, 太祖世家1 즉위전 기사.
39) 능창세력의 성격에 대해 견훤과 결합한 친견훤적 성향을 띠었을 것으로 추정한 견해도 있다(申虎澈, 『後百濟 甄萱政權研究』, 일조각, 1983, p.32). 그렇지만 견훤이 나주세력에 용납받지 못했던 점이나 굳이 전주로 옮겨가 후백제 건국을 선언할 수밖에 없었던 점에서 볼 때, 역시 견훤은 서남해 해상세력을 포용하는데 실패했다고 보는 것이 옳을 것이며, 이런 점에서 능창은 어떠한 정치권력에도 소속하지 않은 독립적 해상세력으로 보는 것이 타당하다(鄭淸柱, 『新羅末高麗初豪族研究』, 일조각, 1996, p.154).

로 볼 때, 능창은 압해도를 중심으로 하여 서남해 도서지역에 산재해 있던 중소 해상세력을 아울러서 강력한 해양세력의 리더가 되려는 야심을 키워 갔을 가능성이 크다. 그러했기 때문에 능창은 왕건이라는 새로운 침략세력이 서남해 해상세력을 차례로 아우르면서 나주 공략에 나서는 행위를 용납하기 어려웠을 것이고, '해상세력을 아우르고 세력을 합하여' 왕건에 대항했던 것은 당연한 일이었다 할 것이다.

그런데 여기에서 능창이 아우른 세력으로 '葛草島의 小賊'을 거명하고 있는 것을 유념할 필요가 있다. 윗 기사에 의하면 능창은 갈초도의 나룻터로 왕래하면서 '갈초도의 소적'과 연대를 시도하였고, 결국 그 과정에서 왕건이 보낸 체포조에 걸려 생포된 것으로 되어 있다. 이러한 기사의 맥락에서 볼 때, 갈초도는 압해도와 인근한 해로의 요충지에 해당하는 곳이고, 또한 압해도의 해상세력('賊帥') 보다는 한 등급 아래의 해상세력('小賊')이 자리잡은 곳이었다고 할 수 있겠다. 그런 곳으로는 역시 압해도 북쪽에 인접해 있는 고이도가 가장 적합하다고 본다.40) 그렇다면 당시 고이도에는 '小賊'에 해당하는 해상세력이 존재하였고, 이들은 처음에는 왕건에 항복하였지만 나중에는 능창과 연대하여 왕건에 대항하려 했다고 할 수 있겠다.

결국 압해도와 고이도의 해상세력은 왕건에 강제 귀복당하고 말았다. 그렇지만 고려 왕조가 개창한 이후에도 압해도를 위시로 한 서남해 도서들은 당분간은 반고려적 독립 해상세력으로서의 성격을 유지해 갔을 것으로 보인다.41) 고이도 왕산성에 전해오는 왕망 설화는 이러한 역사적 사

---

40) 갈초도를 고이도에 비정할 경우, 왕건에게 투항했다는 고이도 관련 기사와 상충할 수가 있다. 필자는 앞에서 갈초도와 고이도를 '同處異名'으로 간주하는 것으로 이 문제를 이해하려 한 바 있다(주 16 참조). 그것은 왕건에게 투항한 때에는 皐夷島라 칭하다가 왕건에 대항하는 능창에 연대하려한 때에는 葛草島라는 비칭을 썼을 가능성을 염두에 둔 추측이었다. 그렇지만 이는 어디까지나 가능성으로 제시한 것일 뿐이고, 앞으로 압해도와 인접해 있으면서 해상 교통의 요지에 해당되는 섬 중에서 갈초도의 비정지를 찾으려는 노력을 다시 신중하게 기울일 필요가 있다.

41) 李海濬, 「新安島嶼地方의 歷史文化的 性格」『島嶼文化』7, 1990, pp.82~83.

실을 반영하는 것으로 볼 수 있지 않을까 한다. 그렇지만 결국 이들은 태조 23년(940)에 이르러 고려국가에 완전 귀속·편제되었으니, 이 때를 기하여 압해도는 阿次山郡에서 壓海郡으로, 고이도는 碣島縣에서 陸昌縣으로 개명되었던 것이다.

이렇듯 압해도와 고이도에 해상세력이 존재하고 있었다고 한다면, 송공산성과 왕산성이 이들의 세력 근거지였을 것임은 물론이다. 여기에서 압해도의 해상세력과 관련하여 앞 장에서 소개한 송장수가 토착 해상세력일 가능성이 있다는 점을[42] 다시 한번 상기해볼 필요가 있다. 즉 오늘날 압해도 사람들 중에는 송장수를 송징장군으로도 간주하는 사람들이 있는데, 송징장군은 완도에서도 유력한 신앙의 대상으로 떠받들어진 것으로 전해지고 있다.[43] 이러한 전승들을 염두에 둘 때, 송징장군은 서남해 일대에 전설처럼 내려오는 장보고나 능창과 같은 토착 해상영웅들을 포괄적으로 칭하는 추상적 명칭일 가능성이 있다고 본다. 이점에서 송장수를 송징장군으로도 간주하는 전승이 압해도에도 전해지고 있다는 것은 해양세력과 관련하여 주목할만한 가치가 있다고 보는 것이다.

V. 고려말 외세에 대한 저항과 좌절

1. 대몽고 항쟁

압해도는 서남해의 중심 해상세력의 근거지였으며, 고려에 귀속·편제된 이후에는 군이 설치되어 서남해 도서지방에 대한 행정편제의 중심지

---

42) 주 20) 참조.
43) 현재 왕도 장좌리 장도에 있는 장보고 사당은 원래 송징 사당이었으나, 언젠가부터 장보고 사당으로 바뀌었다는 것을 완도 주민들은 증언하고 있다.

역할을 담당하였다. 그리고 국제 해상교역에서 서남해지방이 차지하는 높은 비중 때문에, 중앙 집권층은 서남해의 도서지역을 중시하였다. 왕실은 물론이고 고려말기의 집권 무신층 역시 서남해 도서지역을 중시하였다. 이런 점에서 볼 때, 무신집권시기에 압해도가 몽고에 대한 항쟁에서 중심적 역할을 수행했던 것이나, 삼별초가 항몽을 기치로 내세우면서 진도로 입거해 들어갔던 것 등은 서남해 도서지역이 항몽을 주도했던 강화도 최씨정권과 밀접한 관계에 있었음을 암시해 준다.

다음 기사에 나타나듯이 압해도의 대몽고 항쟁은 매우 치열했던 것으로 보인다.

> 낭장 尹椿이 몽고군으로부터 돌아와서 … 말하였다. "… 車羅大가 일찍이 舟師 70척을 거느려 성하게 기치를 늘어 세우고 押海를 치려하여 저와 관인을 시켜 다른 배를 타고 싸움을 독려하게 하였습니다. 압해 사람들은 대포 두 개를 큰 배에 장치하고 기다리니, 두 편 군사가 서로 버티고 싸우지 않았습니다. 차라대가 언덕에 임하여 바라보고 저를 불러 말하기를 '우리 배가 대포를 맞으면 반드시 가루가 될 것이니 당할 수 없다'고 하고, 다시 배를 옮기어 치게 하였습니다. 압해 사람들이 곳곳에 대포를 비치하였기 때문에 몽고 사람들이 물에서 공격하는 모든 준비를 파하였습니다. 지금의 계책으로 섬안에 屯田하여 농사도 짓고 지키기도 하고, 淸野하여 기다리는 것이 상책입니다."44)

이 기사는 몽고의 장수 車羅大가 舟師 70척이라는 대규모의 군단을 동원하여 압해도를 치려 했지만 압해도민의 치열한 항쟁에 직면하여 포기할 수밖에 없었던 것을, 몽고에 투항했다가 돌아온 尹椿이 증언한 것이다. 차라대가 이처럼 대규모의 병력으로 압해도를 공격하려 했던 것은 그만큼 압해도가 서남해 도서지역의 중심지였음을 시사해 준다. 또한 압해도민들은 큰 배에 대포 2대를 비치하였을 뿐만 아니라 섬 곳곳에도 대포를 비치하여 몽고의 압해도 공격을 결국 포기하게 만들었다고 하니, 방어 장비가 출중했음을 알 수 있다. 이는 곧 강화도 최씨정권의 각별한 지원이

---

44)『高麗史節要』卷之17, 高宗安孝大王4 高宗 43年 6月條.

있었기 때문이기도 하겠지만, 한편으로 당시 압해도의 郡勢가 막강했음을 엿볼 수 있게 해준다.

다음 기사에 나타나듯이 서남해 도서지역에 대한 몽고의 공격 의지와 이에 대한 강화도 고려정부의 死守 의지는 매우 강하였다.

> 몽고병이 여러 섬을 치기를 꾀하므로 장군 李廣과 宋君斐를 보내어 舟師 3백을 거느리고 남쪽으로 내려가서 막게 하였다.45)

고려정부가 舟師 300여척이라는 대군을 남부 도서지역 방어를 위해 투입했다는 것은 그만큼 몽고병의 도서지역 공격 의지가 강렬했음을 시사해준다. 도서지역을 둘러싼 이와 같은 공방전은 곧 해로의 거점을 확보함으로써 전쟁물자의 유통로를 장악하려는 의도가 숨어 있다고 할 수 있다. 이런 각도에서 볼 때, 서남해 도서지역 해로교통의 요충지이자 행정편제의 중심지였던 압해도가 대몽항쟁의 중심 거점으로서 중무장되었던 것은 당연한 일이었다 할 것이다.

2. 왜구의 침탈과 空島化

도서지역을 둘러싼 몽고군과 고려군의 공방전은 일차적으로는 고려군의 우세로 기울어지고 있었다. 그렇지만 몽고가 내륙에서 잔인한 살육·약탈전을 감행하여 고려정부를 압박해 들어갔고, 이에 대해 고려정부는 점차 몽고와의 타협책을 찾지 않으면 안되게 되었으며 자연히 강온의 대립·갈등의 분위기가 조성되어 갔다. 결국 강경한 대몽항쟁을 주장하던 최씨정권이 무너지고, 고려정부는 급기야 몽고의 요구대로 출육 환도를 단행하기에 이르렀다.

---

45) 上同, 高宗 正月條.

　이런 상황에서도 최씨정권의 친위대 역할을 충실히 수행해 오던 삼별초가 서남해의 중심 도서인 진도로 입거해오면서, 서남해 도서지역의 항몽의지는 꺾이지 않고 계속되었다. 그렇지만 진도가 여몽연합군의 공격에 의해 함락당하고, 삼별초가 최후의 근거지로 삼았던 제주도마저 여몽연합군에게 넘어가게 되면서, 서남해 도서지역은 이제 불순세력의 근거지로 낙인 찍혀 위험시되었다. 자연 서남해 해상세력은 금지와 탄압의 대상으로 전락하여 크게 위축되어 갔다. 그리하여 서남해 바닷길은 서서히 힘의 공백상태에 빠지게 되었다. 고려말에 왜구가 서남해지방으로 침투해 들어와 무자비한 노략질을 감행할 수 있었던 것은 이러한 힘의 공백상태를 틈탄 것이었다고 할 수 있다.

　이에 대해 고려 정부는 왜구의 퇴치를 위해 해상세력을 재결집하면 다시 해상세력이 재기할까 두려워 하여 왜구의 침탈을 방치하였으며, 심지어는 다음의 기사에 나타나듯이 섬의 주민들을 내륙으로 옮기는 조치를 취하기도 했다.

> 　壓海廢縣은 나주의 남쪽 40리에 있다. 壓은 押으로도 쓴다. 본래 바다 속의 섬이었다. 백제 때 阿次山郡이라 하였다가 신라 때 壓海라 고치고 郡으로 삼았다. 고려 초에 나주에 예속되었다가 다시 영광군에 移屬되었다. 후에 다시 나주에 영속되었다가 왜적에게 땅을 잃고 나주에 寓居하여 壓海縣이 되었다.[46)]

　고려 말에 왜구들의 해안도서지역에 대한 침탈이 극심해지자, 국가에서는 주요 섬들의 주민들을 육지로 이주시키는 조치를 취했다. 섬을 비워버리는 이른바 空島化 조치였다. 당시 空島化의 대상이 된 섬들은 군이 설치되었던 압해도 외에 역시 군과 현이 설치되었던 진도, 장산도, 그리고 흑산도 등이었다. 비교적 많은 주민들이 사는 큰 섬이 空島 조치의 주된 대상이 되었다는 것을 알 수 있다. 이러한 空島 조치는 주민들의 보호를 위한 배려에서 나온 것이었겠지만, 또 한편으로 생각하면 국가의 해양 정

---

46) 『新增東國輿地勝覽』 羅州牧 古蹟 壓海廢縣條.

책의 포기를 의미하는 것이기도 했다.[47)]

그후 조선시대에 이르러서도 해양 포기정책은 계속되어, 해상 교통은 침체를 면치 못했다. 자연히 섬은 사람이 살지 않는 곳이라는 인식이 강하게 각인되어 갔다. 조선 후기에 이르러 섬으로 이주하는 사람들이 다시 늘기 시작했는데, 이들이 새로운 주민으로서 入島祖가 되었다. 그렇지만 섬 사람들을 천시하는 관념은 큰 변화 없이 지속되어 갔다. 이는 곧 조선시기에 만연한 해양 천시사상의 연장이었던 것이다.

VI. 맺음말

서남해지방은 국제 해상교통의 요충지였으므로, 바닷길을 통해 국제적 해상교역이 가장 활발히 이루어지던 고대·고려시기는 서남해지방의 최고 번영기였다고 할 수 있다. 이번 압해도에 대한 조사·연구에서도 이 점은 다시 한번 확인되었다.

압해도는 백제가 전남지방을 완전 영역화하여 지방제로 편제하게 되는 6세기 중반 이후에 진도(因珍島郡)와 함께 군(阿次山郡)이 설치되어 서남해 바다에 대한 행정적 편제의 중심지로 떠올랐다. 압해도에 설치된 아차산군의 관할 범위는, 당시 縣으로 편제된 阿老縣(고이도?), 古祿只縣(지도?), 居知山縣(장산도) 등과 그들이 관장하는 오늘날 신안군 관내의 섬들이었다. 그런데 이러한 군현 편제는 거리가 가까운 섬들끼리 묶는 방식으로 이루어진 것이 아니라, 해로의 코스에 따라 섬들을 묶는 독특한 방식을 됐했는데, 이는 그만큼 해로의 중요성을 행정편제에 강하게 반영한 결

---

47) 강봉룡, 「한국해양사의 전환: '해양의 시대'에서 '海禁의 시대'로」 『도서문화』 20, 2002.

과라 여겨진다. 아차산군은 통일신라와 고려시기에 壓海郡으로 개칭되면서 그의 위상과 편제 방식의 특징을 그대로 이어갔다.

압해도는 해로 교통로 상에서 매우 중요한 위치에 있었다. 이는 압해도 인근의 해로 상 요소 요소에서 해저유물(배와 도자기 유물 등)이 발굴되고 있는 것을 통해 알 수 있다. 통일신라와 고려시기에 국제교역의 중심 상품이 도자기였다는 점을 염두에 둘 때, 이러한 해저유물의 존재는 해로의 요지였음을 보여주는 것이다. 실제 압해도 주위의 해남 화원면과 산이면 일대, 영암 구림리 일대에 대규모 도자기 생산단지의 흔적들이 고스란히 남아있는 것을 보면, 이 일대는 우리나라 도자기의 발상지라 할만한 곳이다. 결국 서남해지방은 도자기의 생산과 수출입을 주도하면서 일약 국제적 해상교역의 중심지로 떠올랐으며, 자연히 승려와 유학생, 그리고 사신들이 중국에 내왕하는 국제적 여객 항구로도 부상하였다. 그 중심에 압해도가 있었다고 할 수 있다.

이와 관련하여 화원반도 북단에 옛부터 唐浦라는 지명이 쓰이고 있는데, 이는 당포가 당과의 인적·물적 교류를 행하던 국제 항구였을 가능성을 시사해 준다. 이점에서 당포와 인접한 압해도에 백제 이래 군이 설치된 이유를 어느 정도 짐작할 수 있게 된다.

해로의 요충지로서, 그리고 행정적 편제의 중심지로서 압해도는 국가의 통제력이 약화될 때는, 독자적인 해양세력이 근거하는 곳으로 화하곤 하였다. 구체적인 사례를 보면, 왕건에 대항했던 압해도의 能昌은 서남해의 대표적 해상세력으로 알려져 '賊帥'로 지칭될 정도였고, 고이도(갈초도)의 해상세력은 능창에 동조하여 '小賊'이라 칭해지기도 했다.

그러나 서남해지방이 고려왕조에 완전 복속되고 군현체제로 재편제되면서, 압해도는 다시금 국가의 관심을 한몸에 받으며 국제적 해로의 요충지로서 중시된다. 그리하여 중앙의 집권세력으로 부상하려는 자들은 앞다투어 서남해지방을 세력기반으로 삼고자 하였다. 고려후기의 최씨무인집권층 역시 이 지역을 세력기반으로 삼고자 하였으며, 압해도를 중시했다.

또한 침략세력인 몽고군 역시 해상 교통의 요지인 압해도를 장악하기 위해 공격을 감행하기도 했다. 그만큼 압해도는 모든 세력에게 중시되고 있었던 것이다. 압해도민들은 대포를 설치하여 몽고의 침략세력에 대적한 결과 그들을 퇴치했다. 이는 중앙에서 적극적 항몽세력을 자처하고 있던 최씨무인정권과의 교감 하에서 이루어졌을 가능성이 크다. 최씨정권이 무너지고 강화도 정부가 몽고에 항복하여 개경으로 환도해버리자, 최씨정권의 충실한 지지세력이었던 삼별초가 압해도와 함께 서남해지방의 중심지(郡)로 편제되어오던 진도에 입거하여 대몽항쟁을 계속했던 것도, 압해도 및 진도와 최씨정권과의 밀접한 관계를 암시해준다.

　결국 진도의 삼별초 정부는 여몽연합군에 패망당하고 말았으며, 이를 계기로 서남해지방의 해상세력은 국가적 탄압의 대상이 되었다. 그리하여 이후 이들은 급속히 약화되었으며, 그 틈새를 왜구가 파고들어와 피비린내 나는 약탈과 방화의 현장으로 화해 버렸다. 고려 국가에서는 해상세력을 재결집하여 왜구의 침탈을 막아내려는 적극적인 노력을 방기한 채, 오히려 압해도를 포함한 서남해 주요 섬들의 주민들을 내지로 강제 이주시키는 조치를 취했다. 이른바 空島化 조치이다. 이후 해양은 역사의 주류에서 철저히 소외되고 배제되었다. 개방성과 다양성을 속성으로 하는 해양문화의 맥이 끊어져버리고, 폐쇄성과 자기만족성이 강조되는 육지문화가 주류화되어 갔던 것이다. 그 결과 우리 역사는 진취성이 사라지고 자폐의 길로 치달아갔다.

제3장 조선시기 압해도의 이주민과 목장개간

김 경 옥*

Ⅰ. 머리말

압해도에서 주민들이 거주하기 시작한 것은 선사시대로 소급된다. 다수의 석기·토기·패총·지석묘 등이 발견되고 있어 구석기시대 이래로 압해도에서 사람이 살고 있었음을 미루어 짐작케 한다.[1] 역사시대로 접어들면서 압해도에 관한 최초의 문헌기록은 삼국시대 때 阿次山郡에서 찾아진다. 백제 때 설치되었던 아차산군이 신라 경덕왕 때 壓海郡으로 개칭되면서, 비로소 압해도가 역사무대에 등장하게 된 것이다.[2]

---

* 목포대학교 인문과학연구원 도서문화연구소 연구교수

1) 기존에 확인된 압해도의 선사유적·유물은 지석묘의 경우, 대천리 광립(6기)·대벌(4기)·조천(21기), 동서리 도창(8기), 학교리 목교(10기), 복룡리 회룡(5기)·세천(1기), 분매리 원분매(1기) 등지에서 확인되며, 패총은 대천리 광립마을에서 발견되었다. 또 석촉·석부·석기 등 석기류 집중산포지가 복룡리 세천마을에서 발견되었으며, 대천리 반월마을에서도 석부가 발견되었다(최성락, 「신안지방의 선사유적·고분」『신안군의 문화유적』, 목포대 박물관, 1987, pp.76~146). 한편 1998년 목포대 도서문화연구소에서 실시한 압해도 공동학술조사에서 다수의 구석기 유적이 발견되어 주목되고 있다. 구석기 유적은 분매리(신기)·동서리(월포)·장감리(터골)·복룡리(세천)·대천리(반월)·송공리(상촌) 등지에서 수습되었다(이헌종, 「압해도 선사유적의 신발견」『도서문화』18집, 목포대 도서문화연구소, 제18집, pp.3~14).

2) 압해도는 백제 때 '阿次山郡'이라 하였고, 신라 경덕왕 때 '壓海'로 고쳐 '壓海郡'이 되었으며, 이 때 碣島縣(六昌縣)·鹽海縣(臨淄縣)·安波縣(長山縣) 등을 관할하였다(『삼국사기』卷第36 第5 地理3 ;『고려사』卷第57 志 卷第11 地理2). 삼국~고려시대의 압해도는 '壓海'라 표기하였다(『삼국사기』卷第36 第5 地理3 ;『고려사』卷第

이러한 압해도에 대해 중앙정부가 정책적으로 관심을 갖게 된 것은 고려 때이다. 고려말에 몽고와 왜구가 우리 나라의 바다와 섬으로 침입해오자, 고려정부는 다방면으로 대비책을 모색하게 된다. 이 때 중앙정부가 내놓은 도서정책이 압해도에 적용되고 있어 흥미롭다. 고려말 중앙정부가 제시한 도서정책은 「海島入保論」과 「海島開發論」이었다.3) 즉 賊이 침입해 오는 길목에 위치한 섬에 군사와 주민들을 의도적으로 들여보내서 이들로 하여금 섬을 방비하도록 하고, 점차 섬을 개발하자는 취지였다.

그러나 고려정부의 외세에 대한 대응책은 실효를 거두지 못한 것으로 이해된다. 왜냐하면 여말선초기 압해도를 비롯해 서남해 도서지역이 모두 역사의 공백기를 맞이하고 있기 때문이다. 그것은 서남해 도서지역의 읍치변동과 섬주민들의 육지이동에서 찾아진다. 여말선초기 서남해 도서지역 주민들은 왜구들에게 땅을 빼앗기고 모두 육지로 이주하였고, 백제시대 이래로 섬에 설치되었던 邑治所가 모두 내륙으로 이동하였다. 이른바 '空島政策'이 단행된 것이다. 이렇듯 고려말 중앙정부는 섬에 주민들을 들여보내서 섬을 지키고 개발하자는 海島開發論을 주장하였으나, 조선전기에 섬주민들을 육지로 내보는 空島政策으로 전환되었던 것이다.

이러한 서남해 도서지역의 형편은 16세기에 이르도록 크게 변화하지 않았던 것으로 보인다. 16세기 말엽 서남해 도서지역 주민들은 倭寇와의 끊임없는 전쟁으로 인해 일시에 흩어졌다가 다시 모여드는 형편이었다. 전쟁이후 급격한 사회경제의 변화는 섬주민을 대폭적으로 교체하였다. 그후 17세기에 이르러서야 섬은 서서히 안정을 되찾게 되었고, 이후 내륙지

---

57 志 卷第11 地理2. 그리고 조선 세종 때 '押海'라 하고(『세종실록』 권151 지리지 전라도 나주목), 성종 때 다시 '壓海'라 표기하고, 동시에 '壓'은 '押'으로도 쓰인다고 부기되어 있다(『동국여지승람』 전라도 나주목 山川·古蹟). 이후 韓末까지 '押海'라 표기되어 있다(『세종실록』 권110 세종 27년 10월 9일 경술;『예종실록』 권8 예종 1년 11월 19일 계해;『영조실록』 권21 영조 5년 2월 25일 경자;『순조실록』 권2 순조 1년 3월 26일 임인;『비변사등록』 정조 20년 8월 8일 병진). 본고는 '押海島'로 표기한다.

3) 윤용혁,『고려 대몽항쟁사 연구』, 일지사, 1991, pp.55~82.

역 주민들이 섬으로 유입하였다. 그 결과 섬지역의 인구는 증가하고 경제기반은 크게 변화되었다. 이처럼 서남해 도서는 역사이래로 海路를 통해 선진문화가 유입되기도 하고, 반대로 끊임없이 침입해 오는 외세에 의해 빈번한 주민교체와 다양한 사회현상들이 발생하였다.

본고는 역대 중앙정부의 도서정책에 따른 도서 이주민들의 입도와 입도이후 섬의 사회경제적 변화를 살펴보려는 사례연구이다. 연구대상 지역은 조선시대 나주목의 부속도서였던 압해도이다.4) 본고에서는 다음과 같은 문제들을 검토하고자 한다.

첫째, 역대 중앙정부의 도서정책은 어떤 배경속에서 정립되고 변화되어 왔으며, 도서정책에 따라 섬주민들의 입도 실태는 어떠하였는가를 알아보고자 한다.

둘째, 도서지역의 경제기반 요인으로 목장의 설치와 운영을 살펴보고자 한다. 조선전기 중앙정부는 섬에서 주민들의 거주를 금지하고 대신 목장을 설치하였다. 압해도의 경우, 조선전기 섬에 살고 있던 주민들을 육지로 내보고 목장을 설치하였다. 조선시기 섬에 목장이 설치되는 배경과 원인, 그리고 어떻게 운영되었는가를 살펴보고자 한다.

이를 통해 국가의 도서정책 변화, 그에 따른 도서 이주민들의 入島, 그리고 도서지역의 경제기반이 마련되고 변화되어 가는 양상을 살펴볼 수 있을 것으로 기대된다.

---

4) 현지답사는 1999년 목포대학교 부설 도서문화연구소의 하계 공동학술활동의 일환으로 실시되었다. 이 글은 역사분야의 연구결과를 토대로 작성되었다. 당시 필자에게 주어진 연구과제는 "조선시기 도서 이주민과 사회경제 변화"였다. 연구방법은 문헌자료와 현지답사를 접목시킨 사례연구이다. 현지답사는 族譜와 古文書, 金石文 자료를 통해 압해도 주민들의 입도유래를 조사하였으며, 주민과의 면담을 통해 구술자료를 수집하였다.

Ⅱ. 島嶼政策에 따른 押海島 移住民들의 유입 실태

1. 여말선초기의 島嶼政策과 入堡民

고려말에 몽고가 침입해오자, 고려정부는 「海島入堡論」과 「海島開發論」으로 대응하였다.5) 즉 賊이 침입해오는 길목에 위치한 섬에 군사와 주민들을 의도적으로 들여보내서 그들로 하여금 섬을 방비하도록 하고, 점차 섬을 개발한다는 정책이었다.

고려정부의 「海島入堡論」의 실례는 압해도에서 찾아진다. 1256년(고려 고종 43) 몽고군이 押海島를 공략하자, 고려정부는 水軍을 西海로 남하시켜 적극적으로 방어하였다. 다음 사료는 몽고침입시 郎將 尹椿의 보고내용이다.

> 몽고의 車羅大가 일찍이 수군 70척의 깃발을 盛하게 늘어 세우고 압해도를 공략하자, 官人을 시켜 別船을 타고 督戰하도록 하였습니다. 압해도 사람들이 대포 2문을 큰 배에 장치하고 기다리니, 양편의 군사가 서로 버티고 싸우지 않자, 車羅大가 언덕에 올라 사태를 관망하고 말하기를, '우리 배가 대포를 맞으면 반드시 섬멸할 것이다.' 라고 하면서 다시 배를 옮겨 공격하도록 하였습니다. 그러나 압해인들이 곳곳에 대포를 설치하고 있었으므로, 몽고인이 드디어 水攻의 장비를 모두 罷하였습니다.6)

---

5) 윤용혁은 '해도입보론'에 대해 '고려정부가 地勢를 이용하여 내놓은 전술이다.'라고 하였다. 즉 해도입보론은 '고려정부가 海上에서 우세한 여건을 고려하여 채택한 전술이었으며, 무엇보다도 몽고가 兵船을 마련하지 않았던 점을 고려한 전략이었다.'고 하였다. 또 海島 뿐만 아니라, 山城 위주의 入保策도 고려정부의 중요한 대몽전략이라고 하였다(「고려의 海島入保策과 몽고의 전략변화―여몽항쟁 전개의 일 양상―」『역사교육』32집, 1982, pp.55~82). 또 이해준은 '고려정부가 압해도를 入保處로 주목하게 된 본질적인 목적은 海上交易 내지는 漕運路를 확보하려는 발상과 궤를 같이 한다.'라고 언급하였다(「新安 島嶼地方의 歷史文化的 性格」『島嶼文化』7집, 목포대 도서문화연구소, 1989, pp.82~86).

6) 『고려사절요』 권17, 고종 43년 6월.

위의 사료에 나타나 있듯이, 고려말 압해도에 入堡民들이 적지 않게 거주하고 있었고, 이들은 軍備까지 갖춰 섬을 방비하고 있었음을 알 수 있다.

그런데 고려 禑王代에 이르면 왜구들의 출몰은 더욱 빈번하게 발생하였다. 이에 고려정부는 또 다른 도서정책을 제시하기에 이른다. 1388년(우왕 14) 왜구들이 본격적으로 침입해오자, 西海道 都觀察使 趙云仡이 「海島開發論」을 제안하고 나섰다.

> 전라에서 경상에 이르기까지 바닷길이 거의 2천여 里이고, 그 海中에 가히 살만한 섬이 있으니, 大淸·小淸·喬洞·江華·珍島·絶影·南海·巨濟 등 큰 섬이 20개이고, 작은 섬은 이루 다 헤아릴 수 없습니다. 모두 토지가 비옥하여 魚鹽의 이익이 있는데, 이제 폐하여 밑천으로 삼지 않으니, 가히 탄식할 일입니다. 마땅히 五軍의 將帥와 八道의 軍官들에게 大小 海島를 食邑으로 나누어 주어서 그의 자손들에게 계승하도록 한다면, 오직 장수의 한 몸이 富할 뿐 아니라, 자손 만대에 衣食의 남음이 있을 것입니다. 그렇게 되면 사람마다 스스로 전투에 임할 것이며, 戰艦을 스스로 갖추고 兵糧을 스스로 마련하는 遊兵이 될 것입니다. (중략) 백성은 어염의 이익을 얻고, 나라는 漕轉하는 근심이 사라지고 祖宗의 토지가 오늘에 온전하게 될 것입니다. 원컨대 대신들과 더불어 의논하여 시행하십시오.7)

즉 「해도개발론」의 요지는 將帥와 軍官들에게 섬을 분급해 주어서 生理를 보장해주고, 그 대신 해안방비의 의무를 부과하자는 것이었다. 「해도개발론」은 왜구 침략에 대한 고려정부의 현실적인 대응책이었다. 그러나 해도개발론은 즉시 실행에 옮겨지지 않았던 것으로 보인다. 당시 이러한 도서정책이 제대로 시행되었다고 한다면, 조선전기 서남해 도서의 행정편제가 크게 축소되지 않았을 것으로 판단되기 때문이다.8) 조선전기 중앙정부는 서남해 도서지역의 郡縣治所를 모두 내륙으로 옮기도록 하고,

---

7) 『고려사』 권112, 列傳25 趙云仡.
8) 고려말부터 韓末까지 서남해 도서는 독립된 郡縣을 성립시키지 못하고, 내륙지역의 부속도서로 편제되었다. 1896년에 처음으로 智島郡·莞島郡·突山郡이 설치되어 비로소 서남해 섬을 단위로 한 郡縣體制가 정비되었다. (오횡묵, 『지도군총쇄록』, 1896. 2, 목포대 도서문화연구소 자료총서 2집, 1990, p.104).

섬주민들 또한 더 이상 섬에서 거주를 금하였으며, 이후 서남해 섬은 모두 내륙지역의 부속도서로 편제되었다.

2. 조선전기의 空島政策과 移住民

조선전기 중앙정부의 島嶼政策은 「島嶼居住禁止」였다.9) 따라서 섬주민들은 강제로 出陸되어 섬은 사람이 살지 않는 행정의 공백기를 맞이하게 된다.

이러한 조선정부의 도서정책은 14·15세기에 단행된 邑治變動에서 확인할 수 있다. 조선전기에 간행된 地理志에 총 50여 郡縣에서 읍치변동이 있었던 것으로 나타나 있다. 지역별로는 전라도·경기도·경상도에서 가장 많이 발생하였으며, 대체로 해변이나 강안지역 郡縣이 이에 해당되었다.10)

14·15세기 읍치변동은 압해도에서도 확인된다. 다음 사료는 압해도의 邑治移動에 관한 내용이다.

> 押海廢縣, 나주의 남쪽 40里에 있다. 壓은 押으로도 표기한다. 본래 바다 속의 섬인데, 백제 때 阿次山郡이 되었다가, 신라 때 壓海로 고쳐 郡이 되고, 고려초 나주에 예속되었다가, 후에 영광군에 예속되었고, 다시 나주에 이속되었다. 후에 왜적에게 땅을 잃고 나주로 옮겨와서 寓居하였으므로 壓海縣이 되었다.11)

위의 사료에서 보듯이, 삼국시대 때 압해도는 郡이 설치될 만큼 행정의

---

9) 『세조실록』 권25, 세조 7년 8월 6일 계유 ; 『성종실록』 권72, 성종 7년 10월 9일 기묘.

10) 김동수는 「朝鮮初期 郡縣治所의 移設」(『전남사학』 6집, 전남사학회, 1992)에서 邑治所란 취락의 입지조건을 기본으로 하면서 郡縣境域內의 정치·사회·경제적 조건에 따라 결정되어야 하며, 아울러 군사적인 측면에서 방어의 용이라는 조건도 반드시 고려되어야 할 사항이라고 하였다. 또 읍치이동의 가장 큰 원인은 고려말에 해변지역이 왜구침입으로 큰 피해를 입었기 때문이라고 하였다.

11) 『신증동국여지승람』 권35, 전라도 나주목 고적 압해폐현.

중심지였다. 또 고려시대의 압해도는 서남해 도서에 설치되었던 4개의 郡縣治所 가운데 하나로, 只上島와 八禾島 등 7개의 섬을 관할하였다.12) 그러나 압해도는 시대의 흐름속에서 그 입지가 점차 축소되었고, 급기야 고려말에 왜적들에게 땅을 빼앗겼다. 결국 읍치소는 내륙지역인 나주로 이동하였고, 압해도 주민들은 강제로 출륙당하였다. 이후 압해도는 韓末까지 독립된 郡縣을 형성하지 못하고, 나주목의 부속도서로 존립하였다.

이러한 읍치이동 사례는 압해도 뿐만 아니라, 羅州牧의 부속도서, 그리고 珍島郡에서도 발견된다. 다음은 長山島·黑山島·珍島의 읍치이동에 관한 내용이다.

> a-1) 長山廢縣, 羅州의 남쪽 20里에 있는데, 일명 安陵이라고도 한다. 본래 바다 속의 섬으로, 백제 때 居知山縣(居字를 屈字로 쓰기도 한다)이라 하였고, 신라 때 安波로 개칭하여 압해군의 領縣이 되었다가, 고려 때 지금의 이름으로 고쳐 나주에 예속되었다. 후에 왜적에게 땅을 빼앗기고, 나주에서 寓居하여 長山縣이 되었다.13)
>
> a-2) 榮山廢縣, 나주의 남쪽 10里에 있다. 본래 黑山島 사람들이 육지로 나와 南浦(나주의 영산포)에서 寓居하였으므로 榮山縣이라 하였다. 고려 공민왕 12년(1363)에 郡으로 승격되었으며, 후에 나주에 예속되었다.14)
>
> a-3) 珍島郡은 본래 백제의 因珍島郡이었는데, 신라 때 珍島로 고쳐서 務安의 領縣이 되고, 고려 때 羅州의 任內가 되었다. (중략) 忠定王 2년 경인(원나라 順帝 至正 10년)에 진도는 왜구들로 인하여 (읍치소를) 육지로 옮겼다. 태종 9년(1409) 기축에 이르러, 해남현을 합하여 海珍郡이 되고, 태종 12년(1412) 임진에 郡(治所)을 영암의 屬縣인 玉山 땅으로 옮겨 邑을 설치하였다.15)

위의 사료를 종합해 보건대, 장산도는 고려 때 압해현에 소속된 섬이었

---

12) 『고려사』 권57, 지11 지리2.
13) 『신증동국여지승람』 권35, 전라도 나주목 고적 장산폐현.
14) 『고려사』 권57, 지11 지리2 ; 『신증동국여지승람』 권35, 전라도 나주목 고적 영산폐현.
15) 『세종실록』 권151, 지리지 전라도 나주목 해진군.

으나, 고려말에 왜구 침입으로 주민거주가 금지되었고, 흑산도와 진도도 마찬가지로 섬에 설치되어 있던 읍치소를 내륙으로 이동하였으며, 섬주민 역시 내륙으로 이주하여 육지에서 더부살이를 시작하였다. 이렇듯 조선전기의 도서정책은 호島政策으로 일관되었다.

그런데 조선정부의 공도정책에 따라 섬주민들은 내륙으로 이주한 상태였지만, 섬은 여전히 바닷가 연해지역 주민들의 거주공간으로 존립하고 있었다. 이런 사정은 1437년(세종 19) 병조의 보고에서 확인된다.

> 전라도 珍島는 땅이 넓고 기름져서 海珍(해남)·靈巖·長興·康津 등지의 인민들이 바다를 건너와서 거주하는 자가 많은데, 이를 통제하는 관리가 없으니, 실로 올바르지 않습니다.16)

즉 조선전기 중앙정부는 공도정책을 선포한 상태였지만, 전라도 연해민들은 관리들의 눈을 피해 섬을 출입하거나, 아예 터를 잡고 거주하는 사람이 많았던 것이다. 도서 이주민들의 입도는 압해도 역시 예외가 아니었을 것이다.

그렇다면, 조선전기 압해도에 주민들이 얼마나 거주하고 있었을까? 다음 사례에서 15세기 압해도의 형편을 살펴보자. 1446년(세종 28) 하삼도 관찰사 김종서가

> 나주의 압해도는 목마 6백匹을 놓아 기를 수 있지만, 거주민 60戶를 모두 (육지로) 내보내서 살도록 해야 합니다.17)

라고 한데서 알 수 있듯이, 15세기 중엽 압해도에서 거주하고 있던 주민은 대략 60여호 정도로 추정된다.

압해도 사례를 통해서 보건대, 조선전기의 공도정책은 그렇게 엄격하

---

16) 『세종실록』 권77, 세종 19년 4월 20일 기묘.
17) 『세종실록』 권111, 세종 28년 1월 23일 신묘.

게 통제되지 않았던 것으로 이해된다. 섬주민들은 국가의 도서정책에 따라 육지로 나오긴 했지만, 관리들의 눈을 피해 다시 섬으로 숨어들었던 것이다.

이러한 상황에서 왜구들이 서남해 섬에 자주 출몰하여 폐단을 야기하였다. 다음은 14·15세기 실록에서 서남해 도서에 출몰한 왜구 관련 기사를 발췌한 것이다.

· 1396년(태조 5) : 진도만호가 왜구 10여명을 사살하였다.[18]
· 1406년(태종 6) : 암태도에 침입한 왜선을 鹽夫가 격퇴하였다.[19]
· 1406년(태종 6) : 전라도 船軍이 왜적을 잡아 葛島에 도착하였으나, 풍랑으로 溺死하였다.[20]
· 1408년(태종 8) : 왜선 9척이 巖泰島에서 노략질을 하였다.[21]
· 1409년(태종 9) : 왜구가 海珍과 仙山島에 쳐들어와 병졸 4명을 생포하여 도주하였다.[22]
· 1413년(태종 13) : 왜인이 黑山島에서 미역을 채취하였다.[23]
· 1422년(세종 4) : 全羅道 都安撫處置使가 왜선 한 척을 黑山海洋에서 추격하였다.[24]
· 1445년(세종 27) : 왜인들이 黑山島를 왕래하면서 造船하였다.[25]

위의 기사는 14·15세기 서남해 도서에 출몰한 왜구들의 실태를 그대로 전달해 주고 있다. 왜구들은 나주목의 부속도서인 암태도·흑산도, 그리고 진도와 완도 등 서남해 전역을 드나들면서 노략질을 일삼고 있었다.

이런 실정이었기에 조선전기 중앙정부의 도서정책은 재조정될 수 밖에 없었다. 중앙정부는 이미 도서 거주 금지령을 선포한 상태였지만, 이를 어

---

18) 『태조실록』 권9, 태조 5년 6월 15일 신축.
19) 『태종실록』 권11, 태종 6년 2월 13일 갑술.
20) 『태종실록』 권11, 태종 6년 3월 4일 갑오.
21) 『태종실록』 권15, 태종 8년 2월 3일 임오.
22) 『태종실록』 권18, 태종 9년 8월 4일 계묘.
23) 『태종실록』 권26, 태종 13년 7월 28일 을사.
24) 『세종실록』 권17, 세종 4년 8월 16일 경자.
25) 『세종실록』 권109, 세종 27년 7월 26일 무술.

기고 불법으로 섬에서 체류하다가 왜구들의 노략질 대상이 되고 있는 도서 잠입자들을 추쇄하기 위해 공도정책을 보다 강화하였다. 즉 중앙정부는 주민들이 섬에서 체류하지 않고 섬을 비워두면 자연스럽게 도서지역의 경제요인은 발생하지 않을 것이고, 왜구들도 약탈할 것이 없는 섬에 더 이상 출몰하지 않을 것이라고 판단하였다. 그래서 중앙정부는 공도정책을 강화하였다.

중앙정부는 섬주민들을 통제하기 위한 대책을 마련하기 위해 서남해 도서에 대해 보다 자세한 정보를 수집하는데 주력하게 된다. 1444년(세종 26) 세종은 전라도 관찰사 李孟畛에게 다음과 같이 教諭하였다.

> 일찍이 들으니, 제주도 근처에 白島・黑島・白山島・黑山島 등의 섬이 있다고 하는데, 이러한 섬이 제주도 근처에 몇 개나 있는가. 만약 있다면, 公私의 船隻이 서로 내왕할 수 있는가. 또 바람과 물이 험악해서 내왕이 불편한 섬은 몇 개이고, 바람과 물이 험악하지 않고 내왕하기에 편리한 곳은 또 얼마나 되는가. 제주도 사람으로 전라도로 나와 있는 者와 道內의 연해변에 살면서 물에 익숙한 者는 또 얼마나 되는지 조사하여 보고하고, 아울러 제주에서 여러 섬 사이의 거리, 섬과 섬의 멀고 가까움, 그리고 섬에서 생산되는 산물은 어떤 것들이 있는지 자세히 조사하여 보고하라.26)

이렇듯 세종은 서남해 도서에 대한 구체적인 정보를 수집하고 있었다. 이런 상황에서 도서 이주민들은 끊임없이 섬으로 모여들었고, 왜구들의 노략질은 더욱 빈번하게 발생하였다.

세종이 실시한 섬조사의 흔적은 조선전기에 간행된 지리지에 그대로 반영되어 있어 참고된다. 다음 <표 1>은 15세기 지리지에 등재된 나주목 부속도서를 정리한 것이다.

---

26) 『세종실록』 권104, 세종 26년 4월 7일 병술.

<표 1> 15세기 나주목의 부속도서

지리지	부속도서
『高麗史』地理志 (1451년)	黑山島, 獐島, 古參島, 新伊良島, 上於島, 安昌島, 阿於島, 松島
『東國輿地勝覽』 (1481년)	八尒島, 安昌島, 河衣島, 苔尒島, 都草島, 者乙島, 只佐島, 愁致島, 沙致島, 大也島, 小智島, 半月島, 朴只島, 高下島, 多里島, 沙邑島, 壓海島, 松島, 仇瑟島, 牛幕島, 蘇文島, 牛開島, 加難島, 飛尒島, 智島, 長山島, 慈恩島, 嚴墮島, 新蔬島, 黑山島

위의 <표 1>에 나타나 있듯이, 1451년에 간행된『高麗史』地理志에 나주목의 부속도서는 8개소에 불과하다. 그런데 1481년에 편찬된『東國輿地勝覽』에 등재된 섬은 무려 30개소로 증가되어 있다. 이 두 권의 지리지는 불과 30년 간격으로 출판되었는데, 나주목의 부속도서는 4배로 증가되어 있다. 이처럼 부속도서의 수적인 변화는 세종에 의해 실시된 섬조사의 결과가 반영된 것으로 평가된다.

그렇다면, 왜 도서 이주민들은 왜구출몰이 빈번하고, 국가에서 거주를 금하는 섬으로 유입하였을까? 또 바닷가 여러 섬 가운데 서남해 도서로 모여든 까닭은 무엇 때문일까?

이러한 의문은 도서지역의 경제적 기반이라 할 수 있는 소금생산, 고기잡이, 미역과 해산물 채취, 농사 등 섬주민들의 경제생활에서 찾아볼 수 있겠다.[27]

조선전기 魚鹽業은 노동력과 자본을 적게 들이면서도 이익을 창출할 수 있는 것으로 인식되었다. 1437년(세종 19) 호조에서 보고하기를

> 魚鹽은 농사의 다음이라고 하지만 농사는 1년을 마치도록 수고로움이 있고, 또 거듭되는 賦役으로 괴로워 한다. 그러나 어염은 많은 시일과 재력을 허비하지 않고, 또 공력은 적게 들이면서도 이익은 많습니다. (어염은) 세금부담이 적고 다른

---

27) 김경옥,『조선후기 서남해 도서의 사회경제적 변화와 도서정책 연구』, 전남대 박사학위논문, 2000, pp.9~13.

　　부역이 없기 때문에 게으른 무리들이 다투어 그 이익을 취합니다.[28]

라고 한데서 알 수 있듯이, 조선전기 어염은 농사에 비해 세금과 부역부
담이 적었다. 따라서 도서 이주민들은 섬에 들어가서 소금을 굽거나 고기
잡이를 해서 섬생활을 영위할 수 있었다.

　또 서남해 도서는 雜木이 무성하여 소금을 생산하기에 적합한 곳이었
다. 세종 때 좌참찬 河演이

　　전라도 沿海의 땅과 島嶼의 끝에 요사이 雜木이 많고, 또 流移한 인물이 많으
므로, 鹽場을 배치할 만한 형편입니다. 官鹽의 이익을 먼저 전라도에서 시험하는
것이 가할 것입니다. 엎드려 바라건대, 합당한 곳에 3~4처를 설치하여 부근 각
고을에 분속시킨 다음 流移하는 인물을 推刷해서 百戶色掌을 정하고, 또 鹽場官
을 두어서 소금을 구워 의창에 납부하도록 하여 좋은 가격으로 곡식과 바꾸어 주
도록 하십시오.[29]

라고 하면서 전라도 연해 도서지역에 염전을 개설하자고 제안하였다. 즉
조선시대의 소금은 바닷물을 달여서 만들었기 때문에 땔감은 반드시 필
요한 요소였다. 소금생산에 있어서 燃料는 다른 어떤 요소보다 중요한 생
산수단이었다.[30] 서남해 도서는 땔감용 잡목과 소나무가 무성하였기 때문
에 소금생산의 최적지로 평가되었던 것이다.[31]

　이런 추세를 뒷받침 해주듯, 1447년(세종 29) 예조참의 李先齊는

　　대저 소금은 인민의 일상생활에서 하루라도 없을 수 없는 것이어서 천지간에
없는 곳이 없습니다. (중략) 이제 보고들은 바를 말씀드리면, 가마솥으로 달여 하
루 밤낮을 지내고 나면 하얗게 나오는 것은 東海의 소금이고, 진흙으로 솥을 만들

---

28) 『세종실록』 권77, 세종 19년 5월 1일 경인.
29) 『세종실록』 권88, 세종 22년 3월 23일 을축.
30) 김호종, 「朝鮮後期 製鹽에 있어서 燃料問題」『대구사학』 26집, 1984.
31) 전라도의 邊山과 莞島는 전국에서 소나무가 가장 무성한 곳으로 널리 알려져 있었
　　다(『성종실록』 권113, 성종 11년 1월 23일 갑진).

> 어 하루에 두 번 달여서 만든 것은 西南의 소금입니다. 西南에서는 노역이 조금
> 헐하면서 수익은 東海의 갑절이나 됩니다.[32]

라고 한데서 알 수 있듯이, 서남해지역에서 생산되는 소금은 노동력에 비해 생산량이 월등히 많았다. 결국 섬에서 소금생산은 島嶼 移住民들을 섬으로 불러들이는 주요한 요인 가운데 하나였을 것으로 생각된다.

또 서남해 도서지역은 고기잡이에 있어서도 최적지였다. 특히 珍島 인근 해역의 경우, 한류와 난류가 교차하여 어업이 발달할 수 있는 조건을 갖추고 있었다.[33] 이런 사정에 대해 1446년(세종 28)에 예조참의 李先齊가

> 고기잡이에도 역시 기술이 많사온데, 혹 살[箭]을 매어 잡기도 하고, 혹은 그물
> 로 잡기도 하고, 혹은 배를 타고 바닷물을 따라 낚아 잡기도 합니다. 잡는 수량이
> 많고 적음의 차이가 있지만, 西南이 더욱 많습니다.[34]

라고 한데서 알 수 있듯이, 서남해 섬지역은 고기잡이에 있어서도 타지역에 비해 월등하였다. 고기잡이 역시 도서 이주민들을 섬으로 불러들이는 중요한 요인이었다.

또한 서남해 도서는 해산물과 미역채취에 있어서도 용이한 곳이었다. 이와 관련된 다음의 사료를 살펴보자.

> b-1) 호조에서 이르기를, "해산물로 이익을 취하는 것이 많습니다. 오늘날 백성
> 들이 농사를 버리고 바다에서 이익을 취하는 者가 날마다 늘어나니, 만약
> 금하고 억제하지 않으면 장차 末利를 쫓는 者가 많고, 근본에 힘쓰는 者가
> 적을 것입니다."[35]
> b-2) 예조참의 李先齊가 이르기를, "미역은 다른 나라에는 없는 것으로 오직 우

---

32) 『세종실록』 권117, 세종 29년 9월 23일 임자.
33) 김호종, 「조선후기 어염업에 대한 지배층의 지배양상」, 『대구사학』 28집, 1985, pp.49~50.
34) 주 32) 참조.
35) 『세종실록』 권77, 세종 19년 5월 1일 경인 ; 『세종실록』 권117, 세종 29년 9월 23일 임자.

> 리 나라에만 곳곳에서 생산되는데, 濟州에서는 너무 많아서 土民이 쌓아 놓
> 고 부자가 되고, 장삿배가 왕래하면서 매매하는 것이 모두 미역입니다."[36]

위의 기사에서 보건대, 도서 이주민들은 미역 등 해산물을 채취하여 富
를 축적할 수 있었다. 이런 추세에 대해 1461년(세조 7) 都鎭撫 沈澮는

> 바닷가 연변의 백성이 여러 섬에 도망해 들어가서 고기를 낚고 소금을 굽거나,
> 농사와 장사하는 者도 있다.[37]

라고 할 만큼 섬주민들은 섬에서 경제생활을 영위할 수 있었다. 따라서
생계유지를 목적으로 내륙 연안지역 주민들은 중앙정부의 도서거주금지
령을 어기고 끊임없이 섬으로 유입한 것으로 추정된다.

그런데 성종대에 이르면, 공도정책은 한층 강화된다. 1476년(성종 7) 성
종이 하삼도 관찰사에게 내린 「事目」에 정부의 도서정책이 상세히 반영
되어 있다. 다음은 성종이 하삼도 관찰사에게 내린 「事目」의 내용이다.[38]

> 一. 여러 섬에 숨어 있는 사람을 守令과 萬戶 중 한 사람이 推刷하되, 만일 예전
> 처럼 다른 섬으로 가서 숨기를 꾀하는 者는 여러 鎭浦의 군인을 알맞게 동원
> 하여 道別로 나누어 체포한다.
> 一. 守令·萬戶·監考·色掌人 등이 나라의 법을 두려워하지 않고, 숨은 사람을
> 색출하는데 마음을 쓰지 않았다가, 뒤에 (은닉자가) 나타나면, 수령과 만호
> 는 법을 지키지 않는 죄로 다스리고, 監考와 色掌의 가족 모두를 邊地로 보낸
> 다.
> 一. 順從人은 양인과 천인으로 구분하여 조처하고, 만일 전에 도피한 者나 항거
> 한 者, 그리고 우두머리는 斬한다.
> 一. 모든 섬에서 추쇄된 사람은 본 고장으로 돌려보내되, 그 중에 괴수는 여러 고
> 을에 나누어 가두고 啓聞해서 區處한다.
> 一. 刷還한 뒤에 수령과 만호가 糾檢을 잘못하여 다시 (섬으로) 숨어 드는 者가

---

36) 『세종실록』 권117, 세종 29년 9월 23일 임자.
37) 『세조실록』 권25, 세조 7년 8월 6일 계유.
38) 『성종실록』 권72, 성종 7년 10월 9일 기묘.

발견되면, 본인은 罷黜시키고, 그의 가족 모두를 邊地로 보낸다.

성종은 육지의 居民 가운데 海外의 여러 섬으로 도망하여 숨어 드는 者가 많이 발생하고, 그 결과 軍役에 누락되는 자가 많을 뿐 아니라, 또 섬주민에게 賊變이 발생해도 구원할 수 없는 점 등 여러 가지 폐단을 지적하면서 섬에 잠입하여 거주하고 있는 자들을 모두 추쇄하도록 하였다. 그럼에도 불구하고 섬에서 거주민이 발견될 경우, 해당 수령과 만호를 문책함은 물론 그의 가족까지도 변방으로 추방하겠다고 엄포를 놓았다. 중앙정부의 공도정책에 대한 강한 의지를 밝히고 있는 대목이다.

이처럼 15세기 중앙정부가 공도정책을 보다 강화한 요인은 왜구들의 빈번한 출몰이 가장 큰 원인이었지만, 또 한편으로는 水賊들에 의한 피해도 무시할 수 없었다. 즉, 1486년(성종 17) 동부승지 李則은 '근래 전라도에 水賊이 점점 성하여 여러 섬에 사는 백성이 하나도 없다.'39)라고 하였고, 1489년(성종 20) 敬差官 李誼는 '영광의 於乙外島·屛風島·甑島·毛也島·古耳島 등지는 下三道의 배가 모두 경유하기 때문에 水賊들이 뱃길을 엿보고 있다가 틈을 타서 겁략한다.'40)라고 하였다. 또 1490년(성종 21)에 全羅道 敬差官 李永禧·柳順汀 등은 '水賊은 왜인과는 도둑질하는 형태가 달라서 반드시 사람을 결박하여 물에 던져 소문이 나지 않도록 하는 반면, 왜적은 물건만 빼앗고 굳이 사람을 해치지 않는다'.41)라고 馳啓하였다. 서남해 섬에서 倭寇와 水賊에 의한 폐단은 공도정책을 더욱 강화하는 계기가 되었다.

이상에서 살펴본 바와 같이, 15세기 중앙정부는 왜구들의 노략질 대상이 되고 있는 섬주민들의 도서거주를 금하였다. 空島政策은 倭寇와 水賊에 의한 피해를 최소화하려는 정부의 대응이었다. 그러나 섬은 이주민들에게 魚鹽과 해산물, 그리고 농사를 지을 수 있는 경작지를 제공해 주었

---

39) 『성종실록』 권198, 성종 17년 12월 20일 신묘.
40) 『성종실록』 권226, 성종 20년 3월 15일 계유.
41) 『성종실록』 권248, 성종 21년 12월 13일 경신.

기 때문에 사람들은 섬으로 모여들었다. 결국 조선전기 도서 이주민들은 중앙정부의 推刷令이 강화되면 흩어졌다가, 관리가 소홀해지면 다시 섬으로 모여드는 出陸과 入島를 반복하고 있었다.

3. 조선후기의 入島祖와 入島事例

16세기 서남해 도서지역은 명종대에 乙卯倭變, 선조대에 丁亥·壬辰·丁酉亂으로 이어지는 잇따른 전쟁으로 인하여 혼란기에 빠져 있었다. 이시기 섬주민들은 일시에 흩어졌다가 다시 모여들기를 반복하고 있었던 것으로 추정된다.[42]

전쟁이후 중앙정부는 해안방어의 필요성을 인식하게 되었고, 대대적으로 關防施設을 검검하였다. 즉, 인조대에 鎭管體制를 개편하게 되는데 중앙에 五軍營을 설치하고, 지방은 중앙의 진관체제에 맞추어 전국적으로 방위체계를 재정비하였다. 특히 성곽은 마치 人家의 울타리처럼 都邑을 방어하는 시설로 구축하였으며, 巨邑·巨鎭 위주의 집중방어 체계로 바뀌었다.[43] 또 강화도를 중심으로 하여 左로는 황해도까지, 右로는 경기·충청·전라·경상도에 이르기까지 각 섬을 비늘처럼 차례로 이어 堡를 구축하였다.[44] 특히 서남해 도서지역은 왜구들이 출몰하는 길목에 위치한 까닭에 해방체제의 필요성이 한층 더 강화되었다. 따라서 이 시기 서남해 도서 가운데 수군진이 설치되거나, 논의가 이루어진 섬들이 많았다. 예를

---

42) 을묘왜변은 명종 때 왜적이 해남·영암·강진·장흥 등지를 초토화 시킨 전란이며, 정해왜변은 왜구가 완도 근해를 점령한 사건이다(『선조실록』 권121, 선조 33년 1월 28일 계유). 또 실재 현지답사시 압해도 주민들의 입도사례를 조사해 본 결과, 16세기에 입도한 사례는 거의 드물었으며, 대부분 17세기에 入島한 것으로 확인되었다.

43) 김준석, 「조선후기 관방의식의 전환과 도성방위책」 『典農史論』 2, 서울시립대, 국사학과, 1997, pp.5~21.

44) 『인조실록』 권19, 인조 6년 8월 23일 신해.

들면, 완도 근해의 古今島는 1600년(선조 33)에 召募別將이 파견되고, 1673년(현종 14)에 別將鎭으로 승격되었으며, 1681년(숙종 7)에 僉使鎭이 설치되었다.45) 또 같은 해에 고금도 보다 바깥 바다에 위치하고 있었던 靑山島에도 萬戸鎭을 설치하자는 의견이 비변사에서 논의되었다.46)

이런 과정을 거치면서 1683년(숙종 9) 서남해 도서지역에 16개의 水軍 鎭堡가 배치되었다. 다음 사료는 숙종 때 서남해에 설치되었던 僉使鎭·萬戸鎭·別將鎭에 관한 내용이다.

> 蝟島와 加里浦에 水軍鎭管을 설치하여 臨淄·古群山·木浦·多慶浦·法聖浦·黔毛浦·群山浦·新島의 여덟 堡를 蝟島에 소속시키고, 古今島·南桃浦·金甲島·於蘭浦·梨津·薪智島·馬島·會寧浦의 여덟 堡를 加里浦에 소속시켰다. 두 鎭은 兩南 水路의 咽喉였으므로 本道의 監司와 水使에게 詢議하여 鎭管을 설치한 것이다.47)

즉 17세기말 서남해지역의 鎭堡는 군산의 蝟島부터 영광·무안·진도·해남·강진·완도 등을 거쳐 장흥의 會寧浦까지 16개의 수군진보가 배치되었다. 이렇듯 서남해 도서지역의 수군진보는 연해변을 잇는 방어망으로 구축되어 있었다. 또 무엇보다도 鎭管의 중심처라 할 수 있는 主鎭이 蝟島(群山)와 加里浦(莞島) 등 모두 섬에 설치되어 있었고, 그 예하의 수군진 역시 臨淄島·新島·古今島·金甲島·薪智島·馬島 등 모두 섬에 배치되어 있었다는 점이 주목된다.

이러한 숙종대의 진관편제를 임란 이전과 비교해 보면, 초창기 서남해의 主鎭은 고흥의 蛇渡鎭과 함평의 臨淄鎭 등 내륙에 편제되어 있었다. 이 가운데 사도진은 여도·돌산도·녹도·발포·회령포·마도·달량 등

---

45) 김경옥, 「고금도의 역사문화적 배경」『도서문화』13, 목포대 도서문화연구소, 1985, pp.10~19.
46) 이해준·김경옥, 「청산도의 역사문화적 배경」『도서문화』9, 목포대 도서문화연구소, 1991, pp.8~15.
47) 『숙종실록』권14, 숙종 9년 6월 10일 경술.

지를 관할하였고, 임치진은 어란포·남도포·금갑도·목포·다경포·법
성포·검모포·군산포 등을 관장하였다.[48] 그러다가 숙종 때 전라도 수군
진관의 主鎭이 흥양의 사도진에서 완도 가리포진으로 이동하였고, 또 內
海에 위치해 있던 임치진은 七山海의 蝟島로 옮겨졌던 것이다.

결과적으로 숙종대 진관편제의 특징을 정리해 보면, 조선전기의 수군
이 <水軍處置使營→都萬戶鎭(右道·左道)→萬戶鎭> 등으로 편성되었다
면,[49] 조선후기 숙종대에는 <水營→主鎭(右道·左道)→僉使鎭→萬戶鎭→
別將鎭>으로 재편되었던 것이다.[50] 즉 전라우수영의 主鎭은 위도진과 가
리포진이었으며, 그 예하에 僉使鎭으로 임자진·녹도진·고금도진·법성
포진·방답진·임치진·사도진 등이 배치되고, 그 다음 萬戶鎭으로 지도
진·회령포진·목포진·남도진·발포진·어란진 등이 있었으며, 또 別將
鎭으로 흑산도진·청산진·고돌산진 등이 편제되어 있었다.[51] 이렇듯 숙
종대 진관체제의 특징은 서남해 海路의 중심부를 잇는 편제였던 것이다.

이처럼 중앙정부의 적극적인 도서정책으로 인해 17·18세기 서남해 도
서지역은 차츰 안정을 되찾고 있었다. 여기에 봉건사회해체라는 사회변화
와 맞물리면서 도서지역의 인구유입은 증가추세로 나타났다. 물론 17세기
도서지역의 인구유입 규모가 어느 정도였는지, 또 15·16세기에 비해 얼

---

48) 조원래, 「임진왜란과 전라좌수영」 『전라좌수영의 역사와 문화』, 순천대박물관,
   1993, p.28.

49) 조선전기 수군편제의 대표적인 사례로 呂島鎭을 살펴보면, 여도진은 려말선초에
   설진된 것으로 추정되며, 문헌에 등재된 것은 세종대로 확인된다. 이 때 여도진은
   都萬戶鎭(左道)으로 全羅水軍處置 使營의 예하에 있었으며, 여도진은 內禮·突
   山·築頭·蛇渡·會寧浦·馬島·達梁·於蘭 등 8개의 萬戶鎭을 관장하였다(『호남
   진지』 「여도진지」 奎 12188).

50) 조선후기 수군진관 편제는 다음 사례가 참고가 된다. ①고금도진(1600년 別將鎭,
   1681년 水軍僉節 制使鎭 승격), ②법성포진(1514년 萬戶鎭, 1708년 僉使鎭, 1789년
   水軍僉節制使鎭), ③청산도진(1681년 別將鎭, 1866년 獨鎭으로 승격) 등이다(『湖南
   鎭誌』 奎 12188).

51) 『湖南鎭誌』(奎 12188), 『湖南營誌』(奎 12189).

〈표 2〉 조선후기 압해도 주민들의 입도사례

姓氏(派)	入島祖	入島時期 (生卒年代)	入島前 居住地	후손 분파	비고(典據·金石文)
押海丁氏	丁德盛	(800~896)	중국 (남양)	복룡리	押海를 본관으로 한 성씨
全州李氏 (益安大君)	李弼	(1595~1671)	나주 (여황)	동서리 가룡리	<嘉善大夫工曹參判全州李公弼之墓 碑>(병자년, 李喜逢 書) 『全州李氏益安大君派大同譜』(1983년)
高靈申氏 (歸來亭公)	申薦祕	1620년경	무안 (망운)	복룡리 신용리 가룡리	『高靈申氏世譜』(1989년)
晋州姜氏 (司評公)	姜爾豪	(1641~ ?)	영광 (불갑)	학교리 가룡리	『晋州姜氏司評公派家乘譜』(1995년)
昌寧曺氏 (昌山君)	曺鉉俊	(1651~　)	경기도 남평	장감리	『昌寧曺氏昌山君派譜』(1919년)
穎陽千氏 (縣監公)	千東野	1669년경	경북 (청도)	신장리	『穎陽千氏大同譜』(1981년)
咸平李氏 (令同正公)	李連昱	1680년경	함평	복룡리	『咸平李氏令同正公派世譜』
安東權氏 (花山府院 君)	權直經	(1690~1747)	경기도 나주	학교리 매화리	『安東權氏花山府院君派世譜』
慶州金氏 (白村公)	金德讚	1713년경	해남 진도	신장리 대천리	『慶州金氏白村公派大同譜』(1995년)
天安全氏 (大提學公)	全敬 (配 全義李氏)	1720년경	장성 광산	복룡리 신장리 분매리	『天安全氏大同譜』
密陽朴氏 (忠憲公)	朴重源	(1756~1819)	지도 무안 (운남)	대천리	『密陽朴氏忠憲公派譜』(1998년)
金海金氏 (文敬公)	金性億	(1761~ ?)	영광	대천리	『金海金氏文敬公派譜』(1983년)
海州吳氏 (典書公)	吳聖佗	(1762~1834)	장성 영광	복룡리 동서리	<有明朝鮮嘉善大夫戶曹參議海州吳 公聖佗之墓碑>(1914년)
水原白氏 (述古堂公)	白琇 白璋	1790년경	장흥 보성	대천리 동서리	『水原白氏述古堂派譜』(1974년)

마나 증가하였는지는 정확히 알 수 없다. 다만, 17·18세기 도서 이주민들
이 현재 섬에 살고 있는 주민들의 직계조상으로, 이들의 이주경로와 섬에

정착하는 과정, 입도 이후의 섬생활이 문헌과 구전으로 전해오고 있다.

도서 이주민들은 언제, 어디에서, 어느 지점을 경유하여 섬에 입도하였
는지, 그 양상을 살펴보도록 하자. 앞의 <표 2>는 현지답사에서 확인된
압해도 주민들의 입도유래를 정리한 것이다.52)

<표 2>에 등재된 압해도 주민들의 입도성향을 살펴보면 다음과 같은
특징이 주목된다.

첫째, 압해도 이주민들의 입도시기는 여느 섬과 마찬가지로 17~18세기
에 집중적으로 유입·정착하고 있었다. 이들이 바로 압해도 주민들의 직
계 선조이며, 오늘날 압해도 문화를 형성하고 발전시킨 실질적인 주역들
이다.

둘째, 압해도 주민들의 入島 전 거주지는 영광(3)·무안(3)·나주(2)·장
성(2) 順으로 나타났다. 주로 바닷길로 연결되는 영광과 무안 일대에서 이
주해 온 것으로 보인다. 특히 智島를 비롯하여 무안반도의 운남·망운지
역은 압해도와 인접해 있는 입지적 조건으로 인해 이 일대 주민들의 출구
역할을 하였던 것으로 이해된다.53) 반면에 장흥과 보성 방면에서 이주해
온 사례는 매우 드물게 나타났다.

셋째, 도서 이주민들이 압해도와 인연을 맺게 된 계기를 살펴보면, 천
안전씨·김해김씨의 경우, 先代가 임란의병에 참여하면서 전라도와 인연

---

52) <표 2>는 기존의 연구성과를 토대로 하여 압해도 주민들의 성씨별 기본카드를 작
성하였다. 기초자료는 『신안군지』(신안군, 1981년·2000년), 『마을유래지』(신안군,
1991년), 『향토지』(압해면, 1991) 등을 이용하였다. 또 각 성씨별 입도사유는 현지
답사시 族譜·古文獻·金石文·墓碑 등을 통해 확인하였다. 또 입도시기는 입도조
의 생몰년대를 기준으로 추정하였으며, 생존년대가 정확하게 확인된 경우는 입도
시기란에 표기해 두었다. 그러나 입도시기가 구전으로만 전해 올 뿐 문헌이나 관
련자료가 현전하지 않는 경우 분석대상에서 제외하였다.

53) 압해도와 내륙 연안을 열결하는 浦口는 ①<신장리(신도)·장감리(압해 도선장)↔
목포> ②<분매나루↔가란도> ③<가란도↔무안(청계)>, ④복룡리 복룡나루 ⑤
<가룡리↔운남> ⑥<가룡리 하룡나루↔매화도(청석·귀섬)> ⑦<송공리↔자은
도·암태도·비금도·도초도> ⑧<대천리 수락마을 선창골> ⑩ <대천리 조천선
착장> 등이다.

을 맺게 되었고, 그의 후손들이 전라도에 정착한 사례이다. 전주이씨는 병자호란 때 亂을 피하여 압해도로 이주해 온 것으로 확인된다. 또 안동권씨는 누대로 경기도에서 세거하였는데, 權悏(1553~?)이 나주목사와 전라도관찰사에 임명된 것을 계기로 전라도로 이주해왔다. 안동권씨 압해도 입도조는 權直經(1690~1747)으로 권협의 4세손이다. 또 고령신씨는 토지를 찾아서 섬으로 입도한 경우이다. 이렇듯 도서 이주민들의 입도사유는 주로 戰亂·官歷·經濟 등을 이유로 압해도에 입도한 것으로 확인된다.

그렇다면, 조선후기 압해도에 입도한 주민들의 수는 어느 정도이고, 또 이주민들은 처음 섬의 어느 곳에 터를 잡고 정착하였을까? 이에 대한 구체적인 기록은 구전으로만 전해 올 뿐, 문헌자료가 빈약하다. 다만 18세기에 편찬된 관찬자료에서 당시 압해도의 인구와 촌락등이 기재되어 있어 참고된다. 다음 <표 3>은 『輿地圖書』(1759년)·『戶口總數』(1789년)에 기재된 압해도의 인구와 촌락에 관한 내용이다.

<표 3> 18세기 압해도의 인구와 자연촌

人口		自然村(『호구총수』 참조)
『여지도서』	『호구총수』	
378戶	459戶	宋公村·水落村·汗伐村·鳥川村·新西村·新東村·斗池村
680名	785名	·都廳里·苔島·龍井村·長甘村·倉村·會龍村·渴龍村·
661名	491名	甫西村·甫南村·甫中村·牛串村·津邊村

위의 <표 3>에 나타나 있듯이, 18세기말 압해도의 호구는 대략 460여 戶, 인구는 1,300여 名이며, 19개의 자연촌으로 구성되어 있음을 알 수 있다. 이 자료는 15세기 중엽 중앙정부가 파악하고 있었던 압해도 주민수와 사뭇 비교된다. 즉 15세기 공도정책하에서 확인된 압해도 거주민의 수는 60여호로 확인된 반면, 18세기 압해도의 주민은 무려 400여호가 넘은 것으로 나타나 있다. 이는 조선전기보다 조선후기에 도서 이주민이 크게 증가되었음을 입증해 주고 있다. 또 조선후기라는 시대적 배경, 즉 정치·사

회·경제적 변화 등이 가미된 결과이기도 하겠지만, 무엇보다도 중앙정부의 도서정책 변화가 반영된 결과라고 여겨진다. 또 18세기 압해도의 행정편제 가운데 가장 작은 단위라 할 수 있는 자연촌은 오늘날 압해도의 13개 법정리와 거의 흡사하게 편제되어 있어 주목된다. 이는 18세기말 압해도의 위상이 크게 정립된 상태였음을 미루어 짐작케 한다.

Ⅲ. 압해도 목장의 설치와 개간

앞에서 압해도 주민들의 유입 실태를 역대 중앙정부의 도서정책과 관련하여 살펴보았다. 이제 도서 이주민들의 증가에 따른 서남해 도서지역의 사회경제적 변화를 검토하고자 한다. 특히 압해도에서 주목되는 것은 목장의 설치와 운영, 그리고 토지개간의 문제이다. 이를 통해 섬에서 목장이 설치되는 배경과 운영, 목장이 개간됨에 따라 도서 이주민들에게 미치는 영향은 무엇이었는가를 알아보고자 한다.

1. 목장의 설치

조선전기 정부는 섬에 목장을 설치하였다. 馬政은 국내적으로 교통 및 생산, 국토방위의 수단이었으며, 대외적으로 모든 외교문제를 해결하는 매개체였다.[54] 따라서 말의 사육은 국가의 중요한 정책이었으며, 국가의 富强을 평가하는 요소였다.[55]

---

54) 남도영, 「조선시대 地方馬政組織에 대한 소고」『사학연구』18, 한국사학회, 1964.
55) 『세조실록』권25, 세조 7년 7월 25일 계해 ;『연산군일기』권44, 연산군 8년 6월 19일 기미.

조선초기 중앙정부는 말을 길러 國用을 조달하는 한편 중국과 말무역을 하였다. 1408년(태종 8)에 貿易馬 430匹이 요동에 押領되었는가 하면,[56] 1423년(세종 5) 중국에 보낼 牧馬 10,400匹이 전국 各道에 분정되었는데, 이 가운데 1,350필이 전라도에 배정되었다.[57] 특히 전라도는 겨울철에 크게 춥지 않아서 목마가 풀을 얻을 수 있었기 때문에 牧馬場으로 적합하였다.[58] 또 島嶼와 串은 水草가 풍부하여 말을 방목하기에 최적지였다. 이런 사정은 1445년(세종 27) 충청·전라·경상도 都巡察使 金宗瑞의 보고 내용에서 확인할 수 있다.

> 물과 풀이 모두 넉넉한 곳은 목장을 설치하였으며, 물과 풀이 부족한 곳은 목장을 쌓지 않도록 하였습니다. (중략) 함평 海際串의 瓮岩과 城浦, 나주의 押海島는 목장을 설치하기에 적합하고, 珍島는 풍토가 제주와 비슷하여 목장을 만들기에 적당합니다.[59]

즉 水草가 풍부한 서남해 島嶼와 串은 목장지로 최적지였던 것이다. 이에 중앙정부는 목장관리를 해당 지방관에게 일임하여 관리하도록 하였다. 1446년(세종 28) 세종은 各道 목장의 監牧官을 인근 고을 守令과 萬戶로 하여금 겸직하도록 하였다. 다음은 서남해 도서지역의 감목관 임명에 관한 내용이다.

> 전라도 다경곶 목장은 무안현감으로 겸임하게 하고, 영광군 진하산 목장은 함평현감으로 겸임하게 하고, 나주 압해도 목장은 나주판관으로 겸임하게 하고, 영암군 황원곶 목장은 靈巖郡事로 겸임하게 하고, 珍島의 남면 여귀산 목장의 제1소는 珍島郡事로, 제2소는 금갑도만호로, 제3소는 남도포만호로 나누어 관장하게 하고, 서면의 부지산곶 목장과 북면의 해원곶 목장은 珍島郡事로 겸임하도록 하라.[60]

---

56) 『태종실록』 권15, 태종 8년 2월 4일 계미.
57) 『세종실록』 권21, 세종 5년 8월 4일 임자 ; 『세종실록』 지리지 전라도 장흥도호부.
58) 『세종실록』 권33, 세종 8년 8월 8일 기사.
59) 『세종실록』 권110, 세종 27년 10월 9일 경술.

<표 4> 15세기 서남해 연해 도서에 설치된 목장

년대	관할 고을	牧場名	典據(卷/年/月/日)
1436년(세종 18)	흥양	道陽串	『세종실록』 74/18/7/25/무오
	나주	智島, 長山島, 慈恩島	
	무안	臨淄島	
1445년(세종 27)	나주	押海島	『세종실록』 110/27/10/9/경술
	무안	海際串	
	해남	黃原串	
1446년(세종 28)	무안	多慶串	『세종실록』 111/28/1/23/신묘
	진도	女歸山, 金甲島, 南桃浦, 富支山	
1453년(단종 1)	강진	桂站串, 召藥島(藥山島)	『단종실록』 5/1/1/19/정축
	흥양	外伊每島	
	순천	麗水串	
	영광	九岫串	『단종실록』 5/1/1/19/정축 『단종실록』 11/2/6/5/병술
	영암	露島(蘆花島)	
	해남	禿冬音串	
1454년(단종 2)	해남	笠巖串	
1466년(세조 12)	흥양	折爾島, 鹿島, 伊每島	『세조실록』 38/12/2/21/계사 『세조실록』 38/12/2/24/병신
	나주	都草島	
	장흥	助役島	
	진도	加兒島	
1470년(성종 1)	강진	薪智島	『성종실록』 2/1/1/4/계미
	나주	安昌島, 其佐島, 古耳島	
	장흥	來德島	
	진도	智歷山	
1493년(성종 24)	나주	巖泰島	『성종실록』 282/24/9/14/을사

이렇듯 정부는 목장을 인근 고을 지방관들에게 운영하도록 하였다. 따라서 압해도 목장은 압해도의 행정을 관할하고 있던 나주판관이 담당하였다.

이러한 시대적 배경하에 15세기 서남해 연해 도서지역에는 목장이 지

---

60) 『세종실록』 권111, 세종 28년 1월 23일 신묘.

속적으로 배치되었다. 위의 <표 4>는 15세기 서남해 연해 도서에 설치된 목장 분포이다.

<표 4>에 나타나 있듯이, 15세기 전라도 서남해지역에 설치된 목장은 영광(1)·나주(9)·무안(3)·해남(3)·진도(6)·강진(3)·영암(1)·장흥(2)·고흥(5)·순천(1) 등 주로 섬과 그 연안에 집중적으로 분포하고 있음을 알 수 있다.

15세기 중엽에 설치된 압해도 목장은 1759년(영조 35)에 이르면 그 규모가 크게 확대된다. 압해도 목장은 3개가 설치되었던 것으로 추정된다. 즉 대천리 대벌·조천일대에 「西串馬場」, 신장리 삼문안에 「南串馬場」, 가룡리 하룡에 「北串馬場」 등이 그것이다. 또 압해도 목장에 소속된 牧子 數는 20명으로 확인된다.61) 18세기 기록을 토대로 압해도 목장의 분포도를 지도에 표기해 보면 다음 <도면 1>과 같다.

<도면 1>에 표기된 압해도 목장은 현재 地名만 전해올 뿐, 그 흔적을 찾아볼 수 없었다. 다만 대천리 주민들의 제보에 따르면, 「서곶목장」이 있었던 대천리 조천마을은 일명 "새장안(馬場)" 혹은 "新牧場" 이라 칭는데, 이는 '새로 만든 馬場이 있었던 곳'이라 하여 붙혀진 이름이라고 한다. 또 조천마을 뒤편 골짜기를 "통장"이라 칭하는데, 이곳은 지형이 낮아서 목마를 가둬 놓았던 곳으로 전해오며, 조천마을 서북쪽에 있는 "들목"이라는 마을은 '마장에 드나드는 길목'이라는 뜻에서 붙혀진 지명이다. 또 목마가 인근 논밭에 들어가는 것을 막기 위해 설치해 두었던 돌담을 "똘장"이라 하였고, 목장 인근 들녁을 "짱들"이라 하였다. 또 「북곶목장」이 있던 하룡리의 경우, 산 이름이 "똘둑산", 마을은 "똘장골", 산등성이는 "똘장골잔등"이라 칭하고 있다.62)

---

61) 『여지도서』 나주목 압해도 목장.
62) 목포대 도서문화연구소 편, 『압해도의 사회와 문화─1999 공동학술조사 자료집─』, 1999. 한국학회 편, 『한국지명총람』 14 전남편 Ⅱ, 1982.
　　제보자: 김하신(신안군 압해면 대천리 대벌마을), 박봉훈(신안군 압해면 대천리 반월마을).

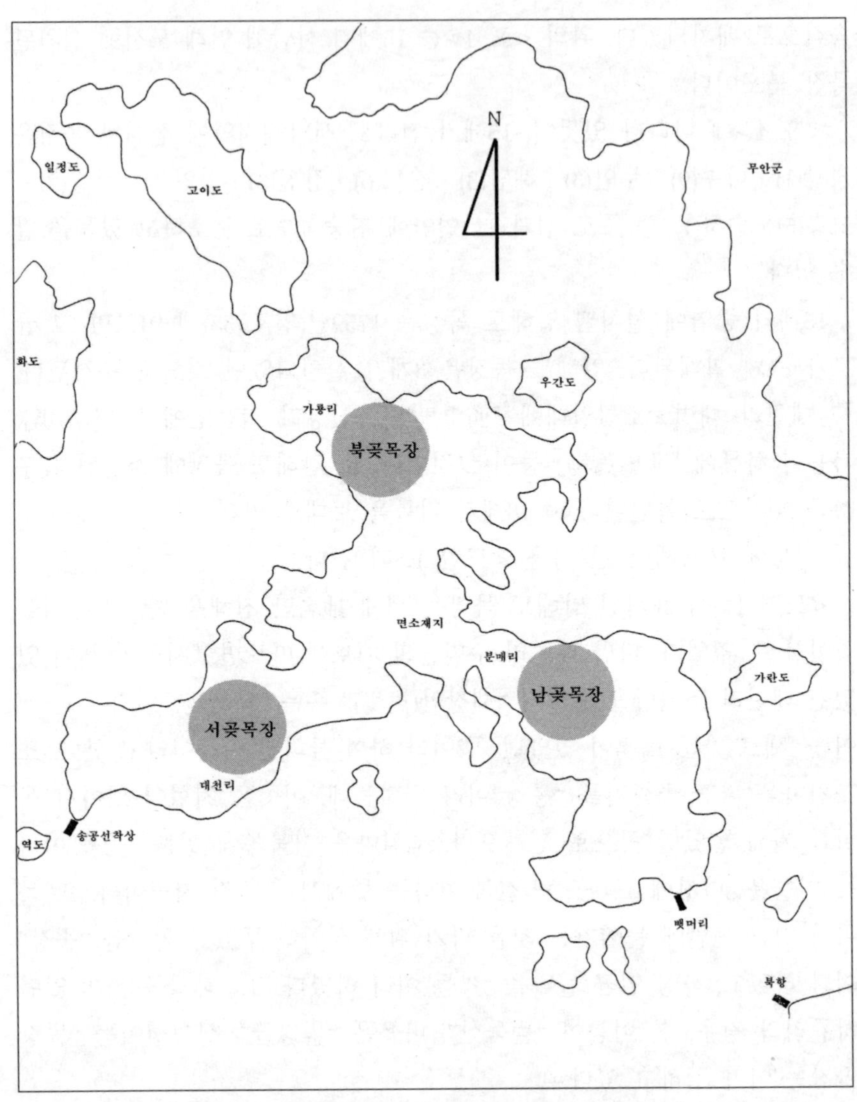

[도면 1] 조선후기 압해도 목장 분포도

2. 목장의 개간

조선시기 서남해 섬지역에서 토지는 國家・宮家, 그리고 島嶼 移住民들에 의해서 마련되었다. 즉 바닷가에 밀려오는 바닷물을 차단하고 堤防과 堤堰을 쌓아 간척지를 조성하거나, 荒蕪地나 牧場을 개간하여 경작지를 확대해 나갔다. 본절은 조선전기 섬에 설치되었던 목장이 조선후기에 경작지로 전환되면서 도서 이주민들에게 미친 영향은 무엇이었는가를 살펴보고자 한다.

조선전기 서남해 도서는 왜구들의 잦은 출몰로 인하여 주민거주를 금지하였다. 그리고 정부는 주민이 거주하지 않는 섬에 牧場을 설치하였다. 그러나 16세기에 이르면, 목장 역시 섬주민들과 마찬가지로 왜구들의 노략질 대상이 되었다. 그리하여 조선 중종 때 관료들은 왜구들의 노략질 대상이 되고 있는 도서지역의 목장을 내륙으로 옮기자고 제안하였다. 1510년(중종 5) 鄭光弼이

> 전라도의 露島(노화도: 필자)・折爾島・助藥島(藥山島: 필자)・薪智島・木島 등 다섯 목장은 水路가 멀어서 왕래하기에 폐단이 있을 뿐 아니라, 더구나 지금은 왜적이 출몰하고 있으니, 목장의 말을 점검할 때가 되면 마음대로 출입지도 못합니다. 청컨대 水草가 풍부한 內地 목장으로 옮겨서 방목하도록 하십시오.[63]

라고 건의하였다. 이에 중종은 정광필의 제안을 받아들여 목장 이건을 허용하였다. 위의 사료에서 논의된 목장들은 모두 조선전기에 설치되었던 목장들이다. 이 목장들은 모두 外海와 內海의 분기점에 입지하고 있었기 때문에 대부분 주요 바닷길의 길목에 분포하고 있었다. 왜구들은 목장에 출몰하여 노략질을 하였다. 결국 목장 관리들은 먼 바다에 위치해 있는

---

63)『중종실록』권11, 중종 5년 7월 5일 기미.

목장을 출입하기도 어렵고, 이제 왜구들까지 출몰하여 약탈을 일삼고 있으니, 목장을 섬에 방치하여 왜구들을 불러들이기보다 아예 목마를 내륙으로 옮기고 목장을 폐쇄하자고 제안하였다. 이런 사정으로 인해 서남해 도서에 설치되었던 목장은 내륙에 있는 목장에 병합하거나, 廢場되어 황무지로 변해갔다.64) 더욱이 임란과 같은 전쟁을 겪으면서 牛馬籍이 소실되어 폐목장이 더욱 증가했다.

　이런 실태를 1635년(인조 13) 司僕寺正 張維는

　　　各道 牧馬場 총 119개소 가운데 목마를 기르고 있는 곳은 겨우 46개소에 불과하고, 나머지는 모두 폐장되었다.65)

라고 보고하고 있다. 또 1663년(현종 4)에 작성된『牧場地圖』에는 전라도 12읍에 설치되어 있던 49개 목장 가운데, 9개의 牧場이 폐장된 것으로 나타나 있다. 또 전라도 흥양에서는 16개의 목장 가운데 10개의 목장이 폐장된 것으로 확인된다.66) 결국 황무지로 변한 목장은 그대로 방치되었고, 후에 도서 이주민들에 의해 개간되거나 왕실세력 등 권세가들에 의해 경작지로 개간되기도 하였다.67)

　중앙정부가 폐목장에 대해 공식적으로 개간을 허용한 것은 숙종대이다. 1680년(숙종 6) 병조판서 金錫胄가 羅州에서 관할하고 있던 臨淄島 牧場을 내륙으로 옮기고, 섬에 주민들을 들여보내서 폐목장을 개간하자고 건의한 것이 그 시초이다.

---

64) 도서지방의 목장이전과 개간에 대한 논란은 15세기 이래로 끊임없이 거론되었다(『연산군일기』권44, 연산군 8년 6월 19일 기미 ;『중종실록』권11, 중종 5년 6월 6일 경인 ;『중종실록』권88, 중종 33년 9월 30일 경자 ;『명종실록』권5, 명종 2년 5월 11일 신유 ;『명종실록』권15, 명종 8년 8월 29일 계묘).
65)『목장지도』「後序」, 張維 謹序, 인조 13년, 국립중앙도서관 소장본.
66)『목장지도』현종 4년, 국립중앙도서관 소장본.
67) 김선경,「조선전기의 山林制度－조선국가의 산림정책과 인민지배－」『국사관논총』56, 국사편위원회, 1994, p.101.

　　　나주의 임치도 목장은 토지가 기름져서 1,000여 석의 씨를 뿌릴만 하고, 지금 사육되고 있는 말은 종류가 못생기고 둔하며 기르는 수효도 적습니다. 지금 나라의 저축이 부족한 때를 당하여 목장을 개간하여 곡식을 쌓아두면 그 이익은 실로 1년에 몇 필의 말을 기르는 것보다 갑절이나 될 것입니다. 지금은 목마를 다른 곳으로 옮기고 백성으로 하여금 섬에 들어가서 (목장터를) 경작하도록 허가하는 것이 어떻겠습니까?" [68]

이 때 숙종은 병조판서의 제안을 받아들여 임치도 목장 개간을 승인해 주었다. 섬주민들은 정부의 승인하에 본격적으로 목장을 개간하게 되었다.

한편 목장이 경작지로 전환하는 과정에서 목장개간에 따른 섬주민들의 이해관계가 첨예하게 부각되기도 하였으니, 이는 목장 통폐합과 관련된 다음의 사례에서 엿 볼 수 있다. 1791년(정조 15) 內需司에서 나주의 押海島 牧場과 영광 荏子島 牧場의 통폐합과 開墾에 대한 單子를 올렸다. 이에 정조는 섬주민들의 의견을 수렴하여 처리하도록 전라감사에게 명하였다. 이 때 전라감사 鄭民始가 영광군수와 나주목사의 牒呈에 의거하여 작성한 보고 내용에서 목장개간을 둘러싼 섬주민들의 갈등구조가 얼마나 첨예하였는지 자세히 드러나 있다.

　　　영광에서는 '임자도 목마장의 둘레가 30여리나 되어 모든 곡식을 심을 만 하며 산밑의 평평한 곳은 終達坪이라 부르는데, 둘레가 4리쯤 되어 이곳에 作畓한즉 수백여결이 될 것이라 합니다. 금일 만약 목마 105필을 압해도로 옮긴다면 鎭에 속한 백성들의 생활에 큰 도움이 될 것입니다. 백성들은 모두 목장을 옮기고 농사지을 수 있도록 허락해 줄 것을 간절히 원한다.'고 합니다. 한편 나주에서는 '목장을 설치하여 말을 기르게 하고 각기 소속 관청에 분급한 것은 반드시 뜻이 있어 설치한 것인데, 이제와서 이곳의 목장을 옮겨 저곳으로 합치는 것은 옳지 않습니다. 옥토에 농사를 짓지 못하는 경우나, 말 떼가 농사에 해를 끼치는 것은 피차가 마찬가지 입니다. 牧馬의 많고 적음에 따라 섬사람들의 고락이 달려있는데, 이제 또 하나의 목장을 첨가한다면 실로 압해도 백성들에게는 견디기 어려운 고통이 될 것입니다.' 라고 합니다. (중략) 임자도가 비록 개간지로 적합한 땅이라고 하지만, 그 牧馬를 압해도로 옮기면 압해도 백성들은 새로운 근심이 될 것입니다. (압해

---

68) 『숙종실록』 권9, 숙종 6년 2월 3일 계해.

도민) 모두가 (목마를) 원하지 않으니 道臣은 편리함과 불편함을 생각하여, 반드시 뜻을 분명히 하여야 할 것 입니다. 조정에서는 어떻게 영광에만 후하고, 나주에는 박하게 하십니까? 69)

이와 같이 영광의 임자도 주민들은 목장을 혁파하고 개간하는 일에 환영하는 입장이었지만, 반면에 나주 압해도 목장 주민들은 방목하는 말의 숫자에 따라 섬주민의 고락이 달려있는데, 임자도 목마까지 추가로 관리한다는 것은 부당한 일이라며 강력히 반대하였다.

그러나 이 사건에서 주목되는 것은 두 지역 주민들은 서로 목마를 떠맡는 일은 꺼려하였지만, 목장을 개간하는 일은 대거 찬성하고 나섰다는 점이다. 그만큼 목장운영은 섬주민들에게 고역이었다. 섬주민들은 點馬軍이 點馬할 때 필요한 노동력을 徭役이라는 이름으로 충당하여야 했고, 또 點馬軍이 場馬捕捉·環場木柵·蓄草刈積 등 諸役을 요구할 경우 晝夜로 노동을 제공해야 했다. 또 효종~영조 때 목장의 造家積草 및 城子修築에 民人들을 동원하여 처리하는 등 목장 운영으로 인한 부역부담은 더욱 다양하고 무겁게 부과되었다.70) 이런 사정이다 보니, 섬주민들은 목마가 늘어나는 것은 그만큼 자신들이 짊어져야 할 부역부담이 가중되었기 때문에 목장을 개간하는 일은 찬성하지만, 목마가 늘어나는 일은 결사적으로 반대하였다. 그 결과 임자도와 압해도 목장의 통폐합 논의는 찬반양론으로 나뉘어 더 이상 진전되지 못하였다. 결국 중앙정부는 두 지역 주민들의 반대에 부딪쳐 본래대로 각자 목장을 운영하는 것으로 사건을 종결지을 수 밖에 없었다.

그런데 이런 논의가 있은지 5년이 지난 1796년(정조 20)에 영광의 임자도 목장은 마침내 목마를 인근 목장으로 분산시키고, 개간이 이루어졌다. 다음 사료는 18세기 임자도 목장 개간에 관한 것이다.

---

69) 『비변사등록』 79책, 정조 15년 10월 21일(17권 881쪽 하).
70) 조영봉, 「조선후기 목장개간의 확대와 둔전경영」, 국민대 석사학위논문, 1987, p.9.

　　호조판서 李時秀가 啓를 올려 아뢰기를, (중략) '본 섬(임자도)은 100여필의
병든 牧馬로 인하여 섬 전체가 일을 잃었습니다. 목장을 옮기는 일은 백성이 원하
는 바이니, 신해년(1791년: 필자) 내수사의 보고 내용에 있는 바대로 말을 압해도
로 옮기도록 하고, 토지는 宣禧宮에 소속하도록 할 일'로 비변사에서 關을 발급하
였습니다. (중략) 이외에 堤防과 목장의 개간지는 백성에게 권장하여 일구게 함
으로써 차차 개간의 땅이 되게 하십시오.71)

　　결국 임자도 목마는 압해도 목장으로 옮겨졌고, 목장터는 개간되어 宣
禧宮에 영속되었으며, 개간된 토지는 도서 이주민들에 의해 경작되었다.
　　이처럼 정부가 목장개간을 승인할 수 있었던 것은 효율적이지 못한 목
장을 정리하여 경작지로 활용한다는데 목적이 있었다. 또 무엇보다도 도
서지역에 있는 목장을 개간하는 일은 여러 가지로 국가에 이득이 많았다.
즉 목장개간에 필요한 노동력은 섬주민들이 모두 제공하였고, 또 개간지
는 섬주민들에 의해서 경작되었으며, 개간지를 경작한 주민들은 국가의
토지를 경작하였다하여 賭地를 납부하였기 때문이다. 이러한 사례가 장흥
지역 부속도서에서 확인할 수 있다. 조선 경종때 좌부승지 金在魯가

　　平日島 山日島 來德島 得良島 등은 본시 司僕牧屯이지만 당초에 陳荒地를 개
간한 것입니다. 비록 백성을 모집하여 토지를 개간한 것이지만, 이것은 公田이지
私田이 아닙니다. (중략) 1負 2斗 수세는 私家의 賭地인즉 원래 과중한 것이 아닙
니다.72)

라고 보고하고 있다. 즉 위의 사료에서 언급하고 있는 '백성'은 도서 이주
민이든, 아니면 이미 섬에 살고 있던 선주민이든간에 분명한 것은 이들이
모두 섬주민이라는 사실이다. 그러나 섬의 진황지를 개간한 사람은 섬주
민들이지만, 개간이 완료된 후 토지에 대한 소유권은 개간자가 아닌 본
래 황무지로 방치되었던 목장의 소유권자, 즉 사복시의 땅이라는 것이다.

---

71) 『정조실록』 권45, 정조 20년 8월 1일 계유.
　　『비변사등록』 184책, 정조 20년 8월 8일(18권 471쪽 상).
72) 『版籍司辛丑謄錄』 경종 원년 1월 28일.

그래서 섬주민들은 황무지를 개간하고 경작하였지만, 公田이라는 이름으로 賭地를 납부하고 있었다.

어쨌든 목장개간은 섬주민들에게 세금부담이 있긴 하였지만 경작지를 마련할 수 있는 계기를 마련해 주었다. 또 정부는 稅收를 확보할 수 있는 여건이 마련되었다. 따라서 정부는 서남해 도서의 불필요한 목장을 그래도 방치하기보다는 목장을 통합해서라도 섬에 경작지를 확보하는 일에 보다 적극적이었다. 그 결과 17세기 이후 牧場開墾은 국가의 流民對策이자 軍兵과 軍糧의 확보책으로 더욱 왕성하게 전개되었다.[73] 특히 饑民과 無田農民, 그리고 流民들에게 借耕地를 마련해 주는 효과적인 수단이었다.[74]

따라서 조선후기 목장개간은 더욱 빈번하게 이루어졌다. 이제 목장개간에 따른 경작지의 수세권을 놓고 衙門間의 갈등이 야기되었다. 1737년(영조 13) 나주목의 壓海島·長山島·慈恩島·智島 등지의 목장이 개간되자, 호조와 사복시간에 분쟁이 발생하였다. 行戶曹判書 金若魯가

> "사복시에서 '나주목의 압해도·장산도·자은도·지도 등 4개의 섬에서 개간한 전답이 31결 가량 되는데, 이 토지에서 나오는 세금을 목장에 영속하도록 한 일'을 草記하여 윤허하였다고 합니다. 이 4개의 섬은 일찍이 목장의 관할지였으나, 개간 이후 오랫동안 방치되어 있었습니다. (호조에서) 이 토지를 조사하여 正案에 올리고, 전례에 의거하여 세금을 부과하고 있었는데, 다시 太僕寺가 소속 목장에 영속하기를 요청하였습니다. 그러나 이는 법전에 없는 사항입니다. 이와 같이 실시한다면, 가장 심각한 폐단이 야기될 것입니다. 목장에 속하는 것을 금하시고, 전례대로 세금을 납부하도록 하는 것이 어떻겠습니까?" [75]

라고 보고하였다. 위의 사료에서 언급하고 있는 나주목 소속 4개의 섬들은 모두 세종때 목장이 설치되어 있었다.[76] 그 후 사복시는 자체적으로

---

73) 송찬섭, 「17·18세기 新田開墾의 확대와 경영형태」『한국사론』12, 서울대 국사학과, 1985, p.247.
74) 조영봉, 앞의 논문, p.41.
75) 『비변사등록』118책, 영조 13년 10월 10일(11권 802쪽 상).
76) 장산도·자은도·지도 목장은 세종 18년에 설치되었고(『세종실록』 권110, 세종 18

목장을 개간하였다. 그런데 문제는 목장을 개간한 다음 사복시는 오랫동안 개간지를 방치해 두었고, 호조는 사복시에서 관리하고 있지 않은 토지를 量案에 등록시켜 토지세를 거둬들이고 있었다. 이러한 사실을 뒤늦게 알게 된 사복시는 목장터를 개간한 토지이니 만큼 당연히 토지소유권이 사복시에 있다고 주장하면서 분쟁이 시작되었다. 이런 상황에 이르자, 호조는 정부에 啓를 올려 시정을 요구하였고, 정부는 개간한 토지가 목장터임을 감안하여 公田에 귀속된다고 판결하였다.

이상에서 살펴본 바와 같이, 서남해 도서지역의 목장개간은 섬주민들에게 경작지를 마련할 수 있는 하나의 방법이었다. 조선전기 이래로 섬에 설치되어 있던 목장은 섬으로 유입한 도서 이주민들에 의해 개간되어 경작지로 변화되었다. 정부 역시 부실한 목장을 운영하기 보다 개간하여 농경지로 만들어서 收稅하는 편이 여러 가지로 이익이었다. 조선후기 목장이 경작지로 전환되는 일은 흔한 일이었다.

Ⅳ. 맺음말

이상에서 역대 중앙정부의 도서정책과 압해도 주민들의 入島, 주민입도이후 섬의 경제적 기반이 변화되어가는 양상을 문헌자료와 현지답사를 토대로 하여 살펴보았다. 앞에서 논의된 내용을 요약함으로써 맺음말을 대신한다.

고려말 몽고와 왜구들이 침입해오자, 중앙정부의 도서정책은 水軍과 주민들을 의도적으로 섬에 들여보내서 入堡하도록 하는 한편 점차 섬을

년 7월 25일 무오), 압해도 목장은 세종 27년에 목장후보지로 거론되었다(『세종실록』 권110, 세종 27년 10월 9일 경술).

개발한다는 입장이었다. 즉 고려정부의 도서정책 방향은 「海島入堡論」과 「海島開發論」이었다. 이러한 고려정부의 도서정책을 살펴볼 수 있는 사례가 압해도이다. 고려말 압해도 주민들은 軍備까지 마련하여 섬을 방비하면서 거주하고 있었다. 그러나 여말선초기에 왜구의 침입이 빈번해지자, 중앙정부는 도서정책을 수정하였다. 이른바 「空島政策」이 선포되었다. 즉 중앙정부는 섬에 주민들이 거주하지 않으면, 섬의 경제적 요인이 발생하지 않을 것이고, 왜구들은 약탈할 것이 없는 섬에 더 이상 출몰하지 않을 것이라고 판단하였다. 그 결과 조선전기에 중앙정부는 섬에 설치해 두었던 邑治所를 모두 내륙으로 이동시키고, 주민들도 더 이상 섬에서 거주하는 것을 금하였다.

조선정부의 공도정책은 압해도에도 예외일 수 없었다. 조선전기 압해도의 邑治所는 물론 주민들은 모두 내륙으로 이동하여 羅州牧에 영속되었다. 그러나 중앙정부의 공도정책에도 불구하고, 내륙지역 주민들은 비어있는 섬으로 모여들었다. 섬은 도서 이주민들에게 토지·소금·미역·해산물·고기잡이에 이르기까지 섬생활에 필요한 제반 요소들을 제공해 주었다. 그리하여 도서 이주민들의 수는 더욱 늘어났다. 정부는 국법을 어기고 섬으로 潛入한 사람들을 推刷하는 등 공도정책을 보다 강화하였다. 그러나 도서 이주민들은 정부의 추쇄령이 선포되면 더 깊은 섬이나 육지로 도망하였다가, 감시가 느슨해지면 다시 섬으로 모여드는 등 出陸과 入島를 반복하였다.

한편 조선전기 중앙정부는 공도정책을 표방함과 동시에 섬에 목장을 설치하였다. 馬政은 국내적으로 교통 및 생산, 국토방위의 수단이었으며, 대외적으로 모든 외교문제를 해결하는 매개체였다. 따라서 말의 사육은 국가의 중요한 정책이었다. 더욱이 서남해는 겨울철에 크게 춥지 않고 水草가 풍부하여 목장을 설치하기에 적합하였다.

15세기 서남해 도서 연안지역에 34개의 목장이 설치되었다. 압해도에 목장이 개설된 것은 15세기 중엽이었다. 그러나 임란을 전후로 왜구들의 출몰이 극심해지고 牛馬籍이 소실되면서 도서지역 목장은 폐목장이 속출하였다. 황무지가 된 목장터는 섬주민들이 개간하여 경작지로 만들었다. 섬에서 토지는 도서 이주민들을 섬으로 불러들이는 주요한 요인 가운데 하나였다.

그런데 목장이 경작지로 전환되면서 섬주민들의 이해관계가 부각되었다. 그 대표적인 사례가 나주의 압해도 목장과 영광의 임자도 목장의 통폐합에 따른 분쟁이었다. 섬주민들은 목장 개간에 대해 적극적으로 찬성하는 입장이었다. 그러나 영광 임자도 목장개간이 여론화되자 섬주민들은 양분되었다. 즉 목장이 개간될 예정이었던 임자도 주민들은 찬성하는 입장이었지만, 임자도 목장이 개간될 경우 그 목마를 떠맡아야 할 압해도 주민들은 불만을 토로하였다. 왜냐하면 조선시기 목장은 전적으로 주민들의 노역에 의해 운영되었기 때문이다. 따라서 목마수는 곧 섬주민들의 苦役과 비례하였다. 결국 임자도와 압해도 목장개간은 섬주민들의 반대로 원래대로 목장을 운영하는 것으로 사건이 종결되었다. 그러나 18세기 말에 영광 임자도 목장은 개간되었고, 압해도 목장은 인근 목마를 받아들여 오히려 확대되었다. 압해도 목장은 대천리 대벌·조천일대에「西串牧場」, 신장리 삼문안에「南串牧場」, 가룡리 하룡에「北串牧場」등이 분포하고 있었고, 牧子는 약 20명이 배치되었다.

이처럼 정부가 목장개간을 승인할 수 있었던 것은 무엇보다도 효율적이지 못한 목장을 운영하기 보다는 개간하여 경작지로 이용하는 편이 훨씬 이익이 많았기 때문이다. 즉 황무지를 개간하는 일은 섬주민이 도맡아 추진하였고, 또 개간이 완성되면 그 토지를 경작하는 일 또한 섬주민들의 몫이었으며, 또 개간지를 경작한 섬주민들은 국가의 토지를 경작한 댓가로 賭地를 납부하였다. 결국 목장개간은 섬주민들에게는 경작지를 확보할 수 있는 방법이었고, 국가 입장에서는 饑民과 無田農民, 流民들에게 借耕地를 마련해 주는 효과적인 수단이었다. 따라서 조선후기 섬에서 목장이 개간되는 일은 더욱 왕성하게 전개되었다.

제4장 朝鮮後期 飛禽島 住民들의 土地運營

김 경 옥*

I. 머리말

기존 도서지역의 경제기반에 대한 연구는 미비한 수준이다. 대체로 조선시대의 海澤地・低濕地의 新田開墾, 牧場의 설치, 宮房田의 折受와 立案, 營衙門의 屯田, 魚鹽, 松田과 封山 등을 다루면서 섬을 부분적으로 언급하는 정도였다. 다행스럽게도 최근들어 서남해 島嶼를 대상으로 한 사례연구가 일부 이루어지면서 도서지역 경제기반의 실상이 하나씩 밝혀지고 있다. 기존의 연구성과를 살펴보면, 15・16세기 인구증가와 함께 耕作地를 확보하려는 노력이 시도되었는데, 이 때 牧馬場까지 개간 대상에 포함되었다고 하였다.1) 또 조선후기에 王室과 營衙門이 空閑地 無主之處의 土地・柴場・漁箭・海澤地 등을 折受・立案하여 합법적으로 私占하게 되는데, 섬도 그 대상에 포함되었다고 하였다.2) 또 17・18세기 농민층 분화와 수취체제의 가중속에서 발생한 流民들이 沮洳地를 新田으로 開墾하게 되는데, 서해안 일대의 島嶼에서 개간사실이 확인되었다.3) 그리고 최근에 발표된 서남해 도서에 대한 연구에 의하면, 조선전기 이래로 내륙지역의

---

* 목포대학교 인문과학연구원 도서문화연구소 연구교수

1) 이태진, 「15・6세기 韓國 사회경제의 새로운 동향 : 低地 개간과 인구 증가」『동방학지』 64, 연세대 국학연구원, 1989.
2) 이경식, 「朝鮮後期 王室・營衙門의 柴場私占과 火田經營」『동방학지』 77・78・79 합집, 연세대 국학연구원, 1993.
3) 송찬섭, 「17・18세기 新田개간의 확대와 경영형태」『한국사론』 12, 서울대 국사학과, 1985.

流移民들이 섬으로 들어가 荒蕪地를 개간하였는데, 점차 중앙과 지방세력들도 宮房田과 屯田을 설치한다는 명목으로 대규모 간척사업을 실시하였음이 밝혀졌다.4) 또 조선전기 섬에 설치되면서 있던 牧場이 왜구 침탈로 인해 더 이상 운영이 어렵게 되면서 廢牧場이 되었고, 이 폐목장을 섬주민들이 개간하여 경작지로 전환한 사례가 全羅道 羅州牧 押海島 牧場에서 확인되었다.5) 또 조선시대 禁松政策의 일환으로 설치되었던 松田과 封山에 대해 정부가 개간을 허용하자, 섬주민들이 봉산을 개간하여 경작지로 만든 사례가 全羅道 長興府 金塘島 封山에서 확인되었다.6) 이처럼 조선시기 도서지역의 경제기반은 제한적이긴 하지만 土地를 중심으로 확인되는 단계에 있다. 따라서 실증적이고 보다 구체적인 다양한 사례연구가 필요하다.

이 글은 섬에서 경작지가 어떻게 마련되고 운영되었는지, 그 실태를 全羅道 羅州牧 飛禽島 事例를 통해 살펴보고자 한다. 연구방법은 비금도 관련 文獻資料와 현지답사를 접목시킨 사례연구이다.7) 본고에서는 다음과 같은 문제들을 검토하려고 한다.

---

4) 김경옥, 「朝鮮後期 西南海 島嶼地方의 經濟基盤 變化」『全南史學』14집, 전남사학회, 2000.

5) 김경옥, 「조선시기 압해도의 이주민과 경제기반」『島嶼文化』18집, 목포대 도서문화연구소, 2000.

6) 김경옥, 「朝鮮後期 金塘島 移住民의 入島와 封山運營」『島嶼文化』17집, 목포대 도서문화연구소, 2001.

7) 이 글은 목포대학교 부설 도서문화연구소가 매년 실시하고 있는 "서남해 도서(섬) 학술조사"의 일환으로 2000년 공동학술조사(전남 신안군 비금면) 역사분야 조사 결과를 토대로 하여 작성하였다. 현지답사는 2000년 6월 19일부터 6월 23일까지 실시되었다. 필자에게 주어진 연구과제는 <조선시기 비금도의 역사와 문화>였다. 현지조사는 주로 비금도 주민들의 入島와 정착과정, 비금도 관련 典籍 및 古文書를 수집하는데 주력하였다. 비금도의 입지적 환경은 동쪽으로 암태도·안좌도, 서쪽으로 흑산도, 남쪽으로 도초도, 북쪽으로 자은도와 인접해 있다. 2000년 현재 비금도의 부속도서는 유인도 2개소, 무인도 79개소이며, 13개의 행정리와 35개의 자연촌이 있다. 또 비금도의 토지는 전답 31%, 임야 45%, 염전 12% 등으로 구성되어 있다(『2000 공동학술조사 자료집』, 목포대 도서문화연구소, 2000, p7).

첫째, 나주목 비금도 주민들은 언제 어떤 연유로 섬에 정착하게 되었는지, 역대 地理志를 분석하여 비금도의 역사문화적 배경과 도서 이주민들의 입도추이를 알아보고자 한다.

둘째, 비금도 주민들이 섬에 정착하는 과정에서 耕食하게 된 토지는 언제 누가 만들었으며, 어떻게 운영되고 증대되었는지, 그 과정을 살펴보고자 한다.

이를 통해 조선후기 서남해 도서지역에서 토지가 어떻게 마련되고 운영되었는지, 그 실태를 검토할 수 있을 것으로 기대된다.

Ⅱ. 島嶼 移住民의 入島와 定着

1. 地理志를 통해서 본 비금도

飛禽島가 관찬자료에서 처음으로 확인된 것은 『高麗史』 지리지이다.[8] 즉 전라도 영광군 陸昌縣의 부속도서로 10개의 섬이 등재되어 있는데, 이 가운데 品墮島(필자 ; 암태도)·慈恩島와 함께 수록되어 있는 '比尒島'가 오늘날의 비금도로 추정된다. 또 『세종실록』 지리지 영광군을 살펴보면, 부속도서로 臨淄島·被錦島·道沙島 등 3개의 섬이 수록되어 있을 뿐, 앞서 거론되었던 '比尒島'는 전라도의 어느 郡縣에도 등재되어 있지 않다. 따라서 영광군의 부속도서로 등재되어 있는 '被錦島'가 앞서 논의되었던 '比尒島'와 동일한 섬일 것으로 추정된다.[9]

그런데 『동국여지승람』에는 앞서 거론되었던 比尒島·被錦島 등이 영광군의 부속도서로 등재되어 있지 않는 반면, 羅州牧 山川條에 '飛尒島'

---

8) 『高麗史』志 卷第11, 地理2, 靈光郡 陸昌縣.
9) 『世宗實錄』 지리지, 영광군.

가 등재되어 있음이 확인된다.10) 결국 비금도는 고려시대 때 比尒島로, 조선초기에 被錦島·飛尒島 등으로 불리면서 행정관할권이 영광군에서 나주목으로 이속된 것으로 이해된다.

그러나 15세기 비금도는 섬주민들의 거주공간으로 허용되지 않았다. 그 이유는 여말선초이래로 끊임없이 침입해 오는 왜구들 때문이었다. 이에 중앙정부는 섬주민을 보호한다는 차원에서 소위 '空島政策'을 실시하였다. 공도정책이란 섬에 설치되어 있던 郡縣治所를 육지로 이동시키고 주민들도 함께 내륙으로 이주시켜 섬을 비워둔다는 정책이었다.11) 즉 중앙정부는 섬에 사람이 살지 않으면 약탈할 것이 없을 것이고, 왜구들도 비어있는 섬에 더 이상 출몰하지 않을 것이라고 판단하였던 것이다.

이러한 사정은 비금도와 인접해 있는 長山島·押海島·黑山島·珍島 사례에서 확인할 수 있어 참고된다. 즉 15세기에 간행된 『동국여지승람』 나주목·영암군 古蹟條에 "(섬주민들이) 왜적에게 땅을 빼앗기고 내륙지역 羅州로 옮겨가서 寓居하였다."라는 기사가 廢縣條에서 쉽게 발견된다.12) 이로 미루어 볼 때, 조선전기 비금도 주민들 역시 공도정책에 따라 육지로 강제 이주하였을 것으로 추정된다.

그런데 섬주민들은 정부의 도서정책에 따라 섬을 떠나오긴 하였지만, 섬이 제공해 주는 여러 가지 혜택까지 포기할 수 없었던 것 같다. 내륙 연안에 거주하던 주민들이 관리들의 눈을 피해 섬을 오가면서 농사를 짓거나 해산물과 고기잡이를 하였던 것으로 보인다. 이와 관련된 기사를 『조선왕조실록』에서 발견할 수 있다. 다음 사료는 조선전기 서남해 도서지역의 실상을 그대로 전달해 주고 있어 참고된다.

a-1) 병조에서 이르기를, "전라도 珍島는 땅이 넓고 기름져서 海珍·靈巖·長

---

10) 『東國輿地勝覽』 권35, 羅州 山川.
11) 김경옥, 『조선후기 서남해 도서의 사회경제적 변화와 도서정책 연구』, 전남대 박사
    학위논문, 2000, pp.6~19.
12) 『東國輿地勝覽』 권35, 羅州牧·靈岩郡 古蹟.

興·康津 등지의 인민들이 바다를 건너와서 거주하는 者가 많은데, 관할하
는 관리가 없으니 실로 올바르지 않습니다."13)

a-2) 호조에서 이르기를, "해산물로 이익을 취하는 것이 많으므로, 오늘날 백성
들이 농사를 버리고 바다에서 이익을 취하는 者가 날마다 늘어나고 있습니
다."14)

위의 기사에 나타나 있듯이, 조선 세종 때 도서지역에는 공도정책이 선
포된 상태였다. 그러나 내륙지역 주민들은 섬으로 들어가서 여전히 바닷
일에 종사하였고, 중앙정부는 이를 제대로 통제하지 못하였다. 이런 상황
이었기에 내륙지역 유이민들은 耕作地를 찾아서 섬으로 유입하거나, 避役
과 戰亂 등을 이유로 섬으로 모여들었다. 또 내륙에서 죄를 지은 사람들
도 본인의 의지와는 상관없이 강제로 섬에 보내지기도 하였다.15)

이런 사정이다보니, 중앙정부는 서남해 島嶼에 대한 통제책을 보다 강
화하기 위해 고심할 수 밖에 없었다. 15세기 중앙정부는 섬을 통제하기
위한 수단으로 행정편제를 단행하였다. 그 결과 조선전기 비금도의 행정
권은 靈光郡에서 羅州牧으로 이속되었던 것으로 보인다.

이처럼 조선전기 지리지에 나타난 비금도에 관한 정보는 地名變遷이나
행정편제의 변화를 확인하는 정도이다. 다만 한가지 주목되는 것은 서남
해 도서 가운데 비금도가 조선전기 지리지에 등재될 만큼 일찍이 주목받
고 있던 섬으로 평가된다. 서남해 도서지역의 무수히 많은 섬 가운데 왜
비금도가 조선전기 지리지에 등대될 수 있었는지, 조선전기 비금도의 위
상이 주목된다. 이러한 의문은 조선후기의 지리지를 통해 살펴보도록 하
자. 다음은 조선후기 지리지에서 비금도 관련 기사를 발췌한 것이다.

b-1) 飛尒島, 둘레가 30里이다.16)

---

13) 『世宗實錄』 권77, 세종 19년 4월 20일 기묘.
14) 『世宗實錄』 권117, 세종 29년 9월 23일 임자.
15) 김경옥, 앞의 논문, 2장 「도서 이주민의 유입과 증가」, 2000, pp.6~45.
16) 『新增東國輿地勝覽』 권35, 羅州牧 山川 ; 『東國輿地志』 羅州牧 山川.

b-2) 飛尒島, 둘레가 30里이며, 編戶는 369戶, 남자 374명, 여자 424명이다.17)

b-3) 飛禽島에는 廣大村·都廳村·都庫村·池洞村·樹林村·斗目里·舊基村
　　·西山村·寒山村·栗田村·老大村 등이 있으며, 戶口는 406戶, 人口는
　　1,512名(남자 847명, 여자 665명)이다.18)

b-4) 飛禽島, 토지가 비옥하다.19)

b-5) 飛禽島는 州(필자:羅州)로부터 서쪽으로 412里 떨어져 있다. 水路는 320
　　里이다.20)

　위의 기사에서 조선후기 비금도의 규모, 자연촌의 구성, 인구, 육지와의
距離 등이 확인된다. 즉 16~18세기 비금도는 '飛尒島'로 표기되어 있고,
조선전기와 마찬가지로 여전히 독립된 행정체제를 구축하지 못하고 羅州
牧의 부속도서로 편제되어 있음을 알 수 있다.

　그런데 18세기초 비금도의 編戶와 人口, 土地에 관한 기사는 짧은 기록
에 불과하지만 비금도의 특성을 전달해 주고 있어 흥미롭다. 먼저 18세기
비금도의 인구는 1759년(영조 35)에 798명이었다가, 이후 30년이 지난
1789년(정조 13)에 1,500명으로 증가되어 있음을 알 수 있다. 물론 이 시기
섬지역의 인구증가는 비금도에서만 나타난 특징은 아니었다. 18세기 서남
해 도서지역의 인구 실태에 대해 비변사의 보고에 따르면, "우리 나라의
島嶼를 늘어놓고 보면 호남이 가장 으뜸인데, 근래에 인구가 날로 증가하
고 여러 섬의 戶口가 해마다 증가하고 있습니다."21) 라고 狀啓한데서 알
수 있듯이, 서남해 도서지역 전역에서 인구가 증가하고 있었다. 이렇듯 조
선후기 비금도를 비롯하여 서남해 도서지역은 내륙지역 유이민들이 유입
하면서 섬의 인구가 꾸준히 증가하는 추세였다.

　또 하나 주목되는 것은 18세기말엽 비금도에 편성된 자연촌의 구성이
다. 위의 b-3)에서 확인되듯이, 비금도의 자연촌은 모두 11개로 편성되어

---

17) 『輿地圖書』, 全羅道 羅州牧 坊里, 1759년.
18) 『戶口總數』, 제6책, 全羅道 羅州 飛禽島, 1789년.
19) 『大東地志』, 羅州 山水, 1864년.
20) 『湖南邑誌』「羅州牧邑誌」, 島嶼, 1895년.
21) 『備邊司謄錄』 57책, 숙종 32년 4월 14일(5권 543쪽 하).

있다. 이 가운데 廣大村·道庫村·池洞村·舊基村·樹林村·西山村·寒山村 등은 오늘날 행정리인 광대리·도고리·지당리·구림리·고서리·덕산리 등으로 존속하고 있다. 또 비금도의 地名은 고려시대 이래로 比尒島·被錦島·飛尒島 등으로 표기되다가, 18세기 중엽부터 '飛禽島'로 등재되어 있음이 확인된다. 또 19세기의 기록이긴 하지만, 비금도의 자연조건이 "토지가 비옥한 곳"으로 평가되고 있어 흥미롭다. 대체로 조선시기 섬이라면 바다에서 채취할 수 있는 海産物이나 魚鹽 등이 거론될 것으로 예상되는데, 비금도의 경우 육지처럼 토지의 비옥도가 거론되고 있다. 이는 시기적으로 볼 때 서남해 도서에 토지개간이 부분적으로 이루어진 상태이기는 하지만, 역시 바다를 끼고 있는 絶島의 특징으로 토지가 거론되고 있는 점은 주목된다.22)

이상에서 살펴본 바와 같이, 조선시기의 비금도는 나주목에서 水路로 320里 떨어진 섬으로, 戶口는 400戶, 人口는 약 1,500명, 총 11개의 자연촌으로 구성되어 있으며, 토지가 비옥한 섬으로 평가된다.

2. 임란이후 비금도 주민들의 입도사례

본절에서는 비금도 주민들이 언제 어떤 연유로 섬에 유입하여 정착하였는지 입도추이를 살펴보고자 한다. 연구방법은 문헌자료와 현지조사를 접목하였다. 현지조사는 주민들의 族譜와 門中資料, 그리고 비금도에 현전하고 있는 역사유적, 섬주민들의 입도유래 등을 조사하였다.

다음 <표 1>은 비금도 주민들의 각 성씨별 入島祖·入島時期·入島由來 등을 정리한 것이다.23)

---

22) 이 점에 대해서는 다음 절에서 구체적으로 살펴보도록 하겠다(Ⅲ. 開墾과 折受로 마련된 土地運營 참조).

23) <표1>은 『신안군지』「제4장 읍면지」(신안군, 2000, pp.940~949)를 토대로 하여 작성하였으며, 여기에 필자가 현지답사하여 조사한 결과를 보완하였다.

<표 1> 임란이후 비금도 주민들의 입도유래

里名	自然村	入島時期	入島姓氏 (入島祖)	前 居住地	備考
광대리	堂頭	1592년	강릉유 (劉家)[24]	흥양(점암)	·당두마을은 비금도에서 제일 먼저 사람이 거주하기 시작하였다고 口傳됨. ·劉家(1567~1618)는 임란때 宗祀를 보존하기 위해 흥양에서 비금도로 移居. ·李富善(1739~1811)이 戊午士禍 때 珍島에서 비금도로 입도.
		1739년 ~1811년	전주이 (李富善)[25]	비금도 (용소)	
	光大	1757년 (영조 33)	김해김 (김정기)	경남(김해)	
용소리	龍沼	1693년 ~1715년	전주이 (李斗南)	加沙島 영암	·李斗南(1693~1715)이 加沙島(진도)에서 비금도로 移居함.
도고리	道古	1650년경	양성이 (李巖)[26]	나주(회진)	·도고마을은 나주목의 租稅 창고가 있었던 곳. ·양성이씨가 15세기 중엽 황해도에서 나주로 始居하였다가, 李巖 때 비금도로 移居함.
가산리	佳山	1649년 ~1709년	제주양 (梁桂龍)[27]	해남(화산)	·제주양씨는 해남(화산)에서 세거하다가, 梁桂龍(1649~1709)이 비금도로 입도함.

24) 『江陵劉氏族譜』, 1809년. 제보자 : 김해김씨(72세, 宗婦, 신안군 비금면 내월리 내촌마을).
25) 『全州李氏新譜』, 1870년. 제보자 : 이금일(86세, 신안군 비금면 용소리 용소마을).
26) 『陽城李氏世譜』, 1984년. 제보자 : 이철배(67세, 신안군 비금면 도고리 도고마을).
27) 『濟州梁氏昌平翰林公派譜』, 1987년. 제보자 : 양판남(77세, 신안군 비금면 가산리 가산마을).
28) 『光州盧氏世譜』, 1985년. 제보자 : 노순종(63세, 신안군 비금면 구림리 구기마을).
29) 『慶州崔氏司成公派譜』, 1981년. 최정출(63세, 종친회장, 신안군 비금면 덕산리 읍동).
30) 『金海金氏三賢派譜』, 壬戌譜, 1900년.
31) 『昌原黃氏世譜』, 1998년. 제보자 : 황규채(신안군 비금면 내월리 월포마을).

里名	自然村	入島時期	入島姓氏 (入島祖)	前 居住地	備考
가산리	羅拜		밀양박 (박준용)	해남	・나배라는 지명은 '밀양박씨의 조상숭배가 지극하다'하여 붙혀짐.
지당리	牛山		밀양손 (손찬숙)	비금도 (지동)	
	堂山		평강채 (채봉이)	해남	・지당리의 옛 터, 堂의 아랫마을이라 하여 붙혀진 지명.
	池洞	1490년	진주강	무안(삼향)	
	新柳		김해김 (김승길)	해남	
구림리	舊基	1676년 ~1733년	광산노 (盧吉彦)[28]	영암	・광산노씨는 고려 때 전라도 광주에서 寓居하다가, 영암으로 移居, 영암에서 세거하던 盧吉彦(1676~1733)이 비금도로 入島함.
	樹林	1580년	밀양박 (손길성)	영암	
	龍虎	1750년	김해김 (김원택)	해남	
신원리	新村	1600년대	경주최 (崔基立)[29]	비금도 (용호)	・경주최씨는 崔基立(1600년대)이 해남에서 비금도로 입도함.
	元坪	1637년	김해김 (김치운)[30]	도초도 (한발)	・황해의 모래가 쌓여 넓은 평야지대를 이루고, 갈대밭에 조류가 많이 모인다 하여 '오리평' 혹은 '원평'이라 칭함.
	坪林	1640년	김해김 (김원봉)	비금도 (용호)	
	紫項	1700년	강릉유 (유춘집)	강원도 (강릉)	・꽃치섬・붉은목・자항 등으로 칭함.
고서리	古幕	1688년	밀양박 (박인홍) 김해김 강릉유	해남	
고서리	西山		창령조 강릉유 현풍곽 창원황 김해김	경남(창령)	

里名	自然村	入島時期	入島姓氏 (入島祖)	前 居住地	備考
덕산리	翰山	1634년 ~1696년	강릉유 (劉三素)	비금도 (구기)	·劉三素(1634~1696)가 舊基村에서 翰山으로 分家함.
	德大		강릉유 (유세기)	비금도 (한산)	
	望洞		강릉유 (유세기)	비금도 (한산)	
	邑洞	1537년	광산노 (노봉권)	비금도 (구림)	·읍동은 1981년 행정구역 개편시 면 소재지가 형성되면서 붙혀진 地名.
		1600년대	경주최 (崔基立)	영암 해남	·경주최씨 崔基立(1600년대)이 해남에서 비금도 신원리 신촌으로 入島함.
죽림리	竹峙	1627년	경주최 (최만석) 남평문 파평윤	해남	
	林里	1770년	한양조	영암	
	祥岩	1550년	김해김 (김성시) 강릉유 양성이	해남(화산)	
내월리	內村	18세기 말엽	진주강 (姜連煥)	해남 (우수영)	·진주강씨 姜連煥(?~1814)이 해남(우수영)에서 입도함.
		1699년 ~1786년	강릉유 (劉時南)	비금도 (당두)	·강릉유씨 劉時南(1699~1786)이 당두리에서 舊基村·翰山· 樹林 등을 거쳐 內村에 정착함.
내월리	月浦	1826년 ~1888년	강릉유 (劉載烈)	비금도 (내촌)	·강릉유씨 劉載烈(1826년~1888년)이 내촌에서 分家.
	外村	1660년 ~1723년	창원황 (黃銀)[31]	경기도 (고양) 흑산도	·창원황씨는 경기도(고양)에서 거주하다가, 黃泓이 흑산도로 유배되었고, 그의 손자 黃銀(1660~1723)이 흑산도에서 비금도로 移居함.
		1552년	경주최 (최종선)	해남	

里名	自然村	入島時期	入島姓氏 (入島祖)	前 居住地	備考
내월리	月浦	1826년 ~1888년	강릉유 (劉載烈)	비금도 (내촌)	·강릉유씨 劉載烈(1826년~1888년)이 내촌에서 分家.
	外村	1660년 ~1723년	창원황 (黃銀)[31]	경기도 (고양) 흑산도	·창원황씨는 경기도(고양)에서 거주하다가, 黃泓이 흑산도로 유배되었고, 그의 손자 黃銀(1660~1723)이 흑산도에서 비금도로 移居함.
		1552년	경주최 (최종선)	해남	
	內浦	1838년 1660년 ~1723년	김해김 (김춘석) 진주강 창원황 (黃銀) 전주이	도초도 (고란) 흑산도	·창원황씨 黃銀(1660~1723)이 흑산도에서 비금도(월포·내포)로 移居.
수대리	水島		창원박 김해김 전주이 연안차		·水島는 비금도의 附屬島嶼.
	大頭		김해김 (김인국)	경남(마산)	
	松峙	1567년	김해김 (김민천)	비금도 (상암)	
수치리	元水雉		밀양박 (박원형) 김해김	해남	
	加於只	1712년	김해김 (김세경)	비금도 (수치)	

위의 <표 1>를 살펴보면, 다음과 같은 특징이 주목된다.

첫째, 비금도 주민들의 입도시기이다. 총 30건의 입향유래를 시기별로 구분해 보면, 15세기 1건(3%), 16세기 6건(20%), 17세기 12건(40%), 18세기 9건(30%), 19세기 2건(7%) 등으로 확인된다. 즉 비금도 주민들은 17~18세기에 약 70% 정도가 내륙지역이나 인근 섬에서 유입한 것으로 확인된다.

물론 이 보다 더 이른 시기에 비금도로 입도하여 누대로 세거한 성씨들도 있겠지만, 현재 비금도에 직계 후손들이 거주하고 있지 않거나, 또 문헌자료의 근거가 빈약한 경우는 분석대상에서 제외하였다. 그러나 분명한 것은 주민 70% 정도가 17~18세기에 비금도로 유입하였다는 사실이다. 이것은 앞서 비변사의 보고에서 언급되어 있는 바와 같이, 17~18세기 내륙지역 주민들이 서남해 도서지역으로 대거 유입하여 섬의 인구가 급증하였다는 사실이 실제 비금도 사례에서 입증된 셈이다.

둘째, 내륙지역 유이민들이 비금도로 입도하기 이전 내륙의 경유지는 해남이 다수를 차지한 것으로 나타났다. 총 39건의 사례 가운데 해남을 경유하여 비금도로 입도한 사례는 11건(28%)으로 가장 많았고, 그 다음 영암·흥양·나주·무안 순으로 나타났다. 이들 지역은 전라도 연해지역으로 서남해 다도해로 연결되는 바닷길의 길목에 입지한 곳이다. 또 섬에서 섬으로 입도한 사례는 가사도·흑산도·도초도 등이 확인된다. 즉 진도군의 가사도, 비금도와 인접해 있는 도초도, 흑산도 등이다. 또 비금도 내에서 촌락간의 이동 사례도 주목되는데, 이는 도서 이주민들이 섬에 입도한 이후 후손들이 늘어나면서 인근 마을로 분가한 경우이다. 일례로 강릉유씨의 후손 분파 과정을 살펴보면, 강릉유씨 비금도 入島祖는 劉家(1567~1618)이다. 유가의 후손들은 처음 구림리 구기촌에서 세거하다가, 劉三素(1634~1696) 때 덕산리 한산촌으로 분가하고, 劉時南(1699~1786)이 내월리 內村으로 이거하였으며, 劉載烈(1826년~1888년)이 內村에서 다시 月浦마을로 分家하였다. 이렇듯 비금도내에서 거주지 이동은 대체로 入島祖의 자손들이 번창하면서 인근 마을로 확대해 나간 경우이다.

셋째, 내륙지역 유이민들이 비금도에 입도한 이후 가장 먼저 정착한 마을은 광대리 당두마을, 지당리 지동마을, 구림리 수림마을 등으로 확인된다. 이 촌락들은 앞서 18세기 지리지에 등재가 확인된 마을들로, 오늘날까지 舊地名이 그대로 전승되고 있다. 이로 미루어 보건대, 비금도 내 자연촌은 비금도 면소재지의 동북쪽에서 점차 남쪽으로 확대된 것으로 이해된다. 현지 주민들의 제보에 따르면, 광대리 당두마을은 비금도내에서 가장 먼저 사람이 정착한 것으로 전해오는데, 이 일대에 비금도에서 가장 오래된 문전옥답이 집중적으로 분포하고 있어 이를 뒷받침해준다.[32]

넷째, 비금도 주민들의 입도사유는 戰爭과 流配로 인한 사례가 확인된다. 먼저 전쟁과 관련된 입도유래는 강릉유씨인데, 강릉유씨가 비금도와 인연을 맺게 된 것은 임진왜란이었다. 이런 사정은 강릉유씨 劉家(1567~1618)의 생애에 다음과 같은 기사가 있어 주목된다.

> (유가는) 明宗 丁卯年(1567) 9월 18일에 태어났다. 宣祖 壬辰年(1592)에 家門을 보존하기 위해 羅州 飛禽 堂頭里로 移居하였다. 光海君 戊午年(1618)에 卒하였다.[33]

즉 강릉유씨 劉家는 임진왜란이 일어나자, 가문을 보존하기 위해 비금도 광대리 당두촌으로 입도하였음을 명확히 밝히고 있다. 이후 劉家의 직계 후손들의 세거지는 족보에 나타난 墓域을 중심으로 확인해 본 결과, 舊基村·寒山·樹林·內村·月浦·德大·望洞·祥岩·紫項·西山 등으로 확산되어 있었다. 이 마을은 2000년 현재 강릉유씨가 가장 많이 거주하고 있는 집성촌이다.[34]

다음으로 流配와 관련된 입도유래는 비금도 내월리 월포·내포마을에 정착한 창원황씨의 사례가 참고된다. 창원황씨는 경기도 고양에서 세거하였는데, 黃泓(1604~1668)이 흑산도로 유배되어 전라도와 인연을 맺게 되었고, 황홍의 손자 黃銀(1660~1723)이 흑산도에서 비금도로 이거한 것으로 확인된다.[35] 이후 창원황씨는 내월리 월포·내포, 고서리 서산·신

---

32) 『신안군마을유래지』, 신안군, 1988. 제보자 : 양판남(77세, 비금면 가산리 가산마을 거주).

33) 明宗 丁卯 九月 十八日生 宣祖 壬辰 欲存宗祀 遯跡于 羅州 飛禽 堂頭里 仍而居焉 光海君 戊午 十月 二十日卒(『江陵劉氏世譜』, 卷之1, 劉家, 乙巳譜, 1845년).

34) 『江陵劉氏世譜』, 卷之1, 乙巳譜, 1845년.

35) 제보자 : 黃圭彩(신안군 비금도 월포마을 거주, 창원황씨 비금도 입도조 黃銀의 9

촌·원평, 죽림리 상암 일원에서 세거하고 있다.36)

이상에서 살펴본 바와 같이, 비금도 주민들은 壬亂이후 섬으로 입도하였고, 집중적으로 입도한 시기는 17~18세기로 확인된다. 도서 이주민들은 비금도의 광대리·지당리·구림리 일대에 가장 먼저 터를 잡아 정착하였으며, 이후 점차 입도조의 직계 후손들이 주변지역으로 分家하여 세거지를 확대해 나간 것으로 이해된다.

Ⅲ. 開墾과 折受로 마련된 土地運營

1. 耕作地에 대한 土地所有權 분쟁

본절에서는 조선후기 비금도로 入島한 주민들이 어떻게 섬생활을 영위하였는지, 토지를 중심으로 살펴보도록 하자.

임란 이후 陳荒된 농경지를 개간하는 일은 민생안정을 위해 가장 시급한 일이었다. 농지개간은 이런 사정에서 제기된 문제였고, 그 형태는 濱海陳荒處의 개간과 干拓을 위시한 新田開墾으로 이루어졌다.37) 이러한 흔적은 18세기 경상도 내륙지역에서도 확인되는데, 즉 진주의 금동오리에서 2결 47부 7속, 나동리에서 3결 2부 7속 등이 새롭게 개간되었다. 개간규모는 두 지역의 전체 전답 가운데 약 3%에 해당되었으며, 개간을 통해 새롭

세손).

36) 2000년 현재 창원황씨가 많이 거주하고 있는 고서리 서산마을에 <菊坡先生記行碑>(1946년)와 <西隱先生孝子碑>(병술년), 내월리 월포마을에 <逸圃居士記行碑>(1947년) 신원리 신촌마을에 <新塢先生記行碑>(경술년)와 <竹崗先生紀蹟碑>(1949년) 등이 현전하고 있어 창원황씨문중의 구성원들이 비금도내에서의 향촌활동이 얼마나 활발히 이루어졌는가를 짐작케 한다.

37) 이경식, 「朝鮮初期 農地開墾과 大農經營」『한국사연구』75집, 한국사연구회, 1991, pp.53~64.

게 확보한 농지는 대체로 척박한 밭으로 확인된다.38) 또 전라도의 경우 陳荒地가 많았는데, 강원도 유이민들이 전라도로 移居하여 인구가 늘어나면서 전라도의 山林藪澤까지 모두 개간되었다.39)

한편 서남해 도서지역의 토지개간은 島嶼 移住民들에 의해서 이루어졌다. 이는 전라도 長興의 平日島·山日島·來德島·得良島의 개간사례가 참고된다.

> 장흥땅 평일도·산일도·내덕도·득량도 등지의 島嶼와 眞木里는 모두 娛嬪房의 折受地입니다. 그러나 이 섬들은 근 100여년간 인근 유이민들이 힘을 모아 개간하였고, 그 토지가 세습되거나 혹은 매매되어 상호 전래되었다고 합니다. 그런데 처음에는 於義宮屯이 차지하였다가, 지금은 娛嬪房에 귀속되어 있습니다.40)

위의 기사에서 주목되는 것은 섬주민들에 의한 토지개간의 시기이다. 위의 기사가 작성된 것은 1720년(경종 원년) 1월 28일이다. 또 섬주민들이 땅을 개간한 시기는 '지금으로부터 근 100년 동안 진행되었다.'고 하였다. 이로 미루어 보건대, 장흥의 부속도서 주민들은 적어도 17세기 초엽에 이미 섬에 입도하여 토지를 개간하였음을 알 수 있다.

섬주민에 의한 토지개간 사례는 전라도 나주목의 부속도서인 荷衣島·上苔島·下苔島에서도 확인된다. 영조 44년(1768)에 영의정 金致仁이 나주목 부속도서의 토지세 부과에 관한 啓에서 찾아진다.

> 荷衣島와 上下苔島는 모두 貞明公主房의 절수지입니다. 처음에 수여할 때 20결에 불과하였습니다. 이후 섬 사람들이 스스로 堤防을 쌓아서 논을 만들었는데, 宮房田·民田 구분없이 동시에 세금을 부과하였습니다.41)

---

38) 김건태, 「조선후기 농가의 농지소유 현황과 그 추이─진주지방을 중심으로─」『역사학보』172집, 역사학회, 2001, p140.
39) 이경식, 「朝鮮初期 農地開墾과 大農經營」『한국사연구』75집, 한국사연구회, 1991, pp.53~64.
40) 『版籍司辛丑謄錄』 경종 원년 1월 28일.
41) 『備邊司謄錄』 152책, 영조 44년 10월 7일(14권 706쪽 상).

즉 18세기 말엽 나주목의 부속도서인 하의도·상태도·하태도 주민들은 바닷가에 堤防을 쌓아 토지를 개간하고 있었다.

이렇듯 서남해 도서지역 주민들은 섬에 입도한 이후 황무지를 개간하거나 바닷가에 제방을 쌓아서 경작지를 확대하였다.

조선후기 나주목 비금도 주민들 역시 가장 중요한 경제적 기반은 토지였다. 이런 사정을 뒷받침 해주듯,『大東地志』에 비금도는 "토지가 비옥한 곳"으로 평가되어 있어 주목된다.42) 또 비금도의 토지에 관한 정보는『朝鮮王朝實錄』,『版籍司謄錄』,『備邊司謄錄』등 관찬자료에서 찾아진다. 다음 기사는 17세기 비금도의 토지 운영 실태를 전달해 주고 있어 참고된다.

> 羅州에 거주하는 士人 林相儒 등이 本府(필자 : 사헌부)에 呈狀하기를, '本州(필자 : 羅州) 비금도에서 여러 代 동안 전래되어 온 田庄을 宮家에 빼앗겼다.'라고 억울함을 호소하였습니다. 점탈된 토지는 海嵩尉房에서 사들인 것으로 內需司에서 측량할 때 백성의 田土가 그 가운데 섞여들어갔다고 합니다. 宮家와 관련된 사람이 제 능력을 뽐내려고 많은 것을 탐하면, 궁벽한 섬의 백성이 국가를 원망하는 것은 당연한 일입니다. 本道로 하여금 명백히 살펴서 공정하게 처리하도록 해주십시오.43)

즉 현종 12년(1671)에 비금도 주민들도 섬에 경작지를 마련하여 운영하고 있었다. 그런데 문제는 동일한 섬 안에 권력층이 개간한 토지와 섬주민의 토지가 공존하고 있었던 것이다. 그런데 왕실세력이 권력을 앞세워 섬주민의 사유지를 침탈한 일이 발생하였다. 사건은 1671년에 섬주민이 왕실세력을 상대로 소송을 제기하면서 시작되었다. 왕실세력에 의한 섬주민 토지 침탈사건은 이후 50년이 지난 1721년(경종 원년)까지 해결되지 않았다. 이 사건의 전모는 비금도 주민 임학이 사헌부에 올린 呈訴와 戶

---

42)『大東地志』, 羅州 山水, 1864년.

43)『顯宗實錄』권19, 현종 12년 2월 6일 무자 ;『顯宗改修實錄』권23, 현종 12년 2월6일 무자.

曹 소속 版籍司의 보고 내용에서 확인된다.

> c-1) 저희들이(필자 : 羅州 幼學 林澤) 삼가 啓를 올린 것은, 조상 대대로 전래되어 온 전답이 전라도 나주 飛禽島에 있습니다. 그런데 海崇尉房의 절수지 30結이 역시 비금도의 西邊에 있었습니다. 그런데 해숭위방의 監官이 田庄을 침탈할 계획을 세우고 저희 집안의 전답문서를 의심하였습니다. 제가 명백히 알고 있는 것은 집안 대대로 전래된 땅이라는 것입니다.44)
>
> c-2) 전라도 幼學 林澤이 羅州 飛禽島의 토지를 海崇尉房에게 점탈 당한 사건을 상소하였습니다. 이에 전래 전답을 일일이 검토한 결과, 현종 임자년(1672년)의 사헌부 보고에 '비금도의 西邊은 해숭위방의 折受地이고, 東邊은 林哥의 전답이다.'라고 기록되어 있었습니다. 그러나 비금도는 舊牧場이 있었던 섬이므로, 林哥가 전래 토지라고 주장하지만, 이 토지는 엄연히 公田에 속합니다.45)

위의 사료를 보건대, 이 사건은 이미 현종 12년(1671)에 羅州 士人 林相儒가 한성부에 제기한 소송에서 비롯되었다. 그런데 사건은 시간이 흘러도 해결되지 않았고, 呈狀의 疏頭는 幼學 林澤으로 계승되어 代를 이은 송사가 계속되고 있었다. 그래서 1721년 4월 나주유학 임학은 왕실세력을 상대로 사헌부에 다시 訟事를 제기하였던 것이다.

이렇듯 주민과 왕실세력 간의 토지소유권 분쟁이 장기화되자, 사헌부가 나서서 戶曹 소속 版籍司와 왕실재무를 담당하는 內需司를 조사하게 되었다. 사헌부 조사결과, 비금도 주민의 토지는 섬의 동편에 있고, 서편에 해숭위방의 절수지 30結이 분포하고 있는 것으로 확인되었다. 또 사헌부는 섬주민의 토지를 왕실세력이 침탈한 사실도 확인하였다. 그러나 사헌부의 최종 판결은 엉뚱한 결과로 귀결되었다. 즉 사헌부는 왕실세력이라는 권력층이 개입된 사안이었기에 사건을 정상적으로 처리하지 못하였던 것이다. 결국 사헌부는 왕실세력의 부정을 적발하지도 못하고, 또 섬주민에게 토지를 되돌려주지도 못하였다. 마침내 사헌부는 c-2)에 나타나 있

---

44) 『版籍司辛丑謄錄』 경종 원년 4월 25일.
45) 『版籍司辛丑謄錄』 경종 원년 4월 8일.

는 바와 같이, 비금도의 토지소유권은 섬주민이나 왕실세력에게 있지 않고 국유지라고 최종 판결하였다. 사헌부는 조선전기 비금도에 목장이 설치되었던 곳이니 만큼 섬주민이든 왕실세력이든간에 토지를 개간한 사실은 인정되지만, 본디 폐목장을 개간한 토지이기 때문에 땅의 소유권은 중앙정부에게 있다고 판결하였던 것이다.

이상에서 살펴본 바와 같이, 임란이후 내륙에서 비금도로 유입한 이주민들은 섬에 입도한 이후 경작지를 마련하여 섬생활을 영위하기 위한 경제적 토대를 마련하였으며, 이후 개간된 토지는 후손들에게 계승하여 耕食하도록 하였다. 이 과정에서 섬주민과 세력층간의 토지소유권 분쟁이 야기되었다. 이후 권력층에 의한 섬주민의 토지 침탈 사건은 도서지역의 심각한 사회문제로 대두되었다.

2. 왕실세력에 의한 折受地 증대

본절에서는 왕실세력이 섬에서 토지를 마련하고 확대해 나가는 과정을 살펴보도록 하자. 왕실세력에 의한 海澤開墾은「權重宰相家」「王子·駙馬家」등에 의해서 주도되었다. 이러한 사례는 16세기 중엽까지 거슬러 올라간다. 그러나 海澤開墾은 中宗代 전반기까지만 하여도 아직 기술적인 어려움이 해소되지 않은 관계로 그 실적이 부진하였다. 그런데 中宗代 후반 무렵부터 海島 및 牧馬場의 折受와 耕墾이 크게 증대되었다.46) 그 후 17세기의 王室·宮房에 의한 토지집적은 職田制의 해체, 임진왜란으로 인한 토지황폐와 경작지 감소, 백성들의 遊離, 농업인구의 감소, 宮房數의 증가 등으로 인해 새로운 형태로 확대되었다.47)

이미 앞에서 언급한 바와 같이, 조선후기 나주목 비금도에도 왕실세력

---

46) 이태진, 앞의 논문, p.436.
47) 박준성, 앞의 논문, pp.187~188.

의 토지가 분포하고 있었음을 확인하였다. 이제 섬에서 궁방전이 어떻게 마련되고 증대되어 갔는지, 그 과정을 유형별로 살펴보도록 하자.

첫째, 왕실세력이 섬에서 토지를 마련하는 방법은 국가로부터 토지를 折受하는 것이었다. 折受란 왕실의 친인척 세력들에게 경제적 기반을 마련해 주기 위한 제도로, 각 궁방에서 無主地를 찾아서 해당 地方官에게 보고하면 지방관은 立案을 발급해 주어 신고한 토지에 대해 소유권을 인정해 주었다. 또 왕실세력이 절수 대상지를 內需司에 신고하면 吏曹나 戶曹는 신고한 토지에 대해 왕실세력의 절수지로 인정해 주었다.48) 이러한 양상은 17세기 중엽 해숭위방에서 비금도의 田畓 30結을 절수 받은 사실에서 이미 확인한 바 있고, 또 영조 14년(1738)에 明宗의 제1왕자인 順懷世子의 龍洞宮房49)에서 비금도의 토지 95결 51부 2속을 절수받은 사실에서도 확인된다.50)

둘째, 왕실세력이 섬에 들어가서 직접 땅을 개간하는 방법이다. 왕실세력에 의한 토지개간은 堤堰이나 堤防을 쌓아서 만들어졌다. 이에 해당하는 사례는 고종 17년(1880)에 明禮宮房51)에서 비금도의 海澤地를 개간한 사실에서 확인된다. 이러한 사실은 전라감사 沈履澤의 狀啓 내용에서 발견된다.

> 나주 飛禽島는 明禮宮의 屯土가 있는데, 바다 바깥 쪽에 있습니다. 제방을 쌓아 경작지를 마련했는데, 이제 소금기도 많이 줄었습니다. 結總이 377결 19부 2속인데, 沙陣結과 加執卜를 합하면 141결 정도 됩니다.52)

---

48) 박준성, 앞의 논문, p.189.

49) 龍洞宮은 明宗의 제1왕자인 順懷世子의 舊宮의 명칭이다(『현종실록』 권4, 현종 2년 6월 3일 경진).

50) 「羅州牧所在飛禽島田畓丁巳條執卜數爻成册」 1738년 11월, 서울대 奎 22003-③.

51) 명례궁은 德宗의 제1왕자인 월산대군의 私邸였다고 전하며, 후에 광해군 때 仁穆大妃의 은거처가 되었다(『현종실록』 권4, 현종 2년 6월 3일 경진).

52) 『備邊司謄錄』 261책, 高宗 17年 4月 25日(27권 394쪽 下).

즉 1880년 명례궁방은 비금도 해변에 제방을 쌓아 간척지를 만들었는데, 그 규모가 무려 400여결에 달하였다.[53] 이렇듯 19세기 섬에서 왕실세력에 의한 토지 간척은 대규모로 이루어졌던 것이다.

이처럼 왕실세력이 섬에서 간척지를 마련한 것은 비금도에서만 나타난 현상은 아니었다. 서남해 도서지역 토지 간척 관련 자료를 검토해 본 결과, 비금도 보다 더 빠른 시기인 숙종 3년(1677)에 於義宮房[54]에서 전라도 영암의 牛岫에 築堰을 쌓아 堰畓 17결 55부 3속을 개간한 사실이 확인되었는가 하면,[55] 또 숙종 27년(1701)에 영암의 獐島에서 劉淑儀房이 築筒을 쌓아서 田畓 33결 13부 8속을 개간한 사실이 확인되고 있다.[56] 이렇듯 17세기부터 19세기까지 섬에서 토지는 섬주민이나 왕실세력들에 의해 만들어졌고, 개간방법은 바닷가에 築堰·築筒·堤防 등을 쌓는 방식으로 이루어졌다. 특히 왕실세력과 같은 권력층의 토지간척은 숙종대에 영암의 牛岫·獐島의 경우처럼 간척규모가 20~30結에 불가하였지만, 고종대에 이뤄진 飛禽島 간척은 400여 결에 달하는 대규모로 이루어졌음을 알 수 있다.

셋째, 왕실세력이 섬에서 토지를 마련할 수 있는 또 다른 방법은 土地買得에 의한 것이었다. 이에 해당되는 사례는 영조 45년(1769)에 明惠公主房에서 비금도의 免稅田畓을 매득한 사실에서 확인된다. 다음 기사는 나주 유학 임학이 사헌부에 올린 呈狀의 내용 가운데 일부인데, 명혜공주방이 비금도에서 토지를 매입한 사실이 구체적으로 드러나 있어 참고된다.

나주임씨가에서 이르기를, (중략) 李承吉이라는 明惠公主房의 別坐가 비금도에 있는 전답을 해숭위방으로부터 매득하였습니다. 해숭위방에서 (저희들에게)

---

53) 주) 52 참조.

54) 어의궁은 仁祖가 등극하기 전에 사용하였던 宮으로 "上於義宮"이라 칭하기도 한다(『顯宗實錄』 권4, 현종 2년 6월 3일 경진).

55) 「全羅道靈巖郡於義宮立案買得是在郡地昆一道牛岫堰新築堰畓及筒築刈取處打量成册」, 1677년 4월, 奎 18406.

56) 「全羅道靈巖郡松旨面獐島伏在劉淑儀房築筒堰畓及量無主與加耕田畓打量成册」, 1701년 4월, 奎 18844.

手札과 牌를 보이면서 해숭위방과 명혜공주방이 합세하여 토지를 점탈할 계획으로 측량까지 하였습니다. 그래서 저희들은(필자 ; 나주임씨) 한편으로 呈訴하고, 다른 한편으로 海崇尉의 후손 尹世興을 찾아가서 하소연을 하였습니다. 그런데 윤세흥 오히려 자기 先祖의 전답이 명백하다고 하면서 奴僕과 宮差를 보내 토지를 침탈하였습니다.57)

위의 사료에서 보건대, 1769년 비금도에 있던 궁방전의 소유권은 해숭위방에서 명혜공주방으로 이전된 상태였다. 이 때 토지를 매입한 명혜공주방은 내수사에 보고하였고, 중앙의 내수사와 지방의 나주목에서 공주방이 구입한 비금도의 전답을 타량하여 量案을 작성하기에 이르렀다.58) 이 때 작성한 토지대장에는 명혜공주방에서 매입한 전답의 地番·量田方向·土地等級·地形·地目·長廣尺·結負數·起主(필자 ; 명혜공주방)·時作人(필자 ; 소작인)·陳起(今陳·舊陳)·字號別 總結數 등을 비롯하여 매득한 전답 150結에 관한 모든 정보가 담겨져 있다. 또 이 토지는 비금도의 牧場坪·右日坪·都庫村坪·道古頭坪·廣大坪·後洞坪·廣大後坪·侍郎山坪·池洞坪·長望坪·場內坪·樹林坪 등에 분포하고 있는 것으로 나타나 있다. 오늘날 이 지역은 비금도의 동북쪽에 위치한 광대리·가산리·도고리·지당리·구림리 일원으로 추정된다.59)

이상에서 살펴본 바와 같이, 왕실세력은 국가로부터 이미 개간된 토지를 折受地라는 명목으로 소유권을 인정받거나, 혹은 海澤地에 築堰·築筒·堤防을 쌓아서 堰畓을 만들었으며, 土地買得을 통해 섬에서 경작지를 확보하고 증대시켰다.

---

57) 『版籍司辛丑謄錄』 경종 원년 4월 25일.
58) 『全羅道羅州牧所在明惠公主房買得免稅田畓飛禽全一島己丑改量成册』, 1769년 4월, 奎 18770.
59) 『한국지명총람』(전남편Ⅱ) 14, 한글학회, 1982.

3. 주민과 세력층간의 土地稅로 인한 갈등

앞절에서 살펴본 바와 같이, 비금도의 토지는 섬주민 뿐 아니라 중앙의 권력층에 의해서 개간이 이루어지고 있었다. 조선시대 섬주민들에게 있어서 토지는 다른 어떤 產物 보다도 경제기반의 토대였다. 따라서 섬에서 토지는 섬주민들에게 최대의 관심사였다. 이런 사정이다보니, 바닷가 간척지의 소금기가 줄어들고, 비로소 개간지가 제 기능을 발휘하게 되면 지주는 소작인에게 토지를 대여하게 되고, 이후 지주와 소작인 간의 토지세로 인한 갈등이 야기되었다.

土地稅로 인한 폐단은 19세기 전라감사 심이택의 狀啓에 잘 나타나 있다. 사건의 발단은 명례궁방에서 부과한 토지세에서 비롯되었다. 다음은 고종 17년(1880)에 전라감사 심이택의 보고 내용이다.

> 나주 비금도는 명례궁의 屯土가 있는데 (중략) 매년 거두어 들이는 것이 증액되자, 섬사람들의 遊離가 이어지고 있습니다. 특별히 삭감하여 보호해야 합니다. 먼 바닷가 궁핍한 섬에 있는 陳結까지도 세금을 부과하니 백성들의 원망이 많습니다. 그런 즉 田政이 비록 소중하긴 하지만 백성 역시 구휼해야 마땅합니다. 74결 6부 8속에 해당되는 陳結에 대해 3년 동안 세금을 삭감하고, 67결 35부 4속의 加卜 또한 특별히 삭감하여 조정에서 구휼하는 뜻을 보여주는 것이 어떠합니까?[60]

즉 전라감사는 국가의 세금 징수도 중요한 일이지만, 토지세의 가중으로 점차 遊離되어 가는 섬주민들을 구휼하는 일은 가장 시급한 일이라고 하였다. 섬주민들은 명례궁에서 부과하는 토지세를 납부하는 것도 감당하기 어려운 실정인데, 여기에 陳結까지 토지세를 부과하자, 이를 감당하지 못한 섬주민들은 遊離되었던 것이다.

---

60) 『備邊司謄錄』 261책, 고종 17년 4월 25일(27권 394쪽 하).

비금도 주민들의 절박한 사정은 고종 18년(1881)에 의정부의 보고에서 자세히 드러나 있어 참고된다. 다음은 전라감사 李秉文이 올린 狀啓 내용이다.

丙子年(필자 ; 1876년)에 큰 흉년이 있은 후, 沃溝·咸平, 그리고 羅州의 飛禽島·都草島에 사람은 사라지고 땅도 황폐해졌습니다. (중략) 인근 邑에서 시행한 전례에 따라 기한을 정해서 특별히 세금을 삭감해주시고, 나주목 도초도는 辛未年(필자 ; 1871년)에 새로 개간한 땅이 139결 54부 8속인데, 飛禽島와 智島의 전례에 의거하여 특별히 분급하여 주십시오. 비금도의 236결 77부 1속에 대한 세납은 智島·長山島 사례에 의거하여 일체 대납을 허락하십시오. 또 丙子年(필자 ; 1876년)에 대흉년 이후 邑戶가 흩어지고 토지가 황폐해졌는지 살피도록 하십시오. 道臣이 보고한 대로 갯벌에 모래를 부어 진흙으로 만들었다고 하지만, 갯벌에서 모래가 솟아나는 것은 당연한 이치입니다. 다만 유망하여 끊어진 未還을 생각해서 묵혀서 버려진 것을 개간하지 못한 즉, 그 헐벗은 형편을 가히 불쌍히 여겨 주십시오. (중략) 전례에 의거하여 비금도의 세납은 특별히 금년부터 대납을 허락하는 것이 어떻겠습니까?61)

위의 사료에 나타나 있듯이, 비금도를 비롯한 전라도 주민들은 계속되는 흉년으로 유리되고 있었다. 특히 내륙지역인 옥구와 함평, 도서지역인 나주목 비금도와 도초도가 가장 극심하였다.

섬주민들의 遊離는 토지세의 代納이나 減稅 정도로 해결될 상황이 아니었다. 또 다른 사정은 고종 19년(1882) 6월에 전라감사 이병문의 보고 내용에서 찾아진다.

(前略) 또 아뢰기를, 나주 飛禽島는 사람이 유리되고 땅도 황폐된 것이 육지와 비교할 수 없습니다. 結總은 377결 19부 2속이고, 辛未年에 67결 35부 3속은 다행히 감면을 받았습니다. 乙巳年에 올린 것은 74결 6부 8속으로, 세금 면제를 3년 동안 받았습니다. 진폐된 토지는 세금을 부과할 곳이 없습니다. 본디 토지는 230여 결로, 이에 대한 토지세는 이미 납세하였습니다. 그런데 宮房에서 부과한 토지세는 동일한 땅에 이중으로 징수한 것이니, 실로 지탱하기 어렵습니다. (중략) 가난

---

61) 『備邊司謄錄』 262책, 고종 18년 10월 20일(27권 537쪽 하).

> 한 섬의 생업은 본래 보잘 것 없고, 생업할 만한 것이 없는데, 이토록 첩세를 징수
> 하니 번거롭고 무겁기가 백성의 식량을 초과한 즉 어찌 슬프지 않겠습니까?(下
> 略).62)

위의 기사에 나타나 있듯이, 비금도 주민들은 대흉년을 겪으면서도 부과된 세금을 모두 납세하고 있었다. 그런데 宮房에서는 동일한 땅에 대해 이중과세를 부과하고 있었고, 이에 섬주민들은 더 이상 세금을 감당하지 못하고 유리되었던 것이다.

이처럼 왕실세력에 의한 토지세 부과는 비단 宮房에만 국한된 사안이 아니었다. 고종 4년(1867) 1월 호조의 完文에서 도서지역의 폐단이 얼마나 극심하였는지 자세히 드러나 있다. 즉 호조 완문에 따르면, 邑吏가 추징한 濫徵條와 元帳簿에 등재된 收租案을 비교해 본 결과, 토지세로 인한 부정은 무려 3배를 초과한 상태였다. 이런 사실을 알게 된 호조는 邑吏들의 탐학을 시정하는 완문을 발급하기에 이르렀다. 당시 세력층을 비롯한 관리들의 중간 수탈이 어느 정도였는가를 명백히 보여준 자료이다.63)

토지세 운영에 대한 문제가 거듭 발생한 가운데 고종 21년(1884) 10월에 전라감사 金聲根은 '나주목 비금도가 여름 장마로 인해 곡식이 전부 황폐하게 되었으니 조만간 섬이 텅비게 될 것이다.'라고 보고한데서도 알 수 있듯이, 거듭되는 재해로 인해 비금도 주민들은 복구의 기회마져 단절되어 가는 형편이었다.64)

결국 섬주민들의 경제적 상황은 더욱 쇠락하게 되었고, 주민들은 遊離될 수 밖에 없었다. 마침내 의정부가 비금도의 토지세에 대한 대안을 제시하고 나섰다. 다음은 고종 24년(1887) 의정부의 보고 내용이다.

> 內需司로 하여금 나주의 비금도 명례궁의 陳結에 대해 세심히 조사하도록 行

---

62) 『備邊司謄錄』 263책, 고종 19년 6월 5일(27권 600쪽 하).
63) 「完文」, 1867년, 奎 17260.
64) 『備邊司謄錄』 265책, 고종 21년 10월 9일(27권 866쪽 상).

會하였습니다. 그런 즉 해당 道臣 李憲祖의 보고에 따르면, '본 섬(필자 : 비금도)의 결총은 235결 77부 1속인데, 이 가운데 15결 20부가 갑술년(필자 : 1874년)에 누락되어 남아 있는 실제 결수는 220결 57부 1속입니다. 병자년(필자 : 1876년)과 정축년(필자 : 1877년) 이후에 유리되어 지속되지 않고 있습니다.' 田土는 황폐되고, 백성들의 형편은 실로 불쌍합니다. 바다에 연해있는 폐잔한 섬이 거듭 기근으로 이어지니, 대납하는 혜택을 주어서 유망민이 다시 섬으로 모이도록 하십시오. 묵혀 놓은 땅을 개간하지 않는 것은 진실로 백성을 구휼하지 않는 것이고, 장차 폐기할 우려가 있으니, 다른 지역에서 이미 시행하는 예에 의거하여 해당 섬에 免稅를 특별히 허락하여 백성들이 힘을 얻도록 하는 것이 어떠합니까?" 답하기를, "윤허한다".65)

위의 사료에서 보건대, 의정부는 비금도 소재 田土가 거듭되는 재해로 인해 모두 폐잔한 상태임에도 불구하고 토지세를 부과하여 주민들을 유리시켰다고 판단하였다. 그래서 유망민을 다시 섬으로 불러들이기 위해서는 세금을 대폭적으로 삭감해 주어야 한다고 주장하였다.

이처럼 비금도 주민들의 遊離가 날로 심해지자, 중앙정부도 섬에 대한 대책 마련에 고심한 흔적이 엿보인다. 그 첫 번째 대안은 섬에 대한 행정편제의 변화에서 찾아진다. 다음은 비금도의 행정편제 변화에 대한 의정부의 제안이다.

"나주 관할지인 비금도와 도초도는 작은 섬입니다. 백성과 물자가 본래 적어 그 모습이 극히 가련합니다. 원래 徭役이 정해져 있는 바 변통하기 어렵습니다. 생각컨대 邑鎭에 영속된 후 침탈과 토색이 날로 증가하는 형상이 언덕위에 물결이 출렁이는 듯 합니다. 물가에 사는 잔존한 백성을 보호해야 한즉, 양 섬은 羅州牧과 거리가 멀리 떨어져 있는 관계로 官의 명령이 미치지 못하여 완악한 습관이 점점 증가하고 섬사람들 역시 원성이 많습니다. 이에 별도의 변통을 하지 말고, 인근 섬에 이미 시행하는 예에 의거하여 비금도와 도초도 두 섬을 海南縣에 영속시켜서 검찰하도록 하십시오. 더불어 혹시 邑의 色吏들의 침탈이 있다면 반드시 법으로 엄중히 단속하고, 해당 守令에게 훈계하여 면죄받기 어렵다는 뜻을 해당 道臣에게 위임하여 알리는 것이 어떠합니까?" 답하기를, "윤허한다"66)

---

65) 『備邊司謄錄』 268책, 고종 24년 윤4월 26일(28권 194쪽 상).
66) 『備邊司謄錄』 268책, 고종 24년 11월 11일(28권 237쪽 하).

위의 기록에서 보건대, 임란이후 비금도의 행정은 누대로 나주목에 영속되어 있었다. 이런 사정이다 보니, 나주목 관리들은 육지에서 멀리 떨어져 있는 비금도의 형편을 자주 확인할 수 없었다. 그 결과 섬에서 문제가 발생할 경우 해결하는데 시일이 너무 오래 걸린다는 지적이었다. 이에 비금도의 관할 행정권을 내륙 깊숙한 곳에 위치한 나주목 보다 바닷가에 인접해 있는 해남현에서 담당하도록 하자는 의견이 제시되었다.

이렇듯 비금도 주민들은 19세기말까지 나주와 해남 등 내륙지역의 부속도서로 편제되어 있었다. 섬주민들은 개인 소유의 전답을 경작하기도 하였지만, 왕실세력의 궁방전이나 국가의 公田을 경작하였다. 이 과정에서 지주와 소작인간의 토지세로 인한 갈등이 야기되었던 것이다.

Ⅳ. 맺음말

이상에서 조선후기 나주목 비금도의 토지 운영에 대해 살펴보았다. 앞에서 논의된 내용들을 요약함으로써 결론을 대신한다.

조선후기 지리지에 등재된 비금도는 '飛尒島' 혹은 '飛禽島' 등으로 표기되어 있고, 행정권은 나주목의 부속도서로 편제되어 있었다. 18세기 비금도의 규모는 둘레 30里, 11개의 자연촌으로 구성되어 있었으며, 인구는 영조 25년(1759)에 798명, 정조 13년(1789)에 1,500여 명으로 증가하였다.

이러한 비금도 주민들의 인구유입은 섬주민들의 입도유래에서도 확인된다. 현재 비금도에 거주하고 있는 주요 성씨들의 입도유래를 조사한 결과, 대체로 비금도 주민들은 임란이후 섬으로 들어오기 시작하였고, 17~18세기에 본격적으로 섬에 유입하였다. 또 주민들이 섬에 들어오기 이전의 거주지와 경유지는 해남·영암·흥양·나주·무안 등 전라도 연해지역으로 나타났다. 특히 해남은 약 28%를 점유하고 있어서 <해남―비금도>간 뱃길이 열려 있었던 것으로 추정된다. 이외에 가사도·흑산도·도초도 등 섬에서 비금도로 입도한 사례도 확인되었다. 또 내륙지역 유이민들이 비금도에 입도하여 처음 정착한 곳은 광대리 당두마을, 지당리 지동마을, 구림리 수림마을 등으로 나타났다.

비금도 주민들이 섬으로 입도하게 된 가장 큰 원인은 경제적인 문제였고, 그 다음에 戰爭과 流配로 인한 입도사례가 발견된다. 이 가운데 전쟁과 관련된 입도는 강릉유씨의 사례가 확인된다. 강릉유씨 비금도 입도조 劉家(1567~1618)는 宣祖 壬辰年(1592)에 전쟁이 일어나자, 家門을 보존하기 위해 飛禽島 堂頭里로 입도하였다. 이후 그의 후손들은 舊基村·寒山·樹林·內村·月浦·德大·望洞·祥岩·紫項·西山 등지로 分家하여 세거지를 확보하였다. 한편 流配와 관련된 입도사례는 비금도 내월리 월포·내포에 정착한 창원황씨의 경우이다. 창원황씨는 경기도 고양에서 세거하다가, 黃泓(1604~1668)이 흑산도로 유배되어 전라도와 인연을 맺게 되었고, 황홍의 손자 黃銀(1660~1723)이 흑산도에서 비금도로 이거하였다. 이처럼 도서 이주민들은 임란을 기점으로 비금도에 입도하기 시작하였고, 17~18세기에 약 70% 이상이 집중적으로 유입한 것으로 확인된다. 또 도서 이주민들이 비금도내에서 가장 선호한 촌락은 광대리·지당리·구림리 일원이었다. 이 일대는 비금도내에서 가장 오래된 문전옥답이 분포하고 있는 곳으로, 이주민들이 정착하기에 가장 적합한 공간이었을 것으로 추정된다.

섬에 입도한 도서 이주민들은 섬생활을 영위하기 위해 경제적 기반을 마련하게 되는데, 조선시기 육지에서든 섬에서든 토지는 중요한 물적토대였다. 섬에서 경작지는 陳荒地를 개간하거나, 혹은 갯벌을 간척하는 방법으로 마련되었다. 서남해 도서지역과 관련된 고문서를 분석해 본 결과, 섬에서 토지개간은 섬주민과 중앙세력에 의해 이루어진 것으로 확인된다. 특히 17~18세기에 집중적으로 섬으로 유입한 내륙지역 유이민들이 바닷가에 제방을 쌓아 경작지를 만들었으며, 점차 중앙의 세력층들도 섬에 경작지를 확보해 나갔다. 특히 왕실세력들은 이미 개간되어 있는 땅을 국가로부터 折受하거나, 궁방에서 직접 海澤地에 築堰·築筒·堤防 등을 쌓아 堰畓을 만들었으며, 혹은 土地買得을 통해 토지를 확대해 나갔다. 이렇게 마련된 토지는 섬주민들에 의해서 경작되었다. 섬주민들은 자체적으로 개간한 토지를 운영하기도 하였지만, 대부분 왕실세력의 토지를 대여하여 경작하였고, 대신 토지세를 납부하는 방식으로 경작지를 확보해 나갔다.

이 과정에서 섬주민과 세력층간의 토지세로 인한 갈등이 야기되었다. 분쟁은 개간지에 대한 토지소유권이나 과중한 토지세 부과에서 비롯되었다. 즉 세력층들은 권력에 의지하여 섬주민들의 토지를 측량·매매·문서 위조 등을 통해 토지를 점탈하였고, 토지를 빼앗긴 섬주민들은 왕실세력을 상대로 한성부에 訟事를 제기하였다. 진상 조사에 나선 한성부는 섬주민의 토지를 왕실세력이 침탈한 사실을 적발하였음에도 불구하고 명쾌하게 판결을 내리지 못하였다. 급기야 한성부는 비금도 개간지에 대해 그 소유권을 섬주민이나 왕실세력에게 부여하지 않고 국가의 公田에 속한다고 판결하였다. 즉 한성부는 비금도가 본디 국가 소유의 목장이 설치되어 있던 섬으로, 섬주민이든 왕실세력이든간에 폐목장을 개간하였기 때문에 모든 개간지의 소유권은 국가에 귀속된다고 평가하였던 것이다. 이후 세력층들에 의한 섬주민의 토지침탈사건은 더욱 극심해졌다. 이제 왕실세력 뿐 아니라 중앙과 지방관리에 의한 수탈이었다. 즉 邑吏는 동일한 토지에 대해 무려 3배에 달하는 과중한 세금을 부과하여 섬주민을 착취하였다. 결국 권력층에 의한 과중한 세금을 감당하지 못한 섬주민들은 遊離되었다.

섬주민들이 유리되자, 중앙정부는 섬에 대한 대책 마련에 고심하였다. 그 흔적은 섬에 대한 행정편제의 변화에서 찾아진다. 즉 조선후기 비금도를 비롯한 서남해 도서지역의 행정권을 내륙지역인 나주목에서 관할하기보다 섬과 조금이라도 가깝게 근접해 있는 바닷가 연안지역에서 섬의 행정을 관할하도록 하자는 제안이었다. 이렇듯 조선후기 비금도 주민들은

자체적으로 개간한 토지를 경작하거나, 왕실세력의 궁방전, 혹은 국가의
公田 등을 경작하는 소작인이었다. 이런 사정이다 보니, 권력층은 섬주민
들이 가장 필요로 하는 토지를 대여해주고 대신 여러 가지 명목으로 과중
한 토지세를 부과하였다. 섬주민들은 권력층의 토지를 경작해서라도 생계
를 유지해야 할 형편이었고, 점차 세력층에 의한 착취의 대상으로 전락하
였다.

제5장 20세기 慈恩島의 시련과 화해
-'智島敎案'과 자은도 소작쟁의를 중심으로-

고 석 규*

Ⅰ. 머리말

"慈恩은 특별한 것이 없어라."

이 글을 쓰기 위해 만나 면담했던 여러 자은 어르신네들[1]의 공통된 말들이었다. 얼마나 특별해야 특별할까? 물론 그 기준에 따라 특별한 것이 없을 수도 있겠지만, 자은이 겪은 경험은 그 나름대로 특별했다. 자은은 신안군의 여러 섬들이 다양하게 겪었던 서로 다른 경험들 속에서 보편적으로 추려낼 수 있는 그런 경험들을 겪었다. 이른바 보편성의 특별한 경험, 이것이 20세기 자은도 역사의 특별함이다. 따라서 이 글에서는 특별한 것 없는 자은의 경험을 통해 20세기 신안 섬들의 보편적인 경험들을 재구성해 봄으로써 20세기 자은의 경험을 특별하게 되살려 보고자 한다.

자은중학교 앞에 가면 「忠魂塔」이 서 있다. 생김새는 거창하지만 별로 사람들의 주목을 받고 있지 못한 듯하다. 탑 어디를 둘러봐도 이 탑을 왜 세웠는지를 알리는 탑명이 없다. 다만 준공기가 있을 뿐인데 거기에도 "竣工/ 2000. 1. 1/ 新安郡守 崔公仁/ 題字 長田 河南鎬"라는 기록뿐이다.

---

* 목포대학교 역사문화학부 역사학전공 부교수
1) 면담에 기꺼이 협조해 주셨던 김기상(1923년생), 최재봉(1926년생), 김광철(1927년생), 김용만(1932년생), 박춘성(1932년생), 최승주(1932년생), 문명철(1934년생) 등 여러 어르신들께 이 자리를 빌어 진심으로 감사의 말씀을 드립니다.

도대체 어떤 충혼을 왜 기념한단 말인가?

자은 사람들은 이 탑을 화해를 위해 세웠다고 한다. 쓰레기장 위에 세워진 말끔한 충혼탑, 화해를 위한다는 이 탑, 과연 무엇을 위한 화해였고, 그 화해는 이 탑의 건립으로 이루어졌는가? 섬이란 폐쇄된 공간에서 탑을 세우면서까지 화해를 해야 할 사연들은 무엇이었을까? 이 글은 이런 궁금증에서부터 출발한다. 화해는 그 전에 갈등이 있었다는 뜻이다. 따라서 화해를 해야 할 사연이란 곧 자은도가 겪었던 갈등의 사연들이 된다. 그래서 이 글은 먼저 그 갈등의 사연들을 찾는 일로부터 시작한다.

추적할 수 있는 갈등의 출발은 20세기 벽두에 이른바 '智島敎案'이란 사건 속에 있었다. 1925~6년에는 자은도 소작쟁의가 일어나 크게 폭발했다. 그리고 이는 한국전쟁의 와중에서 "붉은 3개월" 동안 잊지 못할 학살들로 이어졌다. 그때 그 기억은 벌써 50년이 지났지만 아직도 자은 사람들의 마음 한구석에 깊은 상처로 남아 있다. 그 상처를 아물게 하려는 노력들이 이어졌고 충혼탑은 그런 노력의 한 표현이기도 하다. 여기서는 이렇게 자은 사람들이 겪었던 시련과 갈등, 그리고 화해의 흔적들을 주로 당시의 신문기사들과 자은 사람들의 기억을 중심으로 정리해 보고자 한다.

이 글은 자은도의 시련과 화해란 소재를 통해 20세기 신안군 섬들의 역사에 대하여 조심스럽게 접근해 본 시도이기도 하다. 왜냐하면 그런 시련과 화해의 역사는 자은도에만 해당하는 것이 아니고 신안군의 섬 대부분에게 똑같이 해당되는 것이라고 보기 때문이다. 그러나 부족한 점이 너무 많다. 많은 질정을 바란다. 다만 이 조그마한 연구가 자은의 역사에 약간의 특별함을 보태주었기를 기대한다.

[사진 1] 자은중학교 앞에 세워진 충혼탑

Ⅱ. '智島敎案'의 중심지, 자은도

20세기가 막 시작한 1901년 9월 6일자 『皇城新聞』의 '智報敎弊'(智島에서 敎弊를 보고하다)란 기사에서 자은도의 이름을 찾을 수 있다. 자은도가 이른바 '智島敎案'의 주무대가 되었었다. '敎案'이란 단어는 일반인에겐 그리 익숙하지 않다. 하지만 '敎案'은, 20세기의 전환기에 전국적으로 꽤 시끄럽게 주목되었는데, 천주교회가 1866년 포교의 자유를 획득한 이후 교세가 확장되는 가운데 제주도를 비롯한 여러 지역에서 발생한 천주교민과 지방관리·토착주민 사이의 분쟁사건들을 말한다.2) 이중 '지도교

---

2) 이와 같은 교안은 1905년 을사조약 체결을 계기로 종식되어 갔다. 한말의 교안에

안'은 교회가 민인들과 더불어 지방관을 배척하였던 사례로 거론된다. 한말 교회와 지방관 사이에 대립하였던 사례 가운데 교민들에 의한 조세 거부 사례가 상당수 확인되는데, '지도교안'은 그 전형적인 사례였다. 이제 '지도교안'의 경과를 살펴보면서 그 안에서 자은도의 역할에 대하여 알아보자.

1. 자은도의 天主敎勢

드망즈(Florian Demange, 安世華) 주교의 일기에 따르면 자은도의 "섬사람 몇몇이 1898년 목포로 와서 단순히 보통 예비자들처럼 교리공부를 하기 시작했다."[3]고 하였다. 드예(Deshayes, 曹有道) 신부가 처음으로 목포에 정식 부임한 때가 1898년 7월이었음을 상기해 볼 때 자은도 사람들이 천주교를 접한 것은 바로 그 직후 어느 때였음을 알 수 있다. 이는 그만큼 자은도가 여타 다른 섬들에 비해 비교적 일찍 천주교를 접했다는 뜻이다. <표 1>[4]을 보면, 당시 지도군 관내 공소 설치 지역 중 자은도의 신자 수

대하여는 朴贊殖,『韓末 天主敎會와 鄕村社會-'敎案'의 사례 분석을 중심으로-』(서강대학교 대학원 사학과 박사학위논문, 1995)를 통해 그 윤곽을 파악할 수 있다. 그 안에서 '智島敎案'도 비교적 상세히 다루고 있다. 이 글에서는 선교사와 교민이 결합된 집단으로서의 교회를 중심축으로 하여 이루어진 교안의 대립구도를 교회와 향반토호층, 민인층, 지방관, 기타 사회세력과의 대립으로 분류하여 각각의 대립구도가 두드러졌던 사례를 지역별로 선택, 분석하였다(p.9~11). 그리하여 교회와 향반토호층이 대립하였던 '江景浦敎案', 교회와 민인층의 대립이 민란의 형태로 발전한 '濟州敎案', 교회와 지방관 사이의 대립인 '智島敎案', 한 지역 단위에서 총체적으로 교회가 관·민과 충돌하였던 '海西敎案', 그리고 교회세력과 一進會·自衛團 등 친일세력과의 충돌 사건 등을 사례로 삼았다. 이때 지도교안은 교회와 지방관 사이의 대립이 나타난 대표적 사례로 분석되었다. 이하 지도교안 및 자은도의 관련에 대하여는 이 글을 토대로 재구성하였다. 따라서 특별한 경우 외에는 번거로움을 피하기 위해 각주를 생략하였다. 양해 바란다.

3) 『드망즈주교일기』 1914년 5월 23일.
4) 박찬식, 앞 글, p.107 재작성.

가 제일 많았음을 볼 수 있는데 이 또한 자은도가 천주교의 선진지대였음
과 관련이 깊어 보인다. 특히 '지도교안'이 일어나던 1901년에 예비신자
가 150명이나 되어 두드러졌다.5)

〈표 1〉 지도군 관내 공소 설치 지역의 천주교세 (1900~1902년)

지역 \ 연도 및 교민수	1900. 5 ~ 1901. 4		1901. 5 ~1902. 4	
	신자 수	예비신자 수	신자 수	예비신자 수
안 창 도	40	124	71	80
도 초 도	54	130	62	64
비 금 도	23	50	44	15
암 태 도	7	45	6	50
자 은 도	58	150	55	10
압 해 도			12	12
하 의 도			10	10
계	182	499	260	241

당시 지도군 도서들의 토지는 대부분 內需司田・宮房田・牧場土 등이
었다. 따라서 중앙의 內藏院 및 지방 관속들의 각종 수탈에 노출되어 있
었다. 1900년(광무 4) 9월 내장원에서 지도군 자은・장산・압해 3도의 牧
場收稅 등에 관하여 작성한 章程을 보면, "군의 관속들이 공무를 빙자・
入島하여 함부로 토색하는 일이 없도록 할 것", "負商들이 입도하여 鹽稅
를 칭하고 牧民들을 侵責하는 폐단이 없도록 할 것", "군에서 창설한 鹽幕
稅는 혁파할 것", "浮浪輩가 捧債를 칭하고 공문을 얻어 官隷와 함께 입
도・作梗하는 폐단을 금단할 것", "捧賭시에 郡隷의 誅求의 폐를 엄금할
것", "三島 牧場의 賭稅는 査檢시 작정한 實數대로 기해년(1899)조부터 매
년 10월 내로 상납할 것", "明禮宮監官이 이미 거두어간 5년조 結稅는 疊
徵하지 말 것", "관찰부와 港口의 巡檢은 입도하여 侵漁하지 말 것" 등이

---

5) 다만 교안 사건 이후 예비신자 수가 전반적으로 줄어드는데 특히 자은도가 격감하
   였다. 이는 그만큼 '지도교안'에서 자은도의 역할이 컸고 따라서 그 여파로 인한 교
   세의 축소도 심했음을 엿볼 수 있다.

규정되어 있다.6) 이를 보면 당시 관속 및 각종 방면의 수탈이 매우 심하였음을 엿볼 수 있다.

이런 사정에서 1900년 압해군에서 간리배들의 수탈에 대하여 드예 신부가 직접 교민들을 이끌고 군청을 찾아가 군수를 굴복시킨 일이 있었다. 또 지도군 관할 도서의 교민들이 목포항 순검들의 수탈에 대항하다 체포되었을 때도 신부들의 개입에 따라 교민들이 석방되고 오히려 순검들이 검속되는 일이 있었다.7) 이로 인하여 지도군 일대에서는 세례희망자가 급증하였고 앞에서 보았듯이 자은도의 교민도 크게 늘었다. 신자 및 예비신자의 증가는 이처럼 순수한 신앙심보다는 천주교회의 세력에 의탁하여 보호받으려는 의도가 더 많이 작용했다. 이런 교세의 확대를 배경으로 1900년 이후부터 교민들은 집단적인 납세 거부 움직임을 보였다. 그 거부 운동에 앞장 선 곳이 바로 자은도였다.

2. '智島敎案'의 전개와 자은도

'지도교안'은 1901년 7월 자은도의 천주교민 중 9명이 지도군에서 관속 10여명에게 구타당한 사건으로부터 시작되었다. 그 사건의 내용은 당시 자은도 천주교 신자 11명이 드예 신부에게 보낸 진상보고서에 상세하다. 그 기록에 의하면, 지도군의 관속들이 정규 세금이나 戶布 외에 각종 役事에 드는 비용을 과다하게 책정하고, 이를 자은도의 頭民輩와 결탁하여 주민들로부터 수탈을 일삼은 데서 발생하였음을 알 수 있다.8)

이 사건은 7월 28일 金元永(아오스딩) 신부가 자은도의 교민촌을 방문하면서 더욱 확대되었다. 김 신부가 오자 자은도의 교민들은 그에게 자신

---

6) 『智島郡慈恩長山押海三島牧場章程』(규 18955).
7) 박찬식, 앞 글, pp.110~111.
8) 박찬식, 앞 글, pp.114~119 참조.

들의 사정을 호소하였다. 이에 김 신부는 사건을 조사하고 교민들이 납부한 세금의 액수를 확인하였다. 그리고 지도군수가 파견한 巡校 安一萬을 잡아서 심문하고, 이 사실을 군수와 드예 신부에게 각각 알렸다. 이에 지도군수는 자은도의 鄕員들에게 전령을 내려 김 신부와 교민 成德源(요안), 金文淑(바오로), 金永有(베드루), 成君信(요셉), 李奉浩(안당) 등을 잡아오라고 지시를 내렸다. 군수는 곧바로 이 사건을 목포항감리서, 경무서, 전라감영, 그리고 內部 및 外部에 보고하였다. 바로 그런 사정이 『皇城新聞』의 다음과 같은 기사로 나타났다.

> 智島郡守 金永年氏가 天主敎師 金元永의 弊瘼이라ᄒ고 內部에 報告ᄒ 內槪에 現接慈恩面報 則本島公錢을 邑校眼同收刷之際에 木浦港 金神父가 入嶋ᄒ야 招致 巡校ᄒ야 收刷等節을 嚴問後에 仍爲牢囚故로 公納을 未得振刷라ᄒ고 又飛禽・都草 兩島 結稅收捧次로 定使傭派送矣러니 回告內에 曹神父가 入來該島ᄒ야 任掌 等을 捉去搏打가 不有餘地오 手刷邑差를 亦卽捉來ᄒ라고 極其威凜에 艱辛逃避라ᄒ니 該島等所納이 係是攸重正供이어늘 將無收捧之道니 該敎師 金元永及曹金 兩神父의 沒理威脅之端을 嚴加禁戢ᄒ야 以完納上케ᄒ라 ᄒ얏더라.9)

이러한 자은도 교민들의 움직임에 대하여 지도군수 김영년은 신부에게 보낸 서한에서 다음과 같이 적고 있다.

> 今此慈恩面公刷 無非緊急公納인바 以何猗角之端으로 全事懇滯ᄒ야 致邑生梗이 孼由本島라 … 査其積滯之未納 則應捧應納이 至爲九千餘兩之多 而一任於面長之手 則淸帳無期ᄒ기 送校發督이 已過月日에 一直施緩이 無及民頑懇納而然矣라 … 無論凡民與敎人ᄒ고 俱是國民에 咸在率土 則豈可懇違國供ᄒ며 等視官飭裁아 不咎己而咎人을 推可反隅라 錢數之夥多는 多年積滯之致也라 豈無自官覈探之理裁아 使敎人으로 初無公納之未瀅인디 巡校가 有何勒侵害敎之意 而編督向說乎 良庸慨歎이라.10)

---

9) 『皇城新聞』「智報敎弊」, 1901.9.6.
10) 박찬식, 앞 글, 주 23) 참조, p.112.

입장의 차이는 보이지만, 문제가 왜 생겼는가에 대한 인식은 양측이 크게 다르지 않았다. 하지만 어쨌든 교인들의 세금 미납에 대하여 군수가 신부에게 서한을 보내 이해를 구하는 모습이 흥미롭다. 이는 바로 그 거납운동의 배후에 천주교회가 있었음을 분명히 하고 있다.

한편 曹(드예) 신부는 직접 자은도를 방문하여 교민들의 실정을 전해 듣고, 교민들의 납세 영수증과 수납을 담당했던 집강의 문부를 대조하여 기백 냥이 가산 징수되었음을 발견하였다. 또한 그는 비금·도초 양도에 가서 직접 관속들을 처결하기도 하였다.[11] 그러다가 1901년 9월 3일 이같은 문제를 직접 따지기 위해 지도군수를 방문하였다. 그러나 이때 군수와 신부의 수행원인 복사 李琪煥이 서로 언쟁을 벌인 끝에 드예 신부측 교인들이 지도군의 관속들로부터 구타를 당하는 사건이 발생하였다. 그리하여 이 일은 한국정부와 프랑스공사관 간의 외교문제로 비화하였다. 이를 보도한 『황성신문』의 기사는 다음과 같다.

> 智島郡 慈恩島에셔 教人과 農民이 相詰ᄒ야 稅納을 頑拒ᄒ더니 月前에 曹神父가 該郡守入見ᄒ고 飛禽·都草等島의 教人保護홈을 請ᄒ고 歸來ᄒ다가 亂民에게 被打된지라 該教(?)案을 現今法部에셔 審理ᄒᄂ 中이더라[12]

이 일은 처리문제로 양국간에 1년여 동안 힘겨루기를 계속하다가 결국은 지도군의 향장과 관속들이 처벌받는 선에서 매듭지어졌다. 즉 프랑스라는 제국주의의 힘을 내세운 교회측이 승리를 거둔 셈이었다. 자은도의 교인들도 그 승리의 수혜자들이었다. 그러나 그 승리는 때늦은 승리였다. 이 때문에 '지도교안'이 발생한 직후 교세가 약해졌다. 이는 교회측에서 그 이유를 "지도사건이 일년 내내 끌다 이제 겨우 판결이 난데 기인합니다."라고 한데서 그럴듯이 교안 관련자에 대한 재판이 늦어짐으로써 교회측은 재판에서 이기고도 실제로는 진 셈이 되고 말았다.

---

11) 『皇城新聞』「智報教弊」, 1901. 9. 6.
12) 『皇城新聞』「教人被打」, 1902. 10. 21.

특히 교안의 근거지였던 자은도의 경우에는 예비신자가 거의 없어지는 지경에 이르렀다. 이 섬에서는 교안이 발생한 이후 관속들과 두민배의 수탈은 더욱 가중되었다. 그러나 교회측에서는 이에 대처할 수 없었다. 그러자 자은도 주민들은 더 이상 교회에 의지할 필요가 없다고 느꼈다. 따라서 재판의 결과는 자은도의 주민들에게는 그리 와 닿지 않는 승리였다. 그 와중에서 오히려 도민들간의 갈등이 커졌고, 또 관과의 대립만 불거졌기 때문에 천주교회에게 계속 기대어 버틴다는 것이 불편하다고 느끼게 했음직하다. 드예 신부가 주교에게 보낸 서한의 내용을 보자.

> 작년 지도의 폭행 사건에 이어 많은 시련을 겪었던 자은도의 교인들은 저에게 성사를 주러 오라는 초청을 하지 않았습니다. 저는 1개월 전에 그들에게 저를 만나러 오라는 편지를 보냈습니다. 그러나 그들은 오지 않았습니다. 그들 중의 한 사람이, 그들은 곧 오게 될 것이라고 했습니다. 저는 그 말에 그다지 기대를 걸고 있지 않습니다.13)

이는 지도 사건 이후 자은도에 대한 포교가 불가능해 졌음을 알려 주고 있다.

하지만 이런 어려움은 그리 오래 가지 않았다. 재판의 결과는 조금 시간이 걸렸지만 그래도 천주교회의 힘을 확인시켜 주었고, 그 결과 1902년 이후 1904년 초반까지 지도군 도서지역의 교세는 급등하였다. <표 2>14) 가 이를 보여준다. 그러나 이 또한 그리 오래 가지는 않았다. 교세 확장이 주민들의 순수한 종교적 동기가 아니었기 때문에 결국 1905년 을사조약으로 프랑스가 물러나자 천주교회 역시 그 힘을 잃고 말았다.

'지도교안'은 그 발상지가 자은도였다. 따라서 어느 곳보다 자은도가 심한 시련을 겪었다. 20세기 최초의 시련이었다. 그러나 자은도는 앞으로

---

13) 드예 신부의 1902년 6월 6일자 서한(박찬식, 앞 글, p.121 재인용).
14) 박찬식, 앞 글, p.121 재작성.

도 더 크고 어려운 시련을 앞두고 있었다. 교안은 다만 시작일 뿐이었다.

<표 2> 지도군 관내 공소 설치 지역의 천주교세(1902~1904년)

지역 \ 연도 및 교민 수	1902. 5 ~ 1903. 4		1903. 5 ~ 1904. 4	
	신자 수	예비 신자 수	신자 수	예비 신자 수
안 창 도	81	80	138	130
도 초 도	82	105		
비 금 도	26	20	41	90
암 태 도	21	80	38	90
자 은 도	105	120	233	300
압 해 도			42	80
하 의 도	43	400	185	200
장 산 도	33	100	124	120
방 월			39	180
시 목			27	60
상 태 도			27	80
하 태 도			18	50
계	391		912	1,380

Ⅲ. 소작인들의 조직화와 자은도 소작쟁의

서남해 도서지방에서 일어났던 암태도 소작쟁의는 섬은 물론이거니와 당시 전국적으로 주목을 받았던 대표적인 소작쟁의였다. 그런데 암태도 소작쟁의는 그 시작도 그랬고 끝도 그랬지만 암태도만으로 시작하지도 암태도만으로 끝나지도 않았다. 그 과정에서 자은도의 소작쟁의도 중요한 위치를 차지하고 있었다. 그러나 암태도에 묻혀 지금까지 주목되지 못했다. 여기서는 자은도 소작쟁의의 구체적인 사정과 나아가 자은도 소작쟁

의가 서남해 도서지방의 거대한 소작쟁의의 흐름 위에서 어떤 위치를 차
지하는지 살펴보고자 한다.

1. 소작인의 조직화 추세[15)]

공식기록에 나타난 소작쟁의는 1919년 11월 황해도 흑교농장의 쟁의가
처음이었다. 이를 기점으로 하여 1920년대에 해마다 격증하여 소작쟁의는
농촌사회의 일반 현상이 되어 있었다. 이렇게 일반 현상으로까지 증가하
게 된 데에는 무엇보다도 소작인들의 조직화가 배경이 되었다. 1920년대
초기에 소작농민들은 소작인조합, 소작인동맹, 소작인회, 소작인공제회,
농민회 등 각각 이름은 다르지만 스스로의 권익을 지키기 위한 단체들을
조직해 나갔다.

1920년 4월 결성된 조선노동공제회는 이러한 조직화 추세의 출발점이
되었다. 1922년 7월 조선노동공제회 집행부가 "소작인은 단결하라."는 선
언문을 발표하였고, 이에 따라 조선노동공제회 진주지회가 9월 4일에 소
작인대회를 열었다. 그런데 이 대회의 결과, 지주들이 자제하고 자성하는
자세로 바뀌게 되자 소작인들은 자신들의 '단결'과 '조직'이 얼마나 중요
한지를 깨달았다. 이처럼 조선노동공제회 진주지회가 개최한 소작노동자
대회는 조선 전체의 농민들에게 큰 영향을 주었다. 그리하여 조선의 소작
인들은 단결하여 집단행동을 통해 단체를 조직해 나갔고, 그 결과 1923년
에 걸쳐서 소작인 단체가 급격히 증가하였다. 그리고 1924년경에 와서는
점차로 지역 연합을 형성하였고, 나아가 전국 연맹체의 결성으로 이어졌
다. 1924년 4월 전국에 산재한 170개 노동단체 및 농민단체가 뭉쳐서 만

---

15) 이 부분에 대하여는 權斗榮, 「日帝下의 韓國農民運動」(『韓國近代史論』 Ⅲ, 지식산
   업사, 1977)과 趙東杰, 『日帝下 韓國農民運動史』(한길사, 1978)의 해당 내용을 참고
   하였다.

든 조선노농총동맹은 바로 그 결실이었다. 농민운동은 이제 새로운 단계에 돌입하게 되었다. 그리고 1920년대 후반에는 조선노농총동맹이 조선농민총동맹으로 발전하였고 각 지방 농민운동의 연합체들도 활발히 운동을 전개해 나갔다.

이렇게 볼 때 1923년 이후의 소작쟁의에서는 거의 소작회 같은 조직에 의한 항쟁을 보이고 있다. 유보동맹이니 또는 불납동맹이니, 전북 전주의 소작권 상실 걸인단이니 암태도 소작쟁의에서의 아사동맹이니 하는 것들이 모두 그런 조직의 경험을 반영하고 있다.

암태도, 도초도의 소작쟁의에 이어 일어나는 자은도 소작쟁의는 바로 이런 농민운동이 단계적으로 상승하고 있던 1925년 말에서 1926년 초에 걸쳐 일어났다. 따라서 자은도 소작쟁의는 어느 쟁의보다 조직화의 진행 선상에서 일어났고 쟁의 진행에도 그런 점이 보인다.

2. 자은도 소작쟁의의 발발과 전개[16)]

1) 소작료 4할과 不納同盟

암태도 소작쟁의가 어렵사리 마무리된 직후인 1924년 9월 21일, 자은 소작인회는 자은 청년회관에서 제3회 임시총회(임시의장 宋基華)를 열어 다음과 같은 사항을 결의하였다. 즉

> 一. 小作料는 畓 四割로 하되 地主가 不應하면 不納同盟을 한다.
> 二. 小作料鑑定은 地主와 小作人을 立會케 한 後 左의 委員으로 行케 한다.[17)]

---

16) 전개과정에 대한 사정은 裁判記錄『光州地方法院 大正十五年 豫第 2, 3, 4, 7號 豫審終結決定』,『光州地方法院 大正十五年 刑公 第1116, 1117, 1118, 1119號 判決』과 해당 신문기사들을 토대로 재정리하였다. 번거로움을 피하기 위하여 꼭 필요한 경우 외에는 전거제시를 생략하였다.

17)『조선일보』「慈恩小作決議」, 1924. 10. 13.

그 위원으로는 黃河淑, 金文一, 徐春益, 李昌述, 朴斗益, 許泰先, 郭在淑, 寓賢淑 등이 거명되었다. 내용의 핵심은 역시 4할의 소작료와 불납동맹의 결의였다. 그 후 같은 해 10월 文在喆, 千后彬 등이 자은도에 오자 송기화는 이들과 자은면사무소에서 만나 소작료율에 대하여 협의하였고 그 결과 답 4할, 전 3할로 하기로 협정하였다.[18]

그러나 이듬해 8월에 多島의 지주들이 결합하여 소작인에 대항하기 위하여 多島農談會라는 지주회를 조직하여 협정을 무시하고 소작료를 5할로 하기로 선언하였다. 이에 자은 소작회에서는 9월 중에 총회를 열어 협정 준수를 요구하고 이를 거부할 경우 소작료 불납동맹을 결행하기로 농담회에 통지하였다.[19] 그리고 자은 소작인회는 1925년 11월 17일, 임시총회를 열어 表聲天의 사회로 다음과 같은 사항을 결의하였다.[20] 즉

　　　決議事項
　一. 小作料 支拂에 關한 件
　一. 本會의 要求인 小作料 四割을 承諾한 地主의 小作料는 所定의 期日까지 支
　　　拂할 일
　一. 本會의 要求를 拒絕한 地主의 小作料는 問題가 解決되기까지 不納同盟을
　　　斷行할 일
　一. 小作地面積測量의 件
　　　本會 會員의 小作地를 實地 測量하야 그 面積을 適確 調査하되 此에 要하
　　　는 費用은 每筆 拾錢式 各其 小作人이 負擔할 일
　一. 惡舍音에 關한 件
　一. 次警告를 與하야 改悛치 아니할 時는 一齊히 水火相通을 拒絕하는 同時에
　　　吾人의 生活圈內에서 逐出을 期할 일
　一. 小作權移轉에 關한 件
　　　一般이 正當하다 認하는 理由가 잇는 以外에는 絕對로 小作權을 移轉치 못

　　　이하 신문기사의 인용문은 가능한 한 원문을 그대로 옮기되 다만 띄어쓰기와 맞춤법만 현재에 맞게 바꾸었다.
18) 裁判記錄『光州地方法院 大正十五年 豫第 2, 3, 4, 7號 豫審終結決定』.
19) 위와 같음.
20) 당시 소작인회의 임원은 會長 表聲天, 庶務部長 朴英善, 財務部長 金進云 등이었다.

할 일

一. 都草小作爭議에 關한 件 21)

이 해 4월에도 이미 4할제를 승인하지 않는 지주에게는 소작회에서 감정하여 거두었다가 그 지주가 승낙할 때 지불하기로 결정하였었다.22) 이는 1924년 9월 소작인회 제3회 임시총회의 결의를 확인한 것이었다. 그 결의를 이번 임시총회에서 또 확인하였다. 이처럼 소작인회는 4할제 및 불납동맹의 결의를 여러 차례 반복하면서 결의를 다져나갔다.

2) 지주들의 假差押 시도와 대충돌

이런 소작인들의 결의에 지주들도 팔짱만 끼고 가만히 있지는 않았다. 中道淸太郞, 文在喆, 千哲鎬 등은 1925년 12월 23일 광주지방법원 목포지청으로부터 孫岳同 외 149인에 대한 假差押 命令을 받아 다음 날 바로 집행에 나섰다. 그 사건을 알리는 신문의 보도를 인용하여 보자.

> 전남 무안군 자은면(全南 務安郡 慈恩面) 소작농민(小作農民)과 가차압(假差押)하러 간 집달리(執達吏)사이에 분쟁이 생기어 일시 험악한 상태에 빠졌다는데 그 이유를 듣건대 자은면 소작회는 언제든지 그 회규(會規)에 논에 대하여는 사할제(四割制)를 주장하던 바 금년에도 사할문제로 지주측과의 승강이 쉴 사이가 없이 교섭하여오던 한편으로 소작농민들은 말썽이 된 지주의 소작료는 지정한 장소에 수합하여 두고 지주들에게 수봉하여 가라는 통지를 하여도 아무 소식이 없다가 지난 이십사일에는 돌연히 지주 문재철(文在喆), 중도청태랑(中道淸太郞), 천후빈(千后彬) 삼인이 백여 건의 가차압으로써 집달리 이인과 다도농담회(多島農談會) 간사 삼인이 이대(二隊)로 나누어 와 일대는 동면 동부(東部)로 일대는 동면 서부(西部)로 새벽부터 오후 세시까지 칠팔 곳이나 차압을 하였는데 이 소문을 들은 소작농민들은 크게 분개하야 사면으로 모아든 수백의 군중은 기분이 극도로 긴장하야 「인혈(人血)에 목이 마른 악마의 종자를 구제하라. 우리의 고혈

---

21) 『동아일보』「慈恩小作總會」, "諸般事項을 決議", 1925. 11. 28.
22) 『조선일보』「全南 務安郡에 又復小作爭議勃發」, 1926. 1. 3.

을 여지없이 착취하고 또 부족하여 가산까지 털어가려 하는 횡폭무도한 행위는 용서할 수 없다.」하며 집달리와 농담회 간사를 포위하고 차압 해제를 요구하며 집행을 방지하였다는데 집달리들은 형세가 형세이므로 차압을 전부 해제하고 금후로는 다시 집행을 아니하겠다 하고 돌아갔다 하며 소작농민은 그 이튿날 오전 9시경에 긴급총회를 열고 선후책을 강구하였다는 바 이 일이 여하히 전개될는지 일반은 주목한다고 한다.23)

소작인들이 4할을 수용하지 않는 지주들의 소작료를 지정한 장소에 모아 두고 버티던 중, 문재철 등 지주측에서 집달리와 농담회 간사 등을 보내 가산을 가차압하기에 이르렀다. 이에 농민들은 실력행사로 차압을 방해하고 나섰다. 이렇게 자은도의 소작쟁의는 본격화하기 시작하였다. 자은도 소작쟁의도 그 주요 상대는 암태도와 마찬가지로 여전히 문재철이었다.

한편, 농담회의 고인 세 명은 2백여명의 군중이 慈恩津까지 데려다가 암태면으로 보냈고, 군중의 압력에 어쩔 수 없이 차압하여 둔 표지를 자기 손으로 해제하고 목포로 돌아간 집달리들은 고발수속을 하고 나섰다. 이에 목포경찰서에서는 사실을 조사하기 위하여 경찰관 5명을 25일 보냈으나 이를 미리 탐지한 5백여명의 군중은 또 다시 모여 5명의 경관을 포위하고 자유를 빼앗았다. 그러자 27일 목포서에서는 17명의 경관을 경비선에 태워 현장에 출동시켜 자은도는 혼란 상태에 빠졌다.24)

이 혼란은 해를 넘겼다. 이런 와중에서도 "문제의 지주(地主) 문재철(文在喆), 중도청태랑(中島淸太郎), 천철호(千喆鎬) 등은 소작인들의 가산을 차압하고자 하므로 이에 한층 격앙한 소작군들은 적극적으로 그 요구에 대항하고자 기세를 더한 결과 자은면 일대는 실로 살기가 넘치는 수라항이 되고 말며 그 혼란함이 극도에 이르게 되었"다. 이에 전남 경찰부에서는 돌연 담양, 장성, 나주, 광주 등 각 경찰서로부터 경관 백여명을 징발하

---

23) 『시대일보』「搾取에 죠假差押은 斷不容貸」, "木浦 慈恩面 小作農民의 憤怒/ 긔어히 地主의 差押을 解題케 해/ 數百群衆 執達吏를 包圍", 1925. 12. 29.
24) 『조선일보』「全南 務安郡에 又復小作爭議勃發」, 1926. 1. 3.

는 한편, 다른 관하 각 경찰서로부터도 다수의 경관을 비상 소집하야 총수 180명의 경관대를 조직한 후 이듬해인 1926년 1월 3일 새벽 5시에 목포경찰서를 떠났다. 오전 10시경 경비선 금강환, 鵲丸, 해남환 등 3척에 나누어 타고 현장에 급행시켰다.25)

이들 무장경관들은 오후 1시경에 자은도 南江浦에 도착, 자은도 전면을 엄중히 경계하는 동시에 자은과 암태 사이의 교통을 차단시켜 외부와의 연결을 막아 자은도 주민들을 꼼짝 못하게 하였다. 신문기자들까지도 상륙을 못하게 경비선에 감금하였다. 이 때문에 "그 가련한 농민들은 어떠한 참극에 처해 있는지 그 진상은 자세히는 알 수 없었다."26)

이렇게 경계를 강화한 후 경찰은 자은 소작인회 간부의 검거에 나섰다. 이 소식을 접한 1천 4백~5백명의 소작농민들은 舊營里 소작회사무소에 비상소집하여 그날밤 8시경에 경관대의 본부인 자은 부두에 모여 검속자를 방면하여 달라고 애원하다가 마침내 밤 10시경 군중과 경관대가 일대 충돌하였다. 이 충돌로 농민측에서는 중경상자 40여명을 내었다. 그 이튿날에 다시 3~4 차례나 충돌하여 소작조합간부 9명을 포함하여 40여명의 농민이 체포되었다. 이렇게 충돌이 격화된 데 대하여 신문은

---

25) 『동아일보』, 「務安 小作爭議에 二百警官 急行」, 1926. 1. 4, 『조선일보』, 「殺氣彌滿한 慈恩面一帶!」, 1926. 1. 5, 『시대일보』 「水火不通의 務安慈恩面 檢擧負傷八十餘名」, 1926. 1. 8, 『동아일보』, 「百五十名의 武裝警官隊와 千餘名小作民의 大亂鬪」, 1926. 1. 9.
   각 기사마다 약간의 차이가 보인다. 예를 들면 경찰이 자은도로 향한 시점이나 타고간 배가 다른데 『조선일보』에서는 "경비선 금강환에 발동기를 달아 가지고 전기 자은도 남강포라는 곳에 급행"했다고 되어 있고, 『시대일보』에는 "경비선 2척과 발동기선 해남환에 나누어 타고 자은면 남진에 도착"했다고 되어 있다. 또 끝의 『동아일보』에는 "경비선 금강환(金剛丸) 작환(鵲丸) 해남환(海南丸) 세척으로 자은도(慈恩島)에 출동"했다고 되어 있다. 여기서는 보다 구체적인 『동아일보』의 기록을 따랐다.
26) 『시대일보』 「水火不通의 務安慈恩面 檢擧負傷八十餘名」, 1926. 1. 8.
   신문기사들이 사실에 서로 차이를 보이는 까닭도 이 때문인 듯하다.

경관은 소작회 대표인물이 누군지 몰랐고 또 군중은 각자 소작회 대표라고 달려들므로 이와같이 살벌한 공기가 차 있을 뿐만아니라 군중은 「우리가 한푼 두푼 모아 세금(稅金)을 바쳐 소위 관원을 먹여 살리건마는 도리어 악지주의 호신(護神)이 되어 다수의 민중을 억압함은 그것도 또한 용서할 수 없다」고 하며 사생을 불고하고 달려드는 참상은 보는 자로도 눈에서 피가 쏟아질 듯하다 하는데 자은 일대는 교통차단을 하야 수화가 불통 중에 있다고 한다.27)

라고 전한다.

4일 아침 주민들은 다시 경관대의 본부로 모이기 시작하여 약 4백여명에 달하였다. 이렇게 형세가 험해지던 중 경관들의 필사적 경계로 겨우 해산되었다. 경찰은 전날 체포한 소작농민 40여명을 목포경찰서로 압송하였다. 체포된 사람들은 徐應烈과 그의 아들 徐南哲, 그리고 徐相旭, 徐光 云 등 40여인이었다.28) 이 중에는 쟁의 후원차 갔던 암태소작회 간부 2인도 포함되어 있었다.

자은 남진에는 30여명의 경관이 남아 계속 수비하고 있었다.29) 이 때문에 "그 섬안의 일반 인심은 극도로 불안과 공포 중에" 싸이게 되었다.30) 이런 억압적 분위기 하에서 집달리는 4대로 나누어 한대에 경관 30명씩 부쳐 소작인의 가산을 차압하여 5일 오후 4시에 일부는 목포로 돌아갔다.31) 이때 현장에서 차압을 방해하였다는 명목으로 출생한지 5개월에 불과한 유아를 둔 여자 한명을 검속하기도 하였다.32)

그들의 횡포는 거기에 그치지 않았다. "소작인의 집집마다 두루 다니며 몇일 먹을 양식도 남겨두지 아니하고 모조리 차압하는 동시에 집달리 비

---

27) 『시대일보』「水火不通의 務安慈恩面 檢擧負傷八十餘名」, 1926. 1. 8.
28) 『동아일보』「百五十名의 武裝警官隊와 千餘名小作民의 大亂鬪」, 1926. 1. 9.
29) 위와 같음.
30) 『동아일보』「全島를 包圍하고 二十餘名 檢擧」, "량도교통까지 두절식혓다", 1926. 1. 7.
31) 『조선일보』「慈恩面爭議 檢擧者四十名」 "警官과 激鬪한 結果로 중경상자도 사십여 명의 다수/ 집달리는 차압을 마치고 귀환/ 記者는 警備船에서 監禁", 1926. 1. 7.
32) 『동아일보』「百五十名의 武裝警官隊와 千餘名小作民의 大亂鬪」, 1926. 1. 9.

용이라고 해서 매집에 덮어놓고 돈 8원씩을 강제로 징수하는데 만일 내지
아니하면 추상같은 호령을 하며 단장으로 함부로 두드리고 받어낼 뿐 아
니라 사실 돈이 없어서 못내는 사람에게도 주재소로 가자고 위협과 공갈
을 하므로 자은도 소작인 삼천여명은 기근과 불안, 공포에 싸여" 있었
다.33) 거기에다 지주 문재철은 차압품을 그냥 두면 잃어버린다고 하여 인
부 15명과 목선 한 척을 가지고 자은면으로 향하였다. 자은면 일대는 살
기가 충천하였다.34)

3. 쟁의의 지원과 연대

본격적인 쟁의가 일어나기 전에 당시 서남해 도서·연안 지역에는 운
동의 조직화가 급속히 진행되었다. 그중 특기할만한 것이 務木靑年聯盟의
창립이었다. 이는 1925년 1월 10일의 일이었다. 그 창립과정을 보자.

무목청년연맹의 창립에 앞서서 먼저 慈恩靑年會, 岩泰靑年會, 飛禽靑年
會, 都草靑年會, 木浦無産靑年會 등 5개 청년단체로 務木靑年聯盟會가 암
태청년회관에서 發會式을 거행하였다. 그리고 이들은 무안·목포지방에
산재한 단체를 연합하고자 목포 호남정 7번지에 연맹회 창립사무소를 두
고 각 지방에 통지장을 내는 등 많은 노력을 하여 왔다. 그러다 마침내
1925년 1월 10일, 목포부내 남교동 希聖幼稚園에서 창립총회를 개최하기
에 이르렀다. 여기에는 위 5개 단체 외에도 智島靑年修養會, 海際靑年會,
荏子靑年會 등이 가담하여 모두 8개 단체가 연합하였다. 모임의 의장에는
배치문, 임원으로는 金祥洙, 宋基華, 朴福永, 金海龍, 朴勝億 등이 선임되
었다.35) 이중 송기화는 자은소작인회의 임시의장이었고, 박복영은 암태도

---

33) 『동아일보』「慈恩島小作爭議」家家戶戶에 食糧까지 差押, 1926. 1. 14.
34) 『조선일보』「小作人側의 重輕傷 四十名」"경관과 격렬히 격투하야 다수한 부상자
    를 내엿다/ 慈恩爭議事件續報", 1926. 1. 8.
35) 『동아일보』「務木靑年聯盟 創立總會」, 1925. 1. 13.

소작쟁의의 핵심인물이었다.

당시 전남의 지주들은 소작쟁의가 "소작인의 窮迫에서 발생한 것이 아니라 第三者인 不良主義者, 勞農會幹部等이 선동한 결과"로 인식하고 있었다. 이런 주장을 청원하기 위한 모임인 全南農談會에는 문재철도 참여하여 보고하는 등 적극적이었다.[36] 그런데 바로 이런 '불량주의자'들의 조직이 무목청년연맹이었다. 이 조직은 지주들이 우려하는 바대로 점점 더 다져져 갔다. 그리하여 무목청년연맹에서는 1925년 5월 16일 임시총회를 열고 암태, 임자, 지도, 자은, 목포 각지방 상황을 보고한 후 "一 朝鮮運動線統一策은 全南解放運動者同盟과 同一의 步調를 取할 일" 등을 결의하였다.[37] 결국 전국 차원으로까지 조직화가 진행되고 있었다.

이렇게 자은도의 소작쟁의가 하루하루 격화되어 갈 때 「務安何無安? (務安이 어찌 그리도 無安한가?)」라는 제목으로 이런 사정 전반을 평가한 『조선일보』의 기사가 흥미롭다. 그 내용은 다음과 같다.

> 小作爭議라 말하면 全南 務安을 생각하게 되었다. 岩泰의 小作爭議가 있었고 都草의 小作爭議가 있어 자못 天下의 耳目을 機動케 하는 바 있었다. 그리하여 또 地主 文在喆의 이름이 항상 『그림자』가 本物에 따라 다니는 것과 같이 此等의 小作爭議에 附隨되게 되었었다. 그리하였더니 今番에 또 務安郡의 慈恩面에 있어서 小作爭議가 發作하게 되었는데 相對者 되는 地主는 또 文在喆이라는 사람이다. 그리하여 形勢가 매우 危急하게 되었으므로 木浦警察署에서는 二百餘名의 警官이 出動하게 되었다. 그 結果 農民과 警官의 사이에 衝突이 있어서 小作人側에서는 重輕傷者 四十餘名을 내게 되었다. 그리고 또 警官은 九名의 小作組合幹部를 逮捕하였음으로 천여명의 男女老少는 解散하지 아니하고 會集하야 幹部의 放還을 要求하였다 한다.
>
> 이와같이 務安의 天地는 小作爭議로 因하야 恒常 不安 中에 있어 우리로 하여금 務安이 어찌도 그리 無安한가 함을 생각하게 한다. 물론 現在의 制度下에 있어서 勞資의 衝突이 그치지 아니할 것은 생각할 수 있는 바이지마는 務安의 小作爭議와 같이 甚한 것은 우리 朝鮮에 있어서 그 例를 보지 못하는 바이다. 이와같이

『시대일보』「務木青年聯盟 大同團結이 完成」, 1925. 1. 13.
36) 『동아일보』「地主와 小作爭議」, 1925. 4. 12.
37) 『동아일보』「務木青年總會」, 1925. 5. 19.

되는 것은 그 地主가 凡人과 特別히 다른 바가 있다고 斷定하지 아니할 수 없다. 地主가 그처럼 頑强하고 본즉 小作人이 또한 堅强한 態度를 取하게 되지 아니할 수 없다. 務安의 無安한 땅에는 何時에나 務安하게 될까?38)

암태, 도초에 이은 자은의 소작쟁의로 무안의 섬들은 소작쟁의의 대명사가 되어 버렸다. 그리고 특이하게도 그 상대는 항상 문재철이라는 지주였다. 결국 무안 섬들의 소작쟁의를 그만큼 격렬하게 그리고 전국적으로 유명하게 만든 건 다름 아니라 문재철이라는 지주였다. 따라서 무안 섬들의 소작쟁의는 "지주 문재철에 대한 소작쟁의"로 성격이 부여되며 그런 점에서 일련의 상관성을 지닌다.

이렇게 되자 이제 자은도 소작쟁의는 단순히 자은도만의 문제로 그치지 않았다. 경찰이 동원되는 범위보다 훨씬 넓은 지역으로부터 소작쟁의를 지원하는 소식들이 답지하였다. 먼저 京城勞動靑年會에서 자은면 소작쟁의를 적극 후원하기로 결의하였다.39) 그리고 조선노농총동맹에서는 그 진상을 조사하는 동시에 참담한 지경에 빠진 소작인을 위로하기 위하여 중앙집행위원 申東浩를 현장에 특파하였다.40)

한편 자은면 소작회의는 이런 위급한 상황에서도 인근 도초면의 소작쟁의에 대한 동정을 그치지 않았다. 도초소작인회는 1월 3일 도초청년회관에서 임시총회를 열고 李泰奎의 사회로 趙尙淑의 경과보고가 있은 다음, 업무진행에 대하야 백방 토의한 결과, 다음과 같이 결의하였다.

> 一. 文在喆, 中島, 尹永鉉, 金俊基, 今井豊馬等의 乙丑年度 小作料는 拘禁幹部
>   二十人事件이 解決될 때까지 支拂치 아니할 것
> 一. 執達吏 對抗方針에 關한 件
> 一. 在監幹部 私食差入에 關한 件. 解決될 때까지 一日一時 差入할 것

---

38) 『조선일보』「務安何無安?」, 1926. 1. 9.
39) 『조선일보』「警告와 應援」, "경성로동청년이/ 무안과 원산사건에", 1926. 1. 6.
40) 『시대일보』「慈恩小作爭議에 勞總委員特派 위로조사차로」, 1926. 1. 10.『조선일보』「慈恩小作爭議에 勞總委員特派」, 1926. 1. 10.

一. 反動分子에 關한 件
一. 在監幹部 後援에 關한 件41)

사실 도초소작인회의 결의사항은 바로 쟁의 진행 중인 자은면에도 그대로 해당하였다. 더구나 도초청년회는 무목청년연맹의 회원으로 자매단체였다. 따라서

> 務安郡 慈恩面 小作人會에서는 今番 小作爭議로 因하야 警察의 包圍 中에 있어서도 姉妹團體에 對한 同情心이 勃發하야 去四日 都草小作爭議에 現金 二十圓을 보내는 同情慰勞文까지 보내었다더라.42)

라는 기사가 인정하듯이 이들이 서로 동정하며 지원하는 것은 어쩌면 너무 당연한 것이었다.

그러던 차에 운동조직상의 변화가 있었다. 즉 1월 10일에 務安勞農聯盟이 목포 노동회관에서 제2회 임시대회를 개최하고 趙克煥의 사회로 務木地方勞農運動에 대하야 백방으로 토론한 결과, 농민운동과 노동운동을 분화하기로 결의하였다.43) 그리하여 무안은 무안농민연합회로 목포는 목포노동연합회로 분립하였다. 한편 이렇게 분립된 무안농민조합에서는 10일 오후 8시에 동아일보 목포지국내에서 徐東五씨 사회로 務安農民組合聯合會 실행위원회를 열어 몇 가지 결의사항을 정했는데 그중 "慈恩 小作爭議에 依한 犧牲者 救濟事務는 본 연합회에서 취급할 것"도 들어 있었다.44) 務安農民聯合會는 그 후 25일에 제1회 임시대회를 열어 다시 "慈恩 小作爭議에 同情할 것"을 결의하였다.45) 한편, 자은 소작쟁의에 대하야 京城勞動會에서는 그 진상을 조사하기 위하여 상무집행위원 李恒發을 급파하

---

41) 『조선일보』「都草小作人總會」, "地主及執達吏 對抗方針과 在監同志 後援決議", 1926. 1. 12..
42) 『조선일보』「爭議中 爭議에 同情」, "慈恩作人의 熱血", 1926. 1. 12.
43) 『시대일보』「務安勞農聯盟 勞農分化決議」, 1926. 1. 13.
44) 『시대일보』「務安農民聯合 實行委員會」, 1926. 1. 14.
45) 『동아일보』「務安農民聯合會 第一會臨時大會」, "任員選定과 決議文", 1926. 1. 29..

였지만 목포서에서는 그를 자은도로 들어가지 못하게 금지하였다.[46]

　이렇듯 무안군 내의 조직적 지원과 연대, 그리고 전국적 지원의 확대로 이어지면서 자은 소작쟁의는 제2의 암태도 소작쟁의로 커질 조짐을 보이고 있었다.

4. 쟁의의 결말

　자은도 소작쟁의는 조직적인 지원과 연대를 통해 자은도를 벗어나 점차 지역의 외연을 넓혀 갔다. 그리하여 전국적 사건으로 확대되어갈 조짐을 보였다. 그러자 뜻밖에도 그 쟁의는 신속하게 처리되고 말았다. 쟁의로 인한 충돌이 일어난 지 한 달만인 1월 30일, 지주와 소작인대표가 회합하고 군수·서장·면장이 여기에 입회하여 협정서를 작성함으로써 해결되어 버렸다. 그 내용을 전하는 기사를 보면 다음과 같다.

　　全羅南道 務安郡 慈恩面內에 土地를 所有한 地主 文在喆, 千哲鎬는 中道淸太郎을 代表로 하고 慈恩面內 右地主의 小作人 一同은 慈恩面 古場 助成運才外 十一名을 小作人代表로 하야 同代表는 모두 代表及을 定할만한 委任狀을 提示하야 大正 十五年 一月 三十日 木浦警察署에서 務安郡守 宋元燮 及木浦警察署長 中道處三, 慈恩面長 成伯仁 諸氏의 立會下에 慈恩面小作爭議의 解決을 述하야 將來 兩者間의 紛發의 緊張을 貽치 않게 하도록 兩者의 圓通한 諒解下에 郡守·署長·面長의 立會人과 雙方의 代表者 並 文在喆, 千哲鎬 兩地主의 書名捺印으로 左와 如한 協定書를 交換하였다더라.

　　協定條件
　　一. 今回의 假差押은 本協定이 成立된 時로부터 全部 控除할 事
　　二. 前項 假差押에 要한 費用은 地主及小作人이 折半負擔할 事
　　三. 大正十四年度 畓小作料는 乙이 各小作人으로 하여금 大正 十五年度 二月二十日까지에 慈恩島內에 甲 又는 甲의 代理人에게 納付케 할 事

---

46) 『동아일보』「特派入島禁止」, "경성로동회특파원", 1926. 1. 14.

事實上 小作料를 直히 納付키 不能한 者는 大正 十五, 十六, 十七의 三個年
에 分納하되 各小作人마다 覺書를 作成하고 乙은 此에 保證할 事

分納小作料에 對하여는 年二割의 利子를 附할 事

分納小作料의 納期는 每年 畓小作料 納付와 同時에 納入할 事

四. 甲은 大正 十三年度 控除費로 小作人에게 交付하기로 約束한 一割을 大正
十四年度의 小作料로부터 控除하야 徵收할 事

五. 耕作의 分配는 左와 如히 行할 事

　가. 總收穫의 五割을 小作人의 所得으로 할 事

　나. 甲은 總收穫의 五割을 收納하야 其十分의 一을 獎尙費로 小作人에게 交
　　　付할 事

　다. 畓小作料는 甲을 小作人立會 及郡지에 依하야 決定할 事

六. 田小作料는 己定한 定租로 할 事

尙히 速히 土地의 調査를 爲하야 田一斗落의 面積은 百坪을 協準으로 하여
斗落數를 定租할 事

七. 甲은 乙과 協力하야 農事의 改良副策의 獎嵯 地主小作人間의 親善에 勞力
하고 地主及小作人의 福利增進을 同할 事

八. 甲은 小作人組合 所在地마다 模範畓地를 設하야 一航獎農上 模範을 示할
事

九. 甲은 窘困한 小作人에 對하야 麥二百石假量을 大正 十五年에 限하야 無利
子로 貸付할 事

本項 貸付大麥은 大正 十五年度 田小作料 納付時에 返濟할 事

一0. 甲은 慈恩面 南道溲船 一隻 實得代金으로 三百圓限度까지 三個年 年斌로
貸與하고 其利子는 年一割五分으로 할 事

一一. ○○防築의 改修에 關하야는 材料등 金錢을 要하는 者는 地主의 負擔으로
하고 勞力은 小作人의 負擔으로 할 事

一二. 金肥를 旅用하는 小作人에 對하야는 地主는 買入代金의 半額을 負擔할 事
本項의 金肥는 地主가 買入하야 木浦에서 小作人에게 引渡하기로 하고 木
浦로부터의 運搬費用은 小作人의 負擔으로 할 事

兩代表는 立會人과 共히 熱烈謀議한 後 憂慮가 없이 協定이 成立되었으므
로 立會人과 함께 左에 署名捺印하야 本協定書의 正本은 木浦警察署에 保
管하고 兩代表 各其本分을 所持하야 本協定의 設行을 砲保함.[47]

　　이렇게 소작쟁의는 끝이 났다. 대충돌의 과정을 거치면서 마냥 지속될

---

47) 『매일신보』「務安慈恩島」, "小作爭議解決", 1926. 2. 3.

것만 같던 쟁의가 어느 한순간 싱겁게 끝나고 말았다. 이는 아마도 암태의 경험 때문에 확산을 원치 않는 일제측이 적극적으로 지주측을 압박한 결과로 보인다.

5. 쟁의의 가담자들

자은도 소작쟁의 당시 무장경관 150여 명이 출동하여 검거한 농민 40여명의 명단이 당시 신문기사에 있다. 그 기사를 보면,

> 자은농민운동(慈恩農民運動)에 중요 인물 송기화(宋基華), 암태농민조합 간부 박복영(朴福永) 양씨도 목포경찰서에 검속되어 취조중이라 하는데 그 검속된 소작농민의 씨명은 다음과 같다고 한다.
>
> 崔東福, 成信杓, 李稱石, 成判奇, 朱仁順, 朴根春, 成大根, 姜炳守, 金容福, 徐永澤, 成權洙, 孫今斗, 金奉珏, 郭南基, 禹敬道, 金鐵基, 表在三, 表仁彦, 李時保, 梁元焚, 禹判東, 吳良元, 朴良仲, 金云淑, 孫惠岩, 許應喆, 許玉允, 崔福云, 徐光云, 表敬泰, 金祥洙, 金昌洙, 李明喆, 成一同, 徐應烈, 崔基先, 崔南喆, 黃佶鉉, 徐相旭, 黃生周, 安昌和, 李成根, 李奉伊, 朴成禮, 宋起華, 朴福永[48]

이 명단을 통해 자은도 소작쟁의의 주요 가담자들을 확인할 수 있다. 그중에서도 역시 송기화와 박복영[49]이 주도적인 역할을 했다고 판단된다. 이들은 어떻게 처리되었을까? 1월 17일자 기사를 보면,

---

48) 『시대일보』「慈恩小作爭議 검속자씨명」, 1926. 1. 13..
　　『조선일보』「慈恩爭議에 四十餘犧牲者」(1926. 1. 12)에도 같은 내용이 보도되었다.
49) 박복영은 자은면 백산리 백산마을 출신으로 알려져 있다. 그는 3·1운동 때 만세운동을 한 혐의로 국외로 망명했다가 임시정부 경무부 경무주임으로 활약하였고 해방 후 무안군 건국준비위원회 위원장을 역임하였다(조동걸, 앞 책, p.127). 재판기록에는 동아일보 신문기자라고 되어 있으며, "암태면 소작인회 집행위원으로서 항상 전라남도 각 도서의 소작분쟁에 분주히 참견하고 다니는 자"라고 되어 있어 그가 소작운동을 조직하고 이를 조정하던 중요인물이었음을 알 수 있다.

그중 15명은 방면될 듯하다 하며 39명은 이미 소요죄(騷擾罪)로 지난 15일 오전 10시 45분에 광주형무소로 호송되었다는데 범인 3명에 경관 1명씩 늘어서서 목포 초유의 현상을 이루었는데 문제의 문재털(文在喆)의 아들은 그 당시 구경하러 왔었다더라.50)

이 내용 또한 신문에 따라 차이가 있는데『매일신보』에 따르면 "소작회 간부 37명만 그간 목포경찰서에서 취조를 마치고 지난 16일에 광주지방법원 검사국으로 송치하였더라."51)라고 되어 있다.

소작쟁의가 해결되었어도 이미 체포된 사람들은 쉽게 풀려나지 못했다. 이들은 반년동안이나 광주지방 법원 예심에 붙어 있다가 7월 13일에야 '騷擾 및 公務執行妨害 被告事件'으로 石川莊四郎 판사에 의해 예심이 종결되었다. 이때 主文은 박복영 외 30인은 광주지방법원 합의부의 공판에 넘기고 崔開先 1인은 免訴하기로 하였다. 이후 합의부 공판은 7월 26일 오전 11시부터 광주지방법원 제1호 법정에서 內山十平 재판장의 심리로 安田重雄, 宋八植 양 배석판사와 橫田義太郎 검사의 입회로 제1회 공판이 개정되었다. 방청석에는 광주·목포를 위시하여 전남 각지의 각 단체의 대표들이 많이 모였다. 재판장으로부터 30여명 피고들에게 차례로 주소·성명·연령·직업 등을 물은 후에 검사로부터 기소사실과 예심종결서를 낭독하고 다시 재판장으로부터 사실 심리를 마친 후에 검사의 논고가 있었다. 변호사 李儀衍이 열렬한 변론을 마치자 재판장으로부터 오는 8월 16일에 판결 언도를 하겠다고 선언하고 오후 3시에 폐정되었다.52) 검사의 논고에 따른 형량은 다음과 같았다.

朴福永, 表聲天53) 各 懲役 2年

---

50)『조선일보』「嚴重한 警戒中에」, "범인 세명에 경관이 한명 소요죄로 형무소로 호송", 1926. 1. 17.
51)『매일신보』「務安慈恩面 小作爭議에 檢擧된 三十七名幹部」, 1926. 1. 19.
52)『동아일보』「被告三十一名에 最高二年求刑」, "慈恩小作爭議 被告三十一名에 檢事로부터 最高 二年을 求刑해/ 慈恩小作爭議公判", 1926. 7. 30.

崔福云, 朴永善, 金俸南 各 1年

宋基華, 安昌化, 文玉山, 金玉石, 金進云, 李玉京, 朴德淇, 黃珍淑, 成慶燮 各 8個月

金昌洙, 禹判道, 李時甫, 孫岳岩, 黃生周, 梁奉伊, 金鳳珏, 成樂杓, 梁石岩, 徐應三, 表生圭, 崔明鳳, 金尙列, 徐蘭洙, 徐玉奉, 安甲天, 成權洙 各 6個月

8월 16일 최종 언도된 형량은[54]

박복영, 표성천 각 징역 1년 2월
김진운, 박영선 각 징역 8월
송기화, 안창화, 최복운, 문옥산, 서옥봉, 김봉남, 황진숙, 성경섭 각 징역 7월
김창수, 우판도, 양봉이, 최명봉, 서난수, 김옥석, 이옥경, 안갑천, 박덕기, 서응삼 각 징역 6월
이시보, 손악암, 황생주, 김봉각, 성낙료, 성권수, 양석암, 표생규, 심상열 각 벌금 20원

등이었다.

6. 쟁의, 그 이후

물론 소작쟁의가 타협점을 찾아 해결되었다고 해서 문제가 아주 사라진 것은 아니었다. 특히 사람들의 마음속에 난 상처는 치유가 쉽지 않았다. 오히려 불거지는 측면이 컸다. 아닌 게 아니라 한 해가 다 지나지 못해 자은도에서는 또다시 소작인이 구류처분을 당하는 일이 생겼다. 그 사정은 다음과 같다.

소작쟁의로 인해 소작인 측에서 많은 희생자를 낸 데 대하여 아직도 사

---

53) 표성천은 자은면 백산리 와우마을 출신으로 555인의 소작회를 조직하여 분배율을 45:55로 조절한 공이 있다고 알려져 있다.
54) 裁判記錄『光州地方法院 大正十五年 刑公 第1116, 1117, 1118, 1119號 判決』.

회인사들의 狂奔이 사라지지 않은 9월경에 또다시 소작인 2명이 검거되어 구류처분을 받았던 것이다. 구류처분을 받은 두 사람은 지난 소작쟁의 당시에 검거되어 오랫동안 절망에 신음하다가 다행히 석방된 徐倉錫, 宋基奉이었다. 이들은 석방된 후에 다시 소작인 80여명을 모아 쟁의를 거듭했는데 거기서 더 나아가 지난 소작쟁의 당시에 도민으로서 警官隊에게 편의를 제공하여 준 자에 대한 교통을 차단하고 나섰다. 그러자 경찰에서는 이런 행동을 선동적 시위운동으로 인정하고 치안을 방해할 우려가 있다고 하여 이들을 검속하여 서창석은 25일간, 송기봉은 20일간 각각 즉결 구류처분을 하였다. 이로 인하여 자은면 소작인들은 다시 불안한 기분에 싸이게 되었고55) 이와 동시에 소작인에 반대했던 사람들과의 간격은 더 넓어졌다. 이는 그만큼 도민들이 지주 편과 소작인 편으로 나뉘어 양자간에 갈등의 골이 깊어졌음을 뜻한다.

어쨌든 이 사건에서 보듯이 소작쟁의 당시 사람들간의 감정이 남긴 앙금은 쉽게 사라지지 않았고 이 때문에 또 다른 사건이 발생하곤 하였다. 그만큼 자은도 주민들은 시련과 더불어 갈등을 쌓아갈 수밖에 없었다.

그런 갈등의 여파는 한국전쟁 당시 "붉은 3개월" 동안 처절하게 나타났다. 해방 직후의 기록은 매우 드물다. 다만 두개의 기사만이 보이는데, 즉

지난 5월 24일 무안군 자은면 지서에서는 자은면 남로당원 성기언(成基彦, 29), 김창해(金昌海), 선병수(宣炳洙, 23) 외 약 40명을 검거 취조 중이라는 바 전기 성기언(成基彦) 등은 지난 29일을 기하야 자은면 지서와 면사무실을 습격 파괴할 목적으로 농민을 선동하야 송산리(松山里) 저수지로 모으려고 활동을 한 것이 폭로되어 그와 같이 검거를 한 것이라 한다.56)

목포경찰서(木浦警察署) 발표에 의하면 지난 1일 관하 무안(務安)군 지도(智島), 임자(荏子), 자은(慈恩)의 각 면에 폭동사건이 발생하야 동서에서는 응원대를 파견 목하 주모자를 수사 검거 중이라는데 폭동의 개황은 다음과 같다 한다.
▷ 智島面 1日 하오 8시 3백명의 폭동자가 지서(支署) 주임숙소를 습격하였으나

---

55) 『매일신보』「如履薄永中에 잇던 慈恩面小作人의 不安」, 1926. 9. 11.
56) 『동광신문』「慈恩支署 襲擊코저 農民을 煽動!」, "成基彦等 未然被檢", 1947. 6. 4.

이는 격퇴되었고 폭동자측 2명이 사망하였다.
▷ 荏子面 1日 하오 2시경 폭동자 2백명이 지서 및 서원사택 일부를 파괴하였는데 서원 1명이 경상을 당하였다.
▷ 慈恩面 1日 하오 12시경 폭동자 약 3백명이 지서 일부 및 경찰관사택 일부를 파괴하야 경관 1명이 피해를 당하였다.57)

지금 자세한 사정을 확인하기는 어려우나 이 기사들은 남로당원들에 의한 폭동을 의심케 하는 사건들이 일어났음을 전한다. 이는 한국전쟁에서 "붉은 3개월"이라 불리는 갈등의 조짐을 예견케 하는 사건들이었다. 예상대로 자은도는 서해안의 섬들 중에서 임자도, 지도에 이어 세 번째로 많은 양민들이 죽음을 당했다. "쓴물 든물에 희생자가 2천명"이라는 말처럼 학살은 좌우 양편에 의해서 모두 저질러졌다. 자은에 지금 사는 어르신들이 말을 꺼내기 싫어하면서도 대개 일치하는 부분을 보면, 학살은 "넘의 집 사는 사람들"이 시작했는데 이들은 그 연원이 소작쟁의 당시 소작인에 닿아 있는 이른바 좌파 계열의 사람들이었다. 한편 수복 후에는 우익 계열의 사람들에 의해 다시 학살이 행해졌다. 이는 주로 좌파에 대한 보복이었다. 그러나 이때 서로 죽이고 죽은 사람들은 함께 조그마한 섬을 지키며 모진 세월을 같이 했던 사람들이었다. 무엇이 그들을 이처럼 죽이고 죽는 시련의 시험에 들게 하였는지?

Ⅳ. 맺음말

자은도 소작쟁의가 끝난 후인 1928년 여름, 서남해 도서를 巡禮하며 쓴 『동아일보』 기사의 일부를 옮겨 보면 다음과 같다.

---

57) 『조선일보』「木浦署管內에 暴動八件」, 1948. 3. 6.

> 암태도 북편에 있는 자은도(慈恩島). 암태도 만큼이나 큰 섬이다. 모든 것이 암태도와 흡사하나 외래자본(外來資本)이 침입한 것만이 다르고 문화의 정도로는 암태도의 영향을 입었음인지 청년회(靑年會)도 있고 소작회(小作會) 등도 있으며 농민야학(農民夜學)도 있다고 한다. 그만한 운동이 있는 관계로 그만큼은 깨었다 한다.[58]

다도해의 섬 중에서 제일 먼저 각 방면으로 깨인 섬은 암태도였다. 위 기사는 비록 암태의 영향을 받긴 했지만, 자은도도 암태도 못지 않게 깨어 있음을 말하고 있다. 그런 깨어 있음의 정도가 소작쟁의를 가능케 했다. 그리고 암태에 이어 자은의 소작쟁의도 성공하게 하였다.

하지만 그 성공은 문재철이라는 조선인 지주가 상대였다는 점에서 항일운동으로서는 분명히 한계가 있었다. 당시 소작인들은 문재철을 적으로 삼았기 때문에 문재철에게 압력을 가해 물러나게 할 수 있는 힘을 지닌 일제 권력을 적으로 여기지 못했다. 아니 오히려 기댈 수 있는 권력으로 여겼는지도 모른다. 이런 기대를 일제 권력은 또한 이용하고 있었다. 이는 조선인 지주에 대한 소작쟁의가 비교적 장기간을 끄는데 비해 일본농장에서의 쟁의가 신속하게 처리되었고 결과 또한 쟁의의 실패로 나타났던 점을 고려한다면, 일제 권력이 같은 지주라도 일본인과 조선인을 대하는 데 현격한 차이가 있음이 분명히 드러난다.

조선인을 회유하고 또 분열시키는 것이 식민통치의 기조였기 때문에 조선인 지주와 소작인간에 벌어지는 소작쟁의는, 그것이 한도를 벗어나지만 않는다면, 그들이 바라는 바이기도 하였다.[59] 따라서 문재철이 지주로 있는 서남해 섬들에서의 소작쟁의는 그 쟁의가 성공했다는 점에서만 의의를 찾기보다는 조선인들간의 갈등을 조장했던 일본 식민정책이 지닌 문제의 본질을 이해하는 데 더 주목해야 한다. 따라서 20세기가 지나는 지금 시점에서 20세기의 시련이 낳은 갈등과 그런 갈등을 극복하기 위한 노력들에 주목해 볼 필요가 더욱 크다. 이 글에서는 그런 필요성을 전제로 하여 자은

---

58) 『동아일보』 「島嶼巡禮」 荷衣島方面(3), 1928. 8. 15.

[그림 2] 巖泰島小作人抗爭記念塔

사람들이 겪은 20세기의 시련과 화해의 노력에 주목해 보았다. 그리하여 그 시련은 20세기 초의 '지도교안', 1925~6년의 소작쟁의, 그리고 한국전쟁기 "붉은 3개월"의 양민학살 등에서 찾아 구성해 보았다. 그 중에서 특히 소작쟁의의 전개에 비교적 많은 지면을 할당하였다. 그리하여 그런 시련이 자은 사람들에게 어떤 갈등을 남겼는가를 알아보았다.

그렇다면 한편, 자은 사람들은 이런 시련에서 나타나는 갈등을 어떻게 극복하려 했을까? 자은 사람들은 갈등을 넘어서는 화해를 위해 많은 노력들을 거듭했다. 그들은 분노라는 감정의 다스림을 중시했다. 그리하여 갈등을 품은 많은 사람들이 기독교에 귀의했다. 기독교는 그 화해를 위해 큰 몫을 담당했다. 성결교회로 통일된 8개의 교회가 그런 화해의 결과를 말하고 있다.

그러던 어느 날, 1997년 2월 17일, 암태도에 「巖泰島小作人抗爭記念塔」을 세웠다. 그 탑은 시련을 겪었던 자들의 해원을 담은 탑이기도 하였다. 그러나 그 탑은 자은도에겐 오히려 지난 시련의 고통을 되새기게 하는 또 다른 아픔이 되었다. 왜냐하면 그 탑은 철저히 암태도만을 기념하는 탑이었기 때문이다. 이 때문에 자은도를 위한 기념탑을 세울 기회를 잃었다.

자은 사람들의 이런 원망을 담아주려는 듯 3년 후인 2000. 1. 1., 자은도에는 기념탑 대신 충혼탑이 세워졌다. 그리고 그들은 이 탑을 화해의 상

---

59) 조동걸, 앞 책, p.131 참조.

징으로 여긴다. 이 충혼탑은 그래서 그런지 유난히 「암태도소작인항쟁기념탑」을 닮았다. 그러나 이 충혼탑은 여전히 자은 사람들의 마음 속 빈자리까지 채워주지는 못하는 듯하다.

제6장 20세기 신안 섬들의 교육
-압해도의 각급 학교를 중심으로-

고 석 규*

Ⅰ. 머리말

『皇城新聞』1899년 3월 24일자를 보면 「島中設校」란 제목 아래에

> 羅州郡 金鰲島에 居하는 李榮圭氏가 該島에 小學校를 設立하고자 同隣 崔殷卿
> 等 三氏와 더불어 上京하여 學部에 認可를 請願하는데 校中 經費는 諸氏들이 自
> 當한다니 該部에서 응당 嘉尙히 여길 터이라더라.1)

라는 기사가 실려 있다. 아마도 이때 처음으로 섬에 소학교를 세우려 했던 것으로 보인다. 예전부터 "京居者는 鄕人을 下待하고 陸居者는 島民을 蔑視하여"2) 라는 말이 있듯이 늘 천시 받던 섬에도 이처럼 근대교육의 싹이 내리면서 문명의 여명이 밝기 시작하였다.

섬에서의 삶은 그 자체 여간 힘든 것이 아니었지만, 교육에 대한 열의만은 육지부 어디에 비해도 떨어지지 않았다. 1924년 1월, 하의도의 주민들은 토지분쟁 소송에서 졌다. 그 결과 3백여 년을 경작해오던 땅을 일본인에게 눈뜨고 빼앗길 수밖에 없었다. 이때 칼날 아래에서 "淚를 呑하고 强制 和解에 屈從" 하면서 화해 조건을 내걸었다. 그중 하나로 "도내의 교

---

* 목포대학교 역사문화학부 역사학전공 부교수
1) 『皇城新聞』, 1899. 8. 19.
2) 위와 같음.

육을 위하여 학교를 세우며" 라는 조항이 들어갔다. 3백년 경작하던 땅을 빼앗기면서도 끝내 얻으려 했던 조건의 하나, 그것은 바로 교육이었다.3)

어떤 간난 속에서도 결코 포기하려 하지 않았던 교육. 그렇지만 결코 쉽지 않았던 교육. 신안의 모든 섬들이 다 그렇지만, 여기서 주로 살펴볼 압해도도 물론 예외가 아니었다. 어려운 여건 속에서도 꾸준히 만들어온 압해도의 교육은 어땠을까? 주민들의 고뇌가 서려있는 압해도의 근대교육이 걸어온 길을 더듬어 보면서, 20세기 압해도 주민들의 문명개화의 정도, 보다 나은 삶을 위한 노력, 자녀 교육에 대한 열의 정도를 가늠해 보고자 한다. 이를 위해 각급 학교별로 교육 여건 및 환경의 변화, 그리고 구체적인 학교의 신설 등을 중심으로 살펴보았다. 이 연구가 신안 섬들이 겪은 20세기 교육의 역사를 정리하는데 조금이나마 도움이 되었기를 바란다.

II. 초등학교 교육
- 의무교육의 완전한 실현을 위하여

1999년 10월 1일 현재 압해면의 초등학교 현황은 다음 표와 같다.

지금도 물론 교육의 질에서 만족할 만한 수준은 아니지만 이 정도까지라도 되는데는 실로 많은 어려운 고비들이 있었다. 그 고비들을 하나씩 찾아가 보자.

---

3) 『東亞日報』, 1924. 1. 31.

<표 1> 압해면 초등학교 현황(1999. 10. 1. 현재)

학 교 명	학급	학생	교원	일반직	기능직	특수지구분	비고
압 해	7	166	12	2	2	도서다	
-매화분교장	3	15	3		1	도서나	
-고이분교장	2	8	2		1	도서다	
-마산분교장	3	7	3			도서나	
-쌍룡분교장	5	44	5		3	도서다	
압 해 동	6	86	8		3	도서다	
-가란분교장	2	6	2		1	도서나	
압 해 서	7	114	10	1	2	도서다	

* 기간제교사, 파견교사 포함.

1. 압해공립보통학교의 개교

우리의 근대교육은 한말에 싹텄지만, 일제강점을 맞으면서 왜곡 축소
되었다. 그 때문에 일제강점기에 섬들에서 이루어진 근대교육은 초등학교
교육이 사실상 전부였다. 물론 그것도 턱없이 부족했다.

압해도에 열린 근대교육의 첫 장은 일찍이 1909년 면장 朴炳洙의 노력
에서 비롯되었다. 다음 기사가 그 사정을 전한다.

智島郡 押海面 面長 朴炳洙氏가 敎育의 急務됨을 覺悟하고 金貨 二百餘圜을
出捐하여 校舍 二十間을 建築하고 今年 一月부터 學徒 六十餘名을 募集하여 熱心
敎授하더니 不幸히 校舍가 비로 인하여 顚覆하여 敎授할 處所가 無한 故로 自己
家屋 十七間을 校舍로 許借하고 又는 面長 手當 金百餘圜을 寄附하여 敎育事務의
發達을 期하고자 한다고 該面人士가 莫不稱頌한다더라.4)

그러나 정작 실현은 한참을 기다려야 했다. 그러다가 마침내 압해공립

---

4) 『皇城新聞』, 1909. 9. 21.

보통학교가 1930년 5월 9일 설립 인가를 얻었고, 그해 6월 16일, 2학급 4년제로 역사적인 개교를 하였다.

1932년 8월, 압해도가 속해 있던 무안군의 통계를 보면, 보통학교 수는 15개교로 초등학교 就學適齡兒童 3만 4천여 명 중 불과 3,838인만을 수용할 수 있었다. 따라서 배우지 못하고 방황하는 아동이 3만 412인이라는 처참한 현상이었다. 더구나 취학 중에 있는 아동들도 계속되는 심혹한 농촌피폐로 말미암아 굶주려 등교하지 못하는 학생이 매일 평균 5백여 명에 달하였다. 그리고 그해 4월부터 8월까지 4개월 동안에 수업료를 내지 못해 퇴학한 아동이 160여 명에 달하였고 앞으로 5백여 명의 퇴학생이 있을 것으로 예상하였다. 1930, 31년 동안 퇴학한 학생은 722명이었다.5)

이처럼 취학률이 불과 10%를 조금 넘는 정도였고, 그나마도 缺食아동, 退學아동이 천여 명을 헤아릴 만큼 열악한 상태였다. 이는 무안군 전체의 통계인데, 신안의 섬으로 가면 그 도가 더 심했을 것은 뻔하다.

그런 와중에서도 신장리 수연마을에 1939년 5월 12일 압해공립상설소학교 부설 간이학교가 설립 인가를 받아 그 달 30일 개교하였다. 이 학교는 1941년 4월 1일에 압해공립국민학교 부설 간이학교로, 다시 1943년 4월 1일에는 압해동국민학교로 승격하여 지금의 동초등학교를 이루었다.

압해면에는 그밖에도 교육기관으로 大川里에 大成書堂과 오룡학교가 있었다. 이 학교에 대하여는 "血書로 日章旗"를 만들어서 일선 장병에 보냈다는 별로 반갑지 않은 기사 속에 보인다.6) 그외에 더 이상의 자세한 사정은 알 수 없다.

---

5) 『東亞日報』, 1932. 9. 24.
6) 『每日申報』, 1937. 12. 8.

2. 의무교육을 위한 시동, 분교장

신안 섬 주민들의 교육열은 해방 이후에도 물론 왕성했다. 조선산악회가 연례로 개최하는 제6회 사업인 다도해학술조사대가 1948년 8월 10일 목포를 기점으로 大黑山島, 紅島, 可居島(小黑山島), 荒島 등의 서남해상의 도서를 일주하였다. 그리고 나서 열린 다도해 학술조사대의 보고에서 "그렇게 빈약한 고도의 살림 가운데에서도 도처에 교육열만은 규모는 적을망정 대단히 왕성한데 감복치 않을 수 없었다."[7] 라고 하였다. 여기 말 그대로 도민의 교육열은 왕성하였다.

그러던 중 金相述 면장의 부임으로 그 왕성한 교육열이 성과를 내기 시작하였다. 1955년 5월 20일자『全南日報』를 보면 "模範面 指向 押海面 發展 顯著"라는 제목 하의 기사에서

> 무안군내 모범면을 지향하고 있는 押海面은 金相述 면장 부임 이래 동지서와 면의회가 혼연 일체가 되어 동면 발전에 일대 현안 중이던 모든 사업이 착착 진행의 과정에 오르고 있다. 즉 작년도에 중학교 건축사업을 비롯 120정보의 면염전 개발과 난민 정착사업으로 25정보를 개발하였고 난민주택 40여 세대의 건축 그리고 중앙국민학교 분교장 건축과 이어서 서부국민교 건축기성회를 조직하고 방금 추진 중에 있어 앞으로 동면의 약진상이 기대되고 있다 한다.

라는 소식을 전하고 있다. 분교장의 건축, 또 기성회의 조직 등 실질적인 움직임들이 가시화 되고 있었다.

이는 초등교육에 대한 의무교육제의 완성과 맞물려 있었다. 사실 해방 이후 교육계의 가장 시급한 현안은 초등학교의 의무교육이었다. 그래서 務安教育區에서도 의무교육 6개년 계획을 세웠다. 완전 수행을 목표로 우선 관내 각 국민학교 부족 교실 증축과 의무교육제의 완성을 위하여 尹炳

---

7)『朝鮮日報』, 1948. 8. 28.

順 교육감을 비롯 각 과장 총출동하에 각 면을 순회하면서 교육관계 좌담회를 개최하기도 하였다.8) 김상술 면장에 의한 국민학교 교육 여건의 조성은 이런 움직임에 상응하는 조치였다.

그렇지만 전체적으로 부족 교실 보충의 문제는 너무 어려웠다. 심지어는 "敎室 補充에 싸가리판!"9)이란 제목을 단 기사가 작성될 만큼 심각했다. 당시 사정을 "긴급 증축을 요하게 된 부족 교실 총수는 270교실에 달하고 있는 실정이라고 하는데 배당된 39개 교실만으로는 도저히 가당이 없으며 비용의 그 4할이 학구민들의 부담이 되는데도 서로 쟁탈전이 벌어지고 있다는바 지방의 열의에 보답할 수 있는 당국의 대책을 요망하고 있다 한다." 라고 전하였다. 특히 섬은 더욱 심했다.

그래서 그 해결방안으로 제시된 것이 分校場 설치였다. 그 사정을 보자.

유인도와 무인도의 팔백도서를 포용하고 있는 무안교육구 관내는 낙도라는 입지적 조건으로 의무교육에서 금단의 지역처럼 되어 교육시설의 미비로 아직껏 의무교육의 혜택을 받지 못하고 있는 적령아동들의 미취학자가 무려 3,175명을 헤아리고 있는데 무안교육구에서는 낙도지대에 분교장 설치로써 의무교육문제를 해결할 수 있다고 착안하여 지난 11월 13일 국회와 정부에 이의 청원서를 제출하였다. 즉 그 내용은 우선 20호 이상의 낙도 49개소에 분교장을 설치하기 위하여 그 건축비 금액과 시설비로 8천만환을 보조 요청함과 동시에 도서근무 교원에 대한 벽지수당 지불과 도서지대일수록 우수한 교원을 배치하여야 한다는 것이 또한 무안교육구 교원인사 행정상 절대요망되고 있다는 것이다. 동교육구에서는 신년도 개학기를 앞두고 의무교육에 만전을 기하기 위하여 49개소 분교장 설치 계획에 의거 착착 설치 수속이 진행 중에 있는데 정부 신년도 예산에 도서교육비가 계상되었다는 믿을만한 소식도 전하여 지고 있어 동청관내 낙도주민들은 하루빨리 교육의 혜택을 보게될 것을 학수고대하고 있다고 한다.10)

분교장 설치로 뭔가 새로운 돌파구를 찾았다.

---

8) 『全南日報』, 1955. 12. 11.
9) 『全南日報』, 1955. 12. 15.
10) 『全南日報』「버림받은 낙도의 適齡兒童 近四千/分校場設置請願/務安教育廳서 豫算
　　　早速令達苦待」, 1956. 11. 26.

3. 교육방송국의 설치

또 라디오, 즉 교육방송도 해결책의 하나로 제안되었다. 윤형순 교육감 시절에만 교실 80개의 증축 실적을 보았다. 그럼에도 불구하고 도서로 구성되어 있다는 한계 때문에 당하는 어려움은 컸다. 그래서 이를 위해 정부보조의 일부를 할애하여 전지용 라디오 96대를 구입하여 각 학교에 배치시켰던 것이다.11)

이처럼 신안은 섬으로 이루어진 특수한 군이라 육지부의 교육과는 다른 특별한 수단이 필요했다. 그래서 도입된 방법 중의 하나가 이와 같은 방송이었다. 이런 시도는 교육방송국의 개국으로 나타났다. 1974년 7월, 5천만원의 시설비를 들여 개국한 신안교육청 교육방송국이 개국하였다. 이 방송국은 낙도교육을 위해 관내 105개 분교를 대상으로 방송을 하게 되어 도서벽지 교육에 많은 도움을 주었다. 이 교육방송은 1974년 2월 19일 오전 10시 시험방송을 발사했다. 이날 첫시험 방송은 朴越信교육장이 직접 실시했고, 각 학교의 수신기는 FM바테리레시바로 공지사항 등을 수신했다.12)

教職전문성 伸張을 위한 研修放送의 성격을 띄고 있는 이와 같은 신안교육청 교육방송국은 運營목표를 다음과 같이 세 가지로 확정하였다. 즉 ① 교육방송을 통하여 도서벽지 복식교육의 질적 심화를 기하며 ② 연수방송을 통하여 교직의 전문성을 신장하고 ③ 행정방송을 통하여 낙도 행정통신의 원활을 기함으로써 행정능률을 향상시키는데 두었다. 방송내용은 학습지도 방송과 장학연수 방송, 행정 방송 등을 실시하기로 하였다.13) 이 교육방송국은 1985년 11월 28일 폐쇄되었다.

---

11) 『全南日報』, 1957. 7. 30.
12) 『全南日報』, 1974. 2. 20.
13) 『全南日報』, 1974. 3. 8.

한편 TV教育放送을 시도하기도 하였다. 1978년의 일이었다. 한국교육 개발원은 1975년에 신안군내 섬 학교 아동들의 교육효과를 높이기 위해 TV교육방송국 설치를 추진했었다. 이 계획에 따라 美웨스턴하우스 기술 진이 시설에 착수했으나 아쉽게도 기술적 실패로 중단하고 말았다.[14)

4. 1968년, 의무교육의 완성

이런저런 노력으로 사정은 크게 호전되었다. 1956년에 3,175명이던 미 취학 아동이 1964년에는 약 270명 정도로 줄었다. 단순 수치 비교로 보면 엄청난 발전이었다. 그러나 이때는 국가에서 의무교육을 실시한지 16년이 지난 때였다. 법적으로는 미취학 아동이 0으로 나타나야 함에도 불구하고 신안의 섬은 아직 270명이나 되었다. 이들은 무안교육청관내 340여 유인 도 중 65개 유인도의 농어촌 자녀들이었다. 왜 그렇게 되었는지 짐작할 수는 있지만 '270'이란 상대적으로 대단히 많은 숫자였다. 그렇게 된 까닭 은 다음과 같다. 즉 20세대 이상이 살고 있는 섬에는 본교 또는 분교를 설 치하고 섬어린이들에게 의무교육의 혜택을 주고 있으나 이 65개의 도서 에는 19세대 이하의 유인도이었기 때문에 본교도 분교도 세울 수가 없었 던 것이다. 그래서 해결책으로 제안한 것이 이듬해부터 65개 섬의 학령아 동들을 어느 일정한 곳에 집단 수용하여 교육시킨다는 계획이었다.[15)

1967년도에도 학교가 없는 낙도 어린이 취학대책 수립을 세워 도교육 위원회에 상정했다. 그 계획을 보면, 20명 이상 취학 적령 아동이 있는 낙 도에는 분교장을 설치하고, 학령아동 20명 미만 지역 37개소는 순회교사 를 배치하여 의무교육 혜택을 전부 받을 수 있게 하는 것이었다. 그리하 여 이듬해인 1968년에는 35개 학교없는 도서에 순회교사 19명을 배치하

---

14) 『全南日報』, 1978. 10. 26.
15) 『全南日報』, 1964. 12. 13.

였다. 그리하여 그때까지 無校島嶼에 산재한 미취학 아동수 224명이 비로소 교육을 받을 수 있게 되었다.[16]

1968년은 이런 점에서 신안의 교육사에서 획기할만큼 중요한 시점이다. 마침내 신안의 섬 모두가 의무교육의 혜택을 받을 수 있게 되었던 것이다.

압해도의 사정을 보자. 압해도의 어린이들도 1946년 6월 7일 고이국민학교 개교, 1953년 3월 1일 매화국민학교 복식 2학급 인가, 1954년 4월 1일 압해교 서부분교장 인가, 1955년 5월 10일 압해동국민학교 가란분실 설치, 1956년 4월 1일 효지 분교장 설치, 같은 해 7월 30일 서부 분교장 설치, 1958년 4월 21일 쌍룡국민학교 개교, 1960년 4월 1일 매화국민학교 마산분교 설립 인가, 1962년 6월 30일 압해서국민학교 분리, 1967년 3월 1일 쌍룡국민학교 가룡분교(2학급) 인가, 그리고 1968년 4월 23일 외안분실 설립 등의 과정을 거치면서 완전한 의무교육의 혜택을 볼 수 있었다.

5. 그러나 여전히 문제는 남아

물론 이때 이후라고 의무교육 전선에 이상이 없었던 것은 아니었다. 먼지 교사들이 문제였다. 지금도 그렇지만 섬에 부임된 교사들의 불만은 컸다. 무안군 교육청의 경우 1967년 한해 동안 사퇴 교사수는 89명이고 22명이 휴직을 했다. 사퇴 원인을 보면 75%가 타군 출신으로 임지불만이 75%인 62명이며, 결혼이 7명, 의병이 5명이며, 기타가 15명의 꼴로 나타났다. 이런 사퇴교사의 55%가 도서에 부임된 교사들이었다. 이는 벽지 낙도의 교육 전망을 매우 흐리게 하는 현상이었다. 이 사퇴교사의 빈 자리를 메울 교사들이 절대 부족했다. 즉 교육청에서는 결원보충을 위해 강사 채용 기준에 준한 고교졸업 이상의 학력소지자를 임시 조건부 강사로 채용할 것을 전남도교위에 건의하였다. 따라서 전남도교위는 초급대학 이상

---

16) 『全南日報』, 1968. 1. 7.

졸업자를 선발 임용토록 하는 한편 소요예산을 교육재정과에서 별도 승인 신청토록 했다. 그런데 동청 관내 초급대학 이상의 학력소지자는 19개 면에 7명에 지나지 않고 이들의 대부분이 도발령 국민교 강사로 채용근무 중에 있어 건의에 따른 방법의 결원보충은 숙제로 남겨지게 되었다.[17] 결국 학급담임이 없는 아동은 늘어갔고 그 결과 의무교육 수행에는 커다란 차질을 가져왔다.

이와 같은 교사 부족을 해소하기 위해 무안교육청에서 창안한 낙도보조교사제도는 1964년 9월부터 문교부의 승인을 얻어 월 3천원씩 보조교사 수당을 지급했다. 그러나 그나마도 이듬해 3월부터 정식으로 이 제도를 채택하면서 1천원을 인하한 2천원씩 지급함으로써 보조교사들의 불평을 샀다.

부실교원도 문제였고,[18] 낮아지는 교사의 자질도 문제였다. 1970년 신안군교육청관내 740명의 교사 중 45%인 325명이 비사범계인 일반대학 및 양성소 등의 출신이었다. 그리고 그나마 교육경험마저 4년 미만의 교사들이었다. 따라서 교사 진영의 약체화를 우려하고 있었다.[19]

이를 위해 각종 대책이 마련되고 추진되기도 하였다. 예를 들면, 1970년에 신안군교육청은 교원의 자질향상을 위한 교육방침의 강화 및 학력수준향상을 위한 학습지도의 과학화를 위해 장학행정추진계획을 수립하여 추진하였다. 그 내용을 보면 ① 교원의 자질향상을 위해 행정 및 교원연수원에 235명의 교사를 수강시켰으며 분교장근무 22명의 교사협의회를 지난 8월에 가졌고 면별연구회는 10개면 소재학교에서 38개교가 참가하여 8개 교과의 연구발표를 했다. 그리고 ② 국민교육헌장이념 구현 연구를 위해 압해동교등 5개교에서 교과담임제 및 반공도덕의 통합지도연구회를 가졌고 ③ 교육의 사회화 추진에 있어 애향단 및 마을교실 운영등을

---

17) 『全南日報』, 1968. 1. 16.
18) 『全南日報』, 1970. 4. 22.
19) 『全南日報』, 1970. 9. 1.

추진한 결과 현재 애향단 운영은 60개교, 마을교실 그리고 마을방송운영 등이 43분교에서 실시되고 있었다.[20] 또 벽지교사 資質 向上을 위해 面 단위 協力硏究體制를 강화하기도 하였다.[21]

그럼에도 불구하고 교사의 문제는 지금까지도 여전히 문제로 남아 있다. 1990년의 조사에 따르면 섬지방 교사 38%가 轉出을 바라고 있었다. 이처럼 섬지방 학교 교원의 근무기피가 심화되고 있는 까닭은 지난 1975년 최고 25점에 이르던 도서벽지 가산점이 하향 조정되어 1990년에는 2.5점(시도교위 자체부가점 3점 제외)으로 낮춰진 것이 큰 이유 중 하나이고 또 전체교원수의 40%에도 미치지 못하는 사택 부족 등 숙식 불편이 큰 것으로 풀이되고 있다. 여기에다 도서벽지 근무수당도 1990년 현재 월7천 원 내지 1만 3천 원밖에 안돼 생활환경을 보장해 줄 유인책이 미흡하기 때문이었다.[22] 이런 점들이 현격하게 개선되지 않는다면 도서근무 기피현상은 날로 심화될 것이고 섬 주민들조차도 섬 학교를 외면하게 될지도 모른다.

한편 1978년의 사정을 보면, 가장 기초적 교육시설인 교실의 부족이 심각했음을 알 수 있다. 1976년 이후 도교위의 교실신축비 지원이 없어 한 칸의 교실도 신축하지 못해 극심한 교실부족을 겪고 있었다. 신안군교육청은 관내 106개 국민학교(분교 포함)가 보유한 교실은 총 775개 교실인데 재학생 33,750명을 수용하려면 최소한 209개 교실이 더 필요한 실정이었다. 이에 따라 섬어린이들은 수업에 큰 지장을 받고 있었다.[23]

교실의 숫자 부족에 겹쳐 또 큰 문제는 노후화였다. 교실이 대부분 30년 내지 70년 전(1981년 기준)에 건립된 것들이고 염분에 약한 시설재료로 축조돼 있어 해풍이 심한 섬에서 쉽게 부서지고 망가지기 일쑤였다. 그래서 비가 새는 등 전체교실의 30%가 授業에 지장을 주고 있었다. 그럼

---

20) 『全南日報』, 1970. 11. 3.
21) 『全南日報』, 1972. 3. 28.
22) 『光州日報』, 1990. 3. 5.
23) 『全南日報』, 1978. 2. 27.

에도 예산 부족으로 손을 쓰지 못하는 지경이었다.[24]

1970년 현재 體育施設도 겨우 규정의 9%밖에는 갖추지 못하고 있었다. 그 결과 낙도국민학교 어린이들의 신장 및 체중이 전국평균치에 미달되고 있음이 밝혀져 충격을 주었다. 그나마 일부학교는 운동장마저 비좁아 어린이들이 마음놓고 뛰놀 수 없는 실정이었다.[25]

이런 어려움은 섬어린이들의 保健에도 赤信號를 보냈다. 즉 1965년 기사를 보면, "무안교육청 관내 낙도어린이들은 빈약한 교육시설에다 무의촌에 있으므로 일년에 신체검사 한번 못해 보건상 위협을 받고 있다. 동 교육청 관내는 본교에서 20, 30리나 떨어진 분교가 42개소에 달하고 분교마다 17명에서 80명에 가까운 어린이들이 교실난으로 복식수업을 면치 못하고 있는 실정에 의료시설은 물론 이발소까지 없어 뜨내기 무면허 이발사로 아동들의 머리는 기계독에 감염되고 있을뿐 아니라 여타의 피부병도 오염돼 있다는 것이다. 그런데 무안교육청에서는 수시로 양호교사를 대동하고 순회치료를 하고 있다고 하나 형식에 불과하다"는 것이었다.[26]

이런 어려운 섬 교육을 위한 정부조처의 하나로 육성회의 역할을 정부가 대신하기로 결정하기도 하였다. 즉 1972년에 관내 도서벽지 국민학교 육성회를 없애고 정부로부터 육성회 국고전환금으로 1,669만원을 배정받기로 하였다. 이는 섬 교육에는 그 특수한 사정이 고려되어야 한다는 점이 받아들여진 일부의 성과로 보인다.[27]

한편, 재미있는 일도 있었다. 지금도 대부분의 초등학교 교정에 들어서면 무질서하다고 느낄만큼 많은 동상들이 서있는 경우를 흔히 볼 수 있다. 이는 섬 학교가 학교공원화 등 환경조성을 구실로 세워놓은 것들이었다. 물론 그 동상을 세우는데 드는 돈은 기증자의 몫이었고 이름을 새겨두기 때문에 위세를 상징하기도 하였다. 그러나 각종 동상들이 잡다하게 또 조

---

24) 『光州日報』, 1981. 4. 21.
25) 『全南日報』, 1970. 12. 4.
26) 『全南日報』, 1965. 7. 28.
27) 『全南日報』, 1972. 1. 29.

잡하게 세워져 조화를 이루지 못할 뿐 아니라 외형적이고 형식적인 데 지나지 않았다. 따라서 자금낭비에 그칠 뿐이었다. 그래서 신안군 교육청에서는 관내 106개 섬학교에 資金 절약과 內實化에 力點두기 위해 동상 건립을 억제하는 조치를 취하였다.28) 이는 오히려 바람직한 억제 조치였다.

6. 줄어드는 인구, 통폐합의 기로에 선 신안 교육

1970년대까지 주로 의무교육의 완성을 목표로 학교의 외형적인 성장에 치중해 왔던 신안의 초등교육은 1990년대에 들어오면 인구 감소 현상으로 뜻밖의 위기를 맞는다.

신안의 인구는 매년 줄어들었다. 1988년 22,381가구에서 1989년 말에는 581가구가 줄어든 21,800가구였고, 지도읍을 제외한 인구수는 1988년 103,386명에서 2,892명이 줄어든 100,494명이었다.29) 이처럼 매년 도서지방 인구는 줄어들었다. 이는 자연히 취학아동의 숫자를 줄였다.

이에 따라 문교부에서는 1990년부터 6학급 이하의 고등학교를 인근지역의 고등학교와 통폐합하고자 하였다. 이 때문에 우선 해당 대상 학교인 임자종고의 학부형들이 거세게 반발하고 나섰다. 이런 문제는 이미 추진되고 있던 농어촌지역의 소규모 국민학교와 중학교의 통폐합 연장선상에 있었다.30) 따라서 인구 감소로 인한 통폐합은 초등학교가 가장 심각하고 또 빨랐다. 인구감소는 소규모 학교를 만들었고 그에 따라 전체적인 경비지출은 늘어나 효율성을 중시한다면 당연히 문제가 될 수 있었다. 그러나 교육은 다른 분야와는 달리 영리를 목적으로 한 것이 아니기 때문에 수요자가 우선이지 효율성을 먼저 따질 일은 아니었다. 그렇다고 한정된 예산

---

28)『全南日報』, 1978. 11. 27.
29)『光州日報』, 1990. 2. 27.
30)『光州日報』, 1990. 1. 16.

은 이런 이상을 이상대로만 운영할 수 없게 했다.

한편 교실과 같은 시설문제도 상황이 크게 바뀌었다. 즉 이제는 과·부족 현상이 문제였다. 인구 감소가 심한 지역에서는 교육시설이 남아돈다. 실제로 80여 개 교실이 남았다. 그러나 押海·智島 등은 오히려 교실이 부족하여 교실 한칸을 반쪽씩 나눠 쓰고 있는 실정이었다. 실정은 이렇게 이중적인데 교육시설의 증·개축에 주먹구구식으로 대응하다보니 현지사정이 무시되면서 예산만 낭비하는 그런 꼴을 연출하기 십상이었다.31)

이런 저런 사정들로 인하여 현재 신안 섬 초등학교 교육에서 무엇보다 문제가 되는 것은 학생의 감소에 따른 효율적인 운영방안의 모색에 있다. 이는 「초·중·고등학교의 통합운영」을 규정하고 있는 초·중등교육법 시행령 제56조에 따라 효율적인 학교운영을 위하여 필요한 경우 지역의 실정에 따라 초·중·고등학교의 시설·설비 및 교원 등을 통합하여 운영할 수 있다. 그 통합 여부는 학교의 규모, 학생의 통학거리 및 통합운영 대상학교가 소재하는 지역 주민의 의사 등 교육 여건을 고려하여 정하도록 되어 있다.

실제로 신안에는 이농·이어 현상에 따라 학령아동의 수가 줄어들고 있어 학교가 영세화하고 있다. 따라서 소규모 학교로는 정상적인 교육과정 운영이 곤란하다. 이런 저런 이유로 통·폐합이 뜨거운 감자로 등장하였다. 현재 정해진 기준은 초등학교의 경우, 본교 폐지는 학생 수 100명 이하이고, 분교 폐지는 학생 수 10명 이하이며, 분교장 격하는 학생 수 50명 이하이다. 이런 기준대로 모두를 통·폐합한다면 신안의 경우, 대상 학교 수가 본교 폐지 16교, 분교장은 홍도 분교장을 제외한 33개 분교장이고, 분교장 격하는 3교가 해당되며, 존속하는 학교는 14본교, 4분교장이다.

압해도에도 이미 압해북분교장이 폐교되었고 국민학교가 분교장으로 격하되는 등의 변화를 크게 겪었다.

교육재정적인 측면만을 놓고 본다면 이들 소규모학교의 통·폐합 추진

---

31) 『光州日報』, 1990. 3. 22.

이 마땅하나 폐지로 인해 학구민들이 겪을 정신적, 문화적 상실감 등은 학교가 존속함으로써 발휘되는 애교, 애향심 그리고 교육적인 효과 등을 감안해 볼 때 여러 가지 측면에서 부정적인 면이 많을 것이다. 따라서 섬도 동등한 국토의 일부이고, 섬주민도 당당한 국민의 한 사람이라면 비용문제를 생각하기 전에 섬이라는 특수한 사정이 먼저 고려되어야 한다. 다만 그렇다 하더라도 교육이란 어차피 사회생활을 위한 것일진데 한두 명으로 이루어진 학급에서의 교육을 통해 얼마나 사회인으로 설 수 있을지는 의문으로 남는다.

7. 병설 유치원 현황

한편, 예전에는 생각할 수 없었던 교육이지만, 지금은 거의 의무교육화되어 있는 유치원까지도 제법 모양을 갖추고 있다. 대부분이 초등학교 병설유치원의 형태로 유지되고 있다. 1999년 10월 1일 현재 압해면의 유치원 현황은 다음 표와 같다.

<표 2> 압해면 병설 유치원 현황(1999. 10. 1. 현재)

병설유치원명	학급	원아수	교원	비고
압해초등학교병설유치원	1	6	1	
압해초등학교병설 매화분교장유치원	1	8	1	
압해초등학교병설 고이분교장유치원	1	6	1	
압해초등학교병설 쌍룡분교장유치원	1	6	1	
압해동초등학교병설유치원	1	10	1	
압해서초등학교병설유치원	1	10	1	

8. 압해면 소재 초등학교 연혁

압해면 소재 초등학교의 간략한 연혁을 정리하면 다음과 같다.

(1) 압해초등학교

① 연혁

1930. 5. 9. 압해공립보통학교 설립 인가
1930. 6. 16. 개교(2학급 4년제 편성), 동서리 소재
1938. 4. 1. 압해심상소학교로 개명
1939. 5. 30. 부설 신장간이학교 분리(압해 동교)
1941. 4. 1. 압해공립국민학교로 개칭(6년제 편성)
1949. 4. 1. 압해국민학교로 개칭
1956. 4. 1. 효지 분교장 설치
1956. 7. 30. 서부 분교장 설치
1958. 4. 1. 쌍룡국민학교 분리
1962. 6. 30. 압해서국민학교 분리
1966. 4. 1. 부설 청소년 직업학교 개설
1968. 4. 23. 외안분실 설립
1969. 3. 2. 도지정 실과 연구학교
1970. 2. 28. 부설 청소년 직업학교 폐교
1970. 5. 16. 전라남도 교육위원회 주최 초등부 남녀 배드민턴 우승
1973. 3. 2. 군지정 안전교육 연구학교
1974. 6. 15. 신안군 교육청 주최 새모습학교 가꾸기 우수상

② 특기사항

교정 남방에는 智軒 羅吉煥校長 功績碑가 서 있다. 그 내용은 다음과 같다.

智軒 羅吉煥校長 功績碑

本貫   錦城 全羅南道智島邑 甘井里 出生

西紀   一九二二年 四月 二十八一生

略歷   京城師範學校 講習科 修了, 朝鮮大學校 法政大 法學部 二年 修

了

四十六年間 敎育에 奉職

押海國民學校 第十五代 校長으로 停年退任

押海國民學校 智軒奬學會 設立

國務總理勉勵褒章

文敎部長官年功賞

大韓敎育聯合會模範敎育家族賞

國民勳章 冬栢章

全州後人 毅松正泰讀書

○ 向右側面 西紀 一九八七年 八月 二十一日

設立推進委員會 委員長 金洪南

副委員長 李京準 金福培 韓達珍 朴銀淑 趙明吝 裴錫禮

○ 向左側面   當時 在職 職員 校監 鄭永根

敎師 金連成 尹向漕 趙政皓 崔龍洙 崔官燮 朴順子 高在

述 李基洙 朴成泰 崔炳萬 申喜奉

金武英 姜聖集 金京美 金點碩

(2) 압해초등학교 매화분교장

① 연혁

1953. 3. 1.   매화국민학교 복식 2학급 인가

1953. 5. 1.   매화국민학교 개교, 매화리 대동마을 동편 소재

1966. 3. 1.   매화국민학교 6학급 편성

1980. 3. 1.   마산분교 3학급 편성

1987. 3. 2.   매화국민학교 1학급 병설유치원 인가

1987. 3. 10.   병설유치원 개원

1992. 3. 1.   학생수 감소로 압해초등학교 매화분교장으로 격하

(3) 압해초등학교 고이분교장

① 연혁

1946. 6. 7.   고이국민학교 개교, 고이리 2구

1984. 9. 1.   고이국민학교 병설 유치원 개교

1993. 3. 1.   학생수 감소로 압해초등학교 고이분교장으로 격하

(4) 압해초등학교 마산분교장

① 연혁

1960. 4. 1.   매화국민학교 마산분교 설립 인가

1960. 4. 15.   개교(1학급), 매화리 마산도

1965. 3. 1.   2학급 인가

1980. 3. 1.   3학급 편성 인가

1992. 3. 1.   고이국민학교 마산분교로 개칭

1992. 3. 1.   2학급으로 감축

1993. 4. 1.   압해국민학교 마산분교로 개칭

(5) 압해초등학교 쌍룡분교장

① 연혁

1958. 3. 24.   쌍룡국민학교 설립 인가

1958. 4. 21.   개교, 복룡리 신대마을 북편

1958. 9. 25.   孝池분교 편입(압해교에서)

1958. 10. 8.   鄭淳杰 초대교장 취임

1967. 1. 1.   駕龍분교 설립인가

1967. 9. 1.   가룡분교 개강

1970. 3. 1. 압해북국민학교로 승격 분리(가룡분교)

1989. 2. 15. 제31회 졸업식(졸업생 총수 2,136명)

1994. 3. 1. 효지분교장 폐교

1999. 9. 1. 학생수 감소로 압해초등학교 쌍룡분교장으로 격하

(6) 압해북분교장(폐교)

① 연혁

1967. 3. 1. 쌍룡국민학교 가룡분교(2학급) 인가

1967. 8. 20. 2개 교실 신축

1967. 10. 5. 개교, 가룡리 2구 원가룡 사북방

1970. 3. 1. 압해북국민학교로 승격

1989. 3. 1. 학생수 자연감소로 압해국민학교 북분교로 격하

1990. 3. 1. 3학급 배당

1992. 3. 1. 학생수 감소로 폐교

(7) 압해동초등학교

① 연혁

1939. 5. 12. 설립 인가

1939. 5. 30. 압해공립상설소학교 부설 간이학교로 개교, 신장리 수
연마을 520-25

1941. 4. 1. 압해공립국민학교 부설 간이학교

1943. 4. 1. 압해동국민학교로 승격

1975. 3. 1. 시범협력학교 지정

1981. 7. 15. 문교부 지정 자료실 시범학교

② 특기사항

1976년 5월 20일자 『全南日報』에는 다음과 같은 기사를 전한다.

> 國民憲章塔 건립해줘
> 押海東校 同門會·學父母성금
> 　신안군 압해동국민학교 동문회와 76학년도 신입생학부모들은 국민헌장탑과 어린이헌장탑을 학교에 건립해 주었다. 이들은 15만원의 성금을 모아 국민헌장탑과 어린이 헌장탑을 학교에 건립 지난 14일 제막식을 가졌는데 東국민학교관내 학부모들은 평소교육열이 높아 서로가 학교발전을 위해 앞장서고 있다.

(8) 압해동초등학교 가란분교장

① 연혁

1955. 5. 10.	압해동국민학교 가란분실 설치, 가란마을 남쪽 200미터 지점 96번지
1956. 5. 10.	압해동국민학교 가란분교장 설립인가
1957. 3. 25.	가란분교 제1회 수료식 거행
1964. 3. 20.	2학급 6년제 설치
1972. 3. 1.	문교부지정 복식교육 연구학교 지정
1977. 11. 29.	도지정 복식교육 수업공개회
1987. 10. 5.	분교장 2개교실 개축준공

② 특기사항

동국민학교까지 통학에 지장이 막심함을 해결코자 1955년 당시 이장 장호석씨는 마을사람들과 협의하여 회관을 분교실로 사용키로 결정. 김길도 교장과 상의, 김정만 교사를 출장 근무케 하여 시업식을 거행. 1958. 3. 15. 신축교사로 이사하여 수업함. 1963. 3. 26. 장성용씨 땅 600평 희사 받아 운동장을 확장.

(9) 압해서초등학교

① 연혁

1954. 4. 1.	압해교 서부분교장 인가
1962. 6. 30.	압해서국민학교 개교, 압해면 대천리 반월마을 동쪽대로변 평지
1978. 3. 1.	문교부 지정 급식학교
1982. 3. 1.	체육부 지정 급식학교
1984. 6. 5.	병설 유치원 개원

② 특기사항

학교 교문을 鄭錦龍(73. 3.~85. 2. 기성회(육성회) 회장 역임)씨가 200여만원 들여 완공 기증함.

기타 지금은 이미 폐교되어 사라졌지만 압해 교육사의 한 장을 차지하고 있는 학교가 押海公立高等公民學校였다. 이 학교는 1947년 6월 압해공립고등공민학교로 설립인가를 얻었고, 압해국민학교 부설로 교실 1간에서 수업을 시작하였다. 초대 교장은 金容澤, 설립기성회장은 崔仁燮이었다. 그후 1949년 월포리 소재 馬車組合建物을 개축하여 교실 2간 직원실 1간을 마련하여 이사하였다. 다시 1954년에는 大川里 金晩洙씨가 교실 2간을 건축하여 희사하였고 鶴橋里의 최인섭씨가 역시 부지 520평을 희사하였다. 1950년부터 제1회 졸업생 37명을 배출하여 제14회 졸업생까지 모두 560명을 배출하였다. 그러나 維持財團이 부족하여 경영난에 봉착하였고, 결국은 1963년 신안군 교육위원회에서 폐교를 명하였다.

Ⅲ. 중학교 교육 - 압해중학교의 설립

1) 신안군의 分郡과 압해중학교 설립

1999년 9월 1일 현재 신안군에 소재하고 있는 중학교는 14개교이다. 모두 공립학교로 1면 1개교에 해당한다.

일제강점기 교육의 초점이 초등학교에 있었다면 대한민국의 건국은 그 관심을 중학교에까지 높여 주었다. 압해도에 중학교를 세우려는 시도는 일찍이 1954년에 金相述 면장이 하였다.[32] 그러나 성과를 거두지는 못했다.

중학교 교육의 계기는 신안군의 分郡을 전후하여 마련되었다. 1969년에 종전의 무안군을 육지부와 도서부로 나누어 육지부를 무안군으로 잔존시키고 도서부를 신안군으로 신설하는 분군이 이루어졌다. 분군에 따른 법률이 제2059호로 공포되어 1969년 1월 1일부터 시행됨에 따라 교육청도 도서부만 관할하는 신안군교육청으로 새로이 개청되어 도서 교육 진흥의 전환점이 되는 기회가 되었다. 그 전환기적 변화는 중학교의 신설로 나타났다.

신안군교육청이 신설되던 바로 그 해에 신안군교육청은 뒤져 있는 관내 낙도 교육의 진흥책으로 3개년 계획을 수립하여 도교육위원회에 건의했는데 그 첫 번째가 「낙도교육 진흥의 기본 대책」이었다. 그 내용은 "압해중학교와 증도중학교를 신설하여 69년부터 3년 내에 17개 교실을 신축하기로 하고 여기에 소요될 예산으로 국고보조 1천5백만원을 지원해 줄 것과 부지 7천 평 구입비 280만원은 지방비 부담으로 신설한다."는 것이었다. 여기에 압해중학교의 신설이 교육청의 기본 대책으로 제기되기에 이르렀다.

중학교 신설의 필요성은 진학상황을 보면 알 수 있다. 일찍이 1965년도

---

32) 『全南日報』「模範面 指向 押海面 發展 顯著」, 1955. 5. 20.

의 사정을 보자.

> 도시와 농어촌의 국민학교 아동들의 진학율은 너무나도 많은 차를 보이고 있는데 여기 목포시와 무안군을 대조해보면 목포시는 83%로서 거의 대다수의 진학율를 보이고 있는데 반해 무안의 농어촌은 43%로 목포시의 2분의1 밖에 안되는 숫자로써 도시와 농어촌의 현생활상을 여실히 나타내고 있음은 물론 농어촌의 현재 궁핍한 생활상을 증명하고 있다.[33]

라는 기사에서 보이듯이 겨우 43% 수준이었다.

이런 필요성에 입각해서 1968, 69년을 정점으로 추진된 신안군 관내 중학교 신설의 사정을 살펴보면 다음과 같다.

1946년 3월 1일 안좌중학원으로부터 시작하여 1947년 11월 27일에 사립 장산중학교가 설립 인가를 얻었고 다시 안좌중학교가 1952년 3월 31일 개교하면서 신안의 섬들에도 중등교육의 문이 열리기 시작하였다. 그러나 여러 가지 어려운 사정들로 다른 섬에 중학교 설립의 성과가 쉽게 뻗어나가지는 못했다. 지명중학교가 1959년 4월 30일에 문을 열었고 1960년대로 가면 비금중학교(1966. 3. 1), 임자중학교(1968. 3. 15), 암태중학교(1968. 3. 25)의 순으로 뒤를 이었다. 압해에는 1970년 3월 12일(설립인가는 1969년 10월 14일)에 압해중학교가 개교할 수 있었다. 그보다 더 늦게는 증도중학교(1971. 3. 12), 흑산중학교(1973. 3. 1), 단 이보다 전에 있었던 사립 성모중학교는 11회 졸업생을 내고 폐쇄되었다), 팔금중학교(1974. 3. 8) 처음에는 1972년 3월 8일 안좌중학교 팔금 분교로 개교), 도초중학교(1977. 1. 20), 단 인가는 1964. 2. 10), 신의중학교(1979. 3. 19)가 문을 열었다. 장산중학교는 1982년 3월 26일에 공립으로 바뀌어 문을 열었다.

이렇게 이어지는 중학교의 신설로 진학 자체의 어려움은 해결되었다. 1971년 신안군교육청 관내 초등학교의 중학교 무시험 진학 희망자수는 졸업예정자 5,457명의 54%인 2,963명과 전년도에 졸업한 272명의 아동 등

---

33) 『全南日報』, 1965. 11. 25.

이었다. 이때 이들의 수용 자체가 문제가 된다는 지적들은 없었다. 다만 관내 외딴섬인 소흑산 초등학교 등 13개 교와 대풍분교 등 49개 분교 아동 382명이 해당 군이나 본 섬 중학교와의 거리가 멀어 교통이 불편하므로 이를 고려하여 목포시 학교군으로 진학하게 조치하는 정도였다.

이렇게 중학교의 수용 능력은 늘어났는데 이제 정작 문제는 다른 곳에서 나타났다. 즉 섬 중학교의 입학 정원 미달 사태였다. 섬 주민들이 섬 중학교로의 진학을 기피한다는 사실이었다. 1971년 신안군내 12개 중학교의 입학원서 접수 결과를 보면 각 학교가 모두 모집인원에 미달되고 있었다. 45學級에 2,600명 정도만이 지원했을 뿐이었다.[34]

어찌 보면 기껏 만들자고 외칠 때는 언제고 만들어지니까 안 보내는 까닭은 도대체 뭔가 라고 불만을 터뜨릴 만도 하지만 그럴 만한 이유도 있었다. 그건 앞서 초등학교 부분에서도 지적했듯이 교사자질, 교육시설 등 제반 교육환경의 열악함 때문이었다.

그렇지만 한편에서는 교육진흥을 위한 자발적인 노력들이 돋보였다. 바로 압해중학교의 이야기였다. 1971년 3월 19일자 『전남일보』가 전하는 기사의 내용을 보자.

> 신설교인 신안군 압해중학교에 압해면 출신 재일교포들이 1백여 만원의 성금을 보내와 관사와 우물 등 부속시설을 갖추게 되었다. 압해중학교는 70년도에 개교 현재 360여 명의 학생들이 등교하고 있는데 학교부속건물 등을 마련키 위해 동교 추진회장 朴南述씨와 부회장 金相述씨 등이 70년 7월 압해면 출신 재일교포들에게 고향의 2세 교육을 위해 협조해 주도록 진정하여 교포들이 120만원을 보내왔으며 동면출신 서울태양증권회사장 김동만씨가 30만원, 압해면 강윤태씨가 10만원, 공화당 신안군 당위원장 정판국씨가 7만원등을 기탁 동교에 관사와 우물, 변소, 운동장 확장 등을 하게 되어 면민들은 흐뭇해하고 있다.

이렇게 일부 인사들의 노력에 의하여 재일교포들이 1백여 만원에 이르는 성금을 내는 쾌거도 있어 어려운 압해 교육에 힘을 불어넣어 주었다.

---

34) 『全南日報』, 1970. 10. 30.

2. 압해중학교 연혁

압해도의 유일한 중학교이자 중등교육의 시발점, 압해중학교의 간추린 연혁을 정리하면 다음과 같다.

(1) 연혁

1969. 10. 14.	압해중학교 설립인가(6학급)
1970. 3. 12.	개교 및 입학식, 학교리 월포마을 소재.
1977.	새마을 교육 활동 우수상(문교부장관)
	정서순화교육우수상(교육감)
1978. 10. 1.	학칙변경으로 21학급인가
1979.	전남학도체육대회 우수상(교육감)
1989. 10. 16.	도지정 과학과 시범학교 운영 발표
	과학 교육 시범학교 우수상(교육가)
1990. 2. 15.	제18회 졸업(273명) (총 5,387명)
1990. 11. 7.	도지정 미술과 시범학교 운영발표
1992. 11. 12.	도지정 기술·가정과 시범학교 운영발표
1993. 9. 1.	전남 기술교육시범학교 우수상(교육감)
1995. 10. 10.	컴퓨터 시범학교 운영 발표, 우수시범학교 운영 교육감 표창
1996. 3. 2.	수학과 도지정 연구학교, 국악시범학교, EDUNET 시범학교 운영
1996. 12. 25.	학교경영실적 우수학교 표창, 우수학교 교육부장관 표창
1999. 2. 13.	제27회 졸업(총 6,968명)

(2) 특기사항

교정의 동편에 서있는 「春軒 李俸憲 功績碑」가 압해중학교의 역사를 말하고 있다. 그 내용은 다음과 같다.

「春軒 李俸憲 功績碑」

오늘날까지 흙과 농민을 벗삼아 이 고장 교육발전에 바쳐온 선생의 자취를 더 듬어 보고자 한다. 선생은 분면 동서리에서 一九三四년 一월 十四일 이돈상씨의 외아들로 태어나 一五세때 아버지를 여의고 편모슬하에서 고독하게 자랐으나 어려서부터 독특한 의협심과 슬기로운 예지가 있어 오늘을 낳게 하였도다. 보시라! 면사무소가 자리를 잡은 이 혈등에 또 하나의 웅장한 건물이 우뚝 솟았으니 이곳이 바로 우리고장 어린 별들을 가꾸는 유일한 압해중학교인 바 이는 선생이 一九六九년 三월 五일에 압해중학교설립추진위원장으로 선임되자 학교부지 二二八七평의 기증과 더불어 가진 애로와 역경을 극복하여 가며 빠른 시일에 설립인가를 얻었으며 一九七一년 三월 八일에 육성회장으로 피선되어 오늘에 이르기까지 운동장 5,000여평의 확장과 정지공사를 수차례 걸쳐 완성하였고 그 밖에 교원숙사 二동 건립공사와 교사 동편 100m 축대 및 운동장 주위 스텐드 공사 230m를 추진하였으며 또 학생 기숙사 一동을 기증하여 학생복지시설을 갖추어 다른 중학교에 못지 않게 모범적으로 발전하고 있음은 선생의 혁혁한 봉사정신과 피어린 공로가 아니고서는 오늘의 발전은 없었을 것이기로 우리 면민의 정성어린 마음으로 선생의 이 천추만대에 빛나고 모든 사람의 귀감이 되길 바래 그 공적의 편모를 이 비에 새겨 후진들에게 알리노라.

○ 向左側面

推進委員長	崔仁燮
副委員長	白錦汶 李秉春 金吉彦 千石來 朴福甲 金子明 姜柱遠
總務	千富東
財務	文一浩
委員	金世植 金東述 丁得洙 金行奎 曺喜烈 鄭今龍 金炳現
顧問	趙貴童 金石進 吳在秀 崔四岩 姜昌遠 吳今烈 朴鍾殷 金云泰
	金斗滿 鄭公明 韓京洙
	金相述 朴鍾研 尹吉鎬 梁昌吉 千京秋 姜洪栗 張甲植 金龍石
	金容來 鄭承學 金種采
	朴朴容
部落委員	金貴南 丁悌鎬 吳玉錫 外 74名

(計 114名)

○ 向右側面

部落委員 40名
中學校長 朴學基 外 職員一同
幹事 高栽根

一九七五年 八月十八日 建立

Ⅳ. 고등학교 교육
- 압해종합고등학교 건립으로 매듭

1999년 9월 1일 현재 신안군에 소재하고 있는 고등학교는 7개교이다. 모두 공립학교이며 도초고 1개교는 인문고등학교이며, 나머지 6개교는 종합고등학교이다.

신안에 가장 먼저 고등학교의 문을 연 곳은 안좌였다. 안좌종합고등학교는 1974년 12월 27일 인가를 받아 1975년 3월 10일에 신안의 섬에서는 처음으로 개교하였다. 그리고 이어서 도초고등학교가 1978년 1월 31일 인가를 받아 그해 3월 17일 문을 열었다. 도초고가 신안군에서는 처음이자 유일한 인문고등학교이다. 고등학교 교육이 뒤를 이어 터를 잡는 것은 1980년대에 들어와서였다. 지명종합고등학교(1982. 1. 15. 인가, 3. 12. 개교), 압해종합고등학교(1982. 4. 19. 인가, 1983. 4. 9. 개교), 비금종합고등학교(1984. 11. 27. 인가), 임자종합고등학교(1985. 4. 25. 인가, 1986. 3. 10. 개교), 하의종합고등학교(1986. 3. 12. 개교)의 순으로 이어졌다.

대부분의 학교가 1980년 이후에 세워졌음과 또 종합고등학교라는 점이 눈에 띈다. 섬에 고등학교 교육의 문은 가장 늦은 1980년대에 들어서야 가능했던 일이었고, 거기에 압해도도 물론 빠지지 않았다.

그런데 왜 하필이면 종합고등학교가 많이 세워졌을까? 거기에는 진학
희망자들의 희망사항이 반영되어 있었다. 1973년 신안교육청 관내 12개
중학교 졸업예정자 중 62%가 실업고교로의 진학을 희망하고 있었다. 따
라서 종합고등학교의 신설은 섬 학생들의 수요를 충족시키는 방향에 맞
추어진 결과였다.35)

압해를 대표하는 최고 교육기관 압해종합고등학교의 설립 과정에 관해
서는 1983년 4월 9일자 추진위원회 명의로 작성된 문건이 있어 참고가 된
다. 그 전문의 내용은 아래와 같다.

「압해종합고등학교 설립추진상황」

1981. 4. 1. 국무총리령 전국고등학교 설립추진계획 시달(82~86년)

       5. 1. 가칭 압해종합고등학교 설립을 위한 부지확보 및 위원 위
촉(84년 개교 예정)
신안군수, 신안군 교육장, 압해면장

       6. 25. 학교부지 확보 위원 명단 보고
이장 최용 외 34명
영농회장 양도인 외 41명
방위협의회 위원 면장 조기백 외 18명
지방유지 17명
계 113명

       6. 25. 학교 부지 확보위원회에서 학교부지를 압해면 학교리 667
번지 일대가 적지로서 5,000평을 확보하겠다는 보고서를
신안군 교육청에 제출.

       11. 2. 도 교육위원회에 질의서 발송
본면에 고등학교 설립은 84년도 개교 계획에 들어 있으나

---

35) 『全南日報』, 1973. 12. 21.

　　　　김상술 수정장학회장이 기왕이면 1년 앞당기는 목표를 세
　　　　워 도 교육위원회에 질의하였는 바
11. 13. 교육감 회신 접수
　　　　82년 가을까지 부지 5,000평 이상 확보, 부지정지, 숙직실,
　　　　창고 2칸, 급수시설 등 부대시설을 자체 부담으로 갖추면
　　　　83년동에 개교가 가능하다는 내용을 받고 1년 앞당기는 목
　　　　표를 세워 제반사업을 추진키로 함.
11. 13. 신안군 교육장으로부터 6. 25일 보고된 선정 부지를 부적
　　　　합하다는 일부 인사의 건의에 따라 재조정할 것을 통보해
　　　　옴.
11. 21. 학교설립추진위원회 구성
　　　　당시 상황으로는 84년 개교 예정이었기 때문에 추진위원
　　　　회의 구성이 시기상조라는 의견도 있었으나 수정장학회장
　　　　김상술님의 강력한 주장에 따라 우여곡절 끝에 조기백 면
　　　　장을 위원장으로 추대하여 학교설립추진위원회를 구성함.
11. 21. 학교설립추진위원회에서는 당초 선정 보고된 압해면 학교
　　　　리 677번지가 적지라는 것을 확정하고 재보고함.
○ 제1희망지 - 압해면 학교리 677번지
　• 상대농지로서 농지전용허가가 용의함.
　• 교통이 편리함 - 학교진입로를 신규 가설할 필요없이 기존도
　　로를 이용할 수 있어 도로개설로 인한 사업비가 절감됨.
　• 급수시설이 용이함.
　• 부지정지가 용의하여 사업비가 절감됨.
　• 차량통행이 빈번한 지방도로와 군도가 떨어져 있어 자동차의
　　소음이 없어 조용함.
○ 제2희망지 - 압해면 동서리 지선
　• 절대농지로서 농지전용허가가 불가능하며 허가신청시 토지조
　　성비가 평당 5,000원 이상 적립을 요함.

- 고지대로서 부지정리에 많은 어려움이 있고 사업비 부담이 큼.
- 학교진입로의 별도 개설을 요하며 사업비 부담이 과중됨.
- 급수시설이 곤란함.
- 제1희망지보다 땅 매입비만도 3배가 소요되는 실정임.
- 대로변의 여건 때문에 주위 환경이 산만하여 학업에 소음등으로 지장이 초래됨.

1982. 2. 12. 부지 선정에 대한 하남호 교육위원회 위원의 현지 확인 결과 제1희망지인 압해면 학교리 677번지가 적지라는 판정 통지를 받음.

5. 4. 부지 매입비 조성 추진.

추진위원회 구성부터 개교까지 모든 비용을 수정장학회 김상술님이 전담키로 하고 압해면(낙도 제외) 본도의 호당 1만원씩(영세민, 생보자 제외) 2,000여호에 2천여만원을 갹출하기로 결정하고 추진하였으나, 징수가 부진하여 우선 압해 단위농협장과 이장단의 결의를 얻어 할당금액의 60% 상당에 해당하는 1,200여만원을 농협 출자 배당금에서 징수하였으나, 부지 매입비가 부족하여 김상술 회장이 난관에 봉착, 고심 중 제일교포인 이문구 회장이 귀향 산소에 오신다는 소식을 듣고 협조를 구하고저 조기백 면장, 이기 평통자문위원님과 동행 방문 접견, 간절히 협조를 요청했던바, 즉석에서 일화 500만엔(1,500만원)을 희사 확답을 받음으로써 부지 매입이 이루어짐.

5. 4. 문교부 장관의 설립 허가 승인

82. 2. 26일자로 신청한 문교부 장관의 학교 설립 신청에 대한 승인을 (82. 4. 19. 장관 승인) 동시 받음 - 신안군 교육장으로부터

1983. 3. 1. 개교 예정 통지를 받음.

*** 학교 건축 추진 ***

1982년 7월 1일에 기공하여
 1. 부지정지 작업
 2. 숙직실 건축
 3. 창고 건축
 4. 우물시설(급수시설)
 5. 환경정리
 6. 학교건축감독 등 83년 3월 9일 준공되기까지 김상술님은 건축과정
    을 매일 아침 일찍부터 저녁 마무리까지 4, 5회 현장에 나가 일일이
    직접 감독하여 학교 건축 완성에 이르렀음.
 1983. 4. 9. 학교 설립 유공자 표창(준공식 시)
   ㅇ전라남도 교육위원회 교육감 감사패–김상술 고문
   ㅇ신안군 교육장 감사패–박경양 총무
   ㅇ압해면민 일동이 수여한 감사패
    추진위원회 고 문 - 김상술
         회 장 - 조기백
         부회장 - 김원호
         총 무 - 박경앙
         감 사 - 문일호

이상과 같이 본 사업의 발상부터 개교까지 주도해온 수정장학회장 김
상술님은
     ㅇ후진교육을 위해 이곳 낙도에 고등학교를 설립하여 보겠다는 일념
       으로 사업비 확보, 부지 확보, 면민참여도 저하 등의 많은 어려움
       속에서도 차분히 추진하여 왔고
     ㅇ추진위원장 추대를 사양하고 본 사업에 고른 동참의 분위기 조성
       을 위해 현직 면장 조기백씨를 추대하는 등 추진위원회 구성을 하
       였고

o 부지정자, 숙직실건립, 창고건립, 급수시설 등을 추진하는데 설계
상으로 나오는 사업비가 2,700만원(면민부담)이었으나 업자를 설득
하여 600만원으로 본 사업을 청부케 해 2,000여만의 사업비를 절
감, 면민의 부담을 덜게 하는데 최선을 다하였음.

o 재일교포 이문구 회장에게 강력히 교섭하여 1,500만원을 희사받는
데 최선을 다하여 성과를 올렸음.

o 기타 추진하는데 소요된 경비 일체를 김상술 회장의 부담함으로써
본사업을 추진하는데 결정적인 도움이 되었음.

o 개교 1년 앞당기기 구상과 추진력이 없었다면 농촌고등학교 설립
의 문교부 계획이 변경되어 본 고등학교가 설립되지 못하였을 것
임.

o 추진위원회의 구성, 부지선정, 업자선정 등 기반사업 추진시 각계
각층의 반대와 이견이 분분하여 본 사업 추진이 중지되는 직전에
직면하였으나 이에 흔들리지 않고 착실히 초지일관 추진하여 후진
양성의 전당인 압해종합고등학교 설립을 하게 되었음. 끝.

1983년   4월   9일

작성자 추진위원회 회 장   조 기 백

부회장   김 원 호

총 무   박 경 양

감 사   문 일 호

이 「압해종합고등학교 설립추진상황」에서도 분명히 드러나듯이 김상술
은 압해도의 중·고등교육을 탄생시키는데 중요한 산파역을 했다. 그는
1983년부터 1985년까지 압해종합고등학교의 1~3대 기성회(육성회) 회장
과 압해중학교 1대 기성회(육성회) 회장을 역임하면서 힘든 과업을 봉사
정신으로 수행하였다. 그가 압해종고의 설립과 관련해 남긴 업적은 학교

앞 서편 대로변에 서있는「岫亭 金相述會長 功績碑」를 통해 잘 알 수 있다. 그밖에도 면사무소 경내 수성당 앞 정원에 「岫亭先生 金相述 頌德碑」가 두 개 더 서있다. 하나는 1981년에 세운 것이고 다른 하나는 1986년에 세웠다.36) 한편 압해종고 앞 서편 대로변에 또 「湖雲 李文九施惠記念碑」가 있어 역시 섬 교육 공로자의 면모를 엿보게 해 준다.

V. 맺음말

지금까지 신안 섬의 특수한 교육의 역사를 압해도의 사례를 통해 살펴 보았다. 특히 큰 어려움을 겪으면서 겨우 실현될 수 있었던 의무교육의 완성, 그리고 인구 감소 속에서 위기에 놓인 의무교육의 유지라는 또 다른 어려움에 주목하여 보았다. 그리고 이어서 중학교 및 고등학교의 교육사도 짚어 보았다.

교육은 국가 및 사회의 가장 기본적인 의무이다. 따라서 섬이라고 그 의무가 줄어들거나 달라지지는 않는다. 그러나 한정된 예산과 교통의 제약을 받는 섬이라는 특수한 공간 때문에 의무가 있다고 그 의무를 무조건 다하기도 쉽지 않다. 이와 같은 의무와 현실간의 간격을 어떻게 현명하게 메워나가는가가 바로 신안 교육의 과제가 아닐 수 없다.

지금 신안 교육의 기본 방향은 21세기를 주도할 인재를 육성하기 위하여 "질 높은 교육, 자율적인 학교, 교단 위주의 행정"을 교육 행정의 지표로 하고 있다. 또 주요시책으로는 첫째, 더불어 함께 사는 인성교육 강화, 둘째, 창조적 지력 교육의 충실, 셋째, 타고난 적성과 소질 계발, 넷째, 정

---

36) 비문의 내용은 고석규, 「압해도의 교육과 각급 학교의 연혁」『島嶼文化』18, 2000, pp.189~202에 전문을 인용해 두었다.

보화·세계화 교육의 추진, 다섯째, 학습하는 사회의 조성에 두고 특수시책으로 도서벽지 소규모 학교 교육의 내실에 힘쓰고 있다.

물론 다 좋다. 그러나 가장 중요한 점은 섬 교육의 특수성을 보편적 특수성으로 인정받는 일이다. 섬에 부여되는 특혜는 특혜가 아니고 균형발전을 위한 기본 투자일 뿐이라는 점을 주장하고 인정받아야만 할 것이다. 거기에 섬 교육의 진정한 해결책이 놓여 있다.

제1장 도서지역의 지리·생태여건과 지역문화

문 병 채*

Ⅰ. 머리말

자연·생태적 조건이 인간의 문화적 사회적 환경에 영향을 어떻게 미치고 있는가의 연구는 지리학의 하나의 패러다임으로 발전해 왔다. 문화지리학자들에 따르면 자연인(自然人)인 인간이 아니고 오랜 역사를 통해서 발전시켜 온 '문화'를 통해서 자연을 변형시킨다고 한다. 이는 인간의 문화, 그것은 오랜 전통을 갖고 이룩된 것으로 다른 자연환경에 있어서도 인간의 문화는 지속된다는 것을 전제로 하는 주장인 반면, 문화생태론자들은 자연과 인간과의 관계를 상호작용 측면에서 연구했다.[1] 이러한 논의와 더불어 인간의 문화와 자연환경과의 관계를 규명하기 위해서는 자연환경의 인간 육체나 정신면에의 영향, 생업에의 영향, 의식주 등 문화에의 영향 등 이들의 상호관계가 종합적으로 연구될 필요가 있을 것이다.

따라서 본 연구에서는 이를 위해 지리·생태환경을 구성하고 있는 요소들의 체계적인 파악과 분석을 통해서 그 지역에 형성된 주민의 생활문화를 이해하는 시각을 얻어내고자 하는데 목적이 있다.

---

* 목포대학교 인문과학연구원 도서문화연구소 연구교수

1) 문화생태론은 생태적으로 인간과 자연은 균형을 이루어 이른바 ecobalance가 유지되어 왔다는 것으로 인간의 적극적인 자연에의 작용은 자연을 개조하고 변형하기에 이르렀다고 주장하고 있다.

Ⅱ. 감추어진 자연의 역사

　해양의 지형학적 특징은 육지 근접지역의 염하구(담수와 해수가 만나는 estuary), 바다쪽으로 갈수록 보다 수심이 깊어지면서 연안, 대륙붕, 그리고 심해저 순으로 발달되어 있고, 이들 표층에는 뻘, 모래, 자갈로 구성된 퇴적물이 쌓여있다.

　<표 1>에서 볼 수 있는 바와 같이, 연안 해역이 차지하는 비중이 상대적으로 높고 잠재력 또한 크다. 즉, 전남지역의 바다 공간은 육지면적 11,863㎢에 비해 26,669㎢로 약 2배 이상을 차지하고 있고, 수많은 연안도서, 리아스식 해안, 아름다운 다도해 및 천혜의 자연경관 등의 여건을 지니고 있다.

<표 1> 전남 도서 해역의 일반적인 현황 및 비중

구분		전국 도서	전남 도서	비율(%)
해안선 연장(km)		11,542	6,425	55.6
도 서	수(개)	3,165	1,980	62.6
	면적(㎢)	1,827	1,186	64.9
	인구(인)	255,487	155,561	62.1
	세대수	80,181	49,924	61.1
영 해(㎢)		70,671	-	-
개 펄(㎢)		2,393	1,054	44.0
경계수역(㎢)		447	-	200해리 기준
대 륙 붕(㎢)		345	-	국토의 3.5배

　따라서 주민들은 옛날부터 광활한 갯벌을 대상으로 간척사업에 의한 논경지 확장, 염전, 양식장 등을 일궈내었고 광활하고 얕은 바다를 대상으로 연근해 어획활동은 물론이고 교역을 위한 교통의 장의 역할을 안전하게 해 올 수 있었다. 따라서 연근해 해안은 항상 그들의 주요 생활공간 이

었고, 많은 애환이 서려온 삶의 공간 구실을 했다. 해양의 이러한 폭넓은 생활공간 제공은 지형학적으로 서남해 도서지역이 천해(淺海)적 조건과 연안(沿岸)적 조건을 동시에 갖추었기 때문인 것으로 보여진다.

한반도의 땅 덩어리는 시생대에서 신생대에 이르기까지 거의 모든 시대의 암석들로 구성되어 있다. 30억년 가까운 아주 오래된 암석들이 경기도 일원에 분포한다는 사실만으로도 매우 흥미롭다. 우리와 달리 이웃 일본에서는 고생대(약 5, 6억년전) 이후의 암석들만 나타나며 중국은 우리와 유사하게 아주 오래된 선캠브리아기 암석들이 나타나고 있어 과거 대륙의 분포를 알 수 있게 해 주고 있다.

전남 서남해 도서지역은 약 20억년 전후의 암석들로부터 신생대 4기 및 현세의 충적층과 토양들에 의한 넓은 범위의 퇴적층이 존재하기도 하지만 여기에서는 고기의 암석들을 주로 지질학적 관점에서 설명하고자 한다. 좀더 구체적으로 살펴보면, 넓은 범위의 지리산 권역을 중심으로 무안 일부 지역, 강진·해남 일부, 완도 신지도 및 고흥 도양 일부 지역이 약 20억년 전에 형성된 암석들로 구성된 지역이며, 1억년 전·후의 암석들은 대부분의 다도해 지역에 분포하고 있으며 내륙지역으로는 무등산 지역, 무안, 함평, 목포, 해남 지역들을 들 수 있다. 신안 암태도를 비롯한 일부 섬들, 고흥 일부 및 여천 돌산 일부 지역들 그리고 월출산 등은 약 6천 5백만년 전에 형성된 암석들로 분포되어 있다.

이들은 지질시대에 순서에 따라 형성되었으며 복잡한 지구조적 현상에 의해 오늘날까지 진행되어 온 것이다. 과거에도 그랬듯이 모든 암석들이 한 번 형성된 지역, 그 자리에 항상 그대로 존재하는 것은 아니고 오랜 지질시대를 거쳐오면서 풍화, 침식, 퇴적, 융기, 침강 등의 자연 현상 및 지질현상에 의해 존재해 왔다는 것이다. 현재의 황해 일대에 바닷물이 들어온 것은 마지막 빙하기인 1만 5천년전부터로 추정하니 과거에는 이 일대가 육지(대륙)이었다는 사실이다. 아주 오래된 인류의 조상들은 이러한 연결된 대륙에서 이쪽 저쪽으로 이동하면서 살았었는지도 모르겠다. 우리의

남도의 땅덩어리들은 장구한 지질시대를 겪으면서 형성되었고 무수한 풍
화·침식 등의 자연 현상으로 인해 현재의 수려한 자연 경관을 이루고 있
는 것이다.

앞에서 언급했듯이 땅덩어리는 암석들로 구성되어 있다. 암석들은 구
성광물 성분에 다라 단단한 것부터 아주 풍화에 약한 암석들까지 다양하
다<표 2>.

<표 2> 신안 주요 도서지역의 암석구성

조사 지역	행정 구역	주구성 암석	화석
목포 눌 도	전남 목포시 충무동	사암, 실트암	
목포 달리도	전남 목포시 충무동	사암, 실트암	
신안 압해도	전남 신안군 압해면	편마암, 사암, 이암	
신안 자은도	전남 신안군 자은면	응회암, 유문암, 셰일	
신안 부소도	전남 신안군 안좌면	응회암, 사암, 셰일, 유문암	
신안 능산도	전남 신안군 하의면	응회암, 사암, 셰일, 유문암	
신안 하의도	전남 신안군 하의면	응회암, 유문암, 퇴적암	
신안 도초도	전남 신안군 도초면	응회암, 사암, 응회암질이암	○
신안 장산도	전남 신안군 장산면	응회암, 사암, 이암	
신안 고이도	전남 신안군 압해면	응회암, 역암, 사암, 셰일	
신안 사옥도	전남 신안군 지도읍	응회암, 사암, 셰일	
신안 병풍도	전남 신안군 증도면	사암, 셰일, 역암	○
신안 매화도	전남 신안군 압해면	응회암, 사암, 셰일	
신안 우이도	전남 신안군 도초면	응회암, 유문암, 안산암	
신안 홍 도	전남 신안군 흑산면	규암, 규질사암	
신안 흑산도	전남 신안군 흑산면	응회암	

이러한 현상은 해당 암석이 어떠한 과정을 거쳐서 형성되었으냐 하는
것이다. 영암 월출산은 모진 풍화에도 잘 견뎌 지금 웅장한 자태를 연출
한 반면 그 주변 지역은 낮은 구릉을 형성하고 있느냐 하는 것이다. 이는
부연하듯이 풍화에 강한 암석은 옛날 그대로 자태를 유지한 반면 풍화 침
식에 약한 암석들은 쉽게 파괴되기 때문이다.

토양 또한 기반 암석의 풍화 산물이어서 그 지역 토양의 색깔이나 토질

의 비옥함 여부는 모암석의 구성광물에 따라 달라진다는 것이다. 퇴적물 또한 마찬가지로 주변암의 풍화산물인 것이다. 어느 곳은 해수찜으로 유명하고 어느 해수욕장은 신경통에 좋은 검은 모래로 유명하느냐 하는 등이다. 특히, 신안-목포-무안 일대는 다도해 해상국립공원인 흑산도와 비금도, 도초도, 하의도, 장산도, 안좌도, 자은도 등은 거의 모두 화산암 및 화산쇄설암으로 구성되어 있고, 대부분이 화산쇄설암 중 응회암이라는 암석으로 형성되어 있으며, 이들 암석의 형성시기는 약 8, 9천만년 전으로 추정하고 있다. 응회암은 화산이 분출할 때 배출되는 화산회 및 화산재들의 성분들이 집적되어 형성된 것으로 대개 회갈색을 띠나 부분적으로 암갈색을 띠기도 하는 암석이다. 지질시대로 약 1억년전은 중생대 백악기 후기에 접어드는 시기로 우리나라뿐만 아니라 세계적으로 지각변동이 매우 활발한 시기였고 이러한 지각변동으로 곳곳에 화산작용이 활발히 일어났다.

　우리나라도 예외일 수 없어 지금의 전남 일대뿐만 아니라 경상남북도 등지에서 수회 내지는 수십회에 걸치는 화산활동이 있었고 그의 결과 산물인 암석들이 주로 화산암 및 화산쇄설물인 것이다. 백악기 당시 한반도는 중국, 일본 대륙 등 주변 대륙과 연결된 하나의 대륙으로 곳곳에 크고 작은 호수들이 산재해 있었다. 호수의 크기는 작게는 수 ㎞너비에서 일, 이백 ㎞에 이르는 다양한 종류로 이루어진 것이다. 지금의 경상남북도가 하나의 호수였고 전라도에서도 해남에서 진도대교를 거쳐 관매도까지 이어지는 하나의 호수를 상상해 볼 때 당시 호수의 개념은 지금의 개념을 탈피한다. 이러한 호숫가에 공룡들이 어슬렁거렸으며 그 주변에 무수한 새들이 한가로이 노니는 광경을 상상해 보라. 물론 크고 작은 화산은 계속 분출되었으나 이런 환경은 화산활동이 약해진 시기에 해당된다. 화산활동은 강도와 시간과 시대에 따라 약간 달랐었다는 것을 알 수 있다. 이는 암석속에 들어 있는 성분들에서 알 수 있고 암석에 내재된 화석들을 보면 바로 증거가 되는 것이다. 발굴, 보존되고 있는 해남 우항리 공룡, 익룡 발자국 화석지들이 좋은 예이다.

한반도 가운데 이곳 전남 남서해안은 이러한 변화에 기인된 화산암 및 퇴적암으로 이루어지 곳이 많고 이들의 형성이후 화강암이 이들 암석들을 관입하여 형성된 섬들도 많다. 신안군 섬 가운데 암태도가 그 대표적이다. 암태도는 화산활동이 거의 끝나가는 말기에 이들 화산암 및 응회암들을 뚫고 관입한 거대한 화강암 덩어리 인 것이다. 화강암은 지구 지각 깊은 곳에서 생성된 마그마가 지표로 올라오면서 냉각 고결된 암석으로 석영, 장석, 운모들로 구성된 아주 단단한 암석이다. 약간 아이러니컬하나 과거 암태도 사람들의 역사적 기질(?)도 이러한 암석들의 특징에 의해 약간이나마 작용되었는지도 모르겠다. 섬 이름 자체도 암태도이어서 말이다. 임자도 및 지도, 무안 압해도 등지는 다양한 암석들로 이루어져 있다. 아주 오래된 변성암에서부터 화강암, 그리고 응회암등의 화산암으로 형성되어 있다. 이들은 지질시대에 따라 수많은 변동과 변화를 겪으면서 형성되었다는 것이다. 목포 유달산도 주로 응회암으로 구성되어 있음이 예외는 아니다.

천해의 비경 홍도는 이들과 많은 차이를 갖고 있다. 구성 암석뿐만 아니라 형성시기가 다르기 때문이다. 홍도는 대부분 붉은색의 규암과 규암질 사암으로 이루어져 있다. 규암은 수정이나 차돌과 마찬가지로 사암이 변성되어 더욱 단단히 굳어진 것으로 석영 성분이 95%이상인 암석이다. 또, 조직이 매우 치밀하고 견고해 어떤 암석보다 물리적인 풍화, 침식에는 강하다. 홍도가 다도해의 어느 섬에서 볼 수 없는 기암괴석과 해식절벽을 간직할 수 있었던 것은 바로 이 규암이라는 암석이 가진 물리적 성질 때문이다. 홍도의 형성시기는 아직 정확치 않다. 고생대 초인 약 5, 6억년전에 형성되었다는 설도 있고 이 이전이라는 의견도 있으나 아무튼 다른 섬들에 비해 약 3억년 이상 오래된 암석인 것이다. 이렇듯 홍도의 암석들은 규암의 성질에 힘입어 5억년 안팎의 오랜 세월동안 풍화와 침식을 견뎌내고 오늘의 모습에 이른 것이다. 원래 석영이 흰색에 가까운 무색을 띠는 광물임에 불구하고 홍도의 규암과 사암이 붉은색을 띠는 이유는 암석의 구성광물성분 가운데 철 성분이 포함되어 있어 이들의 산화작용에 기인된 것이다. 일종에 철이 녹슬면 붉게 변하는 이치와 마찬가지이다.

홍도는 5억년동안 망망대해에 외롭게 떠 있었을까? 지질학적 해석에 의하면 황해에 바닷물이 들어온 것이 약1만 5천년 전부터라고 하니 그 이전에는 지금의 홍도지역을 포함한 대부분의 다도해는 육지였다는 해석이다. 다시 말해 홍도는 수억년 동안 지표면에 들어난 채 자연적 풍화와 침식을 받은 뒤 1만 5천년부터 바다의 침식을 받고 있는 것이다.

이러한 배경으로 이들 서남해 도서지역에는 일부 지역에서 규화목, 식물화석 등이 발견되고 있으며 <표 3>, 내륙 연안 지역에는 공룡화석이 곳곳에서 발견되고 있다[2]. 뿐만 아니라 선사시대의 많은 유물·유적이 여러 도서지역에서 발굴되어지고 있다. 이런 견지에서 볼 때, 도서지역은 오래 전부터 인간생활에 적합한 지질적 조건을 갖추고 있었음을 알 수 있다.

<표 3> 신안 연안 및 도서지역의 화석

조 사 지 역	행 정 구 역	화 석 종 류
신안 병풍도	전남 신안군 증도면 병풍리	규화목
신안 도초도	전남 신안군 도초면	식물화석

Ⅲ. 기후순응의 주민생활

전남 서남해 도서·해양지역의 기온은 최난월 26.5℃, 최한월 2.3℃로 내륙에 비해 한서의 차는 그리 크지 않으나 바람과 한류, 지형적 조건으

---

2) 허민, 1999, 전남 도서 해안지역 지질환경연구, 전라남도, p.11.

로 체감온도는 매우 커서 수치적 온도로 파악하는 것은 곤란함을 준다. 연평균 기온이 남해안보다 1~2℃ 낮다. 이는 황해 저수대의 영향이 크기 때문이다. 강수량은 태풍과 북태평양 기단의 영향을 직접적으로 받는 관계로 여름에 강수집중률이 매우 높으며, 역으로 겨울에는 한랭한 북서풍과 황해의 한류인 대륙연안수로 인해 춥고 건조한 날씨가 계속된다. 연평균 강수량은 내륙과 차이가 없으나 지하수 함유층이 낮고, 수리시설의 미비로 매년 심한 용수부족 문제를 겪고 있다.

온도계가 표시하는 한온(寒溫)의 정도는 사람이 느끼는 정도와는 반드시 일치하지 않는다. 그것은 습도나 바람의 상태에 따라 우리 몸에 느껴지는 정도가 다르며 또 사람에 따라서도 일치하지 않는다. 이와 같이 체감기후(體感氣候)에는 여러 가지가 있으나 그 중 여름 더위와 관련되는 것은 불쾌지수(不快指數)이다. 또 추위에 대한 체감은 바람의 유무에 따라 차이가 있다. 뿐만 아니라 이러한 추위와 더위 때문에 받는 정신적 스트레스도 체감기후의 하나이다. 또한, 겨울의 추위는 바람의 유무 그리고 풍속에 따라 인체가 느끼는 체감(體感)이 다르게 지각된다. 윈드칠지수(windchill index)3)의 그 지수 분포도를 보면, 겨울철에 가장 쾌적한 기후와 추운 기후는 반드시 기온과 상응하지 않는다4). 그림에서 이와 같은 사실을 알 수 있다. 즉, 최한월 등온선은 일반적으로 같은 위도라면 해안에서 더 고온이 되는데, 윈드칠 등치선은 그렇지 않고 있다. 거의 해안선과 평행하게 나타난다. 이는 윈드칠지수가 내륙에서 더 낮다는 것이며 따라서 동위도 상에서 도서지역에 비해 내륙이 더 쾌적함을 알 수 있다. 이는 지리적 위치에서 오는 열적 효과 때문이라고 보여진다5). 다시 말해 황해 남부에 있는 도서지역은 겨울의 한랭한 대륙성 한 대기단이 남동쪽으로 확

---

3) 시플(A. Siple)과 파셀(F. Passel)(1945)은 바람에 따른 체감온도를 윈드칠지수로 표현하였다.

4) 전경은, 1971, windchill에 의한 남한 기후의 분석, 한국기상학회지, 제7권, 제1호, pp. 33~40.

5) 김연옥, 1994, 한국의 기후와 문화, 이화여자대학교 출판부, p.209.

장되고 또 전선이 이동할 때 수반되는 하층풍이 지형적 장애 없이 그대로 불어와 바람에 의한 냉각 강도가 내륙쪽 보다 높아지기 때문이다. 그래서 남부로 올수록 더욱 해안선과 평행한 윈드칠 등치선을 보이게 되고 그만큼 추위의 느낌을 강하게 받는다고 여긴다.

불쾌지수(discomfort index)[6]는 불쾌감을 갖는 지수는 인데[7] 이는 대체로 기온이 30℃를 넘을 때라는 것을 볼 때, 서남해 도서지역은 동위도 상의 내륙지역에 비해 비교적 쾌적도가 유지되는 날이 많아 기후로부터 스트레스를 덜 받는 지역임을 알 수 있다.

이상을 종합해 볼 때, 일반적으로 거의 모든 섬들의 북서쪽은 강한 북서풍의 영향을 받아 겨울에 몹시 추우나 여름에는 강한 태풍이나 남서풍을 막아주어 바다 양식업이 가능하다. 또한 남서쪽은 겨울에 비교적 난류의 흐름과 북서풍 차단으로 온난하여 주거생활에 적합하기 때문에 인구가 집중되어 있으며, 반면에 강한 여름철 강한 바람 때문에 바다 양식장(가두리 양식 등)을 거의 볼 수가 없다.

또 한가지는 이러한 기후 조건 하에서, 서남해 도서지역 주민들은 생업과 생활문화 측면에서 볼 때 기후순화(氣候純化)[8]를 통한 순응체제 형성의 많은 부분을 찾을 수 있다는 것이다. 몇 가지 사례를 들면, 주민의 문화패턴이 각 도서의 주거방향에 따라 현저한 상이점이 발견된다. 섬의 북서부 사면에 위치한 거주민의 경우, 겨울철에는 혹독한 추위와 동시에 먼 바다의 강한 파랑작용에 의해 밀려오는 사빈에 의해 모래성분이 많은 사질성 토양이 넓게 발달되어 있고, 여름에는 남동기류의 푄현상에 의한 무

---

6) 불쾌지수=0.72(건구온도+습구온도)+40.6 또는 불쾌지수=0.99T+0.36T'+41.5. 여기서 T는 그 날의 최고기온, T'는 그 날의 평균 노점온도.
7) 같은 조건이라도 민족에 따라 따르며, 체질에 따라서도 다르다. 참고: 김광식 외, 1972, 한국의 기후, p.146.
8) 기후순화란 지역의 기후환경에 대하여 적응해 가는 작용을 말한다. 적응(acclimation)이란 단순한 생리적 적응이 아니라 각종의 도구, 기술을 이용해서 자기 자신에 적합한 생업 및 생활환경을 만드는 과정에 있어서 주위에 순응하는 시스템을 자기 자신이 형성해 가는 것이라 볼 수 있다.

더위가 형성 되어 이에 적응하는 체제를 형성되어 있다. 즉, 조성이 용이한 좋은 항구를 중심으로 양호한 교류여건, 여름철 태풍으로부터 피할 수있는 지리적 조건으로 소득 높은 가두리 양식업 성행, 사질토에 잘 적응하는 시금치, 마늘과 같은 환금작물의 대단위 재배 등을 통해 보다 풍요로운 삶과 농업문화를 형성하고 있다.

반면에 섬의 남동부 사면에 위치한 거주민의 경우, 여름철의 태풍에 의한 해일과 강한 남동기류에 의한 풍부한 강수량을 갖으며 겨울에는 온화한 기온으로 쾌적한 날씨를 겪고 있다. 또한 육지와 인접한 관계로 보다 수심이 얕고 모래보다는 개펄지형으로 되어 있다.

따라서, 선착장으로 이용할 수 있는 항만 개발이 불리하며 가두리와 같은 바다 양식업보다는 내륙에서 행해지는 대하 양식 등이 비교적 성행하다. 또한 활발한 간척사업으로 농경문화가 보편화되어 있다.

또한, 기후특성과 의식주 생활과의 관계를 보면 더욱 재미있는 현상을 발견할 수 있다. 먼저 이 지역의 기후는 여름에는 매우 강하며 빈번한 태풍대(颱風帶)를 이루며, 습윤한 남동·남서풍의 영향을 받는다. 겨울에는 지형장애 없이 강하게 불어오는 차가운 북서계절풍의 영향으로 몹시 추운 날씨가 형성된다. 따라서 내륙보다는 기온체감(氣溫體感) 정도가 커 계절적으로 현저한 구조로 발달되어 있다.

여름철의 고온 습윤하고 긴 무상일수(200일 이상)는 의복재료의 생산제약이 없어 모피가 적은 대신 대마, 저마, 목화 등 비교적 다양한 의료를 재배하여 이용하였다. 식생활의 경우 역시 고온 다습한 기후, 긴 무상일수, 넓은 간척지 등으로 벼농사를 중심으로 곡류 및 채소류가 재배되었으나 용수 부족으로 많은 생산량을 기대하지 못하고 있는 실정이다. 개펄이 없는 먼 바다의 도서(우이도, 흑산도, 홍도)의 경우는 곡류 생산이 어려워 생선과 밭작물 위주의 식생활을 보였다. 결론적으로 도서지역의 경우, 육지보다는 식료의 다양성과 생산량이 떨어져 세시음식(명절식, 시절식)을 즐기는 민간생활이 미약했음을 느낄 수 있다.

뿐만 아니라 주생활의 경우에서도 남부지방의 전형적인 모습인 내부공간의 개방적 구조와 함께, −형, =형 등과 같이 별동으로 이루어져 있는 점과 방과 툇마루 사이의 현저히 낮은 문지방 모습은 이 지역이 온난 습윤한 기후에 순응한 것임을 알 수 있다.

Ⅳ. 난대식생과 경제활동

서남해 도서의 남동사면은 11월 12월 엄동이 되어도 남해해류의 영향을 받아 수온이 12℃를 유지해 난대림 활엽상록수 군락을 이루게 하고 있다. 그러나 서북부 사면의 식생은 대체로 그렇지 못하다. 농작물의 경우도 기계화의 장애, 토질비옥도, 빈번한 염해, 풍해 등의 영향을 받아 경작지 황폐화가 육지보다 훨씬 심한 편이다.

삼림식생의 경우 강우, 기온, 바람 등 자연적 조건에 따라 종류가 다양하나 계획적 조림지가 아니어서 비활용적 비경제적 수목림을 이루고 있다. 그러나 한편으로는 후박나무, 황칠나무, 동백나무 등 가공 용재림 자생지역이나 희귀수종 군락지를 형성하고 있는 지역이 많다. 육지식생으로는 곰솔, 꾸지뽕, 해당화, 닥나무 군락들이 많으며, 참고로, 비금도에는 해당화가 군락을 형성하고 있으며, 우이도에는 천래향, 동백, 후박나무 등이 군락을 형성하고 있어 운치있고 신비스런 원시의 미를 나타내고 있다. 또한, 임자도는 섬의 1/3이 알맹이가 잘디 잔 "먼지 모래"로 이루어진 모래밭에서 파가 대량으로 재배되고 있다. 따라서 먹이가 풍부하고 기분이 좋아 이곳에는 <표 4>와 같이 희귀조류들이 많이 서식하고 있다.

〈표 4〉 신안 도서의 철새 서식지

지역(위치)	식생자원
신안군 임자도	왜가리, 꼬마물떼새, 해오라기, 흰뺨검둥오리, 물떼새, 좀도요
신안군 칠발도	바다제비, 슴새, 칼새
신안군 가거도	뿔새, 오리, 바다제비, 슴새

그리고 현재 토지이용의 경우, 임야가 대부분이며 전과 답이 비슷한 편이며 전 영역의 33%를 차지하고 있다. 또한 내륙 연안지역에 비해 염전의 비율이 매우 높은 편이다. 임야의 경우 역시 내륙에 비해 사유림이 아주 많은 비율을 차지하고 있는 점이 특징이다.

V. 특이한 해양환경과 생업

이 지역의 해양환경은 다음과 같은 특징을 들 수 있다. 먼저 해류흐름을 볼 때 겨울도안에는 우이도와 흑산도 근해에서 한·난류가 접하는 조경수역이 형성되며 따라서 어족이 풍부한 어장이 형성된다. 복룡리 앞바다는 좁은 물길에 들고 썸이 큰 물때에 따라 농어, 숭어가 지나가는 길목이 되며, 기름진 뻘에 있는 먹이를 먹는 탓에 맛이 좋다. 그리고 하태도 서안에는 "풀등"이라는 해저사구가 발달해 있어 예부터 광어, 넙치 등 어족이 풍부했으며, 우이도 근해는 한·난대성 어족이 함께 모여들어 성시를 이루는 어장이 형성되어 왔다. 또한 흑산도 근해인 서남 외해권에서는 과거에 홍어, 조기, 꽃게, 병어, 민어, 삼치 등이 주 어종이었으나 현재는 고갈되고 젓새우가 주류를 이루고 있다. 흑산 홍어는 현재도 그 명성이 남아 있으며, 조기잡이 성행은 한때 이 지역에 국제적인 파시를 형성시키기도 했다. 또한, 서남 내해권에는 미역, 돌김이 성하며 실뱀장어가 회유하고 있다.

조류흐름을 보면, 들물은 북동쪽, 또는 동쪽, 썰물은 서남쪽, 또는 서쪽으로 흐르고 시계 반대방향과도 같다. 사리물에는 2~3노트의 속력을 보이고 연안과 섬사이 유속은 6~6노트 되는 곳도 많다. 들물, 썰물의 변화가 빠르며 간만의 차는 2~3m를 이룬다. 따라서 부유물의 이동이 비교적 심한 편이다.

그리고 해수의 큰 조차와 빠른 조류는 해수를 수직적으로 잘 섞어주는 역할을 하여 곳에 따라서는 표층에 주위보다 차가운 해수가 나타나게 하여 안개가 자주 발생하게 된다. 이러한 해수유동의 활발한 저층의 풍부한 영양염 공급을 활발하게 하여 적조 발생을 억제시키며 냉수에 적합한 종들의 천혜의 양식환경을 제공해 독특한 양식조건을 만들어 주고 있다. 그 결과 해안에는 부유성 식물이 200여종이 서식하고 있다.

또한, 서남해 도서해역의 생물학적 특성은 수심의 고저, 퇴적물의 구성성분에 따라 매우 작은 플랑크톤에서 고래와 같은 포유류에 이르기까지 다양한 생물들이 서식하고 있으며, 이들은 상호 먹이사슬을 통해 균형 있는 해양 생태계를 조화롭게 형성하고 있다. 그 중에서도 내륙이나 섬과 같은 지면과 접하는 해역은 중요한 생태계를 구성하는 먹이사슬의 기본적인 요소를 형성하고 있다. 따라서 이 지역의 깨끗한 환경과 건전한 생태계를 유지하는 것은 해양생태계 유지를 위해 매우 중요하다고 볼 수 있다.

이러한 생태조건과 갯벌(간석지) 발달은 풍부한 갯것 생산을 가져왔다. 개펄 생태계는 개펄의 성분특성에 따라 그 다양성을 달리하는데, 함평개펄과 증도개펄의 경우 뻘개펄, 모래개펄, 자갈개펄, 혼합개펄 등 그 종류가 많아 식생 또한 다양하게 서식하고 있다. 특히, 함평만의 경우 모래와 뻘이 함께 분포하면서도 다양한 형태의 사질퇴적체(sand ridge)가 다른 개펄에 비해 잘 발달되어 있다. 또한, 니질(muddy)퇴적물과 게르마늄 함유는 향장사업의 원료로 이용될 수 있는 경제성을 지니고 있다. 또한 증도개펄의 경우는 인근 천연해수욕장과 함께 붙어있어 피서객을 위한 페키지 개발을 용이하게 하고 있다<표 5>.

<표 5> 보전가치가 높은 개펄현황

위치	유형	토질	국제적으로 중요한 물새 종수	물새의 총개체수	개르마늄
신안 압해도	해안개펄	진흙	8종	26,660	북부쪽 함유
함 평 만	해안개펄	진흙	7종	10,573	북부쪽 함유
무 안 해 안	해안개펄	진흙	5종	8.102	함유
영 광 백 수	해안개펄	진흙	4종	5,233	함유
영암 금호호	해안개펄	진흙	4종	123,347	미함유

한편 서남해 다양한 개펄생태 분포는 개펄낙지, 개펄석화, 전통고기잡이 등이 이루어지고 있다. 해안에는 가무락조개, 통죽물, 피뿔고동, 물레고동, 홍합, 진주, 담치, 밴댕이, 망둥어, 봉장어 등이 많다. 개펄과 섬과 나류가 어울려 전국 해조류 생산량의 84.4%를 차지할 만큼 집중 자연채취 및 양식된다. 특히 압해도에서는 갯것이 아주 흔하게 생산되었고, 지도 해안에서는 전장포로 불리우는 새우젓이 특히 유명하고 있다.

Ⅵ. 지리여건과 해상교통의 요지

서남해 도서지역은 해양이라고 하는 열린 공간에 위치한 까닭에 교통수단이 주로 선박에 의존했던 근대 이전까지는 가장 개방된 공간의 특성을 지녔었다. 그러나 현대로 오면서 육로의 발달은 접근성의 미비로 말미암아 가장 폐쇄되고 격절된 공간으로 전락되어, 그로 인한 낙후성을 면하지 못하고 있다.

선사시대에는 한반도와 중국을 연결하는 노철상 항로와 황해횡단 항로, 한반도와 일본을 연결하는 진도항로가 있었다. 또한 백제시대에는 황해와 남지나해를 연결하는 해상항로와 황해─남해─대마도를 연결하는 항로가 있었다. 그리고 이 항로는 통일신라, 고려, 조선시대까지 이어졌다. 이를 종합해 보면 하나는 황해를 우회하는 북로(北路)이고, 또 하나는 남쪽으로 이어지는 남로(南路), 그리고 황해를 횡단하는 횡단로(橫斷路) 등 3 경로로 집약되는데 그 길목 혹은 중심지가 되는 곳이 신안 도서해역 이었다. 따라서 신안 섬들의 지리적 위치는 이러한 항로에 있어서 그 중요성이 매우 컸다. 특히, 흑산도와 칠산 앞바다의 경우는 고대로부터 매우 중요한 지리적 위치로 인해 주변 항로에 미친 영향이 남달리 컸다.

삼한시대 이후부터 융성한 도서와 연안지역 사이를 지나는 해로는 고대문화의 이동로 였던 신안도서의 이러한 지리적 조건은 남해와 황해를 잇는 무역로의 역할을 넘어서 대당 · 대일본간의 국제무역의 출발지이자 중심지 기능을 수행하였다. 고대로부터 주요 교역품은 진귀한 보석과 향료, 비단과 약초, 도자기, 차, 동기, 의복, 심지어 선박에 이르기까지 다양하였다.

결론적으로 신안 도서민들은 위와 같은 지리적 특성으로 지역간(기호－호남－영남), 해역간(남해－황해), 국가간(중국－한국－일본)의 다양하고 번화하게 이루어졌던 교통 및 무역과 밀접한 생활 속에 그들의 생활문화를 형성하고 지속해 왔다고 볼 수 있다. 그들의 문화는 해양물결을 타고 수용되고 전파되었으며, 또한 중심적인 지정학적 운명 속에서 많은 변화를 겪었다고 볼 수 있다.

VII. 마무리

생물과 비생물(문화 포함)적 환경은 불가분의 관계를 가지고 끊임없이 상호작용하고 있다. 모든 생물은 물리적 환경과 상호관계를 가지며, 에너지의 흐름이 시스템 속에서 뚜렷한 메커니즘을 형성하면서 순환(물질의 교환)을 만들어내고 있다. 이 속에서 또한 지역문화는 톡특한 특성을 지니면서 발달하게 된다고 볼 수 있다. 어떤 장소에 문화가 생성하고 번영하기 위해서는 생장과 번식에 필요한 여러 가지 필수물질을 얻어야 한다. 이들 기본적 요구는 문화 유형이나 장소에 따라 다르다. 항상적 상태(steady state)의 조건하에서는 필요로 하는 최소 한계에 가장 가까운 양만을 이용할 수 있는 필수물질이 제한물질이 되는 때가 있을 수 있다. 따라서 본 연구는 앞에서 이를 위한 절절히 이를 얻는 방법을 찾는 것에 목표를 두고 연구해 왔다. 좀 철학적 표현을 빌리자면, 어떤 지역문화의 존재와 번영은 여러 조건이 복합된 완전성에 의존하고 있다는 점이다. 어떤 지역의 고유문화가 쇄퇴할 때 여러 요인 중 어떤 것이든 간에 그 문화의 내성의 한도에 가까운 질적 도는 양적 부족이나 과잉에 의하여 억제되어 있다는 것이다. 생태계의 제한 요인에 관한 주장들을 보면, 각각의 제한 요인은 상호작용하며 다른 요인에 의해 제한의 정도를 받는다고 한다[9]. 또한, 생물체는 고유의 환경요인을 갖고 있으며 적합한 범위내에 있어야 성장할 수 있다고 한다[10]. 이는 생물체가 내성의 변화를 통해 자신을 환경에 적응시키다는 것을 전제하며, 따라서 학자들은 내성이 좁은 지표종(indicator) 생물체의 존재를 통해 환경조건을 판단해 왔다. 이는 결과적으로 환경요인의 변화에 의한 자연선택(natural selection)을 연구해 봄으로로써 우리는 궁극적으로 생태계의 최종 생산자인 인간의 문화를 보다 폭넓고 깊게 이해할 수 있다고 본다.

　서남해 지역은 수많은 도서가 흩어져 있어 대부분이 연안해역으로 되어 있으며, 최근 개발 증가에 따른 이용의 다양성으로 크게 위협받고 있다. 즉, 항만 확대, 산업시설물, 주거공간 확대, 리조트를 위한 장소제공, 수산 및 자연자원 이용 확대 등으로 수질오염 악화 등 많은 문제를 야기하고 있다. 다시말하면, 한국의 도서지역개발은 보호나 보전보다는 자연

---

9) Liebig의 최소량의 법칙.
10) Shelford 의 내성의 범칙.

환경을 훼손하는 측면에서 이루어져왔음을 알 수 있다. 이는 환경의 잠재력과 가치 상실은 생태계 불균형 초래뿐만 아니라 자연재해의 완화작용 감소를 초래할 것이다. 일본의 경우 해안보전보호 사업에 주로 투자하고 있는 현실에 비추어 볼 때, 우리나라가 도서별 인구 감소 예측 등 당초 계획이 부실한 상태에서 이루어진 결과 투자 후 무인도가 되는 섬이 발생(인구감소율·연평균 22.7% 수준)한 현실은 깊이 반성해야 할 것이다.

  결론적으로, 본 글에서 우리는 생태지역의 파악은 그 지역문화 이해의 기본적 바탕을 준다는 것을 알았다. 이러한 생태환경과 생활문화의 깊은 관련이 있다는 사실은 문화보존이 생태계의 구성분자를 지속가능 하게 보호하고 복원하는 메커니즘의 이해와도 상관 있음을 이해해야 할 것으로 여긴다. 결론적으로 저자는 본 연구를 통해 지역문화 형성에 자연 및 생태환경이 갖는 중요성의 올바른 이해는 지역의 고유문화를 어떤 측면에서 향유하고, 또 어떻게 발전시킬 것인가에 대한 보다 명확한 해답을 줄 것으로 생각한다.

제2장 도서지역의 간척지 매립특성

배현미* · 문병채**

I. 머리말

간척의 역사는 매우 오래 전으로 거슬러 올라가며, 비록 규모나 기술적인 면에서는 현재와 비교하지 못할 만큼 뒤떨어졌지만 지속적으로 사람들이 생활하는 여러 곳에서 이루어져 왔다. 그리고 반세기 동안 세계에서 간척사업이 가장 활발했던 곳은 화란의 북해안과 우리나라의 서해안인 것으로 나타나고 있다.

그러나 최근에 이르러서는 인위적으로 자연환경을 변화시키는 과정 즉 간척사업에서 파생되는 수자원 및 해양과 내륙환경에 대한 영향이 문제점으로 대두되기 시작하였으며 치수, 이수 및 농경지 확보 등으로 얻어지는 효과보다는 사람들의 생활 및 자연환경에 미치게되는 악영향이 더 큰 것으로 평가되고 있다. 현재는 해양환경파괴 및 그로 인한 대륙환경에 영향을 고려하여 적극적인 사업추진은 지양되고 있을 뿐만 아니라, 이미 계획되어 진행중인 작업도 수정되거나 중단되고 있는 실정이다.

우리나라의 서해안은 간석지(갯벌)가 잘 발달되어 간척개발 적지가 많고 해안선의 굴곡이 심하며 연안에는 많은 섬들이 산재하고 있어 간척이 활발하게 이루어져 온 곳이다. 그 가운데 전남지역은 리아스식해안과 많은 섬이 집중되어 있는 곳으로 해안선 길이가 전국의 51.1%에 해당되며,

---

* 목포대학교 건축조경토목공학부 조경학전공 조교수
** 목포대학교 인문과학연구원 도서문화연구소 연구교수

지금까지 이루어진 매립면적을 보더라도 총 635,418ha 가운데 368,133ha (58%)가 전남지역에서 이루어지는 등 해양개발의 필요성과 실제 간척사업이 가장 활발히 이루어져온 지역이다(농어촌진흥공사, 1996).

지금까지 이루어진 기존연구는 지리적, 역사적인 측면에서 도서지역에 대한 사람들의 생활이나 문화에 대해 다루는 연구가 주를 이루고 있다. 해안저습지 개간에 관련된 연구는 이경식(1973), 권혁재(1974), 이태진 (1983), 송찬섭(1985), 남궁본(1983) 등이 있다. 그 외 지형학적 측면에서 간석지 및 간척평야를 연구한 것으로 최영준(1997)이 있으며 최근에는 연안역 및 도서지역의 특정지역을 대상으로 하는 연구들이 김경수(1999), 최영준(2000), 최운식(2000), 그리고 간척지를 중심으로 문병채(2002) 등에 의해 연구가 이루어지고 있다. 그러나 간척지의 역사적 변천과 공간형태를 계획측면에서 다룬 연구는 아직 진행되고 있지 않다.

본 연구의 가장 큰 의의는 지금까지 인문사회학적인 측면에서 다루어져 왔던 도서지역에 대한 연구가 21세기 해양시대를 맞이하여 해양경관에 대한 부분을 공간형태의 변화측면에서 조명해보는 연구와 접목될 수 있다는 점에 있다고 생각한다. 아울러 환경파괴의 주범으로 크게 부각되고 있는 간척사업에 대한 부정적인 측면만을 강조하고 무조건적인 반대만을 할 것이 아니라, 간척이 이루어진 역사와 과거 선조들의 계획을 살펴보는 단계를 거친다면 앞으로 해양에 대한 자연친화적인 개발방향을 찾아내는데 조금이나마 도움이 될 수 있을 것으로 기대한다. 또한 도서지역에서 간척의 역사를 되짚어보는 일은 과거 해상교통 및 도서지역의 생활에 관련된 연구에도 기초자료로 활용될 수 있을 것이다.

이에 여기서는 서남권 도서지역에서 지금까지 이루어져왔던 간척사업의 형태 즉 진행과정에서 나타나는 공간구조의 변천특성을 명백히 밝혀볼 목적으로 시도되었다. 과거 우리들의 선조들은 어떤 목적으로, 어떠한 방법으로, 어떤 순서로 간척사업을 계획하고 진행시켜 왔는가를 살펴보는 작업은 앞으로의 해양개발을 이루어나가는데 있어 대단히 중요하고 의미가 깊은 과제라 생각한다.

이런 관점에서 본 글에서는 간척사업의 기원 및 변천과정과 동향에 대한 조사내용, 서남권 특히 도서지역에 대한 간척사업에 대한 역사적 견해, 도서지역의 각 시기별 지도화, 간척에 의한 섬들의 면적 및 해안선 변화 등 상호관련성 내용, 도서지역의 매립형태 및 변천특징에 대한 분석결과의 요약 등을 실었다.

Ⅱ. 본론

1. 간척사업의 기원 및 역사적 특성

간척사업은 세계 모든 나라에서 시행되고 있으나 해안저습지 개발이나 호안사업이 대부분이며, 방조제를 축조하여 국토를 확장하고 수자원을 확보하는 등 종합적이고 체계적인 해면간척을 시행하고 있는 나라는 한국, 네덜란드, 일본 등이다.

간척입국을 자랑하는 네덜란드는 전 국토의 27%에 해당하는 서부지역이 해수면보다 낮고 인구의 60%가 이 지역에 모여 살고 있다. 따라서 간척기술의 발달 즉 방조제를 비롯한 해양보호시설 및 배수시설들을 통한 치수관리가 국토면적을 확장하기 위한 필연적 과제였기 때문에 10세기경부터 간척사업이 진행되어 왔다.

섬나라인 일본은 국토면적의 80%가 산지로 평야가 대단히 적으며 그나마 평야의 대부분이 해안선을 따라 발달하고 있다. 따라서 농지를 확보하여 부족한 식량을 조달할 목적으로 1284년부터 간척이 시작되었으며, 1960년 이후에는 현대적인 간척기술을 이용하여 심해까지 간척사업을 펼쳐나가고 있다(농어촌진흥공사, 1996).

우리나라 간척의 역사는 고려 고종 22년(1235년)으로 거슬러 올라가며 몽고의 침입을 피하여 강화로 천도한 후, 해상방어를 목적으로 연안제방을 구축한 것이 시초이다(최운식, 2000). 그 후 농지조성을 목적으로 하는 간척사업은 1248년 몽고 병란시 청청강 하구의 갈대섬에 제방을 축조하여 농지를 조성한 후 군량미를 조달한 데에서 비롯된다. 고려 및 조선조시대에는 농지 확보로 인한 양곡증산 및 군량미 조달을 위해, 일제시대에는 식민지에서 미곡증산과 토지개량사업을 목적으로 간척이 진행되었다. 해방 후에는 농경지 확보를 위한 소규모 간척이 이루어졌고, 그 후에는 치수와 수리사업이 국가적 차원에서 폭넓게 시행되어 종합개발사업으로 대단위 간척이 이루어지게 된다. 예전부터 간척사업이 시행되었던 국가의 간척시기와 목적 등을 정리한 것이 <표 1>이다.

<표 1> 각국의 간척시기와 목적

국가명	기원	배경	사업목적	간척장소
한국	1235년 1248년	몽고변란을 피하기 위한 피난지에서 안전확보 및 군량미 확보를 위해	해상방어 군량미 조달	도서지역 (강화도)
네덜란드	10세기	해수면보다 낮은 국토특성상 국토의 유지 및 보존을 위해	국토유지 및 보존 영토확보	내륙 서부지역
일본	1284년	국토의 지형특성상 평야지역의 부족을 해결하기 위하여	농경지 확보	내륙지역 해안부

<표 1>에서 보면 한국에서의 간척은 네덜란드나 일본에서 국토유지 및 경작지 확장을 목적으로 한 장기적이고 체계적인 배경을 갖고 시작된 것이 아니라 피난지에서 일시적인 필요성에 의해 해상방어와 군량미 조달이라는 임시방편적인 목적으로 시작된 것을 알 수 있다. 또한 간척이나 매립이 내륙에서 해양으로 진행되는 일반적인 방식과는 달리, 내륙이 아닌 도서지역에서 시작되었다는 사실이 역사를 통해 찾아낼 수 있는 아픈 특징으로 나타났다.

2. 서남해역 도서지역의 간척사업의 진행

1) 우리나라의 해안현황 및 간척자원

우리나라의 총면적은 99,392㎢이며, 간척 및 각종 생산시설의 설치와 개발이 비교적 용이한 수심 20m 이내의 수역은 국토의 1/5에 해당하는 21,000㎢로 개발잠재력은 어느 나라보다 매우 높다. 또 서해안은 중생대 리아스식 해안으로 돌출부와 만입부가 복잡하게 발달되어 극심한 만곡부를 이루고 있는 반면, 동해안은 산지가 해안선 가까이 발달하여 단순한 직선형 해안선을 형성하고 있다. 해안선 총연장은 11,542㎞로 이 가운데 육지부가 6,227.5㎞로 54%, 도서부는 5,314.9㎞로 46%를 차지하며, 면적 1.000㎢ 당 해안선의 길이를 보면 도서부가 2,623㎞, 육지부가 64㎞로 도서부가 육지부에 비해 약 41배에 해당된다(표 2 참조).

국토면적 1,000㎢ 당 해안선은 116㎞에 해당되며 해양국가인 일본의 87.7㎞, 유럽의 17.7㎞, 남미의 7.9㎞와 비교한다면 매우 복잡한 형태로 전개되어 있다(농어촌진흥공사, 1996).

<표 2> 전국 해안선 연장길이 및 비율

지역	해안선 총연장		육지부		도서부	
	연장(㎞)	비율	연장(㎞)	비율	연장(㎞)	비율
전 국	11542.4	100%	6227.5	54.0%	5314.9	46.0%
경 기	1247.5	10.8	428.6	6.9	818.9	15.4
충 남	968.7	8.4	763.7	12.3	205.0	3.8
전 북	444.8	3.9	266.7	4.2	178.1	3.4
전 남	5900.7	51.1	2555.3	41.0	3345.4	62.9
경 남	340.9	18.8	1522.2	24.5	646.1	12.2
경 북	332.4	2.9	274.9	4.4	57.5	1.1
강 원	216.5	1.9	215.4	3.5	1.1	0.02
제 주	262.9	2.2	200.1	3.2	62.8	1.2

한국의 간척. p15에서 발췌하여 필자가 작성

2) 서남해안 해안변화 및 간척의 역사

전국의 해안선 연장길이를 정리한 것이 <표 2>이다. <표 2>에서 보면 우리나라의 서남해안 특히 전남지역은 해안선의 길이가 전국토 면적의 반 이상을 차지하고 있으며, 그 가운데 도서부에 대한 해안선이 차지하는 비율이 더욱 큰 것으로 나타나고 있다.

또한 개발가능한 간척면적은 총 635,418ha이며 이 가운데 58%에 해당하는 368,133ha가 전남지역에서 개발가능한 면적으로 나타나고 있다(표 3 참조. 농림수산부, 1994). 해방 이후 진행된 근간의 사업을 보면 아산, 삽교천, 영산강, 시화 등 하천과 접목된 대규모 방조제 공사가 이루어져 왔으나, <표 4>에서 보면 이미 매립 예정부지로 계획되어 있는 면적의 93.5%가 서남해안을 대상으로 계획된 것이라는 점이 두드러진다.

<표 3> 간척대상면적(1976) (단위:ha)

지역별	대 상 면 적		
	매립면적	개발면적	개답면적
경 기	119,520	87,608	72,418
충 남	94,280	64,717	54,484
전 북	52,195	40,712	35,786
전 남	**368,133**	**281,646**	**238,184**
경 남	1,290	1,180	876
계	635,418	475,863	401,748

<표 4> 해방 이후 간척사업 추진현황 (1995년.ha)

구분	총매립면적	'94 준공	'95 시행중	매립예정지
계	635,418	86,820	107,902	440,696
정부시행	585,238	52,274	92,268	440,696
대 단 위	124,317	27,290	68,627	28,400
서남해안	460,921	24,984	23,641	412,296
민간시행	50,180	34,546	15,634	-
기 업	17,318	1,725	15,593	-
소 규 모	32,862	32,821	41	-

한국의 간척. p46에서 발췌하여 필자가 작성

우리나라의 서남해안은 간석지의 발달, 얕은 바다수심, 리아스식 해안으로 만 입구의 양단간의 거리는 짧으면서도 내부 간석지의 면적이 넓어 짧은 방조제를 축조하고도 넓은 땅을 개발할 수 있다는 천혜의 조건을 가진 곳이다. 또한 연안일대에 섬들이 많아 섬간을 연결하는 방식으로 방조제를 쉽게 축조할 수 있으며 많은 섬들이 바람을 막아 파도가 낮으며 방조제 축조에 필요한 재료를 쉽게 구할 수 있다. 지반토질 또한 방조제 축조 및 토지로의 이용에 적합하여 시공이 용이하여 간척사업비가 네덜란드나 일본에 비하여 월등히 적게 소요되며 태풍이나 해일에 의해 해면이 상승하는 기상조도 일본이나 화란의 3.5m에 비해 우리나라는 1.5m 정도이기 때문에 방조제 높이를 2m 정도 낮추어 건설할 수 있다는 공사비 절감효과를 가지고 있다(농어촌 진흥공사, 1996).

이와 같은 이유로 과거 간척기술이나 장비가 미비했던 시대에 서남해안은 간척에 매우 적합한 지역이였다. 따라서 서남해 도서연안을 중심으로 간척사업이 진행되어 왔다는 것은 지극히 자연스러운 결과라 판단된다. 우리나라 도서해안의 간척은 일본에서 시작된 간척목적과 유사하다고 생각된다. 즉 해안을 따라 형성되어있는 한정된 토지를 보다 더 충실하게 이용하려는 시도에서 시작되었다고 볼 수 있기 때문이다.

우리나라는 유인도 500개 무인도 2,689개로 총 3,189개의 도서를 보유하고 있다. 이 가운데 약 62%인 1,989개의 섬이 전남지방에 자리하고 있으며 특히 본 연구의 대상지인 전남 서남해안인 신안군은 유인도 77개 무인도 752개 총 829개로 전국에서 가장 많은 도서를 보유하고 있는 지역이다(배현미, 2002). 이러한 여건으로 인해 도서연안지역의 간척은 신안군을 중심으로 이루어지게 되며, 이곳에서의 간척은 1728년 팔금면에 150m의 장목방조제를 축조한데서 시작된다. 그 후 일제시대에는 간척사업에 관한 법령이 마련되고 정책적으로 추진되기 시작하여, 1907년 국유지개간지 이용법과 1920~39년 산미증산계획의 일환으로 간척사업이 적극 추진되어 1945년까지 34.5㎢가 논으로 조성되었다(문병채, 2002).

<표 5> 우리나라 간척의변천특성

년 대	주요 사업지구	사업목적 및 배경	매립 면적	장비	운반 능력
고려시대	강화	해상방어 및 군량미 조달	소규모	인력	-
조선시대	서·남해안	식량 및 군량미 조달	소규모	인력	-
일제시대	서·남해안	군량미 확보를 위한 식민지에서의 미곡 증산	-	-	-
1946-59	강화, 대천 광양	일본인 철수에 따른 사업마무리. 농지확 보를 위한 소규모 사업활성화	500ha	우마차, 토운차	500㎥
1960년대	동진강, 미면, 대천	공유수면 매립법의 제정으로 간척사업 본격화간척농지조성 목적	4,000ha	기관차	3,000㎥
1970년대	남양, 아산 삽교	경제개발계획에 의한 식량증산목적의 농지확보 배후지까지 포함한 지역농업종합개발. 수자원의 확보	5,000ha	덤프트럭 (6-8t)	10,000㎥
1980년대	영산강, 대호, 금강	대규모 간척사업이 가능. 대단위 농지조 성 목적. 공업용지 및 도시용지 확보 수자원의 확보	10,000ha	덤프트럭 (10.5-15t)	38,000㎥
1990년대	영산강, 시화 새만금	다목적 종합개발 간척사업. 지역별 농어촌 광역종합개발차원의 개발 을 위한 간척지 조성목적	40,000ha	덤프트럭 (15t 이상)	62,000㎥

한국의 간척. p33에서 발췌하여 필자가 작성

해방 이후 1950년대 초까지는 경제불황과 국가의 재정난 등으로 신규 사업보다는 일본인에 의해 착수되었던 미완공지구 준공에 역점을 두었다. 그러나 1953년부터는 UNKRA, FAO 등의 지원에 힘입어 간척사업이 다시 활기를 띠게 되었고, 민간차원의 소규모 간척사업도 이루어지게 된다. 1960년대에는 경제개발계획의 추진으로 간척사업이 크게 활기를 띠게 되어 간척붐이 조성되며, 1971년부터는 국가의 경제정책이 중화학공업 위주로 전환되어 민간차원의 간척사업이 국가주도사업으로 전환된다. 간척목적도 식량증산보다 공장건설을 위한 사업으로 전환된다(최운식, 2000). 1980년대에는 간척기술의 혁신적 발달에 힘입어 규모가 대형화되며 대단위 농경지 및 공업용지 조성으로 간척목적도 바뀌게 된다. 80년 이후에는 간척사업이 급격히 감소하게 되는데 이는 정부정책과 갯벌 환경의 가치와 해양환경보전의 중요성이 인식되기 시작하였기 때문이다. 이상, 우리

나라 간척사업의 시기 및 목적, 개발장비 등을 정리한 것이 <표 5> 이다.

3. 도서지역의 간척시기별 지도화

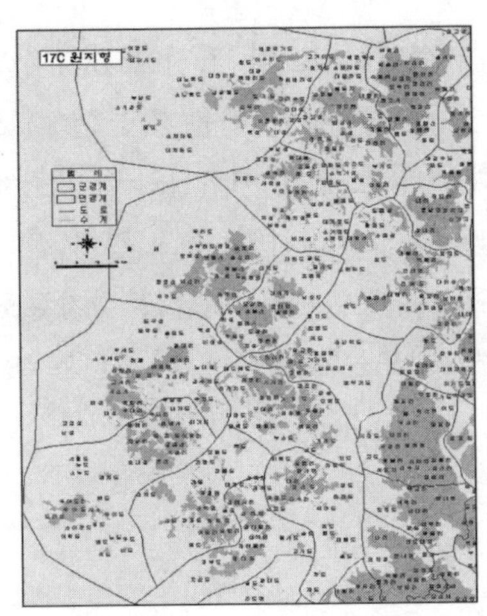

[그림 1] 간척이전의 원지형

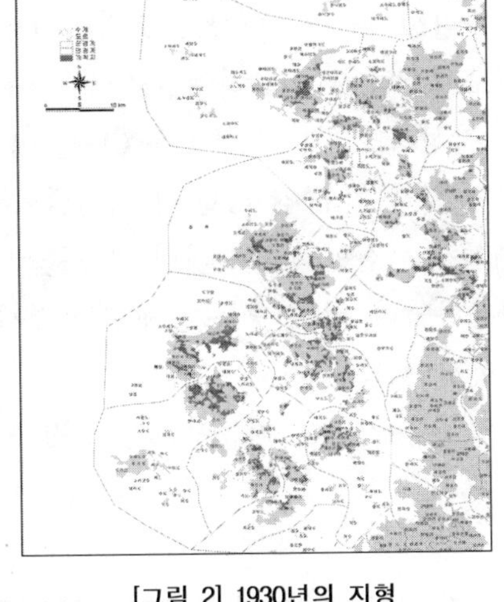

[그림 2] 1930년의 지형

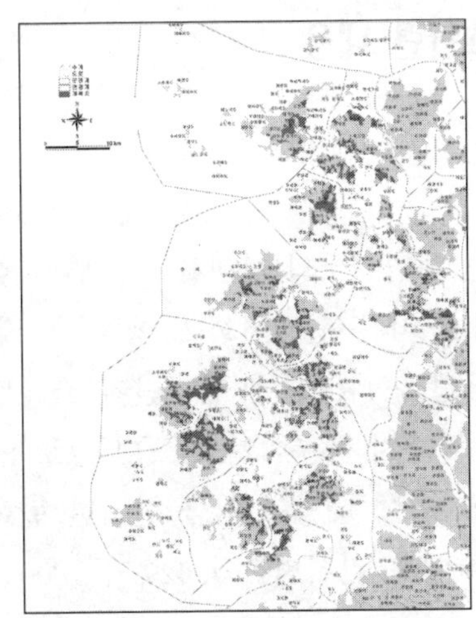

[그림 3] 1960년의 지형

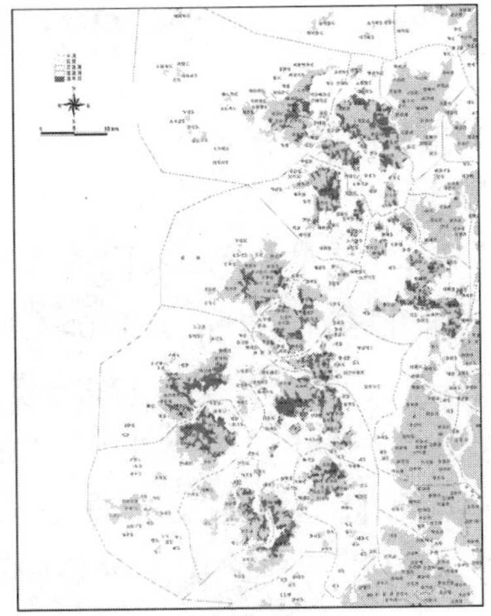

[그림 4] 2000년의 지형

간척과정을 단계적으로 살펴보기 위해서는 먼저 대상지의 간척 이전의 원지형을 파악하고 차후에 이루어지는 간척이 언제, 어디에서, 어떻게 진행되어 가는가를 살펴보는 작업이 이루어져야 한다. 그러나 1728년대부터 지금까지의 간척진행 과정을 기존 문헌 및 고지도만을 통해 분석하는 것은 한계가 있는 것으로 판단되었다.

따라서 본 연구에서는 고정밀 3차원 위성영상자료를 가지고 GIS(지리정보시스템)를 이용하여 해안선 복원작업을 수행하여 활용 가능한 지도를 작성하였다. 지도제작은 GIS를 이용하여 방조제 데이터(신안군 방조제 매립 및 위치도 참조)를 각 시기별로 그려 넣어 작성하였다. 그 결과 간척의 주요시점인 해당시기별 지도를 작성할 수 있었으며, 이를 분석자료로 활용하였다. 본 연구를 통해 작성된시기별 지도는 다음과 같다. 단 본 연구에서 제작된 지도는 레이어(Layer)별로 데이터가 수록되어 있어 특정연도의 지도작성이 가능하다는 장점을 갖는다.

4. 간척에 의한 섬들의 면적증가 및 해안선 단축의 상호관련 내용

1) 간척에 의한 면적변화

대상지의 지형은 방조제를 축조해가는 해면간척의 과정을 거치면서 점차 면적이 증가되었다. <표 6>은 간척에 따른 면적변화를 행정구역별, 시기별로 정리한 것이다. 1728년에 팔금면과 1760년에 안좌면에 소규모 제방을 쌓는데서 시작된 간척은 1980년 말까지 이루어져 왔으며 그로 인한 면적증가는 175.5㎢로 전체 면적의 23.3%에 해당될 만큼 현저한 변화였다. 시기별 특성을 보면 현재까지 이루어진 간척면적의 42%가 1800년에서 1909년 사이에 이루어진 것으로 나타났다. 그 이후인 일제시대부터

1970년까지 꾸준히 간척사업이 진행되어 오고 있으며, 1980년경에는 급격히 감소하여 1990년에는 간척이 완전히 멈추었다.

행정구역별로 보면, 지도읍, 안좌면, 압해면 등에서 많은 면적증가가 있었으며, 흑산면의 경우 간척이 전혀 이루어지지 않았다. 17세기 이전에는 신안군에서 흑산면이 가장 넓은 면적을 차지하고 있었으나 현재는 매립이 활발히 이루어진 지도, 압해, 안좌, 그리고 흑산면의 순서로 행정구역의 면적이 변화되는 결과를 낳았다. 장산, 안좌, 팔금면의 경우 간척사업이 일찍 시작되었으나, 일제시대에는 일시적으로 주춤 했다가 해방 후에 다시 활발해지는 성향을 보였다. 조선말기에 활발하게 간척이 이루어진 곳은 도초, 비금면이다. 지도, 압해면의 경우 조선말에 시작된 간척이 꾸준히 지속되어 왔으나 간척사업이 민간에서 국가주도로 바뀌는 시점인 1970년에 멈추어 더 이상의 면적변화는 없는 것으로 나타났다.

<표 6> 행정구역별 간척진행 및 면적변화 (단위: ㎢)

시기 \ 지역	17C 이전	1800 -1909	1910 -1929	1930 -1945	1946 -1959	1960 -1970	1971 -1979	1980 -1989	1990 -현재	총증가 면적	초기 면적	현재 면적
지도읍	0	3.6	4.2	4.7	5.8	10.5	0	0	0	28.8	56.2	85.0
증도면	0	3.8	0.5	0.1	6.1	3	0.3	0	0	13.8	26.2	40.0
임자면	0	5.9	0	0.1	2	0.5	0	0.2	0	8.7	48.3	57.0
자은면	0	4.3	1.5	0	0.7	1.6	0	0	0	8.1	51.9	60.0
비금면	0	8.5	3.9	0.7	3.1	0.4	0	0	0	16.6	43.4	60.0
도초면	0	11.9	0	1.8	2.4	0	0	0	0	16.1	46.9	63.0
하의면	0	3.9	1.6	1	0.3	0.2	0	0.6	0	7.6	32.4	40.0
신의면	0	3.6	0	2.9	0	1.6	1.9	0.7	0	10.7	27.3	38.0
장산면	0	4.1	0.4	0	0.2	3	0	0	0	7.7	26.3	34.0
안좌면	0.6	7.5	0.3	0.6	2.5	2.6	7.3	0	0	21.4	45.6	67.0
팔금면	0.3	4.1	0.8	0.2	0.8	0.8	0	0	0	7	14	21.0
암태면	0	6.3	2.1	0	0.4	0	0	0	0	9.6	39.4	49.0
압해면	0	6.9	5.4	1.7	2.3	3.9	0	0	0	20.2	54.8	75.0
흑산면	0	0	0	0	0	0	0	0	0	0	64	64.0
합 계	0.9	74.4	20.7	13.8	26.6	28.1	9.5	1.5	0	175.5	578.5	754.0

2) 간척에 의한 해안선 변화

<표 7>은 제방축조 및 매립으로 인한 해안선의 길이변화를 지역별, 시기별로 살펴본 것이다. 신안군에서는 간척사업이 진행됨에 따라 원래의 자연지형이 크게 변화되었으며, 매우 복잡했던 해안선이 단순한 형태로 바뀌게 되어 결과적으로는 해안선의 길이가 크게 단축되었다.

간척으로 인해 짧아진 해안선의 길이는 총 654.79㎞로 초기의 해안선 길이 2,412㎞의 27.1%에 해당되는 것으로 나타났다. 또한 짧아진 해안선의 61.5%가 초기 즉 조선말기까지 이루어진 간척에 의한 것으로 나타나고 있다. 이는 복잡한 해안선을 갖고있는 대상지의 지형여건을 활용한 초기단계의 간척형태를 보여주는 대표적인 결과라 판단된다. 압해면의 경우 원지형의 해안선 길이 40%에 해당되는 115.56㎞가 감소되었으며 안좌면과 지도읍도 75㎞나 해안선이 단축된 것으로 나타났다.

〈표 7〉 해안개척에 따른 시기별 해안선 길이 (단위: ㎞. ( )안은 측정년도)

지역＼시기	17C 이견	1800-1909 (1910)	1910-1929 (1930)	1930-1945 (1945)	1946-1959 (1960)	1960-1979 (1979)	1980-2000 (2000)	해안선 단축길이
지도읍	242	214.65	202.9	190.81	173.38	166.91	166.91	75.09
증도면	166	147.97	147.6	147.05	132.01	120.15	120.15	45.85
임자면	176	150.25	150.25	149.99	146.76	145.18	144.18	31.82
자은면	126	101.52	93.7	93.7	92.04	85.61	85.61	40.39
비금면	178	146.27	145.9	143.69	139.25	139.25	139.25	38.75
도초면	181	128.18	128.18	126.28	122.26	122.26	122.26	58.74
하의면	172	146.09	137.7	134.56	132.89	132.55	129.73	42.27
신의면	122	101.96	101.96	97.81	97.81	91.82	91.63	30.37
장산면	128	102.69	98.27	98.27	97.49	88.96	88.96	39.04
안좌면	202	156.18	154.9	150.30	141.37	126.33	126.33	75.67
팔금면	84	62.11	58.3	58.18	55.44	51.91	51.91	32.09
암태면	134	109.89	107.1	107.1	104.85	104.85	104.85	29.15
압해면	289	229.42	201.9	197.80	186.11	173.44	173.44	115.56
흑산면	212	212.00	212.00	212.00	212.00	212.00	212.00	0
합계	2412	2009.18	1940.66	1907.54	1833.66	1761.22	1757.21	654.79

3) 면적증가 및 해안선 단축의 상호관련성 검토

대상지의 면적증가와 해안선 감소량을 행정구역별로 간척이전의 원지형과 비교하여 그 변화율을 산정해 보았다<표 8>. 그 결과 지도, 안좌, 팔금면의 순서로 면적증가율이 높았으며, 해안선길이는 압해, 팔금, 안좌, 자은면이 높은 감소율을 나타냈다.

간척이전과 간척이후의 단위면적당 해안선의 길이를 비교해 보면, 흑산도를 제외한 전 구역에서 크게 감소된(40~58% 범위) 것으로 나타났으나 간척면적과의 상관관계는 발견되지 않았다. 이상에서 간척과정을 통한 면적 및 해안선의 변화량 및 비율 모두 검토한 결과 신안군 도서지역의 간척은 육지와의 거리 및 위치에 대한 관련성보다는, 해당구역 주변의 간석지 상황, 인접하고 있는 섬의 유무 및 배치 그리고 방향에 따라 변화량과 변화비율 등이 연관성을 갖는 것으로 나타났다.

<표 8> 행정구역별 면적 및 해안선 등의 변화율

	면적 증가(㎢)		해안선 감소(km)		방조제	해안길이/면적	
	변화량	비율	변화량	비율	길이(km)	원지형	현재
지도읍	28.8	33.9%	75.09	31.0%	42.89	4.3	2.0
증도면	13.8	26.2%	45.85	27.6%	23.69	6.3	3.0
임자면	8.7	15.3%	31.82	18.1%	12.15	3.6	2.5
자은면	8.1	13.5%	40.39	32.1%	7.37	2.4	1.4
비금도	16.6	27.7%	38.75	21.8%	21.16	4.1	2.3
도초도	16.1	25.6%	58.74	32.5%	13.99	3.8	1.9
하의도	7.6	19.0%	42..27	24.8%	13.81	5.3	3.2
신의면	10.7	28.1%	30.37	24.9%	16.18	4.5	2.4
장산면	7.7	22.6%	39.04	30.5%	11.63	4.9	2.6
안좌면	21.4	31.9%	75.67	37.5%	26.08	4.4	1.9
팔금면	7.0	33.3%	32.09	38.2%	13.34	6.0	2.5
암태면	9.6	19.6%	29.15	21.8%	20.53	3.4	2.1
압해면	20.2	26.9%	115.56	40.0%	33.63	5.3	2.3
흑산도	0	0%	0	0%	0	3.3	3.3
합 계	175.5	23.3	654.79	27.1	256.44		

<표 9>는 간척 시기별로 면적과 해안선의 변화를 비교한 것이다. 간척이 진행되는 초기단계에는 단위면적(㎢당) 증가량에 대한 해안선 감소에 대한 비율이 5.3㎞로 매우 높은 것으로 나타나고 있다. 이는 신안군이 보유하고 있는 자연지형의 특성을 살린 간척이 이루어지고 있음을 의미하는 것이다. 그러나 일제시대 초기에는 그 비율이 3.3㎞로 낮아졌으며, 대상도 지도, 압해 등 몇 개의 구역에서만 이루어지는 현상이 보였다. 이 후 단위면적당 해안선 변화량은 2.5㎞ 전후로 다시 낮아지게 되나 이는 과거 자연지형을 이용한 소규모의 간척형태가 기술과 장비의 발달로 대규모로 바뀌게 되면서 나타난 변화라 판단된다.

<표 9> 간척 시기별 면적 및 해안선 길이 변화

	18C-1909	1910-1929	1930-1945	1946-1959	1960-1979	1980-2000	총변화량 (㎢, km)
면적 증가량:㎢	75.3	20.7	13.8	26.6	37.6	1.5	175.5
해안선 감소:km	402.82	68.52	33.12	73.88	72.44	4.01	654.79
단위면적당 해안선 변화량	5.3	3.3	2.4	2.8	1.9	2.7	3.7

5. 도서지역의 매립형태 및 변천특성

본 연구는 지도상에서 확인 가능한 형태적인 측면에 주목하여 조사분석을 시도한 것이다. 해안간척에 따른 면적 및 해안선 변화 그리고 작성한 시기별 지도를 근거로 매립형태 및 변천과정에서 나타나는 특성을 정리하면 다음과 같다.

1) 간척이 시작되기 전까지 신안군은 매우 많은 섬들로 이루어져 있었으며 차차 간척이 진행되어 감에 따라 몇 개의 섬들이 서로 합쳐져 현재 볼 수 있는 지형이 완성된 것으로 나타났다. 따라서 현재 볼 수 있는 도서지역의 형태와는 매우 다른 모습을 가지고 있었으며, 고지도에 나타나 있는 뱃길 역시 지금의

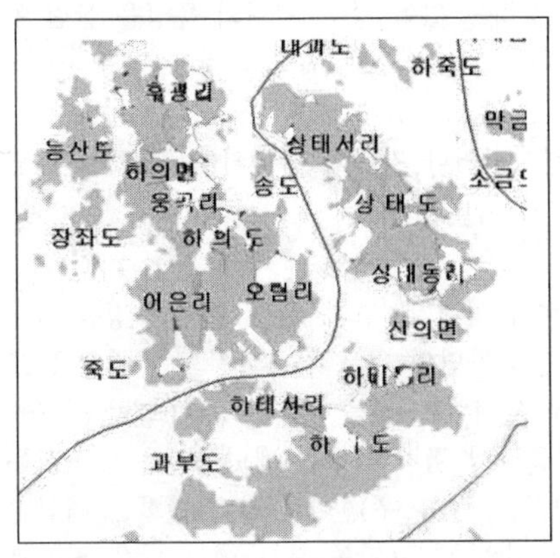

초기 지형

간척 1단계(1930년)

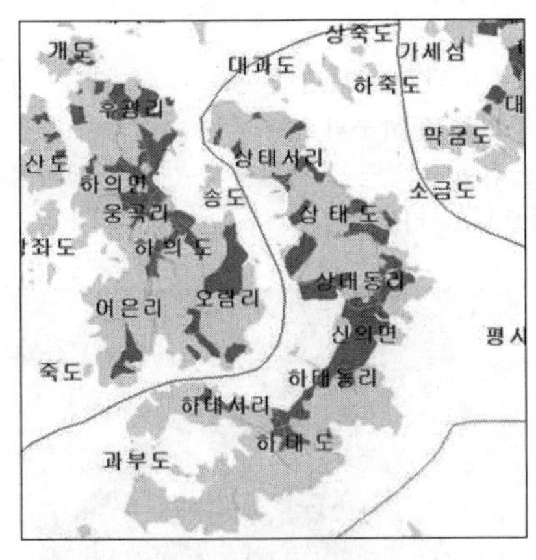

간척 2단계(1960년)

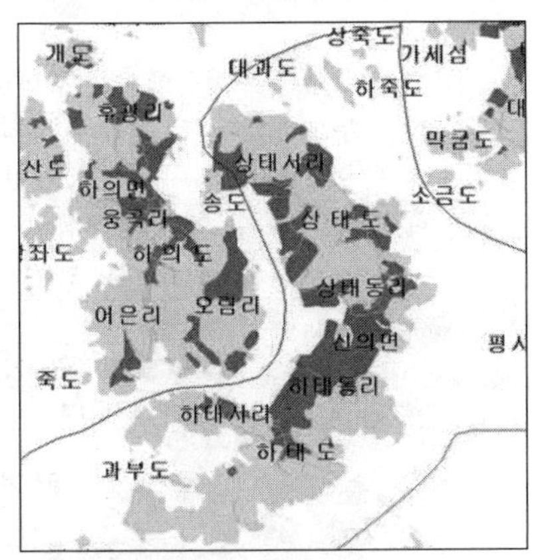

간척 3단계(2000년)

[그림 5] 도서지역의 단계별 간척과정(신의면의 예)

항로와는 다른 것으로 나타났다. 이러한 결과는 도서군들을 서로 연결해 가는 간척의 진행과정을 살펴보는 작업을 통해서만 확인 가능한 사실이라 판단되며, 이 연구를 통해 명백해진 사실은 해양관련 연구에도 매우 중요한 자료로 활용되리라 확신한다.

2) 대상지에서 진행된 매립은, 단계별 진행과정을 나타내고 있음이 특징으로 나타났다.

① 1 단계 : 구불구불한 해안선을 형성하고 있는 경우, 지형의 특성을 살린 안쪽으로 들어온 만의 형태를 이루고 있는 장소에 제방을 쌓는 단계

② 2 단계 : 인접해있는 섬과 섬을 연결하는 단계

③ 3 단계 : 큰 섬에 작은 섬을 연결시키거나 기존의 매립지(전 단계의 매립지)에 덧붙여 매립지역을 확장시켜 가는 단계

3) 대상지의 간척진행과정을 단계적으로 분석해 본 결과, 현 지형의 특징을 파악하는 근거를 찾아낼 수 있었다. 도초, 임자면의 경우 간척이전의 원지형을 보면 작은 섬들이 도넛 형태로 둥글게 모여있는 것을 알 수 있다(그림 6. 좌). 이후 진행된 간척은 이 도서군들의 중앙에 펼쳐져 있는 해면공간을 매립하는 형태로 진행되었음이 명백히 밝혀졌다(그림 6. 우). 이와 같은 변화는 해안가에 높은 지형이 형성되어 있는 반면 섬의 내부(안쪽 부분)에는 낮은 평야로 구성되어 있는 도초도의 지형특성을 이해할 수 있는 근거가 되는 과정이다.

4) 간척은 모든 도서군에서 바깥바다 쪽이 아닌 안쪽바다 방향으로 진행되는 경향이 두드러졌다. 단 안쪽에 자리하고 있는 도서군의 경우에는 인접되어 있는 섬 쪽으로 간척이 이루어지고 있다는 점이 신안군 도서지역의 간척 진행과정에서 읽어낼 수 있는 형태적인 특성으로 나타났다.

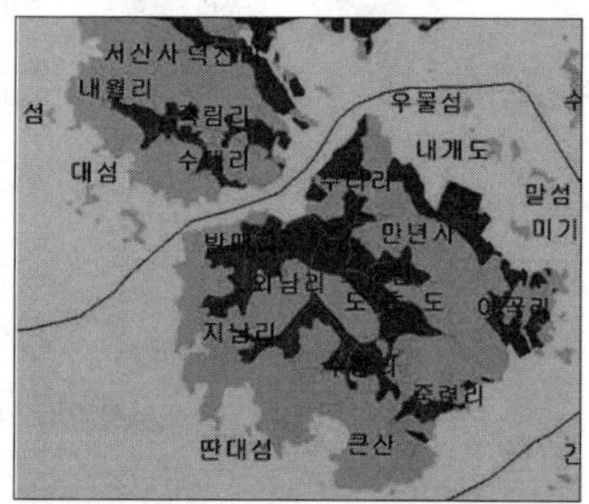

〔그림 6〕 도초면의 매립이전(좌)과 매립이후(우) 의 지형

Ⅲ. 마무리

본 연구를 통해 명백해진 연구결과를 정리하면 다음과 같다.

1. 우리나라의 간척은 국토유지 및 농경지 확보가 아닌 피난지에서 일시적인 필요성에 의해 1235년 해상방어와 군량미 조달이라는 임시방편적인 목적으로 시작되었다. 또한 내륙에서 해양쪽으로 이루어지는 일반적인 간척방식과는 달리 내륙이 아닌 도서지역에서 시작되었다는 점이 우리나라 간척의 역사에서 찾아낼 수 있는 특징으로 나타났다.

2. 본 연구를 통해 신안군 도서지역의 고정밀 3차원 위성영상자료를 기초로 해안선 복원작업을 수행하여, 각 시기별로 간척이전의 초기지형(17C), 조선말기(1910년), 일제시대(1930년), 해방 후(1945년), 1980년, 현재(2000년)의 지형지도를 작성하는 성과를 얻었다.

3. 신안군에서 1728년에 시작된 간척은 1980년 말까지 이루어졌다. 면적은 175.5㎢로 전체 면적의 23.3%가 증가되었다. 복잡했던 해안선도 단순한 형태로 바뀌었으며, 짧아진 해안선은 654.79㎞로 27.1%에 해당된다. 그 중 61.5%가 조선말기에 이루어진 간척에 의한 것으로, 이는 대상지의 지형여건을 활용한 초기단계의 간척형태를 보여주는 결과라 판단된다.

4. 신안군 도서지역에서 진행된 간척은 단계별 진행과정을 나타내고 있음이 변천특징으로 나타났다. 첫 단계는 안쪽으로 들어온 만의 형태를 이루고 있는 장소에 방조제를 쌓아 토지를 확보하는 단계이다. 2 단계는 인접해있는 섬과 섬을 연결하는 형태로의 진행이며, 3 단계는 큰 섬에 작은 섬을 연결하거나 기존 간척지에 덧붙여 매립지역을 확장시켜 가는 진행과정을 거쳐 간척이 이루어지는 것으로

나타났다.

5. 간척 이전의 신안군은 현재 볼 수 있는 형태와는 매우 다른 모습을 가지고 있었으며, 고지도에 나타나 있는 섬들의 배치나 뱃길 역시 지금의 상황과는 다르다는 점이 명백히 밝혀졌다.

제3장 비금도의 간척지 조성과 그 영향

문 병 채*

Ⅰ. 머리말

문화 및 경제권 형성은 자연경관의 변화와 밀접한 관련을 갖는다. 도서 해안의 개척사업은 한정된 토지자원을 보다 더 충실히 이용하려는 노력을 다음과 두 가지 면에서 경주해 왔다. 하나는 생산기술이나 생산조직의 향상을 통한 소프트웨어적인 시도이고, 다른 하나는 계단식 경지조성이나 간척사업 등과 같은 인위적 자연개조로 나타나는 하드웨어적 시도이다 (문병채, 2001). 이들은 동시에 혹은 간척사업을 이룬 후에 완숙답을 만들기 위한 주민들의 집약적이고 지속적인 노동과 정교한 기술 투여가 이루어지는 과정이 수반되었다(선영란, 1998: 174). 따라서 경제의 기초적 바탕을 이루는 개척활동은 우선 토지를 확보하는 일이었다고 보여지며, 방조제 축조를 통한 간척사업으로 추진된 해안개척의 역사는 실로 오랜 옛날로부터 이어져왔다. 그리고 전남 서남해 도서지역은 그 어느 지역보다도 활발한 간척으로 인해 심한 경관변화를 보여왔다. 간석지가 매우 발달했던 비금도의 경우는 특히 그러했다. 비금도 해역의 만(灣)을 이루고 있는 곳은 그 연대를 알 수 없는 오래된 수많은 방조제가 축조되어 왔다. 간척에 대한 필요성이 도서 특유의 한정된 토지자원과 경작규모의 영세성이라는 환경적·경제적 요인, 지리적 격리성으로 인한 식량 유입의 어려움, 그리고 어업보다는 상대적으로 안정된 농경사회로의 갈구 등 사회문

---

* 목포대학교 인문과학연구원 도서문화연구소 연구교수

화적 정서와 맥락 등이 같이 작용했지 않나 보여진다. 따라서 비금도는 현재 논으로 이용되고 있는 지역이 100년 전만 해도 60~70%가 바다였다. 그리고 옛날에는 지금보다 훨씬 어업인구가 많았다.

결과적으로, 이러한 과거에 비해 심한 지형변화와 주민생업 및 경제공간 등의 엄청난 차이를 가져왔고 주민문화 형성과 변화에까지 큰 영향을 미쳐왔다. 즉, 끊임없는 크고 작은 개척활동과 결과는 경제력 증대, 개척정신의 주민성 형성 그리고 주민문화에 큰 영향으로 작용했다. 그것은 거대한 토목공사를 이루는 과정에서 많은 설화와 민담, 전설들이 형성되었고 공동체적 삶이 형성되어져 왔기 때문이다. 따라서 심한 자연경관의 변화는 오늘날 도서문화를 연구하는 많은 사람들에게 혼돈과 어려움을 주고 있다. 도서문화 연구의 경우 그 뿌리의 근원, 형성과정, 그리고 변화과정을 파악하는데 어려움을 주었으며, 고대의 해양교류 연구의 경우는 섬들 간의 연계관계, 상대적 세력규모, 지리적 거리 등 여러 요소를 고려하는데도 한계를 주어왔다.

이러한 배경에서 여기서는 과거의 개척과정에 따른 해안선의 모양과 제 도서들의 확장 과정상의 상대적 지세크기 등에 관한 명확한 규명을 위한 과학적 연구를 통해 당시 도서의 자연경관에 따른 주거환경, 생업조건 등과 섬들 간의 세력관계, 교역관계, 문화권 경계등을 논의해 봄으로써 오늘날 도서문화의 근원과 형성 및 변화과정을 밝혀 그 정체성을 찾아보려고 한다.

그리고 이러한 목적을 달성하기 위해 다음과 같은 내용을 실었다. 첫째 오늘날 도서문화의 근원과 형성 및 변화과정을 밝히는데는 시대사적 고찰이 필요함을 느끼고 해면개척 과정을 역사적 시기별, 그리고 경제공간과 주민생활에의 영향에 대해 논의하였다. 이를 위해 각 시대별 변수설정을 위해 정치적 배경 파악과 함께 각종 사료의 분석·정리 작업이 행해졌으며, 각 시점별 결과에 대한 국토개척의 관점에서 해석되었다. 당시의 실질적 모습을 구현하기 위해 지도화(Mapping)를 하였으며, 그에 따라 면적,

해안선 길이, 간척지 면적 등 제반 사항을 통계적으로 산출했다. 또한, 삶의 방식을 협소한 농경지와 해양자원 두 가지를 이용하는 상호보완적인 적응전략이라는 관점에서 풀기 위해 환경·생태적 여건 차이의 규명과 생업을 연계시켜 해석하였다.

한편, 용된 연구방법은 전반적으로 귀납적 접근법에 의해 기초자료의 철저하고 정확한 분석 속에서 하나 하나 개념을 정리해 가는 기법이 동원되었는데, 이를 위한 보다 구체적인 방법들을 열거하며 다음과 같다. 간척을 통한 환경개조는 오랜 시일에 걸쳐 이룩되기 때문에 그 역사가 길다. 때문에 과거에 이루어진 간척지에 관한 상세한 정보는 많지 않다. 따라서 과거 지형을 복구하는데는 많은 어려움이 따른다. 빈약한 자료의 한계를 극복하여 지도화 하는데는 다음 네 가지 방법을 사용하였다. 먼저, 기존의 연구성과를 검토하였다. 기존연구 검토는 역사학계와 지리학계에서 여러 학자들에 의해 연구된 논문들의 분석하였고, 둘째 고문헌과 고지도, 그리고 여러 시기의 현대의 지형도를 비교·연구하여 과거의 지형을 복원하여 보았다.

II. 자연적 여건

비금도 지역은 약 20억 년 전후의 암석들로부터 신생대 4기 및 현세의 충적층과 토양들에 의한 넓은 범위의 퇴적층이 존재하기도 하고 있다(한국지질도, 1973). 그리고 이들은 복잡한 지질구조적 현상에 의해 한 번 형성된 지역, 그 자리에 항상 그대로 존재하는 것은 아니고 풍화, 침식, 퇴적, 융기, 침강 등의 자연 현상 및 지질현상에 의해 그 모습을 변해왔다.[2]

---

2) 토양은 기반 암석의 풍화 산물이어서 그 지역 토양의 색깔이나 토질의 비옥함 여

이 지역의 암석은 대체로 화산암 및 화산쇄설암으로 구성되어 있고, 대부분이 화산쇄설암 중 응회암이라는 암석으로 형성되어 있다(전남도, 1999: 218). 이들 암석의 형성시기는 약 8, 9천만년 전으로 추정하고 있다(전남도, 1999: 219). 응회암은 화산이 분출할 때 배출되는 화산회 및 화산재들의 성분들이 집적되어 형성된 것으로 대개 회갈색을 띠나 부분적으로 암갈색을 띠기도 하는 암석이다.[3] 그리고 이들 암석의 형성이후 화강암이 이들 화산암 및 응회암들을 뚫고 관입하여 거대한 화강암 덩어리를 곳곳에 노출시키고 있어 장관을 이루고 있다. 떡매산 바위가 대표적이라 할 수 있다.[4] 따라서 비금도는 주로 응회암, 사암, 응회암질 이암, 유문암, 안산암, 화강암 등으로 이루어졌으며, 그 결과 대부분의 토양이 모래가 많이 섞인 사질성을 보이고 있어 남서쪽 해안에 두꺼운 퇴적층발달을 용이하게 했으며 넓은 갯벌을 발달시킬 수 있었다. 이러한 토적층 형성에 대해서 보다 구체적으로 보면 다음과 같다. 먼저 크게 둘로 구분된다. 하나는 사면붕적퇴적층이고 다른 하나는 해성퇴적층이다. 사면붕적퇴적층은 주위의 산으로부터 침식되어 떨어져 나온 암편들이 부식되면서 토양화 과정을 거친 흙이 해안선 가까이까지 흘러 내려와 쌓인 퇴적물이고, 해성퇴적물은 파도에 의해 해안지형 들이 침식되었거나 해류나 조류에 의해 운반되어 온 퇴적물들이 해저에 쌓여 형성된 퇴적물들이다. 또한 해성퇴적물은 그 구성성분에 따라 다시 둘로 구분되는데 하나는 점토성 퇴적물이고 다른 하나는 사질성 퇴적물이다. 그 분포 특성을 보면, 점토질은 주로 내해(內海)에 있는 여러 도서들의 천해(淺海)에 광범위하게 발달되어 있고

부는 모암석의 구성광물에 따라 달라진다.
3) 지질시대로 약 1억년 전은 중생대 백악기 후기에 접어드는 시기로 이 지역뿐만 아니라 우리나라 전역 그리고 세계적으로 지각변동이 매우 활발한 시기였고 이러한 지각변동으로 곳곳에 화산작용이 활발히 일어났다.
4) 화강암은 지구 지각 깊은 곳에서 생성된 마그마가 지표로 올라오면서 냉각 고결된 암석으로 석영, 장석, 운모들로 구성된 아주 단단한 암석인데, 화산활동이 거의 끝나 가는 말기에 관입 되었다.

사질성 퇴적지는 외해(外海)에 접해있는 섬들의 북서해안에 발달되어 있
다. 일반적으로 외해 도서의 북서해안은 심해(深海)를 이루고 있고, 만(灣)
이 형성된 곳에는 사질성 퇴적인 사빈(沙濱)이 가파른 경사를 이루며 심
해에까지 분포되어 있다. 그리고 중요한 점은 이들 생성이 해수면 변동과
정과 관계되어 있다는 점이다. 해수면 변동은 후기갱신세 마지막으로 추
었던 시기인 19,000~15,000년 전에 연륙(連陸)된 후 14,000년 전부터 이루
어지기 시작한 해수면 상승과 함께 현재와 같은 해안선이 형성되었다(이
헌종, 1998: 38).

또한, 이 지역은 내해와 외해로 연결되는 기점에 놓여 있어 예부터 지
리적 교착점으로 교통의 요충지 역할을 해와 활발한 이주민의 변화가 있
어왔다. 따라서 타 지역의 토목기술, 염전조성 기술, 재배작물 종 획득 등
이 자연스럽게 여타 도서보다 빨리 전파·수용될 수 있었다.

전남 서남해 도서·해양지역의 기온은 최난월 26.5℃, 최한월 2.3℃로
내륙에 비해 한서의 차는 그리 크지 않으나 바람과 한류, 지형적 조건으
로 체감온도는 매우 커서 수치적 온도로 파악하는 것은 곤란함을 준다.
연평균 기온이 남해안보다 1~2℃ 낮다. 이는 황해 저수대의 영향이 크기
때문이다. 강수량은 태풍과 북태평양 기단의 영향을 직접적으로 받는 관
계로 여름에 강수집중률이 매우 높으며, 역으로 겨울에는 한랭한 북서풍
과 황해의 한류인 대륙연안수로 인해 춥고 건조한 날씨가 계속된다. 연평
균 강수량은 내륙과 차이가 없으나 지하수 함유층이 낮고, 수리시설의 미
비로 매년 심한 용수부족 문제를 겪고 있다.

이곳 주민들의 생활의 여러 부분에 이러한 기후조건에 맞는 기후순화
(氣候純化)5) 현상을 보이고 있다. 몇 가지 사례를 들면, 섬의 북서부 사면
에 위치한 거주민의 경우, 겨울철에는 혹독한 추위와 동시에 먼바다의 강

---

5) 기후순화란 지역의 기후환경에 대하여 적응해 가는 작용을 말한다. 적응(acclimation)
　이란 단순한 생리적 적응이 아니라 가종의 도구, 기술을 이용해서 자기 자신에 적
　합한 생업 및 생활환경을 만드는 과정에 있어서 주위에 순응하는 시스템을 자기 자
　신이 형성해 가는 것이라 볼 수 있다.

한 파랑작용에 의해 밀려오는 사빈에 의해 모래성분이 많은 사질성 토양이 넓게 발달되어 있고, 여름에는 남동기류의 퓐현상에 의한 무더위가 형성되어 이에 적응하는 체제를 형성되어 있다. 북서쪽은 조성이 용이한 좋은 항구를 중심으로 양호한 교류여건, 여름철 태풍으로부터 피할 수 있는 지리적 조건으로 소득 높은 가두리 양식업 성행, 사질토에 잘 적응하는 시금치, 마늘과 같은 환금작물의 대단위 재배 등을 통해 보다 풍요로운 삶과 농업문화를 형성하고 있다. 반면에 섬의 남동부 주민들은 여름철의 태풍에 의한 해일과 강한 남동기류에 의한 풍부한 강수량, 겨울철의 온화한 기온과 쾌적한 날씨, 수심이 얕고 모래보다는 개펄지형 발달, 선착장으로 이용할 수 있는 항만 개발이 불리, 육지와 인접 등의 영향으로 가두리와 같은 바다 양식업보다는 내륙에서 행해지는 대하 양식 등이 비교적 성행하고 활발한 간척사업으로 농경생활이 보편화되어 있다.

삼림식생의 경우 강우, 기온, 바람 등 자연적 조건에 따라 종류가 다양하나 계획적 조림지가 아니어서 비활용적 비경제적 수목림을 이루고 있다. 그러나 섬의 서쪽 해상국립공원 지역에는 후박나무, 황칠나무, 동백나무 등 가공 용재림 자생지역이나 해당화 등 희귀수종 군락지를 형성하고 있는 지역이 많다.

Ⅲ. 원래의 모습

비금도는 한반도 서남 해의 모든 도서지역이 그러했듯이 지금으로부터 약 15,000년 전에는 전남 내륙과 연륙(連陸)되어 있었다6). 그러나 그 후

---

6) 해수면 상승은 후기갱신세 마지막으로 추었던 시기인 15,000여년 전부터 이루어지기 시작한 것이 일반적인 학설이다.

해수면 상승과 함께 약 2000년 전에야 비로소 현재와 같은 해안선이 형성되었던 것으로 보인다.

이 때 형성된 해안선의 모양(즉, 2000년 전의 해안선)을 그려내는 것은 매우 어려운 작업이다. 왜냐하면 그 후 바람과 해수작용으로 엄청난 침식·퇴적 등의 운동이 이루어졌으며, 또한 사람이 거주하면서부터 크고 작은 수많은 간척사업을 해 왔기 때문이다. 이러한 어려움이 있음에도 불구하고, 본 연구에서는 오직 경제공간을 파악할 목적으로 피상적으로나마 초기의 지형을 그려보았다.[7] 육지와 연륙 되었던 비금도가 해수면의 상승으로 바닷물이 들어와 섬으로 변한 후, 인근 내륙지역 연구결과에 의하면[8] 이 지역 주변은 조수의 영향을 받아 6천년 전 얼마간은 해발 10m 정도까지 미쳤고, 석기시대 이후는 10m 이하로 점점 내려가다 고대사회로 들어오면서 농경사회가 되면서 5m 정도에 이른 것으로 여겨진다. 여기에 조차를 고려해 보면 비금도 주변에 분포하고 있는 간석지의 범위는 대략 해발 5~10m 정도로 추정해 볼 수 있다.

이와 같은 결과를 토대로 하여 지금부터 2000년 전의 비금도 모습을 GIS를 이용하여 시뮬레이션 해 보면 대략 다음 그림과 같은 경관을 보인다. 즉, 현재 논경지나 염전으로 활용되고 있는 지역은 모두 바다였다고 보여지고, 현재 산으로 되어 있거나 중앙부에 펼쳐진 구릉지만이 당시 육지였던 것으로 판단된다. 따라서 지금보다 훨씬 많은 섬들이 인근에 분포하고 있었으며, 광대한 영역이 간조 시에 갯벌로 들어 나는 모습이었다. 그리고 크게 성치산을 중심으로 한 북부와 모래 구릉지를 중심으로 한 중부, 서남부 산악지대 등의 3지역으로 구분이 보다 현저했다. 물론, 이때는 주민이 거주하기 이전이었을 것이다. GIS에 의한 분석결과에 의하면, 당시의 비금면 면적은 약 32.32㎢로 현재(45.14㎢)보다 14㎢가 작은 섬이었

---

7) 이를 위해 부분적으로나마 해저지형 상태나 지질과 토양 조사·분석, 기반암 분포 조사 등을 행했으며, 제방 축조 흔적을 찾아내는 조사를 하였다.
8) 김경수(2001: 40)의 연구결과를 토대로 유추한 결과임.

다. 즉, 현재의 2/3규모였다고 보여진다. 비금도 본섬의 면적은 당시에 31.14㎢의 규모였다.

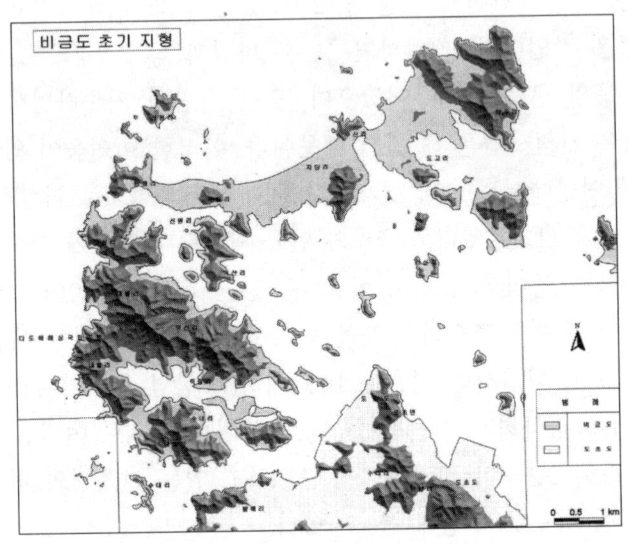

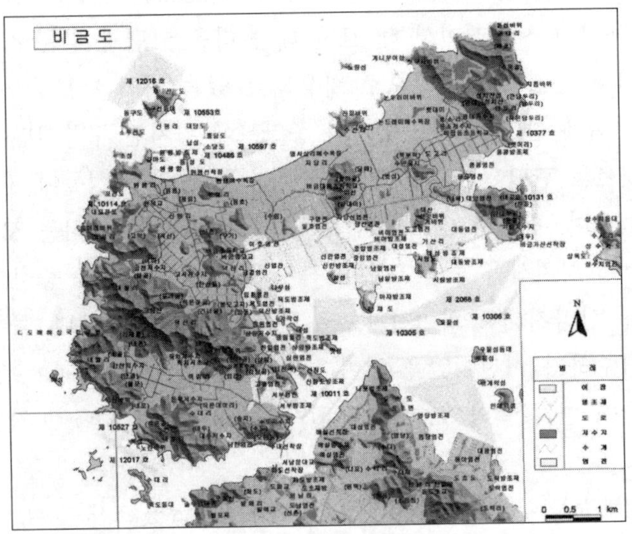

Ⅳ. 간척과 경관변화

1. 조선중기(1800년) 이전

비금도 지역은 이미 선사시대부터 인간이 거주하였다는 유물이 발견되고 있지만, 경지의 개척과 촌락의 형성이 본격적으로 이루어지기 시작한 것은 통일신라 후기 대중항로 개척과 때를 같이 하지 않는가 한다. 그러나 족보 등의 기록에 의하면, 1592년에 당두리에 최초로 입도 했다고 알려지고 있다.

입도한 주민들은 처음에는 대체로 산곡간에 입지한 촌락들이 조선초가 지나면서부터 평야부의 저지대로 이동하는 경향을 보인다. 그리하여 18~19세기에 이르러 비로소 지금과 같은 위치에 촌락이 발달하게 되는 것이 일반적인 경향이다.[9] 비금도도 예외는 아니었다. 실례로 가장 깊숙한 산곡간 지역인 내촌의 입지가 가장 빠르고, 그 다음 외촌 순으로 입도조가 확인 된 것은 이러한 사실을 뒷받침 한 것으로 보인다. 주민이 살면서 연료림 채취와 농경지 조성 등으로 배후 산지나 구릉지에서 유출되는 토사 침식량이 많아져 간석지의 매립을 촉진했다는 것이 일반적인 견해로 받아들여지고 있다. 하곡부와 만입부에는 간석지 발달이 더욱 심화되었다.

여하튼 이들 초기 주민들은 곡간 충적지 일부를 주거지와 경작지로 이용하면서 어업을 병행했던 것으로 여겨진다. 그리고 정착이 본격화되고 경제력과 주민 수 증가와 함께 간척활동을 서서히 벌여나갔을 것이다. 물론 초기 간척활동은 만입부 횡단형태 보다는 자기 마을 앞 퇴적지를 소규모로 막은 것부터 이루어졌다.[10] 바닷물과 뱃터 그리고 제방과 들 이름에

---

9) 16세기 이르면 거주면이 해발 20~25m에 이르고, 17세기가 되면 15m 정도, 18~19
　세기로 내려오면 10m 쯤에 형성된다(양진경, 1980: 48).
10) 제방과 제방이 아닌 논뚝의 구분은 단면도 분석을 통해서 가능하며, 이러한 지형

묻어있는 지명도 조수 영향권을 파악할 수 있는 중요한 자료이다.11) 조선시대에 들어서면서 주민의 급격한 증가와 재지토족(在地土族)의 촌락지배12), 중앙정부의 세수확보와 간척 유도 등은 직·간접적으로 간척활동을 활발하게 하는 작용을 하게 되었고, 그 결과 방대한 규모의 간척이 이루어지게 된다. 조선시대에 들어와서 태조에서 성종에 이르는 약 100년 간은 국력의 강화와 국가의 재정확보를 위하여 치수와 수리사업이 국가적 차원에서 추진되었으며, 인조에서 정조에 이르는 160년 간은 조선시대 치수사업의 부흥기였다(김의원, 1985: pp. 47~56). 물론 이 때의 간척 대상이 되었던 간석지(갯벌)는 대부분이 거의 육지로 노출되다시피 한 습지형태여서 상대적으로 둑쌓기가 쉬웠을 것임은 말할 여지가 없다. 이들을 토대와 근거로 하여 당시 비금도 경관을 그려보면 다음과 같다.

GIS에 의한 분석결과를 보면, 이 시기에 약 7.54㎢가 늘어난 것으로 되어 있어, 현재 비금도 면적 45.14㎢(비금도 본섬 만의 면적은 약 39.86㎢)의 1/6면적이 이 시기에 형성되었다고 볼 수 있다. 물론 7.54㎢ 면적이 전부 간척사업에 의해서 이루어졌다고는 할 수 없다. 이 중 많은 면적이 자연적인 퇴적작용으로 습지로 변하고 점차 메워져 내륙화 상태로 되어 있었을 것이다. 그러나 생각보다 많은 면적은 주민들의 방조제 조성으로 이루어진 것 역시 부인할 수 없을 것이다. 물론 주민들에 의해 조성된 간척지에 관한 기록은 남아 있지 않다. 다만 일부 고문서(세종실록지리지, 비변사 기록 등)에 간척사업을 행한 흔적 혹은 증거가 나와 있을 뿐이다. 이 시기에 늘어난 영토(7.54㎢)가 전부 경작지(거의 논으로 이용)로 이용된 땅이었다는 것을 고려해 보면13) 엄청난 규모의 토지 증가였다고 여

조사 결과 현재도 마을 앞 소규모 간척 흔적이 남아 있는 곳이 많이 발견됨.

11) 지명은 명명된 시대의 지역경관을 잃고 있어도 원래의 위치에 존속하고 있으면 잃어버린 유형의 경관을 어떤 의미로는 머물게 하고 있고, 그것이 복원의 실마리도 된다(鏡味明克, 1992).

12) 16~17세기의 在地土族의 촌락지배는 대부분 제언과 보의 축조로 인한 농지의 확대를 경제적 기반으로 하고 있었다(이해준, 1996: 288~290).

겨진다. 이러한 경제력 증가14)는 활발한 인구유입과 증가를 가져오게 되고, 이는 마을 분화와 문화권 형성을 촉진하는 계기가 되었다. 현재 마을의 형성시기가 대부분이 이때로 거슬러 올라가는 것을 볼 때 여실히 알 수 있다. GIS분석에 의하면, 간척활동이 이루어지기 전에는 당초 10여 개의 섬으로 형성되었으나, 간척사업이 행해지면서 이들이 거의 하나로 합해졌으며, 마을과 배가 드나들 수 있는 구지(곶)들이 발달되어 갔다.

2. 조선후기(1801~1910) 모습

조선 후기, 왜구의 침입이 없어지고 임자·병자의 양대 전란을 겪고 난 후부터는 매우 활발하게 간척활동이 이루어졌다. 농업경제에 의존하고 있던 당시의 정부로서는 황폐화된 경지를 복구하여 농경지를 확대시키고 농민을 안주시키는 일이 무엇보다도 급선무였다. 그 결과 나타난 것이 양전사업(量田事業)과 개간사업(開墾事業)이었다. 정부의 개간정책은 크게 두 가지 방향에서 추진되었다(신호철, 1981: 62~63). 하나는 토지를 개간하는 사람에게 「소유권」또는 「경작권」을 인정하는 것이었고, 다른 하나는 새로 개간된 토지에 대해서는 면세 혹은 감세 등 세제상의 혜택을 주는 것이었다. 그리고 이러한 정부의 개척 장려는 비금도 지역의 간척에도 영향을 미쳤다.

이 시기에 간척사업이 이루어진 곳은 방조제 대장(臺帳) 형태로 기록되어 전해지고 있다. 물론 정확하게 기록되어 있지는 않지만, 기록된 내용이 현재의 방조제 위치와 대략 일치하고 있다. 비금도 방조제관리대장15)에

---

13) 이 때 늘어난 영토는 전부 평지로 되어 있었기 때문에 모두 경작이 가능한 땅이었다고 본다.

14) 물론 시대에 따라 거듭되는 재해발생 혹은 관료의 착취, 해적 약탈 등으로 인한 민생 피폐가 없었던 것은 아니나, 여기서는 대체적인 시기에 의한 결과로 해석한 것임.

15) 신안군, 「신안군방조제 대장 및 위치도」를 참조한 것임.

의하면, 이 시기(1801~1909)에 조성된 것으로는 1801년 수대방조제 공사를 시초로 11개소(수대, 덕산1, 고막, 용광, 진환, 비아, 서부, 신창, 당두, 면전, 가어지)에 조성되었다고 기록되어 있다. 당시 간척지 조성면적의 최대는 1.34㎢, 최소 는 0.25㎢ 규모였다. 이는 당시의 토목기술에 비할 때 상당히 대규모 사업이었음을 알 수 있다. 물론 당시에는 현재와 같은 깊은 수심이 아닌 거의 습지를 이룬 지역이 광범위하게 펼쳐졌으리라는 것이 고려되지만, 면적을 고려해 볼 때 대단한 토목사업이었다.

GIS 분석결과를 보면, 이 시기에 약 3.45㎢가 간척된 것으로 되어 있다. 이는 현재 비금면 면적인 45.14㎢의 8.65%(약 1/13 면적), 비금도(본섬 기준) 면적인 39.86㎢의 약 1/11 면적에 상응하는 규모였다. 이는 당시 토목기술 수준에 비할 때 대단한 양이 아닐 수 없다. 특히, 개척된 면적이 거의 논으로 이용되었다는 점을 고려하면 굉장한 규모의 경지증가였다고 보여진다. 그 결과 경제력이 크게 증가되었을 것이고 이런 상황에 비추어 볼 때 이 시기에 급격한 인구증가와 유입이 이루어지고 마을 분화와 생성이 활발했을 것으로 여겨진다.

3. 일제강점기(1910~1945) 모습

일제시대에는 현대적 토목공법이 발달하여 대규모 간척사업이 훨씬 가능해졌다. 또한 간척사업에 관한 법령·제도 등이 마련되는 등 체계적 그리고 정책적으로 추진되기 시작하였다. 1907년 공포된 「國有未開墾地利用法」과 1920~1939년 「朝鮮産米增産計劃」의 일환으로 마련된 간척사업 관련 법령 및 제도[16] 등이 대표적이다. 그리고 일본자본의 상륙, 수리사

---

16) 공유수면매립법(1921)과 조선공유수면매립령(1923) 등이 마련되었다. 또한, 공사비의 30~50%를 국고에서 보조하는 한편 장기 저리의 융자금을 알선해 주었으며, 간척 농지에 경작자들이 이주 정착을 장려하기 위하여 이주자 1호당 50엔 이내의 보조금까지 교부하였다.

업의 개선, 산미증산계획 등의 영향도 매우 크게 작용해다고 본다.

따라서 이 때부터는 상당히 깊은 수심 범위까지도 간척 대상으로 되었다. 그리고 방조제 연장이 이전보다 훨씬 길어졌다. 지동(1,997m), 대동(1,808m), 망동(1,540m), 덕산2(1,440m) 등이 모두 이때 축조된 대표적인 것들이다. 그러나 간척면적은 상대적으로 좁았다. 대부분의 면적이 0.2㎢ 내외였다. 즉 경제적 효율성이 조선 후기보다 훨씬 떨어졌지만 기술발달이 있었기에 사업이 가능했다고 볼 수 있다. 또한 넓은 갯벌을 이룬 곳은 이미 이 전 시기에 거의 간척사업이 이루어졌기 때문인 것으로 보여진다.

분석에 의하면, 이 시기에 약 2.23㎢가 간척된 것으로 나타나고 있다. 이는 현재 비금면 면적 45.14㎢의 5.58%, 비금도(본섬 기준) 면적인 39.86㎢의 5.50% 면적에 상응하는 규모였다. 역시 이 시기에도 많은 간척사업이 이루어졌다. 특히 본섬과 가산도를 잇는 지역에서 활발하게 이루어졌다. 이 전까지는 가산도가 거의 독립된 하나의 섬과 같은 지형을 이루고 있었다.

그러나 한편으로는 이 시기(일제강점기)의 간척사업들이 주로 일본정부에 의해 통제되는 국가자본에 의해 수행되었고, 그 결과 식민지 수탈이 목적이 되었다. 따라서 섬 주민들의 경제력 강화나 축적과는 거리가 멀어 주민문화 향상에 큰 영향을 주지 못했다는 점도 간과해서는 안될 점이다.

4. 해방이후(1945년 이후) 모습

이 시기에 우리나라 간척사업의 과정을 총체적으로 살펴보면 다음과 같다. 먼저, 1945년 해방 이후 1950년대 초까지는 경제적 불황과 국가의 재정난 등으로 신규사업보다는 일본인에 의해 착수되었던 미완공 지구의 준공에 역점을 두었다. 그러나 1953년부터는 UNKRA, FAO 등의 외원에 힘입어 간척사업이 다시 활기를 띠게 되었고 민간차원의 소규모적 간척사업도 활발히 이루어졌다. 그리고 1960년대 들어와서는 공업화의 진전과 함께 대국토 건설을 지향한 경제개발계획의 추진으로 간척사업이 크게 활기를 띠었다. 특히, 미국으로부터 무상지원양곡(PL480)의 지원은 이를 더욱 촉진시켰다. 그러나 1971년부터는 무상지원양곡이 중단된 데다가 국가의 경제정책 또한 중화학공업 위주의 정책으로 전환함으로써, 민간차원으로 추진되던 간척사업도 국가주도사업으로 전환되었으며, 용도 또한 식량증산을 위한 간척사업보다는 공장건설을 위한 사업으로 전환되었다(최운식, 2000: 401). 그러던 것이 1980년대에 들어와서는 갯벌의 경제적 가치 증대와 환경보전의 중요성이 강조로 간척사업이 거의 사라졌다.

이러한 국가적인 측면과 더불어 이 시기의 비금도 간척활동을 더듬어 보면 다음과 같다. 우선 분석결과를 보면, 이 시기에 약 3.30km²가 간척된 것으로 나타나고 있다. 이는 현재 비금면 면적 45.14km²의 8.29%, 비금도(본섬 기준) 면적인 39.86km²의 7.10% 면적에 상응하는 규모였다. 역시 이 시기에도 많은 간척사업이 이루어졌다고 보인다. 특히 구림리, 덕산리 앞바다에서 활발하게 이루어졌다. 이 때 조성된 것들의 특징은 방조제의 길이가 매우 길다는 것과, 이 시기를 끝으로 비금도 서쪽 중앙부에 놓여 있던 섬들이 거의 모두 본섬(本島)과 연도(連島) 되었다는 점이다.

<표 9> 비금도의 시기별 경지확장

내용 \ 연도		1800년 이견	1801~1909년	1910~1945년	1946~현재
개소		154	10	6	9
면적 (m2)	전체	30878572.50	3449901.36	2225215.57	3303865.67
	최대	24981472.94(추측)	1042894.40	1343718.48	1712150.24
	최소	0.20(추측)	24642.74	32377.63	29813.14
	평균	200510.21(추측)	344990.13	370869.26	367096.18
비율 %		77.47%	8.65%	5.58%	8.29%

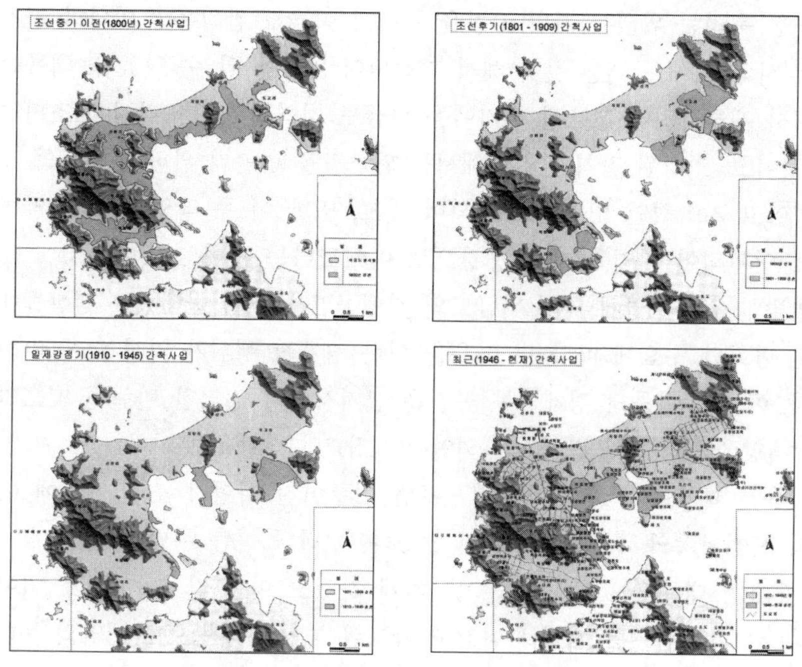

V. 지역에 끼친 영향

1. 경제공간의 변화

위에서 살펴본 바와 같이 비금도는 과거로부터 수많은 간척사업의 결과 오늘날과 같은 경제권과 생활권이 형성되었다. 기록에 의한 것만 기준하더라도 25번의 간척사업17)이 이루어졌다. 총 9㎢ 면적(비금도 전체의 22.53%)이 증가되었다. 특히 중요한 점은 이들이 모두 경지, 염전, 양식장 등 경제공간화 되었다는 사실이다.

---

17) 해안에 노출된 방조제 길이만도 23㎞나 된다.

또한 우리는 위의 시기별 고찰을 통해서 비금도 간척은 우리나라 간척의 역사와 대체로 맥을 같이 해서 진전되어 왔음을 알 수 있었다. 내륙연안에서 개척사업이 고조된 시기에는 비금도 지역에서도 똑같이 고조되었던 것이고. 조성된 간척지에 대해서는 완숙답을 만들기 위한 주민들의 집약적이고 지속적인 노동이 투여되어 왔고, 또한 이 두 작업은 서로 밀접하게 연관되어 지역 경제력 증강으로 이어졌다는 것이 그것이다.

활발한 간척사업에 의해 비금도의 경제공간은 크게 변해왔고 생산물에 대한 변화와 수요에 따라 그 이용을 위한 경제적 행위가 역시 크게 변해왔다. 이곳 주민들의 경제활동 공간은 간척사업과 밀접한 관련을 맺으면서 "해양(어장)→내륙(간척지)→해안(양식장)"의 경향을 보여왔다. 초기 입도민들은 대부분 산지나 백사장으로만 이루어진 지형적 조건 때문에 어업이 생업활동의 주가 될 수밖에 없었다. 그러나 차츰 주민 증가와 경제력 증대는 대규모 토목사업을 가능하게 하였고 이는 간척사업으로 이어져 마을 앞의 습지를 개척해 나갔고 확보된 농지를 바탕으로 생업의 무대가 내륙으로 옮겨졌을 것이란 사실을 쉽게 이해할 수 있다. 초기에는 조성된 간척지에서 논농사가 행해졌으나 최근에는 대다수의 농가가 질이 우수하고 판로가 개척되어 있는 시금치를 재배하고 있다. 그리고 일부 해수 물길이 좋은 저지대의 간척지에서는 해방 후 천일제염 기술이 소개되면서 소금생산이 매우 활발하게 이루어졌다. 특히 일제 강점기에 조성된 것은 일부만 염전으로 개발되었으나 해방후 조성된 것는 거의 모두가 염전(천일제염)으로 개발되었다. 따라서 일제강점기에 조성된 것 일부와 이때 조성된 것이 합해져 오늘날 비금도를 소금 주산지로 자리잡게 하고 있다고 볼 수 있다. 당시 활발한 간척이 이루어진 구림리와 덕산리 앞 바다가 현재까지 비금도 최대의 염전지대를 이루고 있다. 그러다가 1990년대에 들어 중국산 소금의 도입과 함께 가격이 하락하여 경쟁력이 낮아지고 또 한편으로는 해산물 수요 증대와 양식기술의 발달에 힘입어 폐염전을 전환하여 새우(대하) 양식업이 성행하다가 최근 수온상승으로 인한 심한 폐사현상(흰점바이러스)과 타지역 새우와의 차별화가 안되어 지역특산품의 역할을 제대로 할 수 없게 되자 광어 양식장 등으로 교체하는 등 대책마련에 고심하고 있다. 이와 같이 간척지는 "논경지(1950년 이전)→천일제염(1950~1990)→새우양식(1990~1997)→광어양식(1997년 이후)" 순으로 활용이 변해오고 있다. 그래서 이 곳 섬에는 논경지, 시금치 농장, 염전, 양식장 등 다양한 생업공간이 한 지역에 특색 있게 병존하고 있어 다양한 생업체험을 가능하게 하고 있어 오늘날 관광산업으로 개발될 소지를 갖고 있다.

결론적으로 비금도는 이러한 경제행위와 공간의 형성과 변화 과정을 거치면서, 지역(마을)별로 여건과 장점을 살려 특화된 기능으로 분화되어 오늘날과 같은 지역경제권을 형성하게 되었다. 구림(소금), 내월(농업, 시금치), 송치와 원평(어업, 휴양지), 수치(해조류 양식), 수대와 가산(물류기지), 도고와 용소(주거) 읍동(행정) 등이 그 예이다.

또한, 최근 이루어지고 있는 각종 개발사업(가산물량장, 수림마을 안길포장, 수대경지정리, 원평해수욕장 집입로, 관청 선착장 도로 포장, 내포방파제, 내촌−월포 도로포장, 도고지구 배수개선, 군도 2호선인 평립−지동 확장, 가산 방조제 보수 등)은 지역 여건을 보다 활발하게 살려내게 하여 이들 분화된 기능을 더욱 강화시킬 것으로 보인다.

2. 교통여건과 주거지형성의 변화

원래 비금도는 1500여 개의 군도로 총32.32㎢ 면적(현재의 2/3)으로 이루어져 있었으나, 현재 총 82개 섬으로 3개 유인도(상수치, 원수치, 본도)로 된 45.14㎢, 인구는 13개 법정리, 35개 자연부락에 1977년에는 최대 1만6천명까지 거주하는 섬으로 바뀌었다.[18] 물론 1977년 이후 계속 감소하

---

18) 신안군 86.7㎢, 비금도 96.4㎢.

고 있다. 현재 산업구조는 농수산업 93%, 상업 기타 7%으로 구성되어 있으며, 저수지 12개소(239.6천M/T) 농조소관 1개소(광대) 750천M/T이 건설되어 있다. 그리고 면적은 51.53㎢(신안군의 8.20%) 이며, 타 도서에 비해 답과 염전이 많다.

간척활동이 이루어지기 전에는 10여 개의 큰 섬으로 되어 있었으나, 간척사업이 행해지면서 이들이 거의 하나로 합해졌으며, 섬과 섬간의 연도가 되어 갔다. 그리고 조선 중기에 이르러 현재 형성된 마을의 대부분의 위치가 이 때 정해져 현재와 같은 취락공간의 틀이 형성되었고 배가 드나들 수 있는 구지(곶)가 여러 곳에 발달되었다.[19] 대표적으로 지동(1490), 당두(1592), 내촌(1592), 구기(1500), 외촌(1552), 수림(1580), 가산(1580), 도고(1650) 등을 들 수 있다. 또한 입도조 정착도 이 때(17세기 이전) 30여개 마을이 형성되었다고 알려져 있다.

1800년대까지의 토지확장이 신원리, 덕산리, 내월리 쪽에서 활발히 이루어졌다면, 이 시기(1801~1910)는 수대리, 도고리 쪽에서 활발하게 이루어졌을 것이다. 그리고 이를 계기로 솔치마을과 용소마을은 도선 기능이 상실되고 광활한 농지를 바탕으로 농업 기능으로 변환되었지 않나 하는 생각이 든다.

그리고 특히 일제 강점기에는 본섬과 가산도를 잇는 지역이 간척되어 새로운 연결로를 확보하게 된다. 가산리 가출마을과 도고리 나배마을 간에 간조 시에는 뻘길로 왕래가 가능했으나 만조 시에는 불가능한 상태였다. 따라서 화물 이동이 불가능해 그 전에는 당두리 선착장이 주요 출구였으나 이 때 간척이 이루어진 후부터는 보다 항만 여건이 좋은 가산에 선착장이 개발되고 주요 출구 역할을 해나가게 되었다. 해방 후에는 구림리와 덕산리 앞 바다에서 활발한 간척이 이루어졌으며 이 지역의 광활한 염전조성과 함께 이 지역 촌락발달과 함께 거주공간이 확대되었고 경제력이 크게 강화되었다.

---

19) 문헌(비금도 소개)에 의하면 이 때 11곳에 구지가 발달해다고 되어 있다.

이러한 주거공간 형성과 변화를 마을별로 살펴보면 좀 더 구체적으로 이해할 수 있다. 따라서 여기서는 대표적인 몇 개의 마을을 사례로 고찰해 보았다. 수대마을은 원래는 조그마한 부락(구전에 의하면 3~4채의 민가가 있었던 것으로 전해짐)을 이루고 이었으나 인근 송치 안쪽에 거의 육지로 노출되다시피 한 갯벌이 발달되어 있어 천혜의 간척조건에 따라 1801년(기록상 최초)로 이곳에서 간척사업이 행해진다. 1900년대부터는 간척지에서 생산되는 경재력과 함께 역시 천혜의 항만조건[20]과 교통여건[21]을 기반으로 파시가 형성되면서 거주민들이 모여들기 시작하여 이 지역 최대의 어촌으로 성장하게 된다. 따라서 섬 원주민들보다는 외지인들로 이루어진 것이 특징이다. 그리고 1960년대부터는 흑산도 예리항 다음으로 성시를 이루어 서남해의 주요 어항으로 자리 메김 한다. 1960년대 50-60가구, 1980년대 중반까지 110여 가구로 최대를 이루었다. 현재는 80여 가구로 되어 있다. 한 때는 흑산 홍도 추자도 등까지 억획권을 형성했다. 해방 후 어장 쇠퇴와 선박 변화[22]로 어항에서 포구기능으로 바뀌게 되었다. 대신 가산선착장이 화물 수송 기능을 대행하고 있다. 현재는 인근 도초도와 연장 973m의 서남문대교가 건설되어 이곳으로부터 연도되어 있다. 건설 후 이 다리는 현저한 경관자원으로서 많은 관광객을 끌어 모으고 있으며 낙시터로로서 그리고 도서간 교통소통 원할, 관광 및 지역개발 촉진, 도서주민의 생활향상 등 많은 영역에서 큰 역할을 하고 있다.

가산항은 일제강점기에 조성된 간척사업의 결과 수송여건이 좋아 졌으며 자연스럽게 수대를 밀어내고 주요 화물 적치장으로 자리잡았다. 현재 비금도에서 생산되는 소금, 시금치의 최대 출구 역할을 하고 있다. 여름에는 항상 소금가마들이 산처럼 쌓여 있으며, 겨울에는 시금치 다발이 역시

---

20) 북서풍(겨울동안)이 불면 원평항에 배를 정박하기 어려워 송치에서 머무름.

21) 목포와 흑산도(홍도)를 잇는 중간기착지에 위치해 있어 예부터 중요한 교통의 요지였다.

22) 원래는(풍선시설) 어항이었으나 해방 후 동력선으로 바뀌면서 고기 하치장보다는 여객 수송이 주를 이루게 되었음.

산처럼 쌓여 있고 차들이 매우 번잡한 활력 있는 경관을 이루고 있다.

또한 섬의 북쪽에 있는 원평은 원래는 열악한 자연조건23)으로 황무지 상태였다. 그러나 고서리 쪽의 습지가 간척되면서 배후의 광활한 경작지를 기반으로 하고 내에로 연결되는 위치적 특성을 살려 조선후기부터 점차 어촌의 형태로 자리잡기 시작하였다. 그리고 해방 후 천혜의 해수욕장과 낚시터를 기반으로 휴양객이 모여들자 현재 회집과 식당이 20여 곳, 30여척의 배가 이곳에 모여있다. 또한 최근에는 제3종 어항으로 지정되어 있으며, 지난 20여년 간에 총공사비 85억원을 투자하여 방파제 480m, 방조제 400m, 파제제 75m, 물량장 360m, 호안도로 500m 등의 현대적 시설이 갖춰져 있다. 주요 어족으로는 꽃게, 간재미, 병어, 서대, 새우 등이다.

그림마을은 천혜의 자연조건상 조선시대부터 가장 활발한 간척사업이 진행된 곳이다.24) 활발한 간척사업을 바탕으로 초기에는 농업(벼농사)이 성행하였으나 1946년부터 시작된 천일염25) 기술은 이 지역을 최대의 소금생산지로 바꿨다. 현재와 같은 염전조성은 1970년대 이루 이루어진 것이며 현재도 비금도 140여명의 염주 중 가장 많은 업주가 이 마을 출신으로 되어 있다. 1990년대에 들어 중국산 소금 수입으로 폐염전 증가로 논 경지화 혹은 대하양식장(고기양식장)으로 변하고 있다.

용소와 도고마을은 이 지역의 전형적인 농업기능 촌락이다. 가장 초기부터 간척사업이 이루어졌으며, 그 후 지속적인 북서풍과 바다의 영향을 받아 북쪽 해안의 미립질 모래가 이동되어와 10~20m 깊이의 두꺼운 모래 층이 형성되어 있다. 초기에는 매우 심한 가뭄을 겪었으나 북부 산악지대의 광대저수지 축조 이후는 농업의 중심지로 자리 메김 했다. 북쪽

---

23) 이 곳은 원래 강한 북서풍과 모래지형으로 작물 경작이 어려웠으며, 앞뒤로 바닷물이 들어와 주거지 형성이 곤란하였음.

24) 비금도 전역에서 가장 넓은 갯벌이 발달되어 있었던 곳이며, 또한 주변에 크고 작은 섬들이 산재해 있어 천혜의 간척조건을 갖추고 있었던 지역이었다.

25) 그 이전에는 화염만 이었다(일제시대까지 3곳이 있었다고 전해짐). 일제시대에 평안도 주을염전으로 징용갔던 박삼만씨가 1946년 고향(구림리) 갯벌을 막아 구림염전을 개척하면서 시작됨. 한편 구림염전은 남한 최초의 천일염으로 전해지고 있다.

저지대 지역은 사질이 많은 토질적인 영향과 적은 강수량 등으로 현재도 식생발달이 빈약한 것은 물론 주거발달이 안되고 있다. 그러나 이 두 마을 지역은 사면붕적토에 의한 사질토가 두껍게 퇴적되어 농경과 거주조건이 유리하여 일찍부터 큰 마을이 형성될 수 있었다. 지석묘, 고분, 성곽이 분포한 것으로 보아 일찍부터 이 지역의 거주역사를 대변해 주고 있다. 아마 비금도의 초기 생활터전이었을 것으로 여겨진다.

Ⅵ. 마무리

서남해역 섬의 역사는 개척의 역사라 해도 과언이 아닐 만큼 수많은 간척사업이 행해져 왔다. 그리고 간척지 조성은 경제활동 공간 변화, 주거지 이동과 발달, 포구 변화, 생태계 변화, 생업 변화를 가져왔다. 이러한 관점에서 연구된 본 연구의 결과는 다음과 같다.

첫째, 비금도는 한반도 서남 해의 모든 도서지역이 그러했듯이 지금으로부터 약 15,000년 전에는 전남 내륙과 연륙(連陸)되어 있었다[26]. 그러나 그 후 해수면 상승과 함께 약 2000년 전에야 비로소 현재와 같은 해안선이 형성되었던 것으로 보인다. 또한, 당시 비금도는 약 32.32㎢로 현재(45.14㎢)의 현재의 2/3규모에 불과한 작은 섬이었던 것으로 여겨진다.

둘째, 조선 중·후기를 거치면서 약 11㎢가 간척된 것으로 나타나고 있다. 물론 7.54㎢ 면적이 전부 간척사업에 의해서 이루어졌다고는 할 수 없다. 이 중 많은 면적이 자연적인 퇴적작용으로 습지로 변하고 점차 메워져 내륙화 상태로 되어 있었을 것이다. 그러나 생각보다 많은 면적은 주

---

26) 해수면 상승은 후기갱신세 마지막으로 추었던 시기인 15,000여년 전부터 이루어지기 시작한 것이 일반적인 학설이다.

민들의 방조제 조성으로 이루어진 것 역시 부인할 수 없을 것이다. 당시 10개의 큰 섬으로 분리된 것들이 하나로 통합되었으며, 그 결과 배가 드나들 수 있는 구지(곶) 11곳의 발달과 현재의 대부분의 마을입지가 이 때 자리 잡았음을 알 수 있었다.

셋째, 일제강점기와 해방 후 조성된 간척지는 그 이전과는 달리 거의 염전으로 활용되었다. 그리고 이 시기에 마지막 떨어져 있던 가산도가 통합되어 오늘날의 가산선착장을 만들어 냈다. 그리고 활발했던 간척사업이 80년대를 지나면서부터 사라지기 시각했다.

넷째, 활발한 간척사업에 의해 경제공간이 "해양(어장)→내륙(간척지)→해안(양식장)"의 경향을 보여왔다. 또한 환경변화는 "논경지(1950년 이전)→천일제염(1950~1990)→새우양식(1990~1997)→광어양식(1997년 이후)"으로 변화시키고 있다.

다섯째, 또한 활발한 간척활동의 결과, 구림(소금), 내월(농업, 시금치), 송치와 원평(어업, 휴양지), 수치(해조류 양식), 수대와 가산(물류기지), 도고와 용소(주거) 읍동(행정) 등의 기능분화에 영향을 주었다.

끝으로, 본 연구는 GIS 분석 툴(tool)을 이용해 정확하고 과학적인 연구를 진행했으며, 따라서 간척사업에 의한 경관변화 분석이 큰 의미를 가지고 있다고 보인다. 이들 결과는 앞으로 도서문화를 연구하는 자에게 기반이 되는 기초지식을 제공할 수 있을 것으로 기대한다.

제4장 도서지역의
중심지(면소재지) 공간구조

박종철* · 문병채**

Ⅰ. 머리말

도서지역은 일반적으로 환해성(環海性), 격절성(隔絶性) 등으로 표현되는 도서성(島嶼性)으로 육지에 위치한 오지(조건불리 지역) 보다도 더욱 열악한 위치에 놓여있다. 인구의 급격한 감소, 높은 고령화율 등의 지역발전을 위한 자체역량의 미형성은 도서지역이 안고 있는 가장 근본적인 제약조건이다. 반면에 풍부한 해양자원은 도서지역만이 지니고 있는 독특한 잠재력이라 할 수 있다. 이러한 특성에 연유하여 도서지역은 경제, 사회, 문화적 성격이 다른 지역과 상당한 차이를 나타낼 것이고, 도서지역의 이러한 특성에 기초하여 구상되어야 할 도서지역개발 역시 육지의 다른 지역과 같을 수 없을 것이다. 그러함에도 불구하고 지금까지 도서지역의 개발도 육지 농어촌의 연장선에서 육지와 크게 다르지 않게 취급되었던 것이 현실이었다. 그 결과 도서지역 실정에 맞지 않는 개발정책은 비효율성을 가져왔을 뿐만 아니라 주민과 동떨어진 방향에서 별개의 것으로 이루어져 왔다고 보여진다.

이러한 배경에서, 본 연구는 대상지역인 전남 서남해역의 도서지역을

* 목포대학교 정경학부 도시 및 지역개발학전공 교수
** 목포대학교 인문과학연구원 도서문화연구소 연구교수

중심으로 인구변화와 토지이용 및 도로망 조사를 통해 이들의 중심지인 면소재지의 공간구조 특징을 이해하고 바람직한 도서지역개발의 개발방향을 제시하는데 목적을 두었다. 그리고 이러한 목적 달성을 위해 다음과 같은 내용들이 주된 내용으로 연구되었다. 첫째는 사례지역 조사연구를 통해 도서지역이 갖고 있는 지역발전의 자체역량의 미형성(未形成)이 무엇이고 또한 그것들이 도서성(島嶼性)과 어떤 관계를 맺고 있는가의 분석을 통해 도서지역이 다른 지역(육지)과 차별성을 보이는 특성을 파악하고자 하였다. 둘째는 도서지역이 갖는 이러한 특성에 기초하여 도서지역개발에서 구상되어져야 할 계획내용들을 정리했다. 그리고 마지막으로 이들 계획내용들을 종합적으로 정리하고 체계화시켜 바람직한 개발방안을 도출했다.

이를 위한 연구방법은 첫째 1차 자료인 문헌자료와 통계자료를 통하여 일반적인 특성을 알아보고, 둘째 현지조사를 통한 중심시가지의 업종별 현황, 층별 토지이용현황, 건축적 특징, 도로망 등의 조사로 중심시가지의 토지이용현황에 대해 알아보았으며, 셋째 현장조사에서 파악된 항목을 토대로 도면화 하여 컴퓨터에 입력한 후, 넷째 기존의 디지털화 된 지번도와 토지대장 및 건축물대장과의 비교를 통하여 차이점을 분석하였다.

Ⅱ. 인구변화의 특색

우리나라 낙후지역이 모두 그렇듯이 한국 서남해역에 분포하고 있는 도서지역의 인구 역시 지속적으로 감소하고 있다. 1970년대부터 시작된 인구감소 현상은 1980년 이후 더욱 두드러졌으며, 대부분이 그 때 인구의 절반 이하로 줄어들었다. 특히, 경제활동인구(15~64세)의 감소가 더욱 두

드러졌다.

이 지역의 이와 같은 인구구조의 변화는 결과적으로 다음과 같은 네 가지 특성으로 집약된다. 첫째는 자연적 인구감소가 크다는 것[1]이고, 그 원인은 이 지역으로부터 유출된 인구가 주로 출산연령층에서 두드러진 것으로 보아 출생율이 현격하게 감소하고 있을 뿐만 아니라 높은 고령인구 비율로 사망률이 높은 것에 기인한 것으로 보인다. 둘째는 특히 결혼정령층에서 남녀성비의 불균형은 여성인구의 부족[2]을 가져와 결혼을 하지 못하고 독신으로 살아가는 사람들이 많을 것이고, 이로 인해 결혼정령기 남성들의 육지로의 전출이 심해져 결국에는 인구감소로 이어지는 것으로 파악되고 있다. 셋째는 인구이동 패턴을 볼 때, 육지로 아주 이사를 가던지 아니면 섬과 육지 양쪽에서 생활하는 사람들이 점차 늘어나고 있다. 그리고 양쪽 생활을 하는 가구는 부모는 섬에 자녀는 학교나 직장이 있는 육지의 도시에 거주하는 가구양분의 문제를 안고 있다. 이는 소득증가에 따른 문화욕구와 자녀교육이 삶의 중요 문제로 부각되면서 나타난 현상으로 보인다. 넷째는 도서별 인구변화를 볼 때, 개개 섬별 총거주인구와 면소재지(중심시가지) 거주인구가 거의 비슷한 비율로 감소하고 하고 있는 것으로 보아, 섬 내부의 마을(里)간 이동보다는 타지역 즉 육지로의 이동이 거의 대부분을 차지하고 있는 것으로 분석되었다. 다섯째는 인구 노령화가 심해지고 있다. 한 예로 65세 이상 인구는 95년도에 비해 2000년에는 27.1% 늘어났으며, 노령화지수[3]도 14.5%에서 23.9%로 증가하였다. 또한 65세 이상의 남녀성비를 조사해본 결과 각각 55.5%와 56.5%로 나타나 큰 차이는 없으나 노년 여성인구의 독신생활의 증가가 두드러진다. 여섯째로는 인구부양율[4] 또한 계속 높아지고 있다. 대체로 1995년 47%에서

---

1) 자연적 인구감소의 원인은 일반적으로 출산연령층 인구이동으로 출생율이 감소하는 원인과 고령인구 증가로 인한 높은 사망률로 나눌 수 있음.
2) 남성 10명당 4명이 혼기를 놓친 독신임.
3) 노령화지수 = 65세 이상 인구 / 총인구 ÷ 100
4) 인구부양율 = 연소인구부양율 + 노년인구부양율

2000년 57.9%로 증가하였다. 연령별 인구변화에 따라 연소인구의 부양율
은 25.7%에서 20.2%로 5.5% 감소한데 비해 노년인구의 부양율은 21.3%에
서 37.7%로 16.4%나 증가함으로서 연소인구는 감소한 반면에 노년인구는
증가하는 것으로 나타났다. 이와 같이 인구부양율이 점점 높아지고 있는
이유는 생산연령인구의 감소로 인한 인구부양율 증가와 노년인구의 증가
에 기인한 것으로 보인다. 특히, 여성 고령자의 증가는 심각한 노동력 문
제로 인해 생산환경을 취약하게 하고 있다.

Ⅲ. 토지이용과 공간상황

면소재지 마을은 그 섬의 중심지 역할을 수행하고 있다. 따라서 각각의
섬에서는 이 지역에 상업이 가장 잘 발달되어 있으며, 주거지 또한 크다.
토지이용 면에서 업종별 분포 현황을 보면, 섬 별로 차이는 있지만 대체
로 주거기능이 가장 많은 비중(50% 내외)을 차지하고 있고, 다음으로 음
식, 기타 근린상업기능, 대개인서비스기능, 건축자재, 공공서비스기능, 통
신·금융·교육·종교기능 순을 보이고 있다. 그리고 이러한 판매·서비
스의 중심기능은 농협과 면사무소를 중심으로 한 반경 500m 이내에 거의
집적되어 있는 점이 특징이다.

또한, 건물층별 토지이용을 보면, 역시 섬에 따라 약간의 차이가 있지
만 평균적으로 1층건물이 70%, 2층건물이 25%, 3층건물이 1%, 기타 등의
순으로 차지하고 있다. 2층 이상의 건물은 대부분이 면사무소 인접지역에
밀집되어 있고, 신도로와 구도로의 교차점에 많이 분포되어 있는 것이 특
징이다. 이들 중 1층은 주거가40%, 식당이 11.7%, 근린상업이 6.0%내외
등의 순으로 차지하고 있으며, 2층 이상은 보건소, 복지회관, 파출소, 면사

무소, 금융, 주거, 방앗간, 여인숙 등 관공서나 공공건축물이 주를 이루며, 그 외의 용도로는 거의 발달하지 못한 상태이다. 또한 3층 이상은 거의 모두가 숙박시설로서 이용되고 있는 것도 큰 특징이다. 그리고 공공시설은 대부분이 간선도로 주변에 분포되어 있다. 현재의 위치로 공공시설의 이전은 대부분이 1970년대 새마을사업에 따른 도로 개설 후였으며, 이에 따라 도로 주변에 시가지가 현재와 같이 조성된 경우가 많다.

이로 보아, 이들 중심지들의 상업시설은 도심지로서의 소비욕구를 충족시킬만한 상권을 형성하지 못하여 전문화·고급화와는 거리가 먼 것으로 파악되었다. 즉, 이 지역에 소상권이 형성되어 있으나 의류, 신발, 악세서리, 속옷, 화장품, 화원, 장식품, 귀금속, 오락, 운동용품 등의 선매품 판매관련 업종이 다양성을 보이지 않고 있다. 이는 이 지역의 낮은 문화적 수준을 보여주는 것으로 여겨진다. 즉, 상가들이 아직은 1차적인 생필품 위주로 되어 있다는 것을 알 수 있다. 따라서 이들 고급품을 육지의 대도시인 목포나 광주를 이용하고 있는 형편이어서 경제적·사회적 기반을 매우 어렵게 하는 것으로 조사되었다.

Ⅳ. 지적·건축물의 주거지 구조

면소재지 마을 안에는 80% 정도가 대지이며, 나머지는 전(15%), 그리고 약간의 답(5%)이 차지하고 있다. 그리고 이들의 地價는 주거, 상가, 공공건물, 田, 畓에 따라 약간씩 차이가 나지만 공시지가를 기준으로 할 때, 대로변 건물의 경우 대략 2~4만원선인 것으로 나타나고 있다. 지가는 1996년도까지는 별다른 변화를 보이지 않다가 1997년 이후에 큰 지가상승을 볼 수 있었다. 이는 이 지역의 발전에 의한 것이 아니라 전국적인 상황이었던 것으로 보여진다.

또한, 건축법상 대지는 건물을 세울 수 있는 땅으로 60㎡이상을 규정하고 있는데, 실제로 60㎡미만의 면적을 가진 대지가 존재하고 있는 경우가 많다. 즉 불법건축물이 많이 눈에 띈다. 일반 주거지의 면적은 대부분이 200~400㎡ 이하이고(50% 차지), 1000㎡ 이상의 면적은 거의 농협, 면사무소, 학교 등 공공시설들로 이루어져 있다. 필지규모별 특징을 보면, 도로에 둘러싸인 부분의 필지는 잘게 세분되어있고 도로에서 멀수록 대지의 규모가 커지는 현상을 보이고 있다. 또한 용도별로는 상업이나 주거 혹은 주상의 용도로 사용되는 대지의 필지규모는 작고, 공공시설이나 한전, 농협, 교회 등 용지의 필지규모는 큰 경향을 보이고 있다. 또한, 지목변경은 1970년대 이후 활발하게 이루어졌다. 이는 이때 새마을 사업과 함께 도로와 마을정비가 대대적으로 일어났기 때문인 것으로 보인다. 특히 이때 답(畓)이나 전(田)이 대지로 전환한 예가 많았다. 뿐만 아니라, 1976년~1980년에 70%이상의 건물이 신축건물로 들어섰으며, 그 이후에는 증가가 미비하였다. 즉 1980년대 이후는 개축이나 증축이 거의 없었음을 알 수 있다. 따라서 지목변경을 종합해 보면, 90년대로 갈수록 신축건물이 늘어가다가 90년대 이후에는 신축건물이 급격히 줄어들고 있다. 또, 대지로 전환된 토지는 90년대로 갈수록 급격히 늘어나고 있는 추세이다. 분할된 필지는 95년대 이후에 급격히 감소하는 경향을 보이고 있다.

필지의 규모와 형태, 그리고 지번에 있어서 가장 큰 변화를 보인 용지는 학교용지와 한전용지, 그리고 중앙에 위치한 상가밀집지역에서 현저하게 나타났다. 이들 한전, 학교용지와 같이 대규모의 용지를 필요로 하는 곳에서는 필지의 통합이 일어났고, 그 외 상가나 주택용지 등에는 필지의 분할이 주로 일어났으며, 어떤 곳은 필지의 통합과 분할이 동시, 혹은 순차적으로 일어난 경우도 있었다. 염전 및 전과 답이었던 원래의 토지이용은 주거지가 확장되고 많은 건물이 세워지면서 대지로 변경되는 토지의 垈地化 현상이 나타나고 있는데, 일부는 지목변경을 하지 않고 건물을 세워서 토지대장에는 염전의 용도로 표시되어 있지만 실제로는 건물이 들어서 있는 경우가 많다. 이러한 현상은 최근에 형성된 시가지일수록 쉽게 찾아 볼 수가 있었다. 즉, 대지가 아닌데도 건물이 들어서 있고, 염전이었던 곳이 농지로 활용되어 있는 위법사례는 국토이용관리법상 준도시지역에 포함되는 지역일수록 두드러지게 나타났다. 또한, 토지이용규제법과 관련한 문제도 많다. 예를 들면, 도서지역은 국토이용관리법5)상의 각종 규제가 적용되고 있는데, 도시지역에 준하여 토지의 이용과 개발이 필요한 주민의 집단적 생활근거지, 농공단지, 관광 휴향시설 지역 등 각종 시설토지로 이용되는 준도시지역과 농업진흥지역 및 보전림지 등으로 농림업의 진흥과 산림의 보전을 위한 농림지역이 있다. 도서지역의 면소재지는 대부분 준도시지역에 포함된다. 그러나 필요 없는 산림까지 준도시지역에 포함되어 있는 경우가 많거나 염전이 농지로 되어있는 등 그 지정에 문제가 이는 경우가 많다. 따라서 합리적 실제조사를 토대로 한 재조정이 요구된다.

건축물의 영식과 구조를 볼 때, 지붕재료는 대부분이 슬래트(50% 내외)로 가장 많이 쓰였으며, 그 다음이 슬라브 29% 기와 2% 등의 순으로 나타났다. 벽면재료는 시멘트(블록)가 50%로 가장 많고 목조 28% 철근콘크리트 14%의 등의 순으로 나타났다. 관공서의 대부분과 상가의 일부가 슬라브와 시멘트로 되어 있으며, 주거의 경우는 목조, 슬라브와 시멘트가 주를 이루었다. 즉, 가장 보편적인 주거양식을 살펴보면 슬레이트 지붕에 시멘트벽이라는 것을 알 수 있었다.

---

5) 국토이용관리법에 의하면 국토건설종합계획의 효율적인 전진과 국토이용질서를 확립하기 위하여 국토이용계획의 입안·결정·토지거래의 규제와 토지이용의 조정 등에 관하여 필요한 사항을 정하도록 하고 있다. 국토이용계획에는 용도지역의 지정에 관한 계획을 정하였다. (개정95.12.29法5111) 용도지역에는 도시지역, 준도시지역, 농림지역, 준농림지역, 자연환경보전지역으로 나눈다.

V. 도로체계와 공간형성

1970년대까지의 도로구조는 굴곡이 심하고 상당히 조잡스런 복잡한 구조를 보였다. 그러나 1980년대 이후로 점차 도로구조가 직선화되어 가는 경향을 보였다. 이러한 도로구조의 변천은 도로와 건물로 이루어지는 시가지구조를 변화시켰다.

도로 포장여부 및 폭원별 현황을 보면, 일반적으로 아스팔트(31%)보다는 콘크리트(58%) 포장이 더 많은 편이다. 일반적으로 폭원이 4m이상인 도로는 포장된 것이 많고, 그 이하인 도로는 비포장인 경우가 많다. 그리고 포장도로는 주로 주거가 형성된 마을과 마을간의 연결도로에서 찾아볼 수 있고, 비포장 도로는 대부분이 전답을 중심으로 연결된 것들로 농로들이다. 폭원별 도로발달 현황을 보면, 6~9m 도로는 마을의 주도로 마을을 가로질러 형성된 경우가 많고, 3~6m 도로는 주로 주거가 밀집된 곳에 형성되어 있고 가장 높은 비율을 차지하고 있다. 그리고 3m 미만 도로는 26%를 차지하고 있다. 이 중 3m 미만 도로는 주거(주택)로의 진입목적으로 개설된 것이 많으며 주변 지형상 경사로가 많다.

또한 차량 통행이 가능한 도로는 4m~6m의 폭원 도로가 대부분이며, 인도가 설치된 것을 찾아보기 힘들다. 이들은 새로 개설된 것보다는 기존의 도로에 확포장공사를 시행한 것이 대부분이며, 이는 지적도와 토지대장의 지목변경의 유무를 통해 확인할 수 있었다. 그리고 마을회관을 중심으로 주거가 밀집되어 있는 곳에 도로의 접근도가 가장 좋았다. 다음 표는 이러한 도로의 폭이나 상태에 따른 토지용 특성을 정리한 것이다.

〈표 2〉 도로폭에 따른 토지이용 양상

도로폭	지목현황	업종현황	층별토지이용	건축양식	시설분포
3m미만	대지에 접해 있고 주로 주거지에 접근이 용이함.	3m미만의 도로는 거의 업종별에 영향을 미치지 안음	주로 주거지로서 1층이 대부분이고 접근성이 용이함	벽면구조는시멘트 블록,지붕형태는 슬레트로서 주를 이루고 있음	공공시설과의 접근성은 없음
3~6m	마을 중심도로로서 대지와 전·답으로 접근하기 위한 도로임	업무시설과 근린상업과 주거을 연계하는 도로임	1층이 대부분이고 주거와 상업을 연계하여 접근성이 용이	벽면구조는 시멘트블록, 지붕형태는 슬라브로서 현대적특징이 있음	대부분의 공공시설을 접하는 도로로서 주민들이 쉽게 이용할 수 있음
6~9m	군도(郡道)로 각 행정구역을 연계하며 마을의 축을 이루고 있고 대지와 접해있음	대부분 상업시설과 접해있어 중심시가지의 축으로 이용됨	6m미만의 도로에서는 볼수 없는 2층이상의 건물이 분포하며 상업이 주를 이루고 있음	벽면구조는 철근콘크리트이고 지붕형태는 슬라브로서 2층이상의 건물이 분포해 있음	농협과 파출소가 접해 있음

〈표 3〉 도로상태에 따른 토지이용 양상

상태	지목현황	업종현황	층별 토지이용	건축양식	시설분포
아스팔트	군도로 각 구역을 연계하며 마을의 축을 이루고 있고 대지와 접해 있음	대부분 상업시설과 접해있어 중심시가지 축으로 이용됨	6m미만의 도로에서는 볼수 없는 2층 이상의 건물이 분포하며 상업이 주를 이루고 있음	벽면구조는 철근콘크리트이고 지붕형태는 슬라브로서 2층이상의 건물이 분포해 있음	농협과 파출소가 접해 있음
콘크리트	마을 중심도로로서 대지와 전·답으로 접근하기 위한 도로임	주로 업무·상업·주거를 연계 도로로 콘크리트도로가 많음	1층이 대부분이고 주거와 상업을 연계하여 접근성이 용이	벽면구조는 시멘트블록, 지붕형태는 슬라브로서 현대적 특징이 있음	대부분 공공시설을 접하는 도로로 접근성이 좋음
비포장	주로 전·답을 연결하고 농로로 이용되고 있음	연계성이 없음	약간의 주거지와 접함.	초가집 및 창고로 쓰이는 조립식 건물, 폐가가 접함	연계성이 없음

또한, 도서지역은 좁은 공간을 효율적으로 사용하는 도서지역의 토지이용 특성상 곳곳에 보행이나 물류수송에 지장을 주는 지장물이 늘어나 상당히 심각한 상태에 이르고 있다. 현재 대다수의 지장물은 자동차와 오토바이가 주를 이룬다. 특히 면사무소와 농협 주변이 가장 심한 편이며, 어느 섬을 막론하고 방문차량이 도로의 반을 차지하고 있는 상황이다. 공공기관의 주차장 시설이 부족하여 나타나는 현상으로 여겨진다. 따라서 이러한 지장물을 제거하기 위해서는 공공기관의 주차장 증설과 상가 입간판의 재정비가 요구된다.

Ⅵ. 시가지 확대와 공간변화

도서지역은 연대별로 개발상황 즉, 시가지 확장상에 있어서 두두러진 몇 가지 특징을 찾을 수 있다. 이를 간단히 살펴보면 다음과 같다. 첫째, 1960년대 말까지는 많은 공공기관(면사무소, 파출소, 우체국, 농협 등)이 목포나 다른 곳으로 물건을 팔거나 사기 위해 많은 사람들이 모여드는 선착장에 위치해 있는 경우가 많았으나, 1970년대부터는 효율적인 공공기관의 이용을 위해 섬의 지리적 중심지 마을이 커지고 그곳으로 이동된 사례가 많이 발견된다. 이렇게 된 원인에는 자동자 교통의 발달이 있었으며, 최근의 연도교 가설은 이러한 성향을 더욱 강화시키고 있다. 전체적으로는, 이들 공공시설의 한곳으로의 집중은 시가지구조를 광역화시키고 또한 그 내부를 충전하는 형태로 변화시켜가고 있다.

둘째, 빈집(폐가)은 초기에 형성된 주거지역(대체로 경사가 약간 진 산록지역)에서 많이 나타나고 있다. 멸실가옥(집터만 남아있는) 지역은 현재 대부분이 밭으로 이용되고 있으며 일부 돌담이 남아 있는 경우가 많다.

폐가와 멸실가옥의 분포를 보면, 예전에는 주민들은 약간 경사가 진 산밑에 주로 거주하였으나, 점차 산 아래의 평지로 옮겨왔던 곳을 많은 사례연구에서 찾을 수 있었다. 그렇다면 언제부터 그리고 왜 이곳으로 이동되었을까. 이에 대한 해답은 다음과 같은 두 가지 점에서 찾을 수 있다고 본다. 첫째는 근세 이후 지방도(간선도로)의 개설로 인하여 신주거지 지역의 교통이 상대적으로 편리해졌다. 그리고 이것은 주거여건에 절대적인 영향을 주었던 것으로 보인다. 둘째는 보다 큰 필지 규모를 필요로 하고 화물적재가 가능한 여러 공공시설 즉 면사무소, 농협, 우체국 등이 이곳에 자리를 잡게되자 상업시설들이 덩달아 입지하게 되어 자연스럽게 개발방향이 옮겨진 듯 하다. 그 결과 두 거주지간에는 다음과 같은 면에 있어서 몇 가지 상이성을 찾을 수 있게 하고 있다. 첫째, 지적도에서도 불 수 있듯이 구주거지는 신주거지에 비해 필지 규모가 상대적으로 작고 불규칙적이다. 구주거지의 필지 형태가 장방형이 많음에 비해 신주거지는 사각형이 많다. 둘째, 도로망 분포에서 알 수 있듯이 구주거지는 신주거지에 비해 도로폭이 좁고 미로형이 많다. 특히 신주거지에서는 미로형의 도로망을 거의 찾기 힘들다. 셋째, 연도교 가설에 따른 시가지 변화를 들 수 있다. 최근 다도해 특정지역 개발계획의 일환으로서 도서지역을 연결하는 교량건설로 도서간의 교통소통을 원활히 하여 주민의 생활환경 향상, 지역간이 균형발전, 해상국립공원을 개발을 도모하기 위해서 연도교 가설이 활발히 추진되고 있는데, 그 결과 연도교 가설 이후 커다란 영향은 현재 나타나지 않고 있으나, 해당 섬의 면소재지에 있어서 몇 가지의 특징적 토지이용변화가 관찰되어지고 있다. 우선 통행차량의 종류는 트럭, 승용차, 택시 순으로 나타나며, 피크타임은 2시~3시 사이로 나타났다. 그리고 오전의 통행량보다 오후의 통행량이 더 많다. 이로 보아 물류수송에 큰 변화가 예상되고 있다. 또 하나는 연결된 섬간의 왕래가 잦아지면서 두 섬은 하나의 생활권화 되는 경향을 보이고 있으며 면소재지들은 지역의 중심지적 기능이 더욱 강화되어 가고 있다. 그리고 이와 더불어 공공시설의 이전 향배가 중심지의 크기 및 분포에 영향을 미칠 것으로 전망된다.

VII. 마무리

본 글에서 서남해역 도서지역의 중심지 즉, 면소재지의 인구특성 및 변화, 토지이용현황, 도로형태와 주거 및 각종 시설에의 접근성, 그리고 지역변화(폐가 및 멸실주택 분포, 개발축 변화)에 대해서 알아보았다.

한국 서남해 다도해 지역은 우리나라 서남경제권에 속하며 개발의 축에서 떨어진 곳에 위치한 섬으로 되어 있는 지역이다. 그리고 풍부한 관광 및 해양자원 등 잠재력이 있음에도 불구하고, 인구의 급격한 감소, 높은 고령화율, 부양력 증대 등은 자체역량의 미형성을 가져와 지역발전의 가장 근본적인 제약조건이 되고 있다. 따라서 지역개발은 육지에 위치한 오지(조건불리 지역) 보다도 더욱 열악한 위치에 놓여있다. 섬 사람들이 보다 편하게 고향을 지키며 살아갈 수 있도록 하기 위해서는 경제적 기반 확충과 더불어 삶의 질을 높일 수 있는 여건을 조성해 주어야 할 것이다. 그러기 위해서는 어디에 어떤 내용의 지원이 어떻게 이루어져야 하는가에 대한 섬에 대한 기초연구가 필요할 것이다. 이러한 배경에서, 이 곳의 주민생활 여건 조성과 지역경제 활성화를 위해서는 다음과 같은 점들이 지역개발정책에 반영되어야 할 것이다.

첫째, 노인복지와 생산연령층 거주 유도가 필요하다. 이 지역의 인구변화가 시사하듯이, 자녀들 교육문제로 계속 증가하고 있는 섬과 육지 양쪽에서 생활하는 사람들에 대한 합리적인 대책마련이 시급하다. 이들은 농사철에는 섬에 머무르고 있으나 동절기에는 육지의 자녀 집으로 가기 때문에 빈집으로 남아 있는 실정이다. 따라서 동절기에도 이들이 섬에 머무를 수 있도록 여러 편의시설을 마련해주는 방안이 필요하다. 예를 들면 찜질방, 물리치료실, 대중목욕탕 등의 시설에 대한 직·간접적인 지원이 요구된다. 뿐만 아니라, 출산연령층 거주확대를 위해 이들에 대한 농어민 후계자 확대, 자금지원 확대, 이들 연령층에 맞는 편의시설 등의 확충이 필요하다. 그리고 이와 더불어 결혼을 하지 못하고 독신으로 살아가고 있는 노총각들을 위한 혼인프로그램 개발 등도 필요하다.

둘째, 중심지(면소재지) 간선도로변에 쾌적한 휴식공간이 조성되어야 한다. 섬의 중심지(면소재지)는 그 지역 전역의 삶의 중심 공간이다. 이곳에는 편의시설이 있고 공공기관이 집적되어 있어 일을 볼 수 있으며 아울러 휴식과 오락을 즐길 수 있는 곳이다. 그러나 조사에 의하며 현재는 매우 지저분하고 상업시설도 미약하며(근린상업 기능은 5.2%에 불과함) 가장 중요한 휴식 및 오락시설은 거의 전무하다. 단지 다방과 술집만이 있을 뿐이다. 건전한 오락 및 체육시설이 필요하다. 현재 고층건물의 3층이상이 모두 여관인 것을 일부 성인 실내 체육장(에어로빅 등)이나 물리치료실 등으로 개조시 지원하거나 자치조직을 통해 운영하도록 하는 프로그램 개발지원이 요구된다.

셋째, 주거환경의 개선이 시급하다. 아직도 지붕재료로 슬레트가 38%로 가장 많으며 벽면의 경우 토담집이 아직도 많다. 뿐만 아니라 빈집(폐가)와 멸실가옥이 마을 전체 가옥수의 30~40%를 차지할 정도로 많다. 따라서 아직도 경사진 곳이나 자동차나 수레의 진입이 곤란한 곳에 위치한 가옥에 대한 이전비용 지원과 낡은 건물에 대한 개·보수 시에 지원확대가 요구된다. 또한, 두 거주지간의 상이성 연구에서 얻어진 결과를 토대로 다음과 같은 주거환경에 대한 개선이 필요하다. 하나는 지적의 필지규모가 상대적으로 크고 규칙적으로 정비되어야 한다는 것 즉 장방형보다는 사각형 모양으로 정비를 요한다. 다른 하나는 미로형 도로망의 격자형으로의 정비와 아스팔트포장이 요구된다.

넷째, 도로망의 개선과 주거 및 각종 시설에의 접근성 제고가 미비하다.

현재, 섬 지역에서는 도로 폭이 6~9m의 도로가 간선도로를 형성하고 있는 만큼, 지역경제 활성화를 위해서는 주민과 물류이동의 토로인 이 도로에 대한 집중적인 개선과 보수가 중요하다고 본다. 섬 내의 행정구역의 잘 연계시켜야 할 것이며 일차적으로 포장을 요한다. 뿐만 아니라 중심시가지 부근은 도로변에 환경정화와 휴식시설(의자, 파고라 등) 설치가 필요하다. 특히 최근에는 차량이 증가되어 여기저기 교통위험이 도사리고 있으며 주민 통행에 많은 지장을 받고 있는데 대한 대책이 요구된다.

끝으로, 본인은 이 글을 통해서 해당 지역의 개발방향이나 그를 위한 정책이 이미 주민의 삶 속에 어 있다고 느꼈다. 따라서 우리는 이를 찾아내기 위해 주민들의 오랜 삶의 변화과정을 추적하고 연구하는 것은 지역개발의 가장 중요한 단서를 찾아내는 것일 것이다. 즉, 섬의 근본적인 바탕의 이해 속에서만이 그 지역이 지니는 특성과 필요한 영역을 찾을 수 있다고 본다. 결론적으로 섬 지역의 활성화를 위한 지역개발정책은 섬에서만 나타날 수 있는 현상들이 많고 그에 대한 적절한 대책마련이 요구된다고 볼 때, 도서개발이 육지 농어촌의 연장선에서 이루어져서는 안 된다는 것이며 도서지역 실정에 맞는 개발정책을 통한 효율성 증대를 가져오도록 해야 할 것으로 여긴다.

제5장 조선후기 도서지방의 마을구조와 주거문화

김 지 민*

Ⅰ. 도서역사와 주거문화

각 시대 각 지역의 문화는 그 문화가 생성되는 과정에 따라 서로 다른 특징과 개성(전통)을 갖게 마련이다. 따라서 도서지역 주거의 올바른 가치와 의미를 찾는 일은 바로 이러한 지역적인 개성과 특징을 재발견하는데 두어져야 하며, 전승된 문화자료들은 바로 이같은 특성을 규명하는데 있어서 가장 기초적인 자료가 된다. 그런 의미에서 전통민가는 오랜 세월동안 우리 선조들이 우리의 삶에 맞게 여러 검증을 통해 완성해 놓은 정주공간이다. 따라서 그 안에는 우리민족의 동질성이 있고 유·무형의 다양한 전통 문화요소가 깃들어 있다.

섬은 우리들에게 낭만적인 대상이 될 수 있다. 그러나 역사적으로 보면 섬은 한때 수난의 길을 걸은 비운의 땅이기도 했다. 특히 조선전기 끊임없는 왜구의 침몰로 주민들의 삶은 늘 불안해 있었고 심지어는 중앙정부에서는 섬에 거주하고 있는 주민들을 강제로 내륙으로 이주시키는 이른바 '空島'정책까지 편 적도 있었다. 임진왜란 시에도 또다시 섬을 비치 문화의 공백기를 맞게 되었다.

17·18세기에 이주민들은 섬에 집중적으로 유입하였다. 즉 16세기말 전

---

* 목포대학교 건축조경토목공학부 건축학전공 교수

쟁으로 인해 유리된 流移民들이 정착지를 찾아 옮겨다니다가 최종적으로 섬에 유입한 것이다. 섬에 유입한 이주민들은 촌락을 형성하여 정착하게 되는데, 마을의 입지적 조건은 주로 포구, 경작지, 염전, 제방 설치가 가능한 곳이었다. 移住民들의 入島經路를 살펴보면, <南海→西海>로의 유입이 주된 경향이었고, 반대로 <西海→南海>로 유입한 사례는 극히 드물었다. 이런 현상은 바닷길과 밀접한 관련성이 있으며, 도서지방의 행정관할지를 설정할 때도 중요한 요인으로 작용하였다. 도서 이주민들은 海南·靈岩·康津·高興·寶城 등 沿海을 출발지 혹은 경유지로 하여 海路를 따라 섬으로 유입하였다. 이는 入島 前 거주지는 海南이 26%로 가장 많았고, 康津 21%, 長興 15% 순이었다.[1]

이처럼 주민들이 섬으로 모여들게 된 원인은 도서지방의 경제적 요인에서 찾아 볼 수 있다. 즉 섬은 이주민들에게 어류 및 해산물을 채취할 수 있는 바다와 농사를 지을 수 있는 토지를 제공해 주었다. 또 섬은 중앙정부로부터 부과되는 세금과 부역에 대한 부담이 적은 곳이었다. 따라서 도서 이주민들은 섬에 대한 중앙정부의 통제력이 강화되면 흩어졌다가, 도서정책이 완화되면 다시 섬으로 모여들었던 것이다.

유이민들, 즉 이들은 사실상 현재의 도서문화를 형성하고 발전시켜놓은 주역들이며, 현재 섬 지역에 남아있는 문화요소들은 바로 이들 이주민들이 그들의 전주거지에서 이식시켜왔던 것을 섬의 환경에 맞게 발전시켜 왔다고 불 수 있다. 낯선 땅에 처음 들어온 이들 入島祖들은 모든 것이 여의치는 않았겠지만 그들이 살던 육지의 집을 본떠 집을 지었을 것이다.

20세기 후반기부터 다시 섬은 큰 변화를 맞이하였다. 즉 산업화 영향으로 주민수가 급격히 줄어들고 또한 노령화 경향으로 경작, 해산물 채취 등에 어려움이 따르고 있다. 어쩌면 제 2의 '空島'시대가 오지 않을까 우려된다.

---

1) 金京玉,「朝鮮後期 西南海 島嶼의 社會經濟적 變化와 島嶼政策 硏究」, 전남대학원 박사학위 논문, 1999, p.132.

이제 완형의 전통민가는 특별한 보존 계획하에 있는 특정 가옥(문화재 지정가옥)을 제외하고는 농·어촌 어느 곳에서도 찾아보기가 힘들다. 과거의 주문화가 현대 주문화의 편리성에 밀려 더 이상 그 존재가치가 없어졌기 때문이다. 없어지기 시작한 시기는 농·어촌의 경우 개략 1970년대부터가 아닌가 한다.

주거 환경도 열악한 편이다. 재래의 목조집을 부분적으로 고쳐서 현대의 문명(TV, 전기, 전화 등)을 일부 수용하고 있거나 아니면 도시형의 스라브 집을 그대로 모방한 도서민의 주생활과는 너무 이질적인 집들이 지어지고 있다.

본 연구의 대상도서는 한국 서남해에 위치한 도서이다. 행정구역상으로는 주로 전라남도 지역이 된다. 전남지역은 전국도서 3,125개(유인도: 454, 무인도: 2,671) 중 62.5%인 1,954개(유인도: 265, 무인도: 1,689)가 존재하고 있고, 주민수도 전국 217,444명의 60%인 130,757명[2]이 거주하고 있어 한국의 대표적인 도서지역이 되고 있다. 구체적으로 본 연구에 활용한 도서와 조사 가옥수는 <표 1>과 같다.

<표 1> 연구대상 주요도서와 조사 가옥

행정구역	도서명	조사가옥수	조사년도
全南 新安郡	荏子島, 沙玉島, 曾島, 慈恩島, 八禽島, 安佐島, 飛禽島, 都草島, 荷衣島, 長山島, 上苔島, 下苔島, 大黑山島, 押海島	약 320호	1986~2001
全南 珍島郡	珍島, 上鳥島, 下鳥島	약 45호	1986~2000
全南 莞島郡	莞島, 甫吉島, 靑山島, 助藥島, 所安島, 金塘島, 古今島	약 180호	1999~2000
全南 高興郡	外羅老島, 內羅老島, 居金島	약 60호	1993, 2002
慶南 南海郡	昌善島	약 30호	2002

연구대상 가옥의 건립년대는 18C말에서 20C초 정도이다. 건립년도 파악은 上樑文과 거주민의 정확한 고증 등을 통해 확인하였다. 건립년도가

---

2) 1999 도서현황(행정자치부, 연육도서 제외)

불명확한 가옥, 예를 들어 주민들이 몇백년 됐다는 식의 고증은 건립년도 파악에서 제외하였다. 필자가 상량문을 통해 확인된 가옥 중 건립년도가 제일 빠른 가옥은 1797년에 건립된 新安郡 荷衣島 소재 朴氏 家屋(上樑文 : 嘉慶 二年 丁巳 七月 ……)이다.

　본 연구에 자료가 된 가옥은 20여년 동안에 걸쳐 조사된 가옥들이다. 따라서 그동안 원형이 변하거나 또는 훼철 또는 빈집으로 있는 가옥도 상당수가 있다.

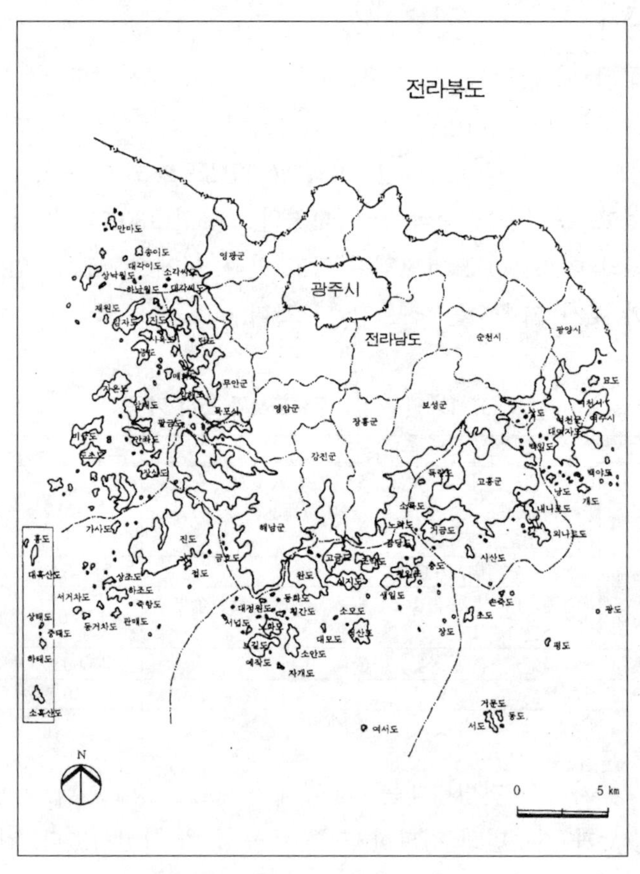

[그림 1] 한국 남서해 도서현황

Ⅱ. 도서지방의 마을구성

여러 사람이 한데 모여 사는 지역사회의 가장 기본적인 집단을 마을이라고 한다. 보통 촌락, 동네, 부락 등의 명칭도 마을과 같은 의미다.

마을은 1차적으로 형성단계부터 그 지역의 자연환경에 영향을 받으면서 전개된다. 향과 지형의 고저, 수맥, 그리고 경작지 등은 마을의 성격을 결정짓는 중요한 요소가 된다. 다음으로 경제조직, 사회관습 등이 추가되어 각기 다른 독특한 마을구조를 이룬 것이다.

우리나라 내륙지방의 마을 역사는 이미 고고학적 발굴을 통해 알려져 있듯이 선사시대부터 시작이 됐으며 그 규모는 몇호로부터 많게는 100호가 넘는 마을3)도 아주 오래 전부터 있었던 것으로 여겨진다. 또한 서남해 도서지역에도 패총, 지석묘 등의 신석기, 청동기 시대의 선사유적이 조사되어 아주 예부터 사람이 살았음을 알 수 있다.4)

서남해의 260여개 有人島는 그 크기가 도서에 따라 큰 차이가 있으나 사람이 많이 거주하고 있는 도서는 대개 20~40㎢의 면적이다(助藥島 23.84㎢, 甫吉島 32.99㎢, 靑山島 33.26㎢, 古今島 43.23㎢, 荷衣島 14.2㎢, 大黑山島 17.75㎢, 荏子島 38.86㎢, 都草島 41.94㎢ 등).

서남해 도서는 전부 육지의 침강결과로 생긴 도서로서 지형은 대부분이 300m이하의 구릉성 산지를 이루고 있어 평지는 극히 적은 편이다. 즉 평지는 대부분이 해안선 일부에, 또는 해수면 매립지에 발달되어 있다. 이는 결과적으로 농사를 지을 수 있는 들이 적다는 것이고, 아울러 마을의 발달은 자연히 비탈진 경사지에 이루어지고 있다.

---

3) 전남 함평군 함평읍 진양리에서 4세기경으로 추정되는 100여개의 수혈주거지가 발굴됐다(목포대 박물관, 1999).

4) 「신안군의 문화유적」 목포대 박물관, 1987. 「완도군의 문화유적」 목포대 박물관, 1995 참조.

각 도서주위에는 리아시스식 해안을 형성하며 개펄이 넓게 펼쳐져서 경지, 염전, 양식장 등으로 이용되고 있다. 곳에 따라 (특히 黑山島등) 해수의 강한 침식으로 암벽이 해안선을 따라 나타나는 곳도 있다.

구체적으로 도서의 역사와 마을공간구조를 사례를 통해 살펴보면 다음과 같다.

1. 완도군 금당도 삼산마을

금당도의 육산리 '삼산마을'은 섬내의 10여 개 마을 중 제일로 옛 모습을 많이 간직하고 있는 마을이다. 가옥은 물론 마을 안길, 공동시설 등 전체적인 마을 기본구조가 산업화 과정에서도 크게 흐트러짐이 없었다. 현재 이 마을에는 90여 가구에 약 490명 정도가 거주하고 있다. 주산물은 해태와 쌀이며 그 중 주 소득원은 해태이다.

이 마을의 최초 입도조는 礪山宋氏(小尹公派) 宋壽福(1642~1706)이다. 여산송씨가 전라도에 거주하기 시작한 것은 송수복의 12代祖인 宋忠孫이 강진현감으로 부임하면서 비롯되었다. 그후 여산송씨는 강진에서 해남 場內(蟾洞)로 이거하였는데, 송수복의 曾祖父 宋時輝가 '사람이 살기에 좋은 곳을 찾아 移居하라.'는 유언을 남기자, 이에 송수복은 曾祖父의 유지를 받들어 아들과 손자를 데리고 장흥 (남면)을 경유하여 금당도로 입

[사진 1] 금당도 삼산마을 전경

〈표 2〉 금당도 주민의 입도 성씨 및 시기

마을명		성씨(가구수)	입도시기	입도조	입도경위
차우리	울포	仁川李 (16) 金海金 (15) 天安全 (10)	1770년 영조대	인천이씨	평일도에서 띄배를 따고 입도
	비견	慶州鄭 (14) 金海金 (18)	1790년 정조대	경주정씨	高興 矢山島에서 입도
	허우	金海金 (7) 濟州梁 (3)	1820년 순조대	김해김씨	高興 錦山을 경유하여 입도
	차우	晉州姜 (20) 慶州李 (27) 天安全 (32)	1640년 인조대	진주강씨	高興
	세포	天安全 (16) 安東權 (16) 密陽孫 (7)	1730년 영조대	천안전씨	靈岩 汝門浦에서 입도
	봉동	晉州姜 (16) 礪山宋 (12) 密陽朴 (5)	1660년 효종대	진주강씨	차우리에서 분가
육산리	육동	利川徐 (27) 全州李 (27) 慶州鄭 (16)	1630년 인조대	이천서씨	선창개를 통해 들어와 복갯건 밑에 터를 잡음
	삼산	礪山宋 (70) 全州李 (5) 竹山安 (4)	1640년 인조대	여산송씨	長興
	신흥	礪山宋 (38) 密陽朴 (8) 同福吳 (8)	1650년 효종대	驪興閔氏	후에 여산 송씨가 삼산에서 이주
가학	가학	全州李 (39) 慶州鄭 (15) 驪陽陳 (12)	1620년 광해군대	전주이씨 · 경주정씨	장흥방면

도하였다. 현재도 이 마을은 여산 송씨가 77%정도를 차지하고 있다. 거의 완전한 동족마을이라 할 수 있다.

삼산마을은 금당도 내에서 남쪽으로 약간 깊숙이 섬내로 들어온 바닷길 가에 위치하고 있다. 넓은 바다와 바로 면해 있는 마을들 보다는 상대적으로 매우 아늑하다. 처음 입도인이 여러 자연여건을 고려해서 잡은 듯 하다.

마을의 입지는 뒤쪽으로 야트막한 야산이 있는 전체적인 背山臨野 형국이다. 그리고 가옥들은 급하지 않은 경사지에 들어서 있다. 본래는 臨海 경관이었으나 1930년대 간척사업으로 마을 앞 바다가 육지가 되면서 넓은 농토가 생기게 된 것이다. 한편, 마을 앞 좌우에는 증곤산, 중암산, 상랑산등 세 개의 산이 우뚝 솟아 마을 앞쪽의 경관이 또한 수려하다.

마을의 전체적인 향은 동향이다. 구조는 앞쪽에 안길이 남북방향으로 나있고, 이를 시작으로 좌우에 윗쪽으로 오르는 샛길이 2곳 있다. 이 샛길은 상단부에서 서로 연결된다. 가옥들은 이 동선에 따라 좌·우, 앞·뒤로 자연스럽게 터를 하고 건립되었다. 이러한 구조는 경사지형에 입지한 전체적인 우리 나라 마을 구성 유형이다.

종가집은 2개의 샛길이 다시 만나는 길목 윗쪽에 위치하고 있다. 현재 마을의 위치로 볼 때 다소 높은 곳이다. 즉 과거에는 마을 앞까지 바닷물이 들어 왔기 때문에 입도인들이 처음 터를 고를 때 윗쪽을 점지했던 것으로 여겨진다.

우리나라는 산업화 과정에 들어가면서 농·어촌 마을에 인구감소가 급격히 나타났고 이는 결국 마을에 빈집이 생기는 결과가 되었다. 빈집은 곧 허물어져 대지가 바로 田으로 바뀌는 공간변화가 마을에 나타났는데 이로 인해 전통적인 마을모습(동선, 경관구조 등)이 크게 바뀌었다. 삼산마을도 예외가 아니어서 마을 전체 대지 필지 (1900년대 초 기준) 중 약 25%가 田으로 바뀌었다. 한편 이 마을은 아래쪽으로 1980년대 들어 마을 공동창고, 신축주택 등이 들어서 田이 다시 대지로 변하는 현상도 나타

[사진 2] 삼산마을 옛 공동 우물

낳다. (1999년도 현황내용)

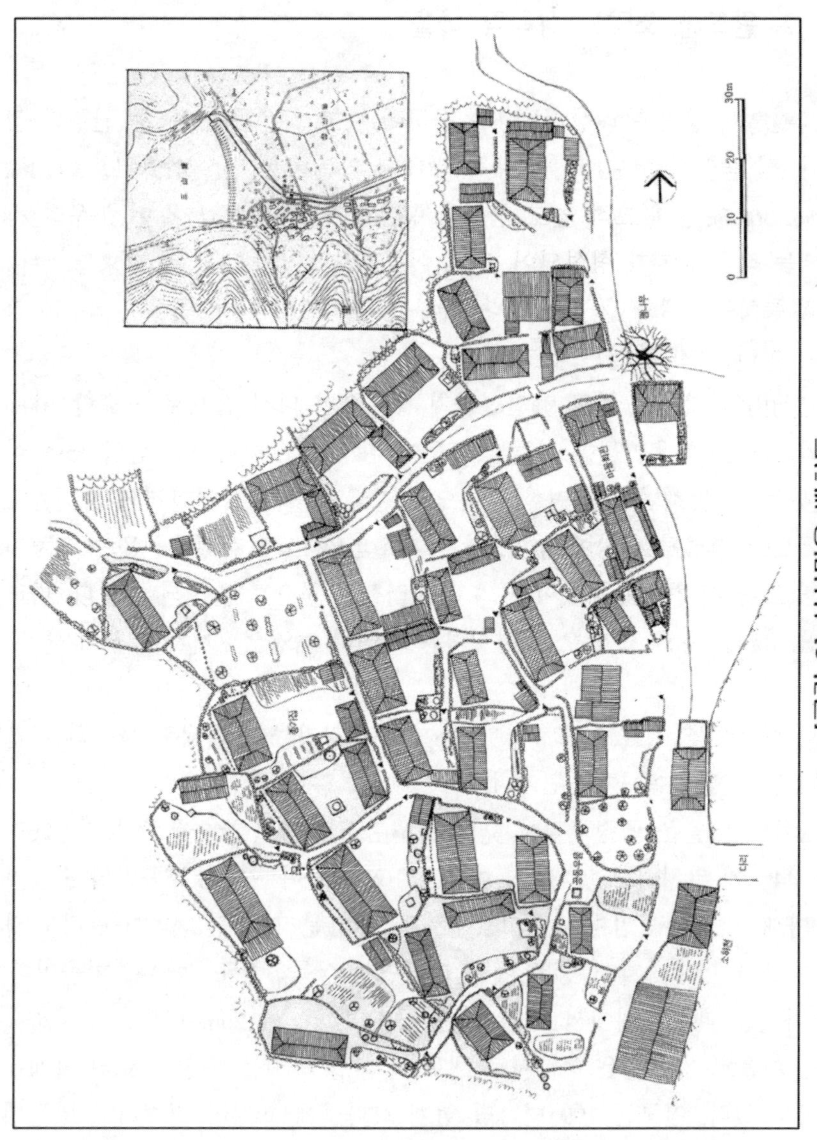

[그림 21] 삼신마을 배치도

2. 완도군 조약도 상득암 마을

助藥島는 평면 형태상 섬 단부 곳곳에 크고 작은 돌기를 둔 원형의 섬이다. 섬 중앙으로 三門山이 우뚝 버티고 있는데 이 산에는 해발 356.3m, 399m, 368.5m등 비교적 높고 험준한 봉우리가 서너개 있다. 이 봉우리 사이에는 작은 분지가 형성되어 있고, 이곳으로부터는 得岩里, 可來里, 竹仙里로 통하는 3개의 출구가 있다. 옛부터 조약도에는 이 곳을 三開門이라 하여 여러 가지 전설도 갖고 있다.

三門山의 지맥은 바로 해안선까지 내려오며 다시 끝으로는 해발 100m 내외의 작은 봉우리들이 섬둘레 곳곳에 위치한다. 따라서 사람이 모여 살 수 있는 곳은 해안가에 면한 산록으로 결국 마을의 자연환경은 背山臨海 형국으로 결정될 수밖에 없다. 현재 助藥島의 21개 자연마을은 표고차이는 있으나 시기에 관계없이 거의가 그러한 유형으로 발전되어 왔다. 따라서 농경지의 부족에서 오는 경제력은 자연히 해양생태계가 메꾸어 줄 수밖에 없다.

각 마을의 입지표고는 해발 125m까지 올라가는데 대체로 북쪽의 마을들이 낮고 남쪽이 높은 편이다.

상득암 마을은 행정구역상 莞島郡 藥山面 得岩里 소속으로 동경 126° 21´44˝에 위치하고 있다. 이 마을은 106호로 이루어진 서쪽편의 고개마루 아래 마을인 득암마을(지리적으로 상당히 분리, 직선거리 700m정도)과 한 마을을 이루다가 해방 후에 분리되면서 상득암으로 독립된 마을이다. 이 마을은 助藥島내에서 제일 높은 곳(해발 100~125m사이)에 위치하고 있는 마을로 가옥들은 동-서로 새로 난 마을 안길을 중심으로 위 아래에 들어서 있다. 인구는 1994년 4월 현재 31가구에 68명이 거주하고 있는데 (1반 25호, 2반 6호는 마을 배치도상에 나타나 있지 않다. '함박금지'라고 부르는 2반은 아래쪽 해안가 가까이에 위치하고 있다.) 이 중 단지 1가구만이 40대 부부이고 나머지 모두가 50대 이상부부로 구성되어 있어 고령화 추세가 갈수록 심해지고 있다. 인구가 가장 많을 때는 1960년대 초로 당시는 45호에 250~300명 정도가 거주하였다고 한다. 이 마을은 秋氏, 宋氏, 姜氏가 최초로 入島하여 藥山에서 제일 먼저 이룬 마을로 전해지고 있으나 그 시기가 언제인지는 불명확하다. 조선후기에 들어 현재와 같은 모습으로 발전이 이루어진 시점은 1700년대 중반경 金海金氏의 入鄕으로 실제 이 마을 김문실씨(76세)의 10代祖 묘는 古今島에 있다. 이 마을의 성씨 구성은 다음과 같다.

金海金氏 – 17호
慶州金氏 – 3호
羅州林氏, 慶州林氏 – 각 2호
姜氏, 宋氏, 周氏, 禹氏, 張氏 등 – 각 1호

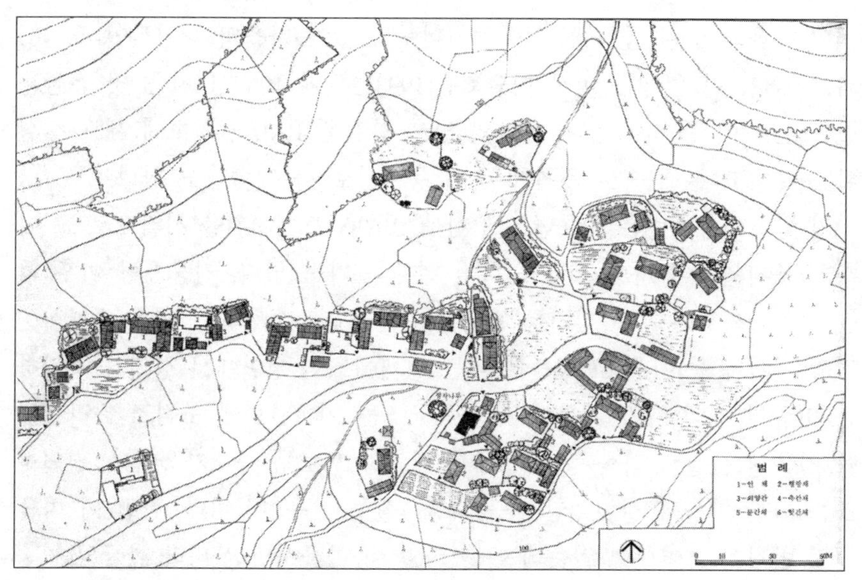

[그림 3] 상득암 마을

현재와 같은 모습으로 마을의 공간이 꾸며지기 시작한 시기는 앞으로 언급하였듯이 1700년대 중반이후다. 당시 처음으로 가옥터가 형성된 곳은 배치도 상의 중앙부분인 것으로 전해지고 있으며 그 다음으로는 우측 끝쪽으로 마을이 확장된 것으로 알려지고 있다. 마을의 확산은 일반적으로 안길을 따라 동서축으로 발전되었고 다시 남북의 샛길을 두어 뻗어 나갔음을 볼 수 있다.

이 마을의 생산구조를 살펴보면 전체 31가구 중 12호 정도만이 양식업(미역, 톳)에 종사하고 있고 나머지는 농사와 축산업에 의해 가계를 꾸려나가고 있다. 농업은 마을 입지상 계단식 경작지로서 소농의 형태를 벗어나지 못하고 있다. 가축은 현재 소가 104마리. 염소는 800마리로서 가계경제에 가축이 차지하는 비중이 꽤 크다. 염소는 약 5년 전쯤부터 많이 키우기 시작했고 소 역시 과거(60년대)에는 6~7 마리 정도에 불과 하였다고 한다. 따라서 당시 농사철에는 2~3일 전에 예약을 하여 농사에 투입하였다고 한다.

이 마을의 안길 중앙에는 큰 정자나무가 있어 마을의 상징적인 표식이 되고 있다. 이 옆에는 바로 마을회관(1993년도에 1967년 지은 옛 건물을 헐고 신축)이 들어서 있다. 마을의 넓은 안길은 1970년대 초에 새로 신설된 도로이고 본래는 그 윗쪽에 좁게 동—서로 나 있었다고 한다.

가옥의 지붕개량은 1976년도에 한채, 1978년도에 3채를 시작으로 그 이후 정부지원없이 자체 개량을 하여 현재 초가는 없다. 지붕개량 이후 최근에 들어서서는 우선 정지를 현대식 입식구조로 개수하는 가옥(윤진식·김광수 가옥 등)이 늘고 있는데 이는 현재에도 주생활에서 정지가 차지하는 비중이 제일 크기 때문이다. 가옥구조는 1994년도에 조적조 스라브집을 지은 김문실씨 가옥 등 2~3채를 제외하고 모두 목조가옥이다. 평면구조는 다른 마을과 같이 3칸, 또는 4칸 4실형 전통형식이다. 한편 이 마을에도 빈집이 늘어나고 있는데 이는 비단 이 마을뿐만 아니라 한국의 농·어촌 모두에 해당되는 공통된 현상이다.(1994년도 현황내용)

3. 신안군 하의도 대리마을

대리마을이 위치한 荷衣面은 新安郡廳 소재지(목포)와 57.9㎞의 거리를 두고 有人島 9개와 無人島 47개로 구성된 면으로 主島는 荷衣島이다. 연꽃이 옷을 입은 形局이라하여 荷衣島라 하였다고 한다.

荷衣島는 三國時代에 長山·新衣·安佐道 등과 함께 居知山縣에 속하였다. 통일신라시대에도 이들 지역과 함께 압해군의 安波縣에 속하였다. 고려시대에는 長山縣이 설치되어 장산에 속하였다가 조선시대에는 다시 羅州牧에 예속되었다. 조선시대 이곳의 玉島와 五林里에 牧場이 있었다. <輿地圖書>(1759년)에는 「周三十里編戶六十戶 男七十七口 女八十一口」<戶口總數>(1789년)에는 「長柄村 都廳村 穴里村 於恩洞 鳥林村 鎔戶村 元戶一白四十三九五百四十 男二百七十七 女二百六十三」로 기록되어 있다.

면 소재지에서 북쪽으로 2.5㎞ 떨어져 있는 荷衣面 大里마을(1·2구)은 해발 약 160m의 덕봉산 남쪽기슭에 약 250여 가옥 (1구 : 111가구, 2구 : 142가구, 가옥수와 가구수는 약간의 차이를 보임) 이 集落을 이루고 있는 신안군내의 보기 드문 큰 마을이다. 가옥의 건축년대는 1850년 이전이 21가옥, 1851년부터 1900년 사이가 23가옥, 1901년부터 해방전까지 23가옥, 그리고 나머지는 1945년 이후이거나 건축년대를 판명할 수 없는 가옥들이다. 1900년 이후에 지어진 가옥들도 구조나 평면상에 있어 19세기에 건립된 가옥들과 차이가 거의 없다.

마을이 최초로 형성되기 시작한 시기는 임진란 이후인 17C 초이며 이는 신안군내의 다른 島嶼와 비슷한 시기다. 알려진 바로는 해남 현감 諸葛賓의 아들 諸葛萬益이 처음 이곳에 정착하였으며 그후 金氏, 姜氏, 長氏 등이 들어와 지금의 마을을 형성하였다고 한다. 예로 金海金氏(三賢波)의 入島祖인 守文은 1600년대 초에 入島한 것으로 알려져 있다. 金守文의 부친은 金安慶(1559~1647)으로 현재 강진군 칠량면에 묘소가 있다. 현재 주

민들의 대표성씨로는   金海金氏(130가구), 慶州崔氏(25가구), 慶州鄭氏(25
가구), 仁同張氏(15가구)등이 있다.

　아직 초가로 남아 있는 가옥이 25호나 된다(안채기준). 측간채나 사랑
채 등도 상당수 초가로 남아 있어 초가의 수는 사실상 그 이상이 된다. 시
각적으로는 마을의 과반수 이상 집들이 초가로 보인다. 지붕개량은 주로
스레이트로 하였고 시기는 1980년대 초가 된다. 1983~4년 사이에 42가옥
(1.2구)이 지붕개량을 하였고 당시 정부에서 1호당 10만원 보조, 30만원의
융자지원이 있었다고 한다(1984년경 이장을 지냈던 김홍석씨 고증).

　가옥들은 모두가 사람키 이상의 높은 돌담장으로 둘러져 있다. 흙채움
없이 크고 작은 막돌을 주워모아 쌓은 돌담장이 특히 인상적이다. 담장을
경계로 하여 자연스럽게 형성된 골목길(폭 1~2m이내) 또한 초가지붕과
함께 시각이 집중되는 요소들이다. 마을내에는 가옥내 텃밭을 제외하고
空地가 거의 없을 정도로 가옥들이 이웃하고 있다.

　마을 전면으로는 넓은 들녁이 있고 그 끝으로는 바다가 접해 있으면 그
동쪽으로는 염전이
발달되어 있다. 바
다와 인접해 있는
마을이지만 신안군
내의 다른 마을과
같이 주산업은 95%
이상이 농업이다. 주
소득원은 쌀과 보리
이며 특작물로는 마
늘을 재배하고 있다
(1988년도 현황내용).

[사진 3] 마을 안길과 돌담장

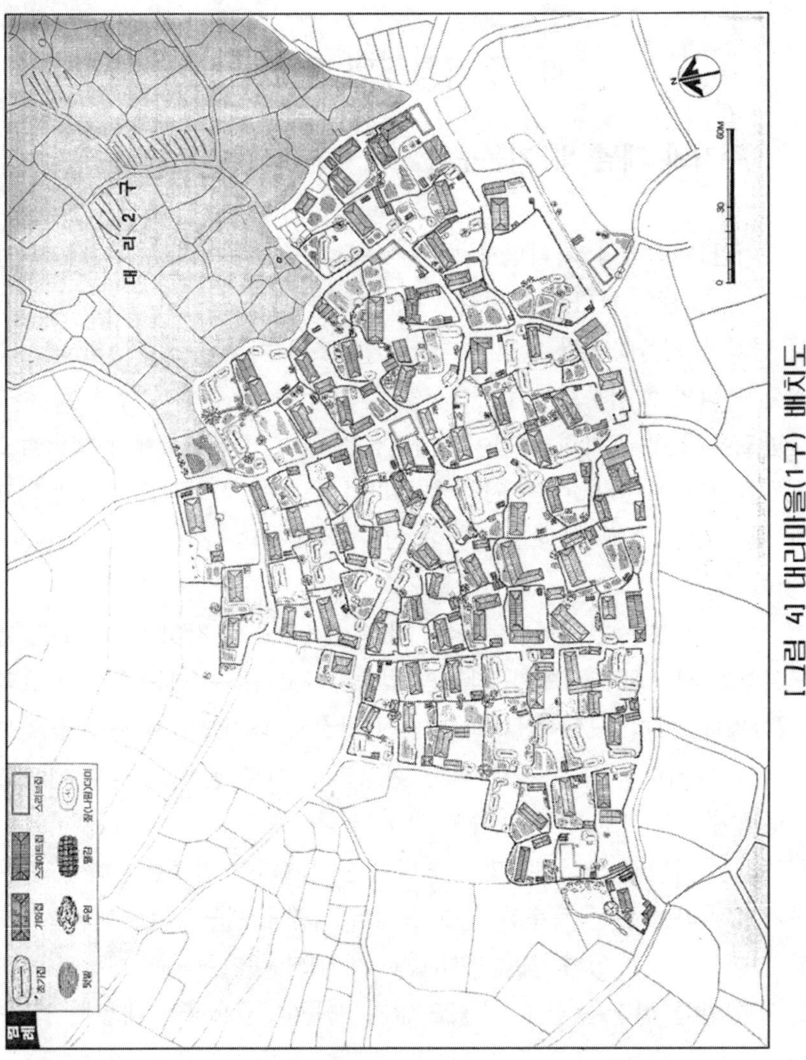

[그림 4] 머리마을(1구) 배치도

Ⅲ. 주거형태와 문화

1. 주거의 개념 및 기본구성

전통이란 지속성을 지니면서 때론 가변성도 있는 문화유산이다. 변한다는 것은 발전도 한다는 뜻이다. 그러한 의미에서 수천년 동안 이 지역에서 변화를 거듭하면서 발전, 고착된 목조초가는 분명 전통성의 명분을 간직한 우리의 주거문화이다.

한반도에 있어 소박한 서민이 살던 집은 특히 평면구조에서 지역적으로 큰 차이를 보인다. 이는 지역의 문화적 특성을 직접적으로 수용하고 있기 때문이다. 오랜 역사와 환경이 그 지역에 맞는 정주공간을 만들어 낸 것이다.

전남지방의 경우도 지역별로 서로 다른 건축요소를 갖고 있다. 우선 본 연구지역인 서남해 도서지역, 남도의 젖줄이라고 할 수 있는 영산강 유역의 평야지대, 그리고 소백산맥의 지맥이 남으로 내려오면서 형성된 일부 산악지대(求禮郡 등)등은 서로 다른 환경의 차이로 삶의 방식도 다르고 주거형태에서도 서로 다른 모습을 갖고 있다.

현존하는 서남해 도서지방의 전통민가는 17세기를 전후한 이주민의 주문화가 섬이라고 하는 특수한 환경 속에서 새롭게 재구성되면서 발전, 고착된 것이라 할 수 있다. 入島당시(17~8세기)의 주거형태에 대하여는 사실을 밝힐만한 현장은 물론 기록도 없기 때문에 구체적인 내용은 알 수 없다.

서남해 도서로 들어온 입도조들은 대개가 도서인근 내륙인 高興・長興・海南・靈岩・務安・靈光지방 등이 그들의 전 주거지였다. 그곳에서 처음 새로운 도서 땅을 밟은 그들은 우선 살림집 마련이 급선무였을 것이고 집을 지을 때 의당 그들이 살던 전 주거지의 모양대로 지었을 것이다.

그러나 모든 것이 여의치 않았을 것이기에 규모는 그리 크지 않았을 것으로 여겨진다. 그후 차츰 가족수가 늘어나 분가가 이루어지고 내륙과 다른 도서환경에 적응하면서 또한 집을 짓는 방법과 모양, 규모 등에 변화가 있었을 것이다.

다음은 金塘島 三山마을의 礪山宋氏 종가집의 변천과정을 개략적으로 추정하여 살펴본 것이다.

- 入島(1600년대 중반) : 살림집 처음 마련, 2칸(정지＋방) 또는 3칸(정지＋큰방＋마래)집으로 추정
- 2차 건축(1800초반) : 약 5세대 경과, 금당도 환경에 익숙, 4칸(모방＋정지＋큰방＋마래)집
- 3차 건축(1950년대) : 현재의 살림집, 옛 자리에서 약간 뒤쪽으로, 옛집과 규모와 구조 등이 비슷.

필자가 현지조사한 서남해 도서지방 전통민가는 건축년대가 대개 1800년대이다. 아마 17세기경에 입도한 주민인 경우는 2번째로 지은 집일 수도 있고 아니면 분가과정에서 새로 터를 잡고 지은 것일 수도 있다. 아무튼 이들 집은 고향문화와 현지환경이 함께 어우러져 완성된 마지막 도서지방의 전통가옥이 아닌가 한다.

다음으로 이 지역민가에 관여했던 문화인자는 구체적으로 다음과 같다. 이러한 요소는 앞으로 계속 논의하게 될 주거의 규범에 영향력으로 작용한다.

- 주거문화의 형성체계―입도조의 주거개념＋도서성(Insularity)
- 경제, 생계활동―전, 답에 의존한 영세농＋해양생태계에 의존
- 신앙, 의식―토속민간신앙, 가신(성주신등), 상량, 당제
- 사회관습―유교적 사고(장자우위, 제사)
- 마을구조―3-4성씨의 집성군집, 집락
- 가족구성―대가족 제도(여러 세대가 한 가옥에서 공동체 생활)
- 기후―해양성 온대기후
- 건축재료, 기술―자급자족, 공동체 의식(협동)

[사진 4] 同治六年(1876년)으로 적혀있는 안채 상량문

한편 주거문화와 직접 관련된 것 중 특히 눈에 띄는 사항은 육지에서 보기 드문 상량문이 있는 가옥이 많은 사실이다. 상량문이 있어 민가 연구시 늘 의문시되는 건립년도 추정에 우선 신뢰감을 준다. 이는 도서민가연구의 이론적 발전을 위해서 상당히 고무적인 사실이다. 상량문은 "道光"(1821~1850), "咸豊"(1851~1861), "同治"(1862~1874)등의 중국 年號를 주로 사용하였고 이보다 연대가 빠른 "嘉慶"(1796~1820)이란 年號를 사용한 가옥도 있다. 비록 열악한 도서환경속에서도 그들은 높은 주문화의식을 갖고 살았던 것으로 여겨진다.

일반적으로 서민이 사는 민가에 있어서는 상류주택과 달리 가족구성의 동질성, 경제 및 사회활동의 단순, 건축능력의 한계 등으로 인해 부속채의 구성이 다양하지 못하다. 기껏해야 별도로 행랑채와 측간채, 가축사 정도가 고작이다. 행랑채의 경우 지방에 따라 호칭(사랑채, 아래채, 부속채, 작은채, 바깥채)과 기능(작업+수장, 거주+수장+작업, 거주+수장+가축사육)에 다소 차이가 있으나 건축의 본질은 크게 다를 것이 없다.

이 지역 민가의 대지 성격은 안마당이라고 하는 공간이 안채와 함께 그 중심에 위치하며 그 성격은 매우 개방적이다. 또한 안마당은 부속채나 출입구, 가축사 등의 위치를 결정하게도 한다. 이외 외부공간 구성은 안채 뒷편으로 협소한 공간과 대지 측면에 텃밭이 일구어지는 것이 거의 전부다.

즉 가능한 대지의 후면(안쪽)으로 안채를 앉혀 그 전면으로 마당을 넓게 조성하려고 노력하였다. 행랑채가 들어섰을 경우도 반드시 안채 전면에 두지 않고 측면에 배치하여(두 건물이 트여진 직각형태)역시 안마당 중심의 배치관계로 이끌어 나갔다.

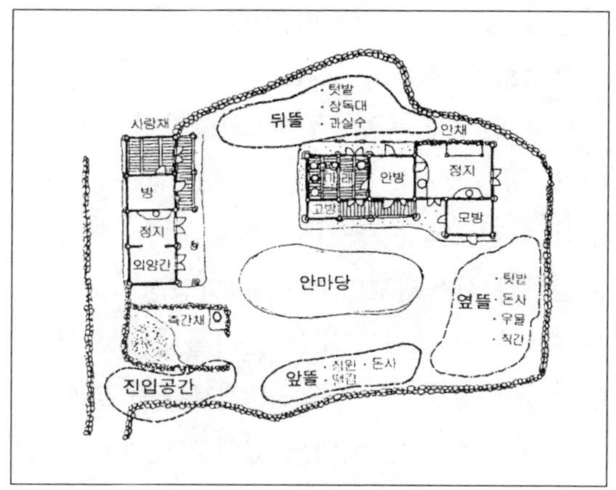

[그림 5] 가옥의 기본구성 사례(新安郡 荷衣島 大里마을)

안채 전면에 문간채 겸 부속채가 들어서는 '二자형' 배치는 거의 보이지 않는다. 이러한 'ㄱ자형' 배치개념은 전남 도서지방 민가 배치의 기본 유형으로서 좁은 대지를 개방적 측면으로 유도한 것이 아닌가 생각한다.

민가에서 안채 다음으로 제2의 건물은 행랑채이다. 독립된 별동으로 건립되는 이 건물은 안채처럼 반드시 건립되지는 않고 보통 안채 건립이후 가족수가 늘어나고 살림의 규모가 커질 때 지어진다. 따라서 가옥의 경제적 역량과 관계를 가진다. 호칭은 도서에 따라 행랑채,

[사진 5] 'ㄱ'자형 배치(좌측—안채, 우측—행랑채)

사랑채 등으로 불려지며 기능은 앞에서 언급한 수장과 거주, 가축 사육 공간으로 활용하고 있다.

행랑채 구조는 방, 정지, 외양간이 들어선 3칸(3실)구조가 거의 일반적이다. 외양정지는 작은방 쪽으로 큰 솥을 걸고 소여물을 끓이는 곳이며 또한 한편으로는 농기구, 땔감 등을 저장하기도 한다. 외양간에서는 소 1~2두가 사육되고있고 보통 외양정지 사이에 여물통을 두고있다. 방하나는 자녀들이 쓰거나 또는 큰아들이 결혼하고 부부가 쓰기도 한다. 이유는 동생들이 많이 기거하는 안채보다는 별도의 건물에서 성숙한 장자의 위치를 확보해 주는 의미도 있었고 아울러 외양간 관리 등 쉽게 집안살림을 꾸려는 편리성에도 기인했다.

물론 행랑채의 건립이 어려울 경우는 안채의 작은방에서 장남 부부가 기거하였다. 결혼한 자녀가 많아 안채의 작은방과 행랑채 방에 모두 수용하지 못할 경우는 분가가 시작됐는데 이때 능력이 있는 가정에서는 별도의 가옥(신축 또는 매입)으로 이주시켰고 그렇지 못한 경우는 다른 가옥의 방을 하나빌려 '겹방살이'를 시켰다.

<그림 6>은 금당도 삼산마을 송군석옹(74세)이 그린 가옥 평면도이다.(1999년 그림) 어릴적부터 살았고 보아왔던 집, 그리고 해방이후 사라진 집들(주로 18~19세기에 건립)의 보편적인 모습이라고 한다. 안마당 우측으로는 역시 3칸구조의 아래채(행랑채)가 있다. 방하나에 정지와 헛간이 꾸며졌다. 안채와 아래채는 'ㄱ자형'을 이룬다. 넉넉하지

[사진 6] 규모가 큰 안채 전경

못한 대지에 개방감을 주며 아
울러 한데 모여지는 공간감을
꾀할 수 있어 도서지방 및 전
남 내륙지방에서도 널리 채택
된 배치기법이다.

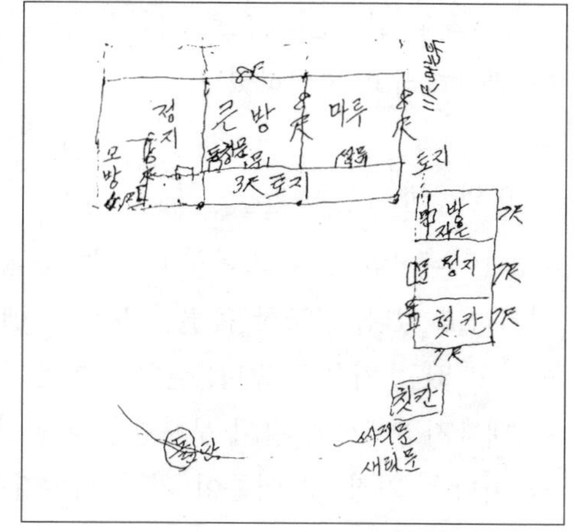

[그림 6] 가옥구조 개념도

[사진 7] 행랑채

[사진 8] 측간채

2. 단위공간

　건축은 단위공간을 근거로 하여 형성되기 때문에 단위공간의 이해는
매우 중요하다. 서남해 도서지역 단위공간은 안방(큰방), 정지(부엌), 마래,
모방(작은방)이 주가 되어 기능적으로 조합, 공간의 기본을 이루고 있다.
　각 실의 규모 및 기능을 살펴보면 다음과 같다. 여기서 기능이란 室의 이용실태를 말하는 것으로 가급적 가옥들이 지어진 19C의 주생활에 맞추어 파악하려고 노력하였다.

① 안 방

3칸이나 4칸 집을 막론하고 모두 건물의 중앙 즉, 정지와 마래 사이에 위치하고 있다. 구조상 後退를 둔 가옥에서는 그곳까지 안방으로 넓혀 사용하고 있는 가옥도 많다. 실의 호칭은 큰방이라고도 하나 현재는 대부분이 내륙지방에서와 같이 부부중심의 공간으로 되어있어 안방이라고 한다. 즉 이방은 가장 윗 어른이 거처하는 가옥의 중심 공간이 된다.

안방은 다른 지방의 민가에서와 같이 주인부부의 거처, 식사, 가족들의 모임, 그리고 사랑채가 없는 경우에는 손님접객 등의 다양한 용도로 이용되고 있다. 대부분의 가옥에서는 정지와 마래쪽으로 샛문이 있어 편리하게 이용하고 있으며 뒷문은 출입구로 이용하지 않고 주로 채광과 환기의 기능만을 하고 있다. 벽장은 대부분 없으며 가구는 조그마한 농 하나가 대부분이다. 아랫목 내지는 웃목에는 2개의 굵은 장대로 시렁을 설치하여 이불, 가재도구 등을 올려놓는다. 또한 횃대를 설치하여 옷을 걸어놓은 가옥도 있다.

② 정 지

안채내에서 제일 넓은 공간을 차지하는 곳이다. 실의 위치는 주로 端部에 자리하고 있으나 모방이 측면에 들어서는 경우는 자연히 중앙에 놓이게 된다.

정지의 주 기능은 취사와 난방을 위한 불때기 작업이 이루어지며 경우에 따라서는 실내 작업공간으로도 쓰여진다. 주요시설로는 안방과 모방쪽에 부뚜막이 설치되며 뒷문 옆 退間에는 약 1m높이 위로 찬장 역할을 하는 살강(사랑)이 설치되거나 또는 안쪽으로 별도의 기둥을 세워 설치한다. 이상과 같은 경우는 모방이 정지 전면에 올 경우이고 모방이 없는 경우에는 앞문 옆 退間부분에 설치된다.

정지내의 한 구석에 굴뚝을 설치한 가옥도 있는데 이는 바람이 많은 도서지역에서만 찾아볼 수 있는 특수한 구조라 하겠다. 현재 대부분의 가옥에서는 벽과 천장이 새까맣게 그을려져 있어 취사와 난방을 전적으로 아궁이에 의존했던 옛모습을 쉽게 볼 수 있다. 더욱이 내부에 굴뚝을 둔 가옥에서는 그 양상이 더욱 심하다. 안방과 정지사이의 벽 중간에는 아직까지 호롱불을 설치했던 사각구멍의 유리 봉창이 그대로 남아있는 가옥도 있다. 호롱불은 옛날 안방과 정지를 동시에 밝히기 위한 중요한 조명시설이었다.

③ 마 래

건물의 側端部에 위치하는 공간으로 정지 다음으로 넓은 공간을 차지하고 있다. "마래" 또는 "마리" 라고 불리워지는 이 室의 호칭은 "마루"의 이 지방 방언으로 바닥에 마루를 깔았건 아니면 흙바닥으로 되어있건 내부바닥의 시설과는 관계없이 이 지방에서는 기능에 의해 마래(마리)라고 불리운다. 현재 흑산도의 대부분 가옥에서는 우물마루를 깔았으나 도초, 하의 등 다른 도서의 가옥에서는 상당수가 흙바닥으로 되어 있다.

이 실의 기능은 내륙지방의 안채 광과 유사하고 일반적인 "대청"과는 오히려 성격이 다르다. 이곳에는 곡물을 넣은 비교적 큰 항아리(하의도 大里마을 장씨 가옥의 경우 큰 항아리는 중앙부 지름이 70㎝, 높이가 99㎝나 된다)가 벽선에 따라 1열로 놓여지고 다시 그 위로 작은 항아리가 얹혀진다. 또한 각종 살림도구, 자주 쓰이지 않는 부엌기구, 제사용구 등이 벽에 걸려 있거나 시렁위에 얹혀져 있다. 마래는 곡식에서부터 각종 생활용구까지 보관되는 집안에서 없어서는 안될 주요공간이다.

이러한 수장의 기능 외에 또 한가지 중요한 기능은 2~3대조가지의 神位를 모신 龕室藏을 후면 벽쪽에 설치하여 祭祀空間으로도 이용한다는 점이다. 감실장 없이 "독"이라고 하는 조그마한 나무상자로 대신하여 선반에 올려놓는 경우도 있다. 현재 서남해지역의 상당수 가옥에서 아직까지 그러한 祭禮시설들이 갖추어져 있다.

이상의 사실로 볼 때 마래는 유교사회에서 祭禮儀式을 담당했던 장소로서 그 공간적 의미는 어느 공간 못지않게 크다고 하겠다.

[사진 9] 안채의 마래(곡간+제례)

[사진 10] 마래에 모셔진
감실장

④ 모 방

모퉁이에 있다고 하여 '모방'이라고 하는 방이다. 평상시 보통 자식들이 거처하며 손님방으로도 이용한다. 아들이 결혼한 후에는 아들 부부가 이곳에서 거처한다. 문은 정지문쪽 가까이에 난 문이 앞문으로 이곳으로 출입한다. 그러나 완도군 지역에서와 같이 정지측면에 이 방이 올때는 앞쪽의 툇마루에서 출입하게 되어 있다. 현재 부부만이 거처하는 가옥에서는 이곳에 각종 농기구, 살림도구 등을 보관하고 있다.

⑤ 갓 방

모방옆에 위치한 모방과 거의 비슷한 크기의 작은방이다. 식구가 많은 집에선 자식들이 기거했고, 옛날 머슴이 있을 때에는 이곳에서 거처하기도 했다.

3. 평면구성 체계

건축은 평면적으로 그 현상을 펼쳐놓고 보는 것이 제일 편하고 이해하기 좋다. 때문에 모든 건축연구에 있어서 평면구성고찰을 통해 건축의 전체 구성개념을 본다.

서남해 도서지역 민가의 평면구조를 실구성 중심으로 유형화시켜보면 다음과 같이 크게 5가지 유형으로 나타난다. 이 유형 모두는 '一자형' 홑집계통으로 모두가 전면에 퇴가 있는 개방형 구조로 되어있다.

① 제Ⅰ형(정지+안방+마래)

정지, 큰방, 마래가 나란히 모여지는 유형이다. 보통 큰방과 마래 전면에 툇마루가 시설되나 다소 규모가 작은 가옥에서는 흙바닥(土房)으로 처리된 경우도 있다.

<그림 7>의 가옥이 대표적인 사례인데 이 가옥은 1797년에 건립된 가옥이다. 필자가 상량문으로 확인한 가옥 중에서 제일 오래된 가옥이다. 이러한 유형의 가옥은 조사 가옥 중 많은 수가 나타나지 않으나 마을 노인들의 고증에 의하면 과거에 많은 수가 있었다고 한다.

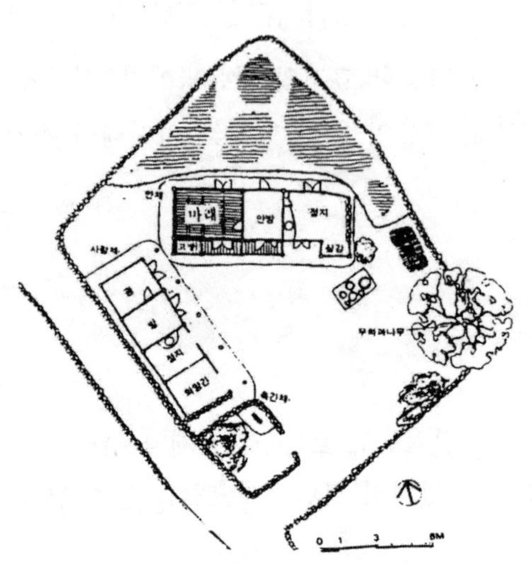

[그림 7] 박씨가옥 배치도(신안군 하의도 대리마을1797년 건립)

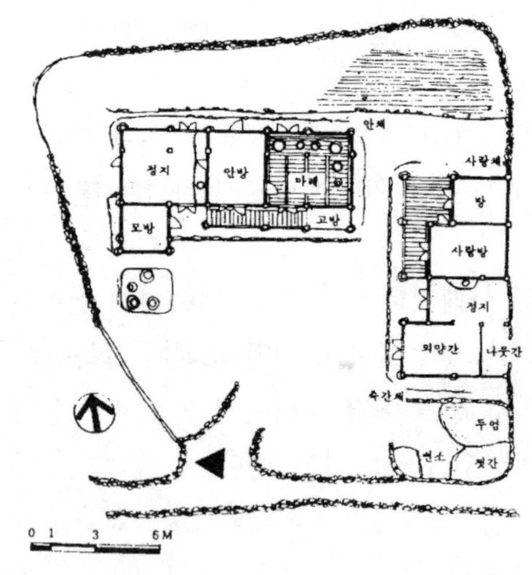

[그림 8] 김씨가옥 배치도(신안군 상태도 상태동마을, 1851년 건립)

② 제II형(모방+정지+안방+마래)

마래, 안방, 정지, 모방의 4실로 이루어진 <그림 8>의 가옥과 같은 유형이다. 이 경우 모방(간혹 지역에 따라 "작은방"이라고도 부름)이 전면의 退柱線보다 약 1m정도 앞쪽으로 돌출되어 있어 '一자'형 평면이지만 'ㄱ자'형을 연상케한다. 안방, 정지, 모방이 유기적으로 잘 조합(집중)되어 있고 서로의 동선도 짧다.

서남해 도서지역 중에서 특히 서해쪽인 신안군 지역에 이러한 유형이 특히 많이 보인다. 이러한 유형은 서남해 도서지방의 민가 평면형식을 결정짓는 중요한 패턴이다. 그러나 먼바다에 위치한 흑산도지역과 남해상의 청산·소안도 등 완도군 지역에서는 이러한 유형이 거의 나타나지 않아 특히 주목된다.

한편 <그림 8>의 가옥과 유사한 구조나 모방이 정지 안쪽으로 반쯤 침투되어 있어 완전한 —자형을 이루고 있는 유형도 많이 등장한다<그림 9>. 이 형태는 상대적으로 정지

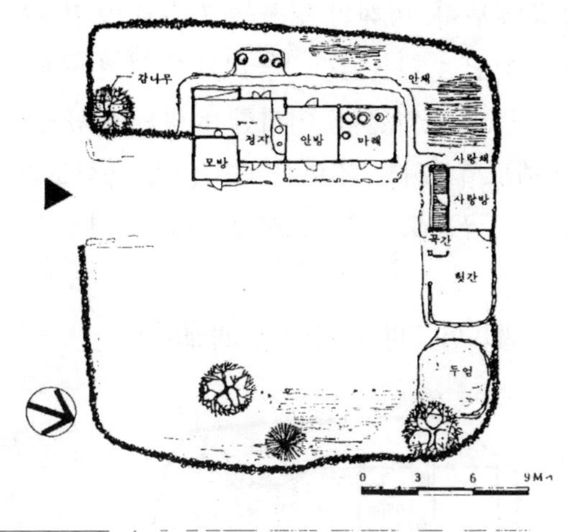

[그림 9] 손씨가옥 배치도(신안군 암태도 와촌마을, 1831년 건립)

공간이 축소되는 반면 구조적으로는 단순화 되고 있다. 출입문은 정지문 옆쪽에 있다. 모방 뒤쪽으로는 땔감 등이 놓여지는 정지헛간(광)이나 외양간 등이 자연스럽게 형성된다. 외양간이 올 경우 정지와 벽으로 막혀지는 가옥도 일부 있다.

③ 제Ⅲ형(마래+안방+정지+모방+갓방+외양간)

제Ⅱ형에 정지와 모방 측면으로 외양간(헛간)과 갓방이 겹집형식으로 추가되어 室이 4室에서 6室로 늘어나는 형식이다<그림 10>. 간혹 외양간이 전면에

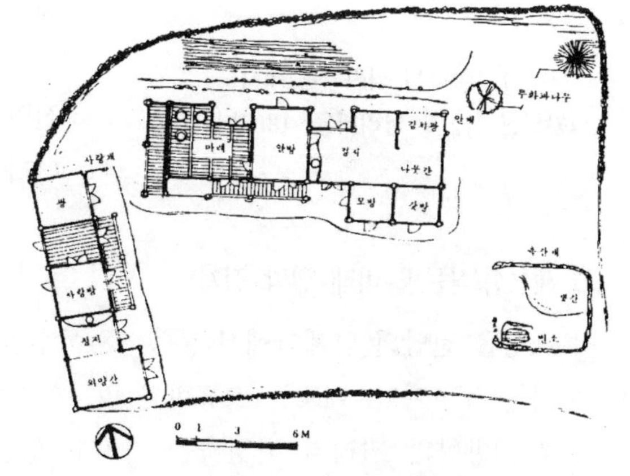

[그림 10] 정씨가옥 배치도 (신안군 안좌도 대리마을, 1849년 건립)

오기도 한다. 마래의 경우는 칸수로 보면 2칸이고, 방도 행랑채에 있는 것까지 하면 4개나 된다. 즉 비교적 경제 규모가 큰 중농가일수록 이러한 유형이 많이 나타난다. 이러한 유형은 신안군지역에서 보이며 흑산도지역과 남해도서에서는 찾아볼 수 없다. 흑산도의 경우는 주로 농경지가 적어 가옥의 규모도 다른 도서에 비해 작다.

④ 제IV형(모방+정지+안방+마래)

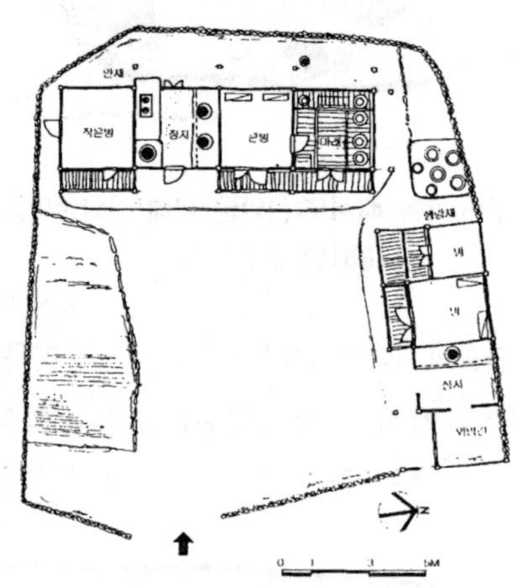

[그림 11] 최씨가옥 배치도
(완도군 청산도 당리마을, 1867년 건립)

모방(작은방)을 정지 전면에 두지 않고 완전히 측면에 배치한 역시 4室 구조의 一자형 형식이다<그림 11>. 제II형의 가옥과 달리 모방의 독립성이 강하다. 출입도 전면의 툇마루를 통해 이루어진다. 이러한 유형은 주로 흑산도지역과 소안·청산·보길도 등 남해상의 가옥(완도군 지역)에서 많이 찾아볼 수 있으며 기타 신안군지역 도서에서는 간혹 나타난다.

⑤ 제V형(작은방+마래+안방+정지)

이 유형은 전남의 남해안에서 동쪽, 즉 여수반도와 그 주변도서에서 많이 보이는 유형이다. 때로는 고흥반도 및 그 주변에서도 보인다. 이 지역은 크게 2방향의 지리적 환경축을 가지고 있는 지역으로 하나는 남쪽지역이 남해에 개방되어 있어서 주민의 생활이나 교통면 등에 있어서 해양생태계에 밀접한 관계를 맺고 있고, 다른 하나는 전남의 동부산지를 형성하고 있는 소백산맥의 지맥이 求禮·昇州·寶城郡을 지나 이곳의 두 반도까지 내려오고 있다는 사실이다. 특히 후자의 경우는 이곳을 지나는 보성강과 함께 전남의 서부와 동부권으로 나뉘어지는 분수령이 되고 있어 문화적 환경의 차이까지 엿볼 수 있는 중요한 인자가 되고 있다.

이 지역은 <그림 12>에서와 같은 4칸형의 경우 작은방이 정지 측면에 오지 않고 마래 옆으로 오는 "작은방+마래+큰방+정지"식으로 조합되는 유형이 등장한다. 즉 다른 지역과 작은방의 위치에 있어 큰 차이를 보이고 있다. 한편 동쪽(경상도지역)으로 갈수록 이러한 유형은 거의 표준형으로 되고있는데 이 지역에서는 '마래'라는 호칭대신 '안청'으로 부르고 있다. 즉 안쪽에 있는 청(마루)이라는 뜻이다(<그림 13> 참조).

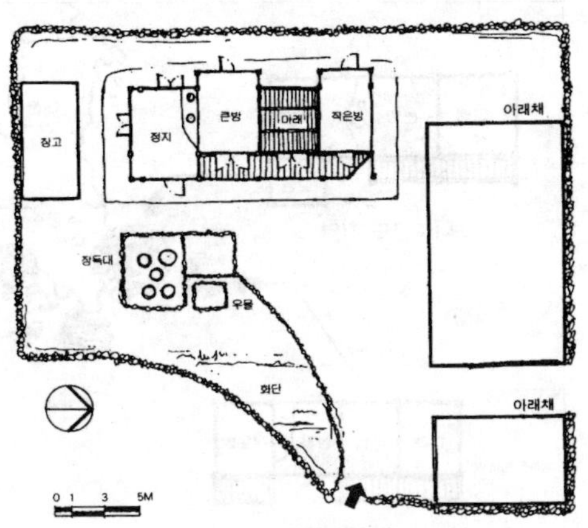

[그림 12] 신씨가옥 배치도
(여수시 화정면 적금마을, 19C말 건립)

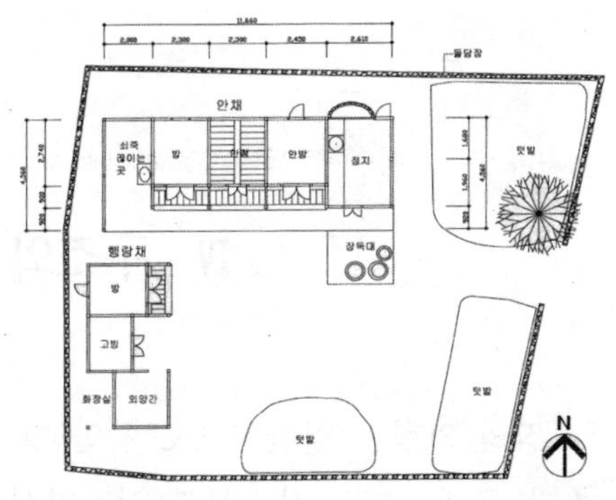

[그림 13] 박씨가옥 배치도(경남 남해군 창선도 창지족마을, 1938년 건립)

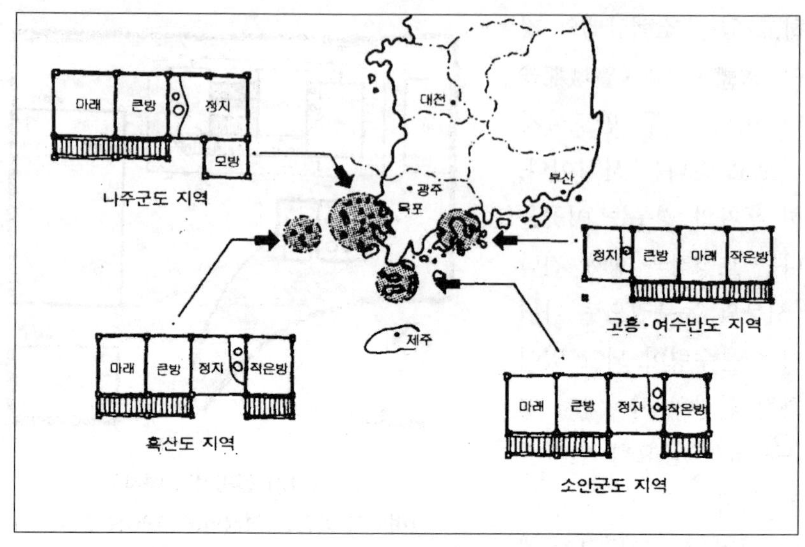

〔그림 14〕 한국 서남해 도서지역 민가 기본형

Ⅳ. 구조와 의장

살림집의 외형은 일반적으로 자연 및 사회, 문화적 환경에 의해 결정된다. 좀더 구체적으로 장소성과 생활양식, 그리고 재료공급과 기술적 문제 등이 이에 해당된다. 집에는 건물을 포함하여 대지, 토지, 생산행위 등이 총체적으로 관련되어 있기 때문에 기후가 다르고 생활조건이 다르면 그에 상응하는 건축형태가 나오기 마련이다.

보편적으로 대지가 협소하고 생산의 기반인 토지의 소유가 빈약한 경우는 우선 평면구성의 단순 등으로 인해 구조 역시 단순해 질 수밖에 없다. 여기에는 또한 재료구입의 한계도 함께 한다. 따라서 실용성 위주의 건축개념이 우선하여 장식적 요소와 구조의 복잡성 등은 배제될 수밖에 없다.

이 지역 민간의 가구형태를 살펴보면 5樑구조가 일반적이다. 즉 전면만 퇴칸을 둔 4樑구조가 있고 여기에 후면으로도 실의 확장을 위해 기둥을 세우고 퇴보를 걸은 5樑구조도 있다. 후면 퇴칸은 모두 실의 확장을 위해 쓰여지기도 하고 주로 큰방과 마래 쪽으로만 실이 넓혀진다. 협소한 실내 공간을 확충하기 위한 지극히 현실적인 구조계획이라고 할 수 있다. 나머지 부분은 추녀밑 퇴칸이 되어 땔감 등이 저장되는 유용한 공간이 되기도 한다.

벽체는 심벽구조의 흙벽이며 안채의 헛간이나 행랑채의 외양간 등에는 돌과 흙을 번갈아 쌓은 죽담구조도 보인다. 지붕은 우진각 草家구조이며 재료는 볏짚이다. 마름(이어) 1장을 엮는데 필요한 볏짚은 보통 7~8단이며 5칸 정도의 집을 이을때는 70~80장의 마름이 필요하다. 보통 성인이 하루에 12장 정도의 마름을 엮을 수 있다고 한다(하의도 大里 김씨 설명). 그러나 흑산도 지역에서는 논이 없기 때문에 일부러 밭으로 뛰5)를 경작해서 지붕의 재료로 사용했다. 뛰밭이 없는 가옥에서는 도초나 비금도에서 볏짚을 가져와 지붕을 이었다.

기단은 막돌을 1단으로 나란히 놓고 그 위를 흙으로 다진 경우가 많으나 최근에는 모두를 시멘트몰탈로 마감한 가옥이 많다. 초석은 막돌을 사용하였고 기둥은 보통 12~13㎝

[사진 11] 안채 전면 기둥 상부

---

5) 山野에서 흔히 자라는 높이 30~50m 정도의 多年草로서 잎은 길이 20~50㎝, 나비 0.7~1.2㎝이다. "뛰"는 "띠"의 이 지방 方言이다.

각의 방주를 사용하였다. 전면 중앙의 퇴주 높이는 210cm내외이고 안쪽 기둥은 이보다 20~30cm정도 더 높다. 그리고 양쪽 가의 기둥을 다른 기둥보다 1~2치 정도 낮췄다. 이로 인해 집이 안정되고 바람을 덜 받는다. 도리와 보 등은 그 크기가 일정치 않은 방형으로서(처마 도리는 보통 10~12cm) 표면마감은 매우 거칠다. 전면 퇴보는 중앙부분이 양측 단부보다 가늘고 춤이 폭보다 작은 경우가 많다.

창호구성은 마래와 정지의 출입문은 튼튼하고 빛을 차단할 수 있는 쌍여닫이 판장문을 설치하였다. 정지에는 모두 후문을 두었으나 마래만은 가옥에 따라 후문을 두지 않은 곳도 있다. 큰방과 작은방은 거주공간으로서 전면에 외짝 띠살문을 달았다. 큰방의 경우에는 이 외짝문 바로 옆으로 "봉창"이라고 하는 작은창(1811년에 지은 소안도 신씨가옥 경우 41.5×77cm)을 달았는데 이러한 창의 설치는 전남의 서남해 도서지방은 물론 인근 내륙지방의 민가에서 보편적으로 설치되는 형식이다. 심지어는 전남의 북부 산간지역인 구례 등지에서도 보인다. 이 창의 주 기능은 안에서 큰문을 열지 않고도 앉은 상태에서 쉽게 밖의 동태를 살펴보기 위한 것이다. 반면에 또 한가지 중요한 이유는 바람이 많은 관계로 가능한 전면에는 개구부를 줄이기 위해 2짝문 대신 "외짝문+봉창"형식을 취한 것이다.

규모가 작거나 죽담구조의 가옥에서는 대나무로 살을 짠(빗살 또는 정자살) 죽살문이 보이며, 안방 뒷문과 정지로 통하는 샛문 등에는 일정한

[사진 12] 안방 앞 툇마루

[사진 13] 안방 출입문과 봉창

형태없이 2~5㎝ 폭의 얇은 판자로 살을 구성한 문도 있다.

각 실의 바닥구조는 흙바닥, 마루설치, 온돌 등의 3가지 형태로 되어 있는데 정지, 헛간 등은 흙바닥으로 되어있고 사람이 거처하는 안방과 모방 등은 온돌시설이 되어 있다. 툇마루는 보통 50㎝ 높이로 前退의 안방과 마래 앞쪽에 주로 설치되어 있다. 마래의 바닥은 마루와 흙바닥 2가지 형태가 있는데 현재는 많은 가옥들이 마루를 설치하였다. 흙바닥 구조는 古式이라 할 수 있으며 살림의 형편이 나아지면 흙을 파내고 마루를 시설하기로 한다. 특히 죽담구조의 가옥에서는 거의 흙바닥 구조이다.

도서지방의 민가에서 바람을 의식해 만든 것 중 흥미있는 것은 굴뚝이다. 함경도 지방에서는 지붕 위에 높이 있던 것이 경기도 지방에서는 추녀 위에 걸쳐있고 제주도로 내려가면 아예 없어져 버린다. 굴뚝을 낮게 내야 바람의 피해를 덜 수 있기 때문이다. 그래서 도초면 지남리 마을에서는 아예 건물 내부인 정지, 한쪽 구석에 굴뚝을 낸 집이 많다. 벽에 구멍만을 뚫은 집도 있고 토방에 역시 구멍만 낸 집도 있다.

문화론적 지역활성화 모색

제4부

제1장 서남해 도서지역 유형문화자원의 활용방안

최성락* · 김경옥**

I. 머리말

우리 사회가 점차 탈산업사회로 전환되어감에 따라 문화의 경제적 가치에 대한 인식이 차츰 증가하고 있다. 이러한 가운데 문화자원은 학생들이나 지역민에게 그 지역의 역사와 문화를 인식하는 교육적인 자료인 동시에 현대인들의 문화적 소비행위에 있어서 중요한 역할을 하고 있다. 따라서 문화자원의 중요한 부분을 차지하고 있는 자연환경과 역사유적을 교육자료로 이용하는 한편 현대인의 문화적 욕구를 충족시켜 줄 수 있는 관광자원으로 활용할 필요성이 요구된다.[1]

21세기에 우리들은 두 가지 과제에 직면하고 있다. 하나는 세계화 혹은 국제화로 인하여 국경의 개념이 점차 희박해지고 있다는 것이고, 다른 하나는 분단국가에서 통일국가로의 전환이 임박하고 있다는 것이다. 세계화 · 국제화 · 정보화 등으로 국경이 없어지고, 각 나라별로 문화적인 특성도 점차 사라지고 있다. 이것은 우리의 문화유산을 계승하는 것과는 상반되는 것으로 자칫 우리 문화유산의 의미를 상실하기 쉽다. 젊은 세대일수

---

* 목포대학교 역사문화학부 고고학전공 교수
** 목포대학교 인문과학연구원 도서문화연구소 연구교수

1) 최성락 외, 「전남지방 고대유적의 보존과 활용방안」, 『전남의 고대유적 보존 및 활용방안』 1, 전라남도, 2000, p.79.

록 우리의 전통문화에 대한 호기심보다는 점차 외국문화에 대한 동경심이 더 커지고 있고, 나아가 외국문화의 무분별한 섭취를 지향하고 있다. 이러한 경향을 그대로 방치한다면 우리의 전통문화를 잃어버릴 것이고, 문화적인 종속으로 이어져 문화식민지로 전락할 가능성도 있다.[2]

또한 21세기는 지방자치가 자리잡아 가는 시기이기도 하다. 지방자치시대를 맞이하여 지역 주민들의 삶을 어떻게 향상시킬 것인지 연구되어져야 한다. 우리 역사는 수 천년의 축적이 있다. 수 천년의 역사가 만들어 놓은 수많은 문화유산이 있다. 그럼에도 불구하고 이를 문화산업의 소재로 개발하려는 노력은 매우 적었다. 그 중에서도 바다와 섬의 문화는 더욱 외면되어 왔고, 많은 잠재력에도 불구하고 이를 가용자원으로 끌어내지 못하고 있는 형편이다. 도서지역은 바다에 의한 고립과 한정된 영토라는 두 가지 특성을 지닌 도서성(insularity)으로 요약되는데, 이러한 두 가지 구속력에 대해 도서민들이 대처해 나가는 과정에서 독특한 생활양식과 문화를 만들었다. 더구나 섬문화는 아직까지도 비교적 잘 간직되고 있어, 이를 전승·보존·수집이라는 기본적 임무 외에 계승 활용할 경우 어느 지역의 문화자원 보다 높은 가치를 인정받을 수 있을 것이다. 따라서 바다와 섬, 그리고 연안을 중심으로 잠재되어 있는 수많은 문화자원을 찾아내고 이를 문화산업의 소재로 활용하는 일은 매우 시급하게 요청된다.[3]

본고는 서남해 도서지역에 산재한 유형문화자원을 활용하여 지역활성화 방안을 모색하려는 목적에서 작성되었다. 유형문화자원을 활용한 지역활성 방안 모색은 선사시대 유적의 활용방안, 나말여초기의 역사유적을

---

2) 최협, 「호남지역 문화유산과 그 보존의 의의」, 『호남지역 문화유산의 보존: 현황과 대책』, 전남대 사회과학연구소·유네스코한국위원회, 1995, pp.5~6.

3) 문화자원(cultural resources)이란 주어진 문화를 대표하는 문화체계의 물질적 혹은 비물질적 면을 말한다. 즉 사람과 문화, 그리고 사람들의 활동과 관련된 유적·유물, 건축물 및 역사자료 등을 포함한다. 예를 들어 (a)선사유물·유적, (b)불교유물·유적, (c)유교유물·유적, (d)관방유물·유적, (e)도요지 (f)생활유적 등을 말한다. 이외에 건축분야의 전통민가, 조경분야의 자연 및 경관자원, 여가공간 등이다.

통한 바닷길 복원, 조선~일제강점기의 역사자료관 건립, 그리고 유형문화자원을 활용한 관광자원화 방안 등을 중심으로 살펴보고자 한다.

Ⅱ. 선사시대 유적의 활용방안

선사시대의 유적은 주거지, 지석묘, 패총, 고분 등이 있다. 유적은 시대상과 사회상을 반영하고 있을 뿐만 아니라, 시대에 따라 변화, 발전하고 지역에 따라 특색을 지니고 있다. 특히 선사시대의 墓制는 피장자의 정치사회적 위치를 잘 반영하고 있으며, 당시의 매장관념과 함께 피장자가 속하고 있던 시대상과 사회상을 반영하고 있다. 따라서 선사유적의 축조실태를 정확하게 파악함으로써 시대의 추이와 지역사회의 면모를 알 수 있다.[4]

현재 확인된 신안 도서지역 선사유적의 분포상을 살펴보면 다음 <표 1>과 같다.[5]

이러한 유적 중에서 중요한 것은 학술조사와 함께 정비복원하여 역사교육장으로 활용하여야 한다. 더불어 유적의 중요성을 지역민과 관광객들에게 이해시키기 위해서는 전시관 건립이 필요하다. 전시관은 규모의 대소가 중요한 것이 아니라, 지역 실정에 맞게 만드는 것이 바람직하다. 그러나 모든 유적마다 전시관 설치는 여러 가지 여건상 어려움이 따르기 마련이다. 예를 들면 장산면 도창리의 백제고분 주변에 이 유적의 중요성을 알려주는 전시관이나 甑島에 신안해저보물선의 발견을 기념하는 전시관

---

4) 김기웅, 『고분』, 대원사, 1991, p.79.
5) <표 1>은 2000년 현재 신안 도서지역에 대한 문화유적지표조사 결과 확인된 선사유적분포도이다. 이는 기존의 연구성과를 토대로 작성되었으며, 본고에 수록된 유형문화자원편에 수록된 유적을 토대로 작성하였다. 대략 도서별 선사유적의 분포상을 검토한 것이다.

등을 고려해 볼 수 있다. 이러한 전시관 건립은 해당 섬에 방치되어 있는 초등학교 분교의 폐교부지를 활용하거나 혹은 비어 있는 農家나 창고 등을 활용하고, 인근 지역 관광자원과 연계 가능한 곳을 우선적으로 고려해야 할 것이다.

〈표 1〉 서남해 도서지역의 선사시대 유적 분포도

유적＼도서	안좌	압해	지도	비금	장산	하의	임자	증도	흑산	도초	합계
구석기	1	9	2				1				13
지석묘	6	10	4		4	2	4	2	1		33
패총		1	2			1	3	1	3	1	12
고분	3		2	2	3	3					13
유물산포지	1	24	2	1			1				28
합계	11	44	12	3	7	6	9	3	4	1	99

선사유적을 관광자원으로 개발할 경우, 관람객 대부분이 일반인이라는 점을 감안하여 주변에서 출토된 유물의 축소모형을 함께 전시하여야 할 것이다. 이와 함께 발굴과정과 중요 출토품, 주변에 분포하는 문화재, 토산물, 향토음식 등을 포함한 각종 영상자료를 갖추어서 선사문화에 대한 이해를 돕는 방안이 모색되어져야 할 것이다. 아울러 관람의 편의를 위한 산책로의 정비나 유적을 한 눈에 바라볼 수 있는 전망대 설치, 관련 유적을 함께 돌아볼 수 있는 답사코스 개발, 유적의 경관을 해치지 않는 범위 내에서 주차장과 휴식시설 등 각종 편의시설도 갖추어야 할 것이다. 또 전시유물만으로는 단조로운 인상을 줄 수 있기 때문에 발굴과정이나 중요 유물들을 비롯하여 국내외 관련 자료를 영상으로 제작하여 활용한다면 일반 관람객들이 보다 쉽게 이해 할 수 있을 것이다. 따라서 일반 관람

객들이 유형문화자원이 만들어지게 된 지리 문화적인 배경하에서 지역사회를 이해할 수 있을 것이다.6)

Ⅲ. 나말여초기 역사유적을 통한 바닷길 복원

서남해 도서지역의 역사유적과 관련된 바닷길은 ①장보고와 엔닌의 길, ②왕건의 길, ③삼별초의 길, ④이순신의 길 등 4개의 바닷길을 그려볼 수 있다. 이 바닷길을 따라 분포하고 있는 역사유적을 토대로 하여 역사교육은 물론 테마가 있는 관광코스로 개발해 낼 수 있을 것으로 기대된다. 이 중에서 신안 도서지역과 직접 관련되는 왕건의 길을 중심으로 살펴보고자 한다.

통일신라시대 한중항로는 연해항로와 횡단항로가 있다. 또 연해항로는 북방연해로(일명 노철산항로)와 남방연해로로 나누어지며, 횡단항로는 북방횡단로와 남방횡단로로 나누어진다. 먼저 북방 횡단항로는 이미 660년에 당나라 소정방이 택한 항로로 밝혀졌다. 소정방은 산동반도 동북단 영성만에 자리한 성산에서 출발해서 바다를 횡단하여 덕물도를 거쳐 기벌포로 상륙하였다. 이로 볼 때, 북방 횡단항로는 삼국시대 후기부터 이미 상설화되어 있었다고 할 수 있다. 반면에 남방 횡단항로는 북방 횡단항로에 비해 더 넓은 바다가 가로 놓여 있고 풍랑도 사나워 통일신라 이후에야 본격적으로 가동되었을 것으로 추정된다. 이 항로는 영파에서 출발해서 정해를 지나 남방연해로를 따라 북상하다가 양자강 하구의 사미에서 동북방향으로 항진하다가 황해 남부에서 횡단하여 흑산도를 거쳐 서남해 도서지역으로 도착하는 코스이다. 이 남방 횡단항로는 실크로드의 남해로

---

6) 최성락, 앞의 글, 2001, p.107.

가 중국 동남해안 일대와 직결됨으로써 남해로로 연결된다는 점에서 특별히 중요한 의미를 가진다. 여기에 또 하나의 항로를 추가할 수 있다. 엔닌이 입당구법활동을 마치고 귀국할 때 택한 항로이다. 엔닌의 『입당구법순례행기』에 의하면, 명주에서 내주와 소주와 초주 등을 거치는 연안항로를 따라 북상하여 산동반도의 등주에 도착하고, 등주의 적산포 막야구에서 출범하여 하루만에 신라의 서해안이 보이는 지점에 이른 것으로 되어 있다. 그리고 흑산도 등 서남해 도서를 거쳐 제주도를 지나 일본으로 귀환하였다고 한다.

종래의 남양만 당은포에서 출발하던 대중국 항로는 점차 서해안을 따라 남으로 이동하여 당진군 대진, 금강 하구의 진포(옥구군 임피), 변산반도 남단인 희한(부안), 그리고 영산강 하구의 회진이 두각을 나타냈다.

군소 해양세력의 대두는 신라의 해양 통제력을 상실시켰으며, 이제 다음 시대의 패자는 이러한 해양세력을 장악하는 자의 것이 되리라는 것은 명확해졌다. 바로 이러한 추세를 인식하고 해양세력의 패자를 자처하며 대두한 세력이 바로 견훤과 왕건이었다. 이 가운데 견훤은 여수·순천지역의 해상세력을 결집하면서 하나의 세력권을 형성하여 점차 서남해의 중심 세력으로 성장하였다. 급기야 전라도의 중심인 무주(광주)를 중심으로 하나의 독립세력으로 군림해갔으며, 또 남중국의 오월과 독자적 교섭을 통해 해양세력을 결집시켜 갔다. 그러나 그의 정치력은 서남해 해양세력을 완전 포용·결집하는데는 성공하지 못했던 것 같다. 즉 영산강의 중심지인 나주지방 해상세력의 반발과 도전에 직면해야 했다. 결국 900년에 전주로 중심지를 옮겨 후백제 건국을 천명함으로써 백제의 부흥을 꾀하였다. 즉 서남해 해양세력을 결집하는 어려운 길을 포기하고, 대신 충청도 지방의 옛 백제 유민들을 규합하여 일국의 왕으로 등극하는 손쉬운 길을 택했던 것이다.

반면에 왕건은 송악(개성)의 해상무역업자의 후예로 태어나 후고구려를 세운 궁예의 부하가 되어 그의 세력 기반인 해양세력을 앞세워 혁혁한 군공을 세우면서 출세의 가도를 달렸다. 특히 그가 정치적 위상을 결정적으로 확보하게 된 것은 서남해지역의 군소 해양세력을 압도하고 이를 그의 세력 기반으로 편제하면서 부터였다.

왕건의 서남해지역 공략은 집요하게 이루어졌다. 그는 수군을 이끌고 정주에서 남하하여 서남해안 일대의 군소 해양세력을 장악해 갔다. 그가 결정적으로 서남해 해양세력의 주도권을 잡을 수 있었던 것은, 909년에 영산강 하구의 압해도를 근거로 강력한 해양세력을 형성하고 있던 능창을 사로잡음으로써 가능하였던 것으로 보인다. 그리하여 그는 진도·고이도 등을 위시로 하여 서남해의 해양세력을 차례로 굴복시켜 갔다.

왕건이 서남해 도서지역 국제 무역의 중심지인 강진지역을 접수하고, 나아가 정권까지 장악한 것은 형미의 공이 컸던 것이다. 말하자면 서남해 도서지역의 해양세력은 정권 창출의 가장 중요한 원동력이 되었다. 이러한 이유로 이 지역에 대한 왕건의 애정은 각별하여, 그 중심인 나주를 특별행정구역으로 편제하였을 뿐만 아니라, 나주 출신 호족인 장화왕후 오씨가 낳은 무를 후계자로 지목하여 고려 2대 혜종으로 등극하게 했던 것이다. 따라서 장보고 시대에 서남해안지역이 성취한 국제 해양교역의 위상은 고려시대에까지 그대로 유지해 갈 수 있었다. 왕건은 서남해 도서지역의 해양세력을 장악하는 자가 집권한다는 하나의 선례를 남겼으며, 이러한 선례는 고려후기 무인집권기에 재현되었다.

이상에서 살펴본 바와 같이 역사유적과 문헌자료를 토대로 서남해 도서지역의 바닷길을 복원하여 지역활성화 방안을 모색할 수 있을 것으로 기대된다. 앞에서 살펴본 왕건의 길 이외에도 장보고와 엔닌의 길, 삼별초의 길, 이순신의 길 등을 테마별 관광상품으로 개발하는 방안 등이 이에 해당될 것이다.

Ⅳ. 조선~일제강점기의 역사자료관 건립

고문헌 및 고문서 자료는 역사연구의 기본적인 사료이다. 지방사를 연구하는 사람에게 있어서 문헌자료는 1차 자료의 확보라는 측면에서 더 없이 중요하다. 그러나 실제로 지방사를 연구하려는 사람에게 가장 큰 장애는 문헌자료의 부족으로 인한 한계이다. 이 점은 현재 남아 있는 지방사 자료가 적다는 이유뿐만 아니라 현존하는 대부분의 문헌자료가 중앙 관련 기사만을 수록하고 있기 때문이다. 실제로 역사연구에서 흔히 이용하고 있는 관찬자료는 대부분 지배층 혹은 중앙중심적인 내용으로 일관되고 있다. 따라서 지방사와 관련된 자료, 혹은 기층민중의 생활사는 거의 드러나지 않고 있다. 이를 해결하기 위해서는 지방사 자료의 체계적인 수집과 정리가 선행되어져야 할 것이고, 그 성과물은 그 땅에 살고 있는 주민들과 함께 공유되어져야 할 것이다.

서남해 도서지역 현지조사에서 수습된 문헌기록은 주로 조선후기와 한말, 그리고 일제강점기의 자료가 대부분이다. 유형별로 나누어 살펴보면 다음과 같다.

첫째, 해당 섬의 역사나 행정연혁에 관한 私撰記錄이다. 해당 섬의 地名由來부터 역사유적·유물, 성씨와 인물에 이르기까지 邑誌類를 모방한 개인 기록물이다. 자료의 성격상 섬주민의 주관적인 판단하에 작성된 글이라는 점에서 다소 한계는 있으나, 섬에서 태어나 어려서부터 村老들에게서 들으면서 성장하고, 성인이 되어서는 자신의 고향에 대한 역사와 문화를 정리할 필요성을 인식하게 되고, 그래서 직접 현장을 확인하여 정리한 섬의 역사와 문화이기 때문에 그 가치가 높다 하겠다.

둘째, 주민들의 생활문화사를 반영한 고문서 자료이다. 주로 節目·完文·戶籍·分財記·置簿冊·敎旨·錄券·上疏文·行狀類·토지문서   등으로, 특정 인물의 관력과 이력을 증명하거나, 혹은 개인의 매매문서, 戶主의 토지소유 규모와 재산상속에 이르기까지 섬주민의 생활사를 그대로 전달해준다.

셋째, 촌락내의 생활공동체의 조직과 운영상을 보여주는 洞契와 漁村契 관련 자료이다. 동계 혹은 촌계라 불리우는 마을조직문서가 현전하고 있다. 즉 동계의 구체적인 시행에 관한 자료로 婚喪時 부조를 위한 일정한 기금 등 수입과 지출 등을 기록해 놓은 치부책 등이다.

넷째, 개인에 관한 문집이나 서간문, 상소문, 년보와 일기 등이다. 서남해 도서는 중앙으로부터 멀리 떨어진 絶島이다. 따라서 섬은 유배지로 이용되었다. 유배자들의 入島와 입도이후 섬주민들과의 교류를 통한 기록물이 현전한다. 대표적인 것으로 1801년 흑산도로 유배된 정약전이 기술한 『자산어보』 등이 이에 해당된다.

다섯째, 금석문이 포함된 유적과 유물이다. 서남해 도서지역에서 발견된 가장 대표적인 자료는 암태도 매향비의 발견이었다. 일명 '비석거리'라 불리우는 지명유래와 주민들의 제보에 의해 확인된 이 자료는 매향신앙과 공동체조직의 기원을 전달해주었다. 이외에 각 성씨별 문중 선조의 명예와 가문의 위상을 정립하려 의도에서 건립된 비석과 문중재각 등이 있다. 즉 건물의 건립과 중수의 시대적 배경, 관련된 인물들의 기록을 통해 해당 지역의 역사와 문화를 정립할 수 있다.

여섯째, 서남해 도서지역의 경제기반과 관련된 문서이다. 즉 서남해 도서는 조선전기이래로 松田과 牧場이 설치되었다. 따라서 木材와 牧馬 관련 기록들이 발견된다. 이외에 개벌을 간척한 토지개간과 관련된 고문서와 구전자료가 현전한다. 이를 통해 서남해 도서지역의 경제기반을 추적할 수 있다.

일곱째, 근현대사와 관련하여 書堂·書齋·古文書·碑石類, 근대 건축물, 옛 사진, 族譜 등을 수집하여 도서지방의 역사와 문화를 정리할 수 있을 것이다.

이상 언급한 자료들을 체계적으로 수집하여 일정한 공간에 전시한다면 훌륭한 자료관이 될 것이다. 예를 들면 간척과 관련된 고문서, 과거 섬의 자연환경이나 주민들의 생활사를 담은 사진 등을 수집하여 자료관에 전시하여 역사학습장으로 활용할 수 있고, 토지 간척의 경우, 조선시대 宮房田과 屯田에 관한 서울대 규장각 소장 고문서, 한말~일제하 토지소유권의 변동에 관한 하의도·암태도·지도·도초도·자은도의 소작쟁의 관련 자료들이 있다. 자료관 건물은 소작쟁의 당시 지주와 농민들이 대립하였던 농장사무실 건물을 재활용하는 방안이 고려된다. 이러한 과정을 통해 지속적으로 문화자원이 확충될 수 있는 기반이 조성되고, 나아가 지역적 특징을 가진 고고·역사·인류·민속·생태를 포함한 군립종합박물관의 건립으로 연결되는 방안이 모색되어져야 할 것이다.

V. 유형문화자원의 관광자원화 방안

1. 생태자원의 관광자원화 - 갯벌과 습지, 염전 -

도서연안지역의 자원자연경관 및 문화자원을 활용하여 여가공간계획에 활용하는 경우 예상되는 기대효과는 다음과 같다.

① 비일상적인, 풍요로운 자연환경, 독립성, 격리성, 협소성 등 도시민들의 일상적인 환경과는 전혀 다른 환경을 제공한다.
② 전형적인 해양성 기후에 대한 체험의 장을 제공한다.
③ 독특한 경관, 자연풍경 속에서 즐길 수 있는 다채로운 운동의 기회를 제공한다. 예를 들면 해풍이 강한 해안, 모래사장, 지층 등 해안에서 산보, 싸이클, 해수욕, 마린스포츠 등이 이에 해당된다. 소공간에서의 삼림욕과 등산 등 섬의 경관, 깨끗한 공기속에서 다채로운 운동이 가능하다.

④ 매력있는 해산물, 농산물을 소재로 한 향토요리를 개발하여 지역활성화를 모색한다. 예를 들면 신선한 해산물, 특색있는 농산물을 제공, 전통적인 향토요리, 약용내지 건강식단을 개발하여 지역특성을 한층 높여준다.

⑤ 특유의 지역문화와 전통 및 관습과의 접촉, 지역민들과 교류의 기회를 제공한다.

2. 전통민가의 관광자원화

도시의 생활, 문명사회의 생활은 우리들에게 여러가지 부담을 주고있다. 예를 들면, 통근·통학의 혼잡, 도로의 정체, 콘크리트에 둘러싸인 폐쇄감, 광고로 인한 정보의 범람, 시간에 쫓기는 일상 등 매일 우리들에게 커다란 스트레스를 주고 있다. 그러나 세계인구의 80%가 도시에 집중되어 생활하고 있다는 점을 감안한다면 이와 같은 상황을 피할 수 만은 없는 실정이며 앞으로 현대인들이 해결해 나아가야할 과제라 하겠다. 도시에서는 우리들이 어린시절 뛰어 놀았던 자연도 빈공터도 찾아보기 힘들며, 건강의 3대 요소인 태양·물·공기가 오염되어 가고 있다. 이와 같은 상황 속에서 사람들은 자연 및 건강에 대한 관심이 높아지고 있으며, 자연식품·건강·미용·헬스 등에 대한 관심이 집중되어 국민전체가 건강관리에 민감해져 있다고 하겠다. 또 여가시간이 늘어남에 따라 사람들은 "여가시간 활용"에 관한 정보에 귀 기울이고 있으며, 여가를 보내는 방법도 자연 속에서 몸과 마음을 재충전하는 것으로 변화되고 있다. 그리고 여행의 형태도 지금까지는 단기간에 많은 관광지와 관광시설을 바삐 돌아보는 여행이었으나, 최근들어 자연을 만끽하거나 한 장소에 느긋하게 체류하는 휴양형태의 여행이 인기를 끌고 있다.

전통민가는 문화자원의 측면에서도 보존가치가 큰 건조물이다. 하지만 민가는 박물관 내의 유물처럼 수장 문화재로 취급할 수 없는 것이며 또한 일정한 장소, 가령 용인민속촌처럼 세트화하여 전시하는 것도 그 한계가 있는 자원이다. 따라서 도서지역의 전통민가를 다음과 같이 활용할 수 있다.

① 현재 각 마을에는 육지로의 이주로 인해 비어있는 집이 많다. 마당도 있고 텃밭도 있다. 마을 이장이나 면사무소 주도로 도시민과 연계시켜 전통 주거문화를 체험할 수 있는 場으로 활용한다. 이는 눈으로 보는 문화에서 직접 경험해 보는 문화체험의 場으로 의미 있는 공간이 될 것이다.

② 개별 민가를 크게 확대하여 하나의 집단, 즉 마을개념으로 활용하는 방안이다. 가령 10~20호 정도의 마을을 조선시대 촌락 그대로 재현시켜 놓고 전기와 수도시설을 없애고 전통 우물을 이용하고록 한다거나, 밥짓는 것도 아궁이에 의존하는 형식으로 하여 청소년 내지 도시민들에게 집단 교육의 장으로 활용한다. 나아가 촌락은 영화촬영 세트나 각종 이벤트 문화행사의 場으로도 활용할 수 있을 것이다.

3. 문화유적지도의 제작 – 유형문화자원 분포도 –

문화유적 분포지도의 제작은 문화콘텐츠산업을 활성화하는데 주요한 목적이 있다. 정보화시대에 하드웨어는 정보를 담는 그릇에 지나지 않는다. 정말 중요한 것은 그 그릇 안에 담기는 내용이다. 그 내용을 채우는 일이 바로 문화콘텐츠산업이다. 문화자원의 개발을 목표로 하는 문화유적 분포지도의 제작은 그 과정에서 정보화작업을 통해 문화콘텐츠를 채우고 이를 정보산업의 하나로 자리매김하려 한다. 결국 유형문화자원을 개발·활용하여 문화콘텐츠산업을 활성화하고, 문화론적 지역활성화를 위한 문화지도를 제공하고, 이를 토대로 독창적이고 개성적인 지역활성화 방안을 강구하는데 있다.

서남해 도서지역에 대한 문화지도 제작의 필요성은 다음 세 가지 이유이다. 첫째는 서남해안권의 발전 방향이 관광휴양에 있기 때문이다. 전라남도 이미지통일화사업과 관련하여 최근 실시한 여론조사 결과를 보면, 전남의 바람직한 발전방향에 대해 41.3%가 관광지역, 21.9%가 휴양지역을 꼽았다. 결국 관광휴양지로의 발전이 목표가 된다. 바다경쟁력이 시급하고 그런 속에서 관광휴양지로의 발전이 필요하다는 결론이다. 21세기 각광 받는 새로운 삶의 무대가 바다와 섬을 무대로 펼쳐질 것이다. 그렇다면 이를 위해 무엇이 필요한가? 그 답은 자명하다. 관광휴양의 내용을 채워줄 연안 도서문화의 발굴과 거기에 기초한 문화자원화, 문화상품화가 그 답이다. 무엇보다도 각 섬의 문화지도를 제작함으로써 유형문화자원의 파괴와 훼손을 막을 수 있다. 유형문화재는 ①경지정리 작업 ②도로공사 ③농경지의 경작 ④건물의 신축 ⑤공단의 조성 ⑥댐의 조성 ⑦도굴 ⑧도난 및 소실 등에 의해 파괴나 훼손되고 있다. 따라서 이 작업을 통해 만들어진 문화지도는 개발에 앞서 문화유적의 소재를 분명히 알 수 있도록 함으로써 문화재에 대한 효율적 관리를 가능케 하고 파괴를 미연에 막을 수 있다. 또한 관광객들이 손쉽게 유적에 접근할 수 있는 안내서의 역할도 기대할 수 있을 것이다.

Ⅵ. 맺음말

21세기는 해양의 시대이다. 이미 시작되고 있는 신해양경쟁시대에 우리가 앞서 나아가기 위한 최선의 방법은 해양자원 즉 바다와 섬에 대한 관심과 연구에서 찾아낼 수 있으리라 생각된다. 우리나라 전국 섬의 57%에 해당되는 1,986개의 섬을 갖고 있는 서남해 도서는 신해양시대를 열어 나아가기 위한 구심점이 되는 지역이라 평가된다. 섬문화를 상징적인 가용문화자원으로 개발하는 일은 시급히 이루어져야만 할 필연적인 과제이다. 앞에서 언급한 유형문화자원을 활용한 지역활성화 방안을 언급하는 것으로 결론을 대신하고자 한다.

첫째, 중요한 유적의 경우, 역사교육장으로 활용하는 방안이다. 역사 교육은 결코 역사책만으로 가능한 것은 아니다. 초등학교 교육부터 현장을 통해 그 지역문화자원를 전달한다면 고향에 대한 자부심을 심어 줄 수 있을 것이다.

둘째, 문화자원의 중요성을 알림으로써 지역 주민들의 자부심을 고조시키는 방안이다. 이 목적을 달성하기 위해서 필요한 전시관(유적전시관 사료전시관 등)이나 군립종합박물관의 건립이 요구되며 각 지방자치체에 걸맞는 장기적인 계획이 모색되어야 한다.

셋째, 문화자원의 관광자원화 방안이다. 지역별로 중요한 유적을 묶거나 특이한 문화자원을 적절히 개발하여 관광자원으로 활용한다면 지역주민뿐 아니라 관광객들의 관심도 이끌어 낼 수 있다고 본다. 예를 들면, 고대바닷길의 복원이나 생태자원의 관광자원화와 전통민가의 관광자원화 등을 들 수 있겠다.

넷째, 문화자원의 정보화를 통한 다양한 활용방안이다. CD-ROM에 담아 교육용이나 관광자원으로 활용하고, 중요 유적이 표기된 觀光地圖를 만들어 보급하는 방안이다. 중요한 유적이 있어도 지도에 표기되어 있지 않다면 관광객이 찾아가기가 쉽지 않기 때문에 문화자원으로 활용될 수 없을 것이다. 따라서 그 방법을 모색해 보는 것은 매우 중요하다. 나아가 보다 용이한 접근을 유도하기 위한 다양한 방안이 고려되어야 한다. 즉 면 단위의 관광지도 개발이나 인터넷을 활용하는 방안 등이 있겠다.

이러한 작업을 통해 문화유산이 활용되면서도 보존되는 효과를 거둘 수 있다. 문화유산은 단순한 관리와 학술조사를 행하는 것만으로 보호되지 않는다. 오히려 지역 주민들에게 그 가치와 중요성을 알려줌으로써 보호될 수 있다. 문화자원의 개발과 활용방안에 대한 연구 성과는 주민들에게 보호해야할 실용적인 이유를 제공해 줌으로써 자발성을 끌어낼 수 있을 것이다. 나아가 문화벨트화를 통한 유적의 관광 자원화 효과이다. 파편화되어 있고 죽어있는 유형문화유산에 이야기가 있는 역사성을 불어넣어줌으로써 엮어진 서말의 구슬처럼 활용될 수 있을 것이다. 또 유형문화자원을 권역별로 묶어 테마 관광코스의 소재로 활용함으로써 문화유적들의 자원화 효과를 극대화할 수 있다. 특히 하나의 섬을 하나의 관광자원으로 활용하기 위해서는 모든 개발이 섬 전체의 구도 속에서, 문화자원의 개발과 함께 구상됨으로써 문화론적 지역활성화의 모범이 될 수 있을 것이다.

제2장 도서문화자원의 문화컨텐츠개발 방안

문 병 채*

Ⅰ. 머리말

　최근 생활수준의 향상과 더불어 문화에 대한 관심이 높아지고 문화상품에 대한 수요가 급증하고 있다. 더욱이 문화상품의 개발은 지역문화 보호와 지역정체성 확립을 가져온다는 측면에서 매우 중요시되고 있다. 문화자원은 조사·수집도 중요하지만, 그 수집된 정보가 많은 사람이 향유될 수 있도록 하는 활용방안을 모색하는 것도 이에 못지 않게 중요하다고 본다. 우수한 문화는 가능한 많은 사람에게 향유되어져야 하기 때문이다.

　이러한 배경에서, 최근 우리나라에서도 문화자원의 경제적 가치를 인식하고 이를 상품화할 수 있는 방안을 다각적으로 연구해오고 있으며, 그 중에 하나가 멀티미디어컨텐츠 제작사업이다. 이는 또한, 문화자원에 대한 가치증대와 함께 정보통신 기술의 혁신으로 문자, 음성, 영상 등의 구분이 없어지고, 멀티미디어 컨텐츠로 통합·수렴화 되어가면서 나타난 새로운 개념의 문화의 대중화이기도 하다. 여기서 말하는 멀티미디어컨텐츠란 도서문화자원을 소재로 한 저작물을 의미한다. 따라서 도서문화자원의 컨텐츠란 도서지역 특유의 고유한 역사적 의미와 정체성을 반영하고 있는 정신적 문화적 가치를 지닌 자원을 새로운 기술 및 현대적 디자인을

---

* 목포대학교 인문과학연구원 도서문화연구소 연구교수

통해 새롭게 재개발한 상품이라 할 수 있다.

따라서 우리만의 역사성, 문화성, 독특함과 다양성을 지닌 문화요소를 어떤 컨텐츠로 개발하고, 그를 어떻게 활용해야 하는지를 지역활성화 측면에서 연구해 볼 필요가 있다고 본다. 특히, 한국 도서지역은 살아 숨쉬고 있는 풍부하고 다양한 민속문화자원이 산재해 있다. 중요한 점은 그럼에도 불구하고 이를 상업화하는 데는 매우 미약하다는 것을 고려할 때 더욱 필요가 있다.

여기서는 '문화'라는 정보를 보다 효과적으로 전달해 줄 수 있는 형태가 어떤 것이어야 하느냐의 문제는 감각적으로나 미학적으로 보다 좋은 만족감으로 문화의 맛을 느끼면서 전달받을 수 있는 전달도구와 방식, 그리고 문화정보의 컨텐츠(content)가 어떤 것이어야 하느냐의 문제와 직결된다고 보고 이에 대한 연구를 하였다. 그 동안의 연구들에 의하면, 컴퓨터를 사용한 멀티미디어로 개발되었을 때 가장 효과적이라는 것이 알려졌다1). 또한, 그것이 갖는 대화성(interaction)2)이라는 매력에도 원인이 있다. 그러나 멀티미디어라 할지라도 여러 방식이 있고, 내용 구성 또한 다양한 견해가 있다. 전자는 데이터의 가공, 편집, 검색, 전송, 출력 등의 용이성을 고려해야 할 것이며, 후자의 경우는 어떤 내용을 담을 것인가를 고려해야 할 것이다.

따라서 이러한 배경에서 본 연구는 도서지역만이 지니는 지역성, 역사성, 문화성 등의 특성을 효과적인 전달을 위한 시나리오 개발과 시스템모형을 제시하고, 더 나아가 이러한 모형이 어떻게 활용 가능한가를 알아보는 데 목적을 두었다.

---

1) 이는 인간의 뇌 구조로 볼 때도 효과적 전달 수단임이 알려졌다. 신경 생리학자 폴 매그린의 「뇌의 3층 모델」연구를 통해 증명해 냄.

2) 대화성 방식이란 사용자가 원하는 정보를 원하는 형태로 받을 수 있는 기능을 말한다. 즉, 직선적이고 단방향인 사용자가 단순히 저장된 혹은 보내는 정보를 찾아 보는 것에서 그치는 것이 아니라 그 정보를 찾아다니고 조작하면서 때로는 새로운 것을 창조하여 정보를 발신하는 기회가 제공되는 것을 말한다.

Ⅰ. 기존의 접근방식 및 한계

도서지역에 대한 문화연구는 1950년대 후반부터 이루어져 왔다(김재원 외, 1957). 그러나 지금까지의 연구는 디지털 시대에 부합된 연구와는 거리가 멀었다고 보여진다. 그 이유는 다음 몇 가지로 특징지을 수 있을 것이다.

첫째, 연구내용이 주로 문화요소를 찾아내는 작업 즉, 일종의 박물관적 작업이 주였으며, 그 결과 문화요소의 지리적 차이에 대한 원인 규명이나 환경과의 상관성 규명 등 문화현상의 규명보다는 문화 그 자체의 현상 파악에 머물러 왔다(조경만, 1996: 383).

둘째, 개별 도서의 문화자원조사가 주로 연구소나 문화 관련 기관의 주도로 조사되어 왔으며 <표 1>, 조사가 대부분 자연환경 특성 및 역사적 배경에 기반한 생태적 영역에서 이루어진 것이 아니라 행정구역과 같은 자의적인 기준에 의해 설정된 영역에서 이루어져 왔다. 그 결과 기능적이고 총체적인 도서문화에 관한 자료파악에 어려움을 주어 왔다(이기철, 1996: 378).

셋째, 위의 같은 기존연구 결과는 도서지역 문화를 구성하는 문화요소들에 대한 목록화(inventory)[3] 및 분포도 작성의 미비로 이어졌고, 이는 오늘날까지 원초적 수준에 머무르게 하고 있다[4]. 부분적으로 매핑이 이루어진 문화요소도 있으나 거의가 디지털이 아닌 아날로그 상태이며, 게다가

---

[3] 각종 문화자원 요소들을 체계적으로 분류한 것으로 이는 단순히 지역문화 양상들을 기술하는데 그치지 않고 일관된 기준을 가지고 정확하고 체계적이며 일관성 있게 정리된 문화자원 데이터화를 말한다. 예를 들면 언어는 방언특성, 민요는 음계에 따라 분류될 수 있을 것이다.

[4] 이러한 연구의 한계성을 조경만(1998: 417)은 문화자원의 의미와 인지와 경험 세계에 대한 분석, 해석, 기획, 운용을 할 수 있는 전문가 미비로 설명하고 있다.

도서지역의 독특한 문화 현상을 문화코드로 그려낸 것들은 찾아볼 수 없고 단지 유형적 문화객체만을 자의적으로 심벌화시켜 표시해 놓은 것들이다. 따라서 이들이 체계적일 수 없었다(신순호, 1998).

넷째, 도서문화에 대한 조사 및 연구결과의 체계적인 DB화가 미비하며, 더욱이 GIS를 이용한 DB는 거의 전무한 상태로 되어 있다5). 그 결과 문화자료의 중복된 수집, 자료의 일관성을 유지, 조사자료 누락 파악 등에 있어서도 문제를 들어내고 있다.

다섯째, 문화자원의 보존·보급에 있어서도 한계를 들어내고 있다. 지금까지는 도서연구결과나 조사자료 형태가 아날로그 형식의 문서(도서나 보고서로 발간), 영상(사진, 녹음기, 비디오)형태가 주가 되어 왔으며, 최근에야 몇몇 분야를 대상으로 주로 민간업체에 의해 CD-ROM 타이틀이나 Web-Page형태로 소개되고 있는데 그 수량이 극히 제한적이고 전문성도 결여되어 있다. 그것은 문화전문가가 참여한 개발이 아닌 몇몇 전산전문가들에 의해 개발되었기 때문인 것으로 파악된다.

이러한 기존의 연구결과는 오늘날 우리에게 도서개발 등을 위해서 문화적으로 유형화시키거나 도서별 정체성을 파악하기 위해서 필요한 도서문화영역(culture area) 설정이나 공동체적 생활권 설정에 한계를 주고 있다. 따라서 이제는 단순한 유물·유적 지도가 아닌 객체적인 역사문화유적 지도를 뛰어 넘는 문화의 표현방식에 대한 개발이 요구된다(조경만, 1998: 417).

또한, 지금까지 도서지역 문화자원을 소재로 한 많은 컨텐츠들이 제공되어 왔지만, 대부분이 지역적 특수성을 갖는 도서문화를 효과적으로 전달하기에는 미숙한 것이 현실이다. 그 원인은 기존에 제작된 컨텐츠들의

---

5) 이기철(1996; 379)은 관련학자들의 공동학술연구를 통해 개별 연구자나 연구소들이 자신의 방법으로 수행해 오던 조사방법, 연구결과물 자료정리 및 관리방식에 대한 정보를 교환하고, 지금까지의 방식 중 문제점이 될 수 있는 부분을 지양하고 가장 이상적인 모형을 개발하여 통일적이고 일관성 있는 방법으로 자료를 처리할 수 있도록 새 통로를 개척하는 방안을 제시하고 있다.

데이터베이스 구축과 관계되는 기술적 측면(정보전달방식, 저작도구 운용 기술, 효과표현 등)과 컨텐츠 내용에 해당되는 시나리오작성 측면(컨텐츠 기획, 스토리보드 제작, 수요파악 등)모두에서 찾아볼 수 있다.

첫째, 기존 컨텐츠의 대부분이 정보전달 방식에 있어서 위치(georeference)와 위상(topology)이 없는 공간정보를 제공하고 있고, 패키지(package)형과 네트워크(network)형의 독립적(개별화)를 통한 제공형태 방식을 특징으로 하고 있다.

그러나 위치파일이 없다는 것은 지리정보가 아니다는 말과 같으며, 따라서 도면조작에 많은 한계를 지니게 되어 사용이 제한적이 수밖에 없고, 위상정보가 없는 점은 고급검색 및 분석을 곤란하게 하고 있다(박현욱 외, 1998). 그러나 위치(georeference)와 위상(topology)정보 결여는 도서지역 문화정보를 효과적으로 제공하는 데에 커다란 장애를 가져오고 있다. 그 이유는 육지지역의 경우 도로정보가 그래픽적으로 제공되지만 도서지역의 경우는 선박(여객선)의 항로가 매우 구불구불함(여러 포구를 거처 가기 때문에)하여 육지와의 거리로 판달 될 사항이 아닐 뿐 아니라 섬의 형상과 내부 교통여건이 매우 상이하기 때문에 반드시 공간정보와 함께 문화정보가 설명되어야 하다. 그리고 또 하나는 개별적 섬별로 종합적 특성이 주어지는 지지(地誌)적 특성을 지니기 때문에 사용자로 하여금 섬별 개개의 문화속성을 결합시키고 종합화할 수 있게 정보가 제공되어야 할 것으로 보인다.

또한 현재의 패키지(package)형과 네트워크(network)형의 독립적 형태로 도서정보를 제공하고 있는 형태는 단지 그들 자체의 장점만을 살리는 제공형식이지 이 둘의 상호연계에서 오는 시너지(synergy)는 창출하지 못해내고 있다는 면에서 가장 큰 한계를 드러내고 있다고 보여진다6).

---

6) CD-롬이나 프리젠테이션과 같은 패키지형은 오프라인(off-line)상태에서 활용할 수 있는 장점이 있는 반면, Web-페이지와 같은 네트워크형은 온라인(on-line)상태에서만 사용이 가능한 반면 부가적 정보를 얻어낼 수 있는 장점이 있다.

<표 1> 기존 컨텐츠의 문제점과 요구사항

영 역		문제점	요구사항
시스템분야	데이터 구조	·위치와 위상이 없는 단순한 그래 픽 수준의 공간정보만의 제공으 로 정보검색 및 분석에 제약 즉, 효율적 문화정보 제공과 고객 의 새로운 문화정보 창조에 한계 가 되고 있음	·기존의 멀티미디어컨텐츠가 GIS기반으 로 하여 위치 및 위상정보를 지니게 개 발되어야 함을 요구
	정보 제공 방식	·네트워크형과 패키지형의 독립적 구조로 이들의 연동에서 오는 시 너지를 창출하지 못함 ·종합적인 문화정보 제공에 한계	·기존 Web-페이지형과 함께 동시에 CD-ROM 등 패키지형이 Web기반으로 제작되어야 함
	소프트 웨어 운용 기술	·저작도구(S/W)에 대한 운용기술 결여로 일부 소프트웨어만을 사 용하여 제작해내고 있음 ·단순한 기술적 융합만을 통해 제 작해내고 있음	·제작단계 특성에 적합한 S/W들이 선택 되고 기술력을 발휘 ·단순한 기술적 융합만이 아니라 배경 및 음향효과 등에 최선의 표현기법들이 고 려되어야 함
시나리오분야	제작 기획	·문화에 대한 전문지식과 체험의 부족으로 문화특성(문화의 맛)을 살려내지 못함 ·저작물들이 모방의 단계를 벗어 나지 못하고 있음	·문화전문가가 제작기획에 참여하도록 하 여 체험된 정보를 알기 쉽고 정확하게 표현(도해) ·독창성을 지닌 매력 있는 소재 발굴로 타제품과 차별화
	스토리 보드 작성	·입체적 다면적 스토리 전개력의 부족으로 '거짓대화'의 한계를 극복하지 못하고 있음	·청중에게 선택이 주어진 부가적인 기회 를 무한한 창조성으로 이끌 수 있는 시 나리오가 구성되도록 함
	시장 조사	·개발된 타이틀을 판매하기 위한 시장규모, 소비자 동향 변화 등의 조사에 치중	·개발하고자 하는 개발 타이틀에 대한 소 비자의 요구성향인 기호도와 관심, 경향 에 대한 조사가 더 필요

따라서 이제는 이들의 장점을 결합시켜 오프 혹은 온라인 상태에서의 자유로운 활용과 부가정보 획득의 가능성을 확대시켜주어야 할 것으로 여긴다. 최근에는 컴퓨터 기반환경이 보다 용이하고 저렴하게 이들의 연 계성을 강화시켜 줄 수 있는 환경이 조성되었다고 보여지기 때문이다[7].

둘째, 저작도구의 운용기술 결여와 효과표현의 부족 문제를 들 수 있다.

---

7) 최근 웹 브라우저 기능의 강화[1]와 초고속통신망 발달에 힘입어 인터넷은 컴퓨터 네트워크를 이용하여 문화를 다양한 형태로 전달하고 공유할 수 있게 하고 있다.

도서문화컨텐츠는 단위 지역이라는 특성상 개별 도서별로 종합적 문화요소의 결합으로 표현되어져야 하기 때문에 그 제작에는 일반 컴퓨터 기술뿐만 아니라 미술, 음악, 음향, 비디오, 영상분야의 다양한 기술의 융합을 요구한다는 점과 함께 더 나아가 단순한 기술적 융합만 아니라 최대한의 효과로 표현할 수 있는 제작기법과 미디어들의 선정 및 운용이 요구된다는 특성을 지니고 있다고 보여지기 때문이다. 그럼에도 불구하고 대부분의 저작물들이 일부 소프트웨어8)만을 사용하고9), 배경효과나 음향효과 등을 제대로 배합·구현하지 못한 결과 기술적 한계로 개별도서의 문화종합화를 효과적으로 살려내지 못해 개개 도서의 문화 정체성을 파악하기에 어렵게 하고 있다.

셋째, 살아 숨쉬는 생생한 문화의 맛을 느끼는데 한계가 있다. 이는 도서문화의 영역 즉, 도서문화만이 갖는 문화적 특성을 갖게 하는 문화요소들에 대한 전문지식이 결여된 상태에서 제작에 임했기 때문만이 아니라, 이들 도서문화의 실제적 체험을 거치지 않는 상태에서 활자형태를 통한 느낌만으로 제작작업에 임했기 때문이지 않는가 한다. 그 결과 이는 두 측면에 문제를 드러내고 있다. 하나는 저작된 결과가 모방의 단계를 벗어나지 못하는 결과를 초래하고 있다는 것과, 다른 하나는 역시 저작된 결과가 사용자에게 감동을 주지 못하고 있다는 점이다. 전자의 경우는 활자에 의해 얻어진 정보를 머리 속에서 정리하여 다시 활자로 재정리하는 탁상공론 형태로 개념을 잡아내는 상태를 벗어나지 못하기 때문에 빚어진 결과로 보여지며, 후자의 겨우는 제작이 문화전문가가 아닌 비전문가에 의해서 이루어진 결과 기획능력의 부족으로 '문화의 맛' 을 제대로 전달

---

8) 일종의 저작도구(authoring tools)라 볼 수 있다. 저작도구란 문자, 그림, 동화상, 음향 등 다양한 데이터를 창출, 가공하여 검색방식을 설정하고 화면구성을 디자인하는 일종의 멀티미디어 편집용 소프트웨어를 말한다.

9) 멀티미디어 소프트웨어는 매우 다양하고 이들은 각기 특정 분야에 특성을 갖고 보급되고 있기 때문에 폭넓은 운용기술은 표현효과를 극대화시킬 수 있다(최윤철 외, 2000; 27).

해 주지 못한 결과라 보여진다.

넷째, 플롯(이야기 조각)들의 구성이 '거짓대화'의 한계를 극복하지 못하고 있다. 멀티미디어 시나리오[10]의 장점은 대화(interaction)에 의해 입체적 다면적 스토리 전개가 이루어지게 함으로써 시·공간의 벽을 허물고 독자로 하여금 다양한 사고를 할 수 있는 기회를 제공해 주는데 있을 것이다. 그럼에도 불구하고 기존 제품들은 시나리오 작성의 실패로 이미 작가에 의해 짜여진 여러 가지 프로세스[11] 안에서 사용자가 돌아다니며 선택하는 '대화'라는 데서 오는 '거짓대화' 의 한계를 극복하지 못하고 있다. 이는 청중에게 선택이 주어진 부가적으로 제공되는 기회와 이 기회를 무한한 창조성으로 이끌어내도록 할 수 있는 시나리오 구성을 하지 못했기 때문으로 보인다.

다섯째, 사용자에 대한 고려 문제를 들 수 있다. 사용자에 대한 지식을 알기 위해서는 시장조사[12]를 해 보는 것이 필요함에도 불구하고, 기존의 대부분의 저작물들이 이러한 시장조사에 의한 객관성 여부를 판단하는 과정이 없이 제작한 결과로 컨텐츠내용이 소비자가 요구한 것과 멀어 보급과 판매에 실패하고 있다. 또한 시장조사 단계를 거친 것이라 할지라도 단순히 개발된 제품을 판매하기 위한 시장규모나 소비자 동향변화에만 치중했지 정말 중요한 개발하고자 하는 개발 타이틀에 대한 소비자의 요구성향인 기호도와 관심, 경향에 대한 조사는 게을리 했다.

---

10) 모든 스토리에는 시작, 중간, 끝 부분이 있는 것이 기존 시나리오의 개념이었으나, 멀티미디어의 시나리오는 이야기 순서가 정해져 있지 않다. 흩어놓은 이야기의 작은 조각(flot)들을 항해하면서 사용자가 자신만의 스토리로 완성해갈 수 있는 느낌과 만족을 가질 수 있다.

11) 멀티미디어 시나리오가 이미 설계된 구조, 계획된 흐름임.

12) 시장조사는 개발된 타이틀을 판매하기 위한 시장규모, 소비자 동향 변화 등이 포함되지만, 개발하고자 하는 개발 타이틀에 대한 소비자의 요구성향인 기호도와 관심, 경향에 대한 조사를 포함한다.

Ⅲ. 효과적인 문화DB

문화자원을 소재로 한 멀티미디어컨텐츠 개발을 위해서는 다양한 소스 및 형태의 정보를 효과적으로 한 곳에 모을 수 있는 방안을 마련하는 것이 우선적이다. 왜냐하면 이들 문화정보는 그 속성13)상 출처가 매우 다양한 양상을 보이기 때문이다. 특히 도서지역의 다양한 문화자원이나 현상에 관한 데이터수집은 개별 섬별로 종합적으로 특징지어지기 때문에 섬별로 종합된 자료를 한곳에 모을 수 있는 시스템적 장치가 더욱 필요하다고 본다.

그렇다면 효과적으로 문화자료를 데이터베이스화하기 할 수 있는 시스템은 어떻게 선행적으로 이루어져야 할 것인가. 그것은 글로벌 네트워크(Global Network)와의 실행기반을 고려하면서도 지자체 내부시스템과의 원활한 연동이 가능한 시스템설계 구조를 필요로 한다고 여긴다. 물론 이를 위해서는 '인터페이스 보편성'을 통해 쉬운 자료검색이 이루어지도록 하는 것은 필수적이다. 이를 위한 시스템간 자료흐름을 위한 네트워크는 <그림 1> 및 <그림 2>와 같은 방식을 제시할 수 있다. <그림 1>은 각종 문화자료에 관한 정보수집 네트워크를 나타낸 것이고, <그림 2>는 <그림 1>의 네트워크 관계를 서버–클라이언트 면에서 Web Site에서의 상호 연동관계를 나타낸 네트워크구축 모형이다. 공공근로사업장이나 관광업체, 문화부서 등 관련기관에서 제공된 문화관광정보와 원천 데이터 혹은 개발된 컨텐츠간의 연계구조를 알 수 있다.

---

13) 문화는 생활이고 삶 그 자체이기 때문에 정치, 경제, 사회생활 모든 것과 관련되어져 있어 사회조직이나 관청의 거의 모든 부서(문화예술, 관광, 지역개발, 보건복지 등)에서 데이터가 사용되고 있음.

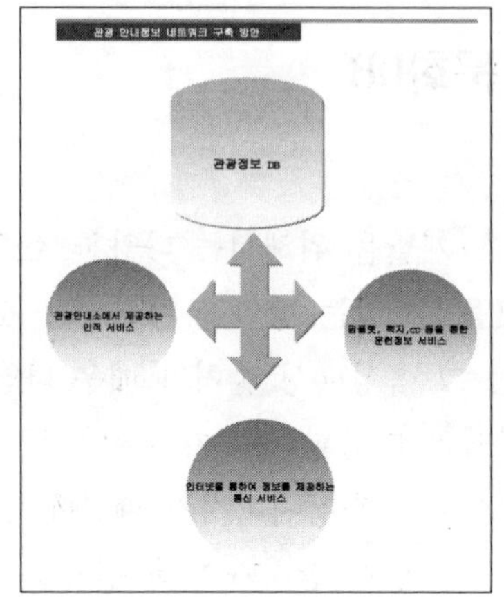

〔그림 1〕 정보수집 네트워크

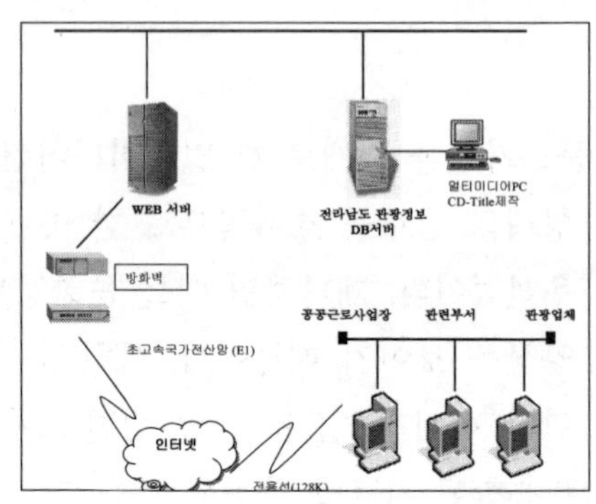

〔그림 2〕 네트워크 구축모형

또한, 수집된 다양한 소스의 형태 데이터를 토대로 하고, 기존과는 다른 지도정보가 가미된 DB구축과 사용을 위해서는 다음과 같은 개발환경 구축이 필요하다. 즉, 인터넷 Map-서버와 함께 기존 이미지(그래픽) 형태의 컨텐츠들이 GIS기반의 자료구조 위에 표현되게 하는 멀티미디어DB 검색엔진 모듈이 부가된 Web-서버 프로그램 개발과 함께, CD-ROM형태로 제작된 패키지형 컨텐츠가 Web기반으로 제작되게 하여 인터넷상에서 연동되게 해야 한다(송병호, 1999). <그림 3>은 이러한 두 기능을 가능하게 할 수 있는 시스템 모형을 보여주는 것이다. GIS-기반의 멀티미디어컨텐츠 정보제공, 그리고 Web-기반의 CD-ROM 타이틀을 통해 패키지형의 장점을 갖으면서 웹-페이지형에서 제공받을 수 있는 문화정보를 얻을 수 있도록 통합개념으로 가는 개발환경 모형이다.

효과적인 문화컨텐츠 제작을 위해서 요구되는 데이터베이스 구축 모형은 다음과 같은 조건이 필요하다. 첫째, 공간데이터의 구조가 단순한 그래픽적 구조가 아닌 지리적 위상구조를 가지는 형태여야 한다[14]. 지리적 위상을 가지려면 데이터베이스 구조가 GIS(지리정보시스템)에 기반하여 설

계되고 구축될 필요가 있다. 그래야만 원하는 분석을 통해 가공된 지도정
보를 생성시켜낼 수 있고, 이를 토대로 컨텐츠화할 수 있다.

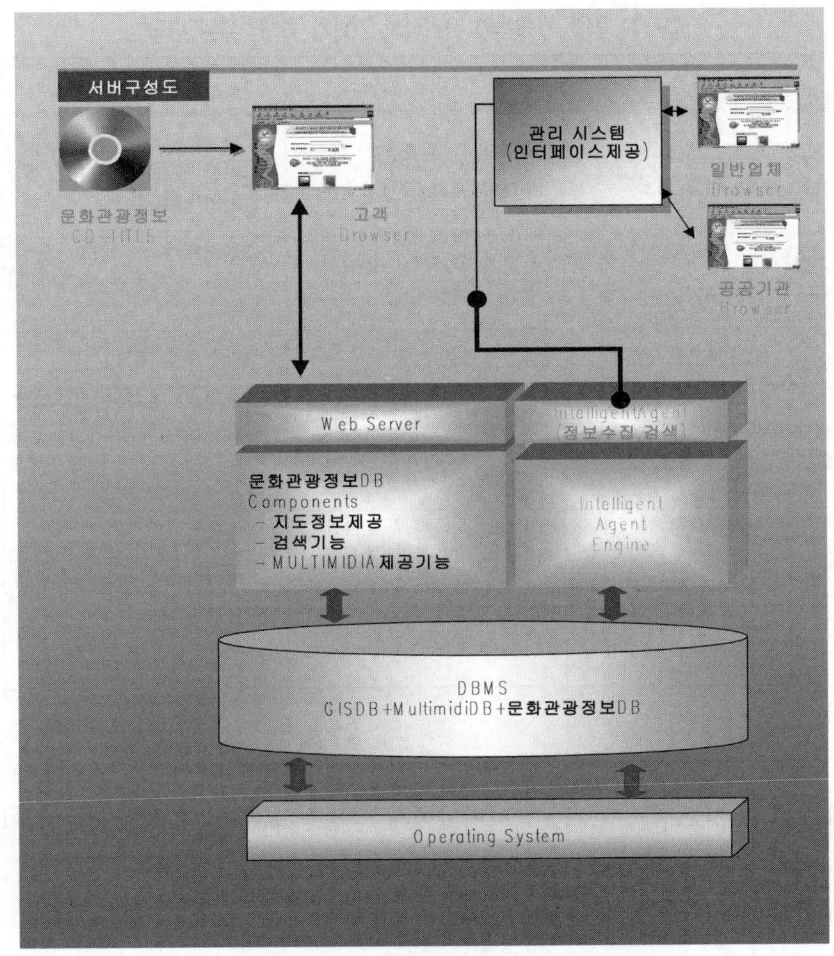

[그림 3] 효과적인 개발환경 모형

---

14) 기존 컨텐츠의 데이터 구조 및 정보전달 방식에서 오는 한계극복을 위한 DB구조는
    위치좌표와 위상정보를 담은 DB구조를 요한다(Bailey eds, 1995).

다음 <표 2>는 지리정보에 기반한 컨텐츠가 기존의 컨텐츠와 어떻게 다른가를 보여주고 있다.

<표 2> 기존 컨텐츠와 지리정보 기반의 컨텐츠와의 비교

구분	아날로그 컨텐츠	멀티미디어 컨텐츠	GIS-멀티미디어 컨텐츠
개념	·책, 신문, 라디오, TV, 영화 등의 전토적인 미디어로 제공되는 내용물	·총제적인 미디어를 모두 활용하여 재창출시킨 내용물	·공간 개념 하에 총제적인 미디어를 모두 활용하여 재창출시킨 내용물
자료 구조	·속성과 공간자료가 분리된 아나로그구조	·속성과 공간정보 파일이 연결된 디지털 구조	·공간정보에 지리좌표 및 위산관련 정보팡링 추가된 디지털 구조
자료 제공	·단방향으로 제공	·양방향으로 제공	·양방향으로 제공
정보 생성	·새로운 내용물 생성이 거의 불가능	·공간정보조작은 어려우나 속성정보 조작에 의한 새로운 정보생성 가능	·속성정보 조작은 물론이고, 공간자료의 중첩, 분리등 공간조작에 의한 새로운 정보생성 가능
특성	·시·공간의 제약을 받음 ·내용물 제공자와 이용자가 명확히 구분 ·순차적인 과정에 의해 내용물 제공	·시·공간의 제약이 적음 ·내용물 이용자가 동시에 제공자가 될 수 있음 ·습득 과정이 비순차적 ·내용물 자체의 합성, 분리가능	·시·공간의 제약이 적음 ·내용물 이용자가 동시에 제공자가 될 수 있음 ·습득과정 비순차적 ·내용물 자체의 합성, 분리, 분석이 가능

둘째, DB설계가 벡터로 되어야 할 것이며, 멀티미디어컨텐츠 제작용 프로그램과 시스템들간에는 벡터기반에서 양방향(interactive) 정보교환이 이루어져야 한다. 즉, 인터넷 Map-서버와 함께 멀티미디어DB 검색엔진이 부가된 Web-서버 프로그램 개발이 요구된다.

Ⅳ. 문화의 '맛'이 깃든 시나리오 제작

첫째, 컨텐츠 기획단계에서부터 도서문화 전문가가 반드시 참여하고 주축이 된 상태에서 시작되어야 한다. 그것은 다음과 같은 이유에서 이다. 즉, 컨텐츠 제작에 있어서 컨텐츠의 소재를 찾는다는 것은 어려운 일이다. 일반적으로 소재를 찾는 과정에서 항상 염두에 두어야 할 의문은 「멀티미디어를 통해서 큰 효과를 얻어낼 수 있는 문화가 어떤 것일까」이다. 이런 측면에서 좋은 영감을 얻어낼 수 있는 문화영역은 <표 2>에서 제시한 네 가지가 있을 수 있다. 소재는 아이디어와 다르다[15]. 아이디어는 개념화가 필요하다. 따라서 도서문화에 해박한 전문지식을 지니고 있는 자이어야 만이 아이디어를 제대로 개념화할 수 있다. 타제품과의 차별하는 독창성이 있는 소재선정으로부터 출발한다.

둘째, 추상적 개념의 도서문화현상을 지도학적으로 도해(圖解)해내는 것이 요구된다. 문화란 그 요소만 물리적으로 코딩된다고 표현되는 것이 아니다[16][17]. 문제는 살아 숨쉬는 요소까지 코딩 즉, 심상지도[18][19]로 그려

---

15) 불현듯 머리를 스치며 지나가는 영감이 아이디어라면, 소재는 이를 개념화시켜 구체적인 형태로 표현된 것이라 할 수 있다.

16) 문화의 물리적 요소만 코딩된 컨텐츠는 죽어있는 박제된 문화현상일 뿐임. 사용자로 하여금 감명을 줄 수 있는 컨텐츠가 되기 위해서는 살아 숨쉬는 생동감 있는 요소까지가 코딩된 문화컨텐츠이어야 함.

17) 문화라는 것은 그 자체가 추상성을 담고 있기 때문에 물리적 모습뿐만 아니라 심상적 면까지도 지도화(Mapping)를 요하는 경우가 많다는 것이다.

18) 심상지도(mental map)에 관한 개념 성립은 먼저 C. C. Trowbrdge(1913)가 인간은 환경에 대해 공간적 이미지(image)를 소유한다고 보고, 이를 imaginary map이라는 용어로 표현했다. 이후 E.C. Tolman(1948)은 쥐의 행태연구를 통해 이러한 인지공간(cognitive field)이 있음을 알아내고, 인간도 이와 관계가 있음을 주장했다. 오늘날 이러한 인지공간은 심상지도(mental map)로 보편화하여, 물리적 세계에 대한 지도형식으로서의 내적표현(內的表現), 또는 특정 지리적 공간에 대해 개인이 뇌리에 보유하고 있는 인지면(perception surface)이라고 정의하고 있다(조혜종 외, 1995:

져야 하는데, 중요한 것은 이들 문화요소는 단순히 있는 그대로 표현할 수 있는 것도 있지만 많은 부분은 표현에 상당히 어려운 과정을 거쳐야 되는 것들이 많다는데 있다20). 특히 도서지역문화는 육지와는 다른 감정 혹은 느낌을 지니고 있는 독특한 영역이 많기 때문이다. 때문에 일반 전산 전문가가 활자로 된 정보를 머리 속으로 정리하여 다실 활자로 재정리하는 탁상공론 형태여서는 곤란하다고 보여지며, 지도학적 전문가와 문화전문가가 함께 생각하고, 해보고, 관찰하는 단계를 거쳐 체험된 문화를 머리 속에 이미지나 영감으로 떠올린 다음 이를 지도학적으로 도해(圖解)해 내야 할 것이다.

셋째, 문화속성을 데이터베이스화하기 위해서 이를 코드화시키는 것이 필요한데, 이때 주의할 점은 '문화적 코드'로 바꾸어줘야 할 필요가 있다. 즉, 목록화21)가 필요하다. 일반적으로 자료정리라고 볼 수 있는 이 작업은 표에 제시한 두 가지로 대별할 수 있으며, 이들 장·단점은 역시 기술된 바와 같다.

넷째, 시나리오 개발단계에서는 멀티미디어에서 사용되는 시나리오 개념으로 접근하는 것은 물론이고22), 이미 짜여진 구조 안에서의 대화인

---

240).

19) 심상지도(mental map)는 개인의 공간형태의 선호조건과 지리공간에 대한 이미지가 상호관계 하여 표현된 일종의 인지면(perception surface)이다.

20) 표현해야 될 문화요소는 매우 다양하다. 즉, 주민간 의사전달체계, 사회적 공간, 교통체계, 언어권, 민담, 전설, 민요, 체질적 특성, 의·식·주생활, 세시풍속, 의료관행, 민속놀이, 기술 및 물질문화, 방언, 생업공간과 교역공간의 변화, 노동의 사회적 분화 양상 등이 그들일 것이다.

21) 목록화란 고유 번호를 부여해 가며 자료를 정리하는 것을 말한다. 일반적으로 목록화는 그룹화를 통해 하위레벨을 포괄해 가는 계층적 카테고리가 고유번호 체계를 통해 컴퓨터가 인식해낼 수 있도록 일련번호 (ID, 식별자)를 부여하여 작성되는데, 목록화 했을 때 문화자료가 정확하고 체계적이며 일관성이 있는 자료형태로 갖춰지게 된다. 예를 들어 세시풍속이 다음과 같은 하위 카테고리를 지니고 있다(민속학회, 1996: 목차)고 가정하면, 예) 세시풍속(1)−속산(11)−풍수(111), 점복(112), 주술(113), 금기(114) 등으로 일련번호가 될 수 있을 것이다.

22) 기존의 전통적인 시나리오는 기승전결이라는 직선적 구조로 이야기가 진행되는 것

〈표 3〉 문화코드화 된 시나리오개발 방안

영역	내용
컨텐츠 소재 개발	·지역의 정체성과 독특한 이미지가 창출되는 컨텐츠 개발로 차별화 필요성, 지역적 이미지가 부각되고 지역의 독특한 특성이 잘 살아나는 도서문화자원 ·시대적 의미에 맞게 재해석된 고유한 문화·역사적 자원이 현대의 새로운 기술과 문화적 매체(미디어)를 수용하여 상승효과를 낼 수 있는 도서문화자원 ·개인의 문화적 취향이나 개인적 기호의 차원에서 이루어지는 정적인 상품에서 벗어나, 일반 소비자의 생활과 친밀하게 밀착되고 취향이 반영될 수 있는 도서문화자원 ·세계문화의 흐름과 경제적 변화를 탄력적으로 수용하면서도 자기문화의 고유성을 유지해 나갈 수 있는 도서문화자원
문화 개념 도해	·도서 민의 삶의 의미를 캐내려는 자세로 '문화의 내적 역동성'을 밝히는 것이 필요함 ·개별 도서별로 '문헌의 인과적 체계화'가 요구됨. 즉, 인과관계 체계 속에서 자료 수집·분석이 이루어져야 할 것임 ·섬은 면적이 협소하고 연구자가 적어 현지조사가 소수 사례일 수밖에 없는 관계로 참여자의 시각에서 사건, 행동, 규범, 가치 등의 궁극적 결과를 찾아가면서 필요한 자료를 얻어내는 '귀납논리'로의 접근이 필요
문화 속성 코드화	·도서문화 양상들을 논리적 체계를 갖추어 이야기 식으로 기술하는 방식인 기술식 보다는 도서문화자원 요소를 일관된 기준을 가지고 체계적으로 분류 정리하는 방식으로 일반적으로 의미부여1)를 통한 정리 즉, 체계화가 좋음. ·이는 기술식 보다는 체계적으로 정리된 자료2)가 효용도가 더 높지만, 다양한 섬의 문화를 유형화하는데 전문지식이 필요함
입체·다면적 시나리오	·도서지역의 설화나 민속 등 이야깃거리를 거짓 대화라 할지라도 독자가 전혀 거짓으로 인식하지 않고 자기 통제 하에 이야기를 진행되게 하며, 아무런 불편 없이 이야기에 빨려들 수 있는 대화의 "투명성"이 이루어지도록 플롯을 짬 ·독자가 이리저리 다니며 정보를 알아보고, 보고, 듣고 지나치지 않고, 정보의 새로운 조합을 통해 "새로운 지식을 창조"를 하게 함으로써 자신만의 도서문화 고유영역을 만들 수 있게 구성
문화 코드 화된 스토리 보드	·화면별로 문자, 그림, 동화상, 음향 등 다양한 자료를 창출, 가공하여 검색방법을 설정하고 화면구성을 도서환경의 특색이 드러나도록 디자인함 ·저작도구 선정은 도서지역 특유의 소재만이 지니는 문화 독창성과 정체성을 최대한 효과로 표현할 수 있는 제작기법과 미디어들을 적절히 선정. ·운영시스템은 차후 개발계획을 고려하여 선정하되 DB구조 설계는 분산형으로 구축이 요구됨

이 기본이지만, 멀티미디어 시대의 시나리오는 기존의 기승전결 구조에 대화(interactive)가 추가되어 "입체적 다면적 스토리"가 전개되게 하고 있는 것이 특징이다. 다시 말해 멀티미디어 시나리오는 이야기 순서가 정해져 있지 않고 또한 이야기의 시작과 끝이 정해져 있지 않다. 흩어진 이야기 작은 조각들을 사용자에게 맡겨 버림으로써 사용자 자신만의 스트로를 완성해갈 수 있도록 되어 있는 것이 특징이다.

‘거짓대화’의 한계를 얼마나 극복할 수 있느냐가 관건이다. 이를 위해 서는 청중에게 부가적으로 제공되는 기회 즉 인터랙티브를 무한한 창조 성으로 이끌어 내도록 할 수 있는 시나리오가 작성되게 하기 위해 표에서 제시된 내용을 가미해야 할 것으로 보인다. 뿐만 아니라 틀에 박히지 않 는 다양한 구조의 시나리오 형태 개발이 요구된다.[23]

다섯째, 스토리보드 작성 시에는 작성의 기본요소를 디자인 감각을 살 려 명료하게 표현하는 것은 물론이고, 이들을 가공, 검색, 구성해낼 수 있 게 하기 위해서는 일종의 편집용 소프트웨어인 저작도구에 표와 같은 주 의를 요구할 뿐만 아니라 표현되어져야 할 가치 있는 문화요소를 저작도 구를 통해 영상으로 표현해내야 할 것이다. 따라서 소프트웨어를 통해 무 엇을 표현하고 싶은가, 어떤 표현 방법이 가장 적합한가를 판단하고 표현 할 수 있는 문화영상 감각을 동시에 필요로 한다.

V. 바람직한 컨텐츠 모습

도서문화자원을 소재로 한 컨텐츠 형태는 당연히 “도서문화라는 독특 한 문화의 맛을 보다 효과적으로 전달해 줄 수 있는 형태”라는 명제를 갖 는다. 그렇다면 가장 효과적인 전달을 위한 형태는 어떤 것일까. 이에 대 한 해답은 기존연구의 고찰에서 언급했듯이 도서별로 종합문화의 가상현 실을 구현한 “도서문화전용극장”의 모형이다. 이 모형을 위해서는 다음 두 가지가 필요하다.

첫째는 종합적이면서도 다양한 영역에서의 패키지 개발이 이루어지도

---

23) 멀티미디어 시나리오는 그 형태가 기존의 시간의 흐름에 따라 사건과 내용이 짜여 지는 형태가 아닌 계층형, 계단식형, 어드벤처형 등 여러 가지가 가능하다.

록 해야 한다. 문화라는 것은 한 측면에서 하나의 특성을 가질 수 있지만, 추가적으로 또 다른 측면과 융합하면 또 다른 색깔의 문화가 형성되어지는 시너지적인 복합문화의 성격을 진고 있다고 보여지기 때문이다. 결국 도서문화전용극장은 개개의 개별문화 특성에 기반한 컨텐츠들의 사용자에 의한 탐색과 재 조합에 의해 이루어질 수 있다고 보여지며 이러한 측면에서의 컨텐츠 개발 모형이 바람직하다고 여긴다.

둘째는 「Web-Page형」의 개발모형이 필요하다. 과거에는 "CD-ROM 타이틀"이나 "프리젠테이션"형태가 멀티미디어 컨텐츠의 대명사처럼 인식되어 왔으나, 이제는 인터넷을 통한 웹 페이지형이 정보의 제작, 표현, 전시공간으로 보다 중요하게 되었다. 이제는 패키지형이 정보의 제작, 표현, 전시공간으로 보다 중요하게 되었기 때문이다. 다시 말해 패키지형에서 네트워크형으로의 전환을 요구한다. 이는 여러 가지 이유가 있겠지만, 가장 큰 이유는 첫째, 시간과 장소의 제약을 넘어 실시간으로 다수의 사용자와 접할 수 있게 해는 이점을 주는데 있다. 둘째, 정보를 찾아보는 것에서 그치는 것이 아니라 그 정보를 찾아다니고 조작하면서 때로는 새로운 것을 창조하여 정보를 발신하는 기회가 제공해 주는데 있다. 마지막으로 정보 수용자가 자신이 원하는 정보만을 검색24)할 수 있도록 해 줌과 동시에 정보 제공자의 해명이나 설명을 즉각적으로 요구할 수 있기 때문이다.

VI. 마무리

지방화의 시대에 균형 있는 지역사회와 문화의 발전이라는 과제를 가지고 있는 현 시점에서 지역문화에 대한 DB화 작업은 문화의 상품화뿐만 아

---

24) 내용물의 습득 과정이 비순차적임.

나라 지역민 들의 문화적 정체성 확립을 위해서도 매우 중요하다고 본다.

이러한 배경에서, 본 글에서는 도서지역의 문화자원 켄텐츠 개발 및 연구현황을 살펴보고 문제점으로 지적된 사항들을 토대로 보다 경쟁력 있는 컨텐츠개발 방안을 마련하는데 목적을 두고 연구했으며, 그 결과 다음 몇 가지 사항들이 얻어졌다.

i) 도서문화는 수집된 다양한 소스의 형태로 데이터가 제공될 분만 아니라 개별 섬별로 종합적으로 특징지어지기 때문에 원활한 데이터수집을 위해서는 수집네트워크 구축이 선결과제이며, 그것은 글로벌 네트워크(Global Network)와의 실행기반을 고려하면서도 지자체 내부시스템과의 원활한 연동이 가능한 시스템설계 구조를 필요로 한다고 여긴다.

ii) 도서문화는 위치와 복합문화의 다양한 공간분석을 통한 결과를 토대로 컨텐츠제작이 요구되는 관계로 인터넷 Map-서버와 함께 기존 이미지(그래픽) 형태의 컨텐츠들이 GIS기반의 자료구조 위에 표현되게 하는 멀티미디어DB 검색엔진 모듈이 부가된 Web-서버 프로그램이 개발이 선행적으로 요구된다.

iii) 도서지역의 문화는 육지와는 다른 감정 혹은 느낌을 지니고 있는 독특한 영역이 많기 때문에 추상적 개념의 '지도학적 도해(圖解)'가 요구되는 영역이 많고, 문화속성을 데이터베이스화하기 위해서는 이를 '문화적 코드'로 바꾸어줘야 할 필요가 있다.

iv) 도서문화에 해박한 전문지식을 지니고 있는 자가 기획단계에서부터 참여하여 도서문화의 종합성이 조화된 틀에 박히지 않는 다양한 구조의 시나리오를 개발하여 "거짓대화"의 한계를 극복할 수 있게 해야 한다.

v) 도서지역을 대상으로 한 컨텐츠개발의 궁극적 목표가 "도서문화전용극장"에 있음을 알아야 한다. 그것은 지역특성상 육지와는 달리 도서별로 종합문화의 가상현실 구현이 요구되기 때문이다. 따라서 사업시작의 초기부터 종합적이면서도 다양한 영역에서의 패키지 개발이 목표 축을 가지고 계획될 필요가 있다.

끝으로 강조하고 싶은 것은 문화 DB사업은 21세기 부가 가치가 더욱 커질 문화사업화를 위한 발판 마련으로 보다 깊은 관심을 가질 영역이라 볼 때, 도서지역은 다른 어느 지역보다도 독특하고 지역성이 강한 많은 민속이 남아 있다. 도서개발 차원에서가 아니라 국가 경쟁력 강화 측면에서 보다 먼 미래를 내다보고 개발해 나가야 할 것이라 여긴다.

참고문헌

〈총 서〉

국립지리원, 『수치지형도 1/25,000, 1/5,000』.

국립지질조사소, 『25만분의 1 한국지질도』, 1973.

국립지질조사소, 『한국지질도 신안도폭 1/50,000』, 1971.

宮內府 內藏司, 『薪智島牧場章程』, 1897.

김연옥, 『한국의 기후』, 이대출판사, 1985.

김재원 편, 『서해도서조사보고』, 을유문화사, 1957.

金正民, 「岩泰島의 地理的 槪觀」 『도서문화』 1집, 목포대학 도서문화연구소,
        1983.

김정호, 『대동여지도』, 장서각 소장, 1861.

김정호, 『동국여지심도』, 장서각 소장, 1825.

內務部, 『島嶼誌』, 대한지방행정협회, 1973.

농림수산부, 『농업기반조성사업 통계연보』, 농림수산부, 1994.

농어촌진흥공사, 『한국의 간척』, 대성인쇄공사, 1996.

문병집, 『한국의 촌락』, 진명문화사, 1973.

문병채 외, 『지리정보분석기법』, 문운당, 1998.

목포대 도서문화연구소, 『島嶼文化』 1, 「岩泰島 조사보고」, 1983.

목포대 도서문화연구소, 『島嶼文化』 3, 「長山島·荷衣島 조사보고」, 1985.

목포대 도서문화연구소, 『島嶼文化』 4, 「安佐島 조사보고」, 1986.

목포대 도서문화연구소, 『島嶼文化』 5, 「智島 조사보고」, 1987.

목포대 도서문화연구소, 『島嶼文化』 6, 「黑山島 조사보고」, 1988.

목포대 도서문화연구소,『島嶼文化』7,「서남해도서지방의 文化的 성격」, 1990.
목포대 도서문화연구소,『方月里』「硏究資料叢書」1, 1986
목포대 도서문화연구소,『智島郡叢瑣錄』「硏究資料叢書」2, 1990.
목포대박물관·신안군,『新安郡의 文化遺蹟』, 1987.
목포대 도서문화연구소,『도서문화』18,「압해도 조사보고」, 2000.
목포대 도서문화연구소,『흑산도 상라산성연구』, 신안군, 2000.
목포대 도서문화연구소,『新安郡誌』, 신안군지편찬위원회, 2000.
목포대 도서문화연구소,『도서문화』20집, 2002.
목포대 도서문화연구소,『도서문화』21집,「자은도 조사연구」, 2003.
목포대박물관·전라남도,『南西海 島嶼地域의 傳統家屋·마을』, 1989.
목포대박물관·신안군,『신안군 신의면 하태지구 지방상수도시설 사업지역내
        문화유적지표조사보고』, 2002)
목포대박물관·신안군,『신안군 흑산면 소사지구 지방상수도시설 사업지역내
        문화유적지표조사보고』, 2003.
박광순,「도서지역의 입지적 특징과 산업개발전략-신안 제도를 중심으로-」
        『지역개발연구』8(1), 1976.
석정칭환,『역안역개발계획』, 기보당, 1985.
徐米錫,「신안군의 지리적 배경」『신안군의 문화유적』, 목포대 박물관, 1987.
新安郡,『내고장 전통가꾸기』, 1982.
______,『新安郡誌』, 1981.
신안군,『건축물대장』, 2001.
신안군,『신안군통계연보』, 1980, 1985, 1990, 1995, 2000년
신안군,『토지대장』, 2001.
신안군마을유래지편찬위원회,『마을유래지』, 신안군, 1988.
신안문화원,『신안문화』, 창간호, 1990.
李德基,「船舶史的側面에서 본 新安海底보물선」『鄕土文化報』8,「光州日報鄕土
        文化硏究所」, 1984.
李敦采,「黑山島史 硏究」『全日鄕土史세미나敎材』全南日報社, 1978.
在京都草面鄕友會,『鄕土誌 都草』, 1987.

在京飛禽鄕友會, 『鄕土誌 飛禽』, 1987.

在京慈恩鄕友會, 『慈恩』, 1989.

전라남도, 『전남 도서 해안지역 지질환경연구』, 전라남도, 1999.

조선총독부 육지측량부, 『5만분의1 지형도』, 대정5년.

최영준, 『국토와 민족생활사』, 도서출판 한길사, 1997.

최운식 외, 『정보화 시대의 국토와 환경』, 법문사, 2000.

韓國自然保存協會, 『新安郡 牛耳島 및 隣近島嶼綜合學術調査報告書』, MBC · 京
        鄕新聞, 1979.

향토문화진흥원, 『지도군수 오횡묵 정무일기』(향토사료번역시리즈① 智島郡叢
        瑣錄), 1992.

〈고고 · 미술〉

岡內三眞, 「新安浸船出土の木簡」 『東アジアの考古の歷史-岡崎敬先生退官記念論
        集』, 同朋舍, 1987.

國立中央博物館 學藝硏究室, 「新安海底 元代遺物 引揚의 意義와 資料的 價値」,
        『디자인 포장』 36, 1978.

國立中央博物館, 『新安海底文物』, 三和出版社, 1978.

金基雄, 「新安 海底沈沒 古代船舶 發掘引揚을 위한 第一次 豫備調査略報-第五
        次 新安發掘 槪要」 『文化財』 13, 文化財管理國, 1980.

______, 「新安 海底遺物의 發掘과 成果-침몰선박의 인양-」 『금호문화』 7~8
        월호, 1983.

金鏞漢, 「新安 海底引揚 古代木船의 模型 復元」 『保存科學硏究』 7, 文化財硏究
        所, 1986.

______, 「新安古船의 復元 FRAME에 關한 一考」 『保存科學硏究』 10, 文化財硏究
        所, 1989.

金元東, 「新安 引揚 遺物을 中心으로 한 元代 海外貿易에 關한 小考」 『大邱史
        學』 34, 大邱史學會, 1988.

金元東, 「新安에서 沈沒된 元代 木船의 沈沒 年月과 引揚된 陶磁의 編年에 관한
        硏究」 『美術資料』 42, 國立中央博物館, 1988.

金元龍, 「新安 海底遺物 發見의 意義와 課題」『文藝振興』29, 1977.

金元龍, 「新安海底遺物發見の 意義と 課題 <特輯>」『アジア公論』, 1978.

金元龍・任孝宰, 『南海島嶼考古學』, 동아문화연구소, 1968.

金元龍 外, 「新安海底文化財」『アシア公論』7-1, 韓國弘報協會, 1978.

金裕善, 「遺物에 關한 保存科學的 考察, 新安 海底寶物 <特輯>」『새전남』, 1978.

金在瑾, 「元代의 船舶-新安 海底寶物(特輯)」『새全南』111, 1978.

______, 「新安沈沒船의 船體構造에 對하여」『論文集(人文・社會科學篇)』20, 學術院, 1981.

______, 「新安海底 古代船에 對하여」『大洞江』2, 1981.

金正基, 「新安 海底文化財 發掘」『文化財』11, 文化財管理局, 1977.

金海宗, 「宋・元代의 貿易, 新安 海底寶物 <特輯>」『새전남』, 1977.

孟仁在, 「新安 海底遺物 發見 및 發掘經緯, 新安 海底寶物 <特輯>」『새전남』, 1977.

문화재관리국 編, 「新安 海底文化財 發掘調査 報告書」, 1980.

문화재관리국, 『新安 海底遺物-資料篇(Ⅰ)』, 1981.

문화재관리국, 『新安海底遺物』, 大和出版公社(發賣 : 大日本繪畵), 1983.

문화재관리국, 『新安 海底遺物-資料篇(Ⅱ)』, 1984.

문화재관리국, 『新安 海底遺物-資料篇(Ⅲ)』, 1985.

문화재관리국, 『新安海底遺物』(綜合篇), 文化財管理局, 1988.

반영환, 「新安 앞바다 引揚文化財의 價值」『文藝振興』24, 1976.

西谷正, 「新安海底發見의의 木簡 について」『紀要』30, 九州大・九州文化史硏, 1985.

______, 「新安海底發見의의 木簡 について(續)」『紀要』31, 九州大・九州文化史硏, 1986.

신찬균, 「놀라운 先代文化와의 만남, 햇빛 본 新安 앞바다의 寶物」『世代』, 1977.

吳金成・曺秉漢, 「新安 海底 沈沒船 내의 中國瓷器」『東亞文化』17, 서울대 동아문화연구소, 1980.

月刊文化財社, 『新安海底引揚文化財圖錄』, 1977.

尹武炳,「第三次 發掘調査의 成果, 新安 海底寶物 <特輯>」『새전남』, 1978.

______,「新安海底遺物の引揚けとその水中考古學的成果」, 中日新聞社, 1983.

이건무,「호남지역 유형문화재의 실태와 보존방안」『호남지역 문화유산의 보존:
　　　현황과 대책』, 전남대사회과학연구소·유네스코한국위원회, 1995.

李德金 외,「新安 海底 沈沒船 내의 中國瓷器」『東亞文化』, 1980.

이난영,「金屬器에 대하여, 新安 海底寶物 <特輯>」『새전남』, 1977.

李德基,「船舶史的側面에서 본 新安海底보물선」『鄕土文化報』8, 光州日報 鄕土
　　　文化研究所, 1984.

李命憙,「新安海底 發掘調査 過程과 水中遺蹟을 發見하기 爲한 調査方法」『文
　　　化財』18, 文化財管理局, 1985.

李榮文,「新安 押海島의 先史文化」『鄕土文化』7, 鄕土文化開發協議會, 1982.

李榮文·金京七·曺根佑,「新安 伏龍里 出土 石器類-石器 製作過程의 一例」『尹
　　　容鎭敎授停年退任紀念論叢』, 1996.

李宗碩,「新安海底 遺物의 所得과 課題」『廣場』64, 1978.

李昶根 外,「新安 銅錢成分 分析에 關한 研究(Ⅰ)」『保存科學研究』6, 文化財研
　　　究所, 1985.

______,「新安 銅錢成分 分析에 關한 研究(Ⅱ)」『保存科學研究』7, 文化財研究
　　　所, 1986.

______,「新安 銅錢成分 分析에 關한 研究(Ⅲ)」『保存科學研究』8, 文化財研究
　　　所, 1987.

______,「新安沈沒船 引揚 中國銅錢의 化學組成」『保存科學研究』10, 文化財研
　　　究所, 1989.

李哲漢 外,「新安船體片의 實測方法과 1/10縮小 模型復元」『保存科學研究』10,
　　　文化財研究所, 1989.

이헌종,「신안군의 고고학 조사 연구」『목포대 도서문화연구소 학술세미나』, 발
　　　표문, 2000.

______,「완도 금당도의 유적과 유물」『도서문화』17집, 목포대 도서문화연구소,
　　　2001.

______,「압해도 선사유적의 新發見」『도서문화』18집, 목포대 도서문화연구소,

2000.

______, 「비금도 주민정착에 대한 試考的 고찰」『도서문화』19집 게재예정, 목
　　　포대 도서문화연구소, 2002.

______, 「자은도의 신발견 옹관고분」『도서문화』21집, 목포대 도서문화연구소,
　　　2003.

鄭良謨, 「新安海底 陶磁器의 編年的 考察」『空間』, 1977. /『月刊文化財』10, 月
　　　刊文化財社, 1977.

______, 「宋·元代의 靑磁, 新安 앞바다 調査引揚 靑磁를 中心으로, 新安海底寶
　　　物」『새전남』, 1977.

______, 「新安 海底遺物 發掘의 中間報告」『新東亞』170, 東亞日報社, 1978.

______, 「新安海底 中國陶瓷器의 種類」『考古美術』138·139, 韓國美術史學會,
　　　1978.

______, 「新安海底陶磁器の編年的考察」『アシア公論』64, 韓國弘報協會, 1978.

______, 「新安海底에서 나온 陶磁器 11選, 新安海底에서 나온 文物 <特輯>」
　　　『空間』, 1978.

______, 「新安海底遺物に關する中間報告」『アシア公論』 8-1, 韓國弘報協會,
　　　1979.

______, 「1976·1977年調査 新安海域 陶瓷器의 編年的 考察」『考古美術』136·
　　　137, 韓國美術史學會, 1978.

정영희·최미숙, 「고고유적 조사보고」『신안군 신의면 하태지구 지방상수도시
　　　설 사업지역내 문화유적지표조사보고』, 목포대박물관·신안군, 2002.

진경관, 「新安沈沒船은 福州에서 떠난 中國貿易船」『空間』125, 空間社, 1977.

崔光南, 「海底引揚 木製遺物의 科學的 保存處理」『文化財』14, 文化財管理局,
　　　1981.

______, 「新安海底 文化財 槪要」『道林』3, 木浦大, 1983.

______, 「新安古代船의 科學的 保存處理(Ⅱ)」『保存科學硏究』4, 文化財硏究所,
　　　1983.

______, 「新安 沈沒船의 復元에 대해서」『바다』5, 1984.

______, 「新安沈沒船의 構造的 特徵과 科學的인 保存處理」『保存科學硏究』5,

文化財研究所, 1984.

______, 「폴리에칠렌 글리콜에 依한 新安海底 沈沒船의 保存處理」『保存科學研究』 6, 文化財研究所 1985.

______, 「新安 海底遺物船과 引揚資料」『島嶼文化』 5, 木浦大學校 島嶼文化研究所, 1987.

______, 「新安古代船의 航路 및 造船術」『海運港灣』, 1988.

______, 「東洋 最大의 古代貿易船 發掘復元-新安海底沈沒船」『海運港灣』 79, 1986) / 『韓國文化』 87, 1987.

______, 「新安 古代船의 航路와 造船術」『全南文化財』 1, 全羅南道, 1989.

______, 「新安古船의 學術的 考察」『昌山金正基博士華甲紀念論叢』, 論叢刊行委員會, 1990.

______, 「신안해저 고대선박의 조선술」『海技』, 1990.

崔光南 外, 「新安 海底 古代船의 科學的 保存處理Ⅳ」『保存科學研究』 7, 文化財研究所, 1986.

______, 「新安 海底 古代船의 科學的 保存處理Ⅴ」『保存科學研究』 8, 文化財研究所 1987.

______, 「新安 海底 古代船의 科學的 保存處理Ⅵ」『保存科學研究』 9, 文化財研究所, 1988.

______, 「新安 海底 古代船의 科學的 保存處理Ⅶ」『保存科學研究』 10, 文化財研究所, 1989.

崔夢龍, 「西南海岸의 先史文化」『全北유네스코誌』 32, 1973.

______, 「荏子島의 先史遺蹟-全南 西海岸 一帶의 考古學的 調査 研究-」『古文化』 20, 韓國大學博物館協會, 1982.

______, 「西南海岸地域의 先史文化」『島嶼文化』 1, 목포대 도서문화연구소, 1983.

______, 「長山島·荷衣島의 遺蹟·遺物」『島嶼文化』 3, 木浦大 島嶼文化研究所, 1985.

______, 「安佐島地域의 先史遺蹟」『島嶼文化』 4, 木浦大學校 島嶼文化研究所, 1986.

______, 「遺蹟과 遺物」『방월리』, 木浦大學校 島嶼文化硏究所, 1986.

______, 「新安地方의 先史遺蹟·古墳」『新安郡의 文化遺蹟』, 木浦大學博物館, 1987.

______, 「智島의 先史遺蹟·古墳」『島嶼文化』 5, 木浦大學 島嶼文化硏究所, 1987.

______, 「黑山島地域의 先史遺蹟」『도서문화』 6, 목포대 도서문화연구소, 1988.

______, 「西南海 島嶼地方의 先史文化- 新安郡을 中心으로」『島嶼文化』 7, 木浦 大學校 島嶼文化硏究所, 1990.

許英桓, 「新安海底 元代遺物에 얻은 知見」『空間』 123(9), 空間社, 1976.

최성락, 「문화유산의 보존과 활용방안」『호남의 문화유산, 그 보존과 활용방안』, 학연문화사, 1999.

최성락 외, 「전남지방 고대유적의 보존과 활용방안」『전남의 고대유적 보존 및 활용방안』, 전라남도, 2000.

최성락·정영희, 「흑산도의 고고유적 조사보고」『신안군 흑산면 소사지구 지방 상수도시설 사업지역내 문화유적지표조사보고』, 목포대 박물관·신안 군, 2003.

〈역사학〉

강봉룡, 「8~9세기 東北亞 바닷길의 확대와 무역체제의 변동-張保皐船團의 대 두배경을 중심으로-」『역사교육』 77집, 역사교육연구회, 2001.

______, 「고대 한·중 횡단항로의 활성화와 흑산도의 번영」『흑산도 상라산성연 구』, 목포대 도서문화연구소, 2000.

______, 「무안군 管內의 水軍鎭 및 烽燧 설치의 역사배경」『무안군의 水軍鎭과 烽燧』, 무안문화원, 2000.2)

______, 「서남해지방의 역사적 바닷길을 복원하기 위한 기초연구 조사」『목포 대 도서문화연구소 학술세미나발표문』, 2000.

______, 「서남해지방의 해양사적 위치와 도자기」『海南靑瓷 集團陶窯址 性格과 編年考察』 해남녹청자개발재현추진위원회 학술세미나발표문, 2001.

______, 「압해도의 번영과 쇠퇴-고대~고려시기의 압해도」『도서문화』 18집,

목포대 도서문화연구소, 2000.」

______, 「한국 해양사의 전환: 해양의 시대에서 海禁의 시대로」『도서문화』20
집, 목포대 도서문화연구소, 2002.

______, 「해양사에서 본 흑산도의 과거와 미래」『신라·고려시대 국제해양도시
흑산도의 재발견』14회 도서문화연구소 학술대회발표문, 2000.

고석규, 「20세기 자은도의 시련과 화해」『도서문화』21집, 목포대 도서문화연구
소, 2003.

______, 「조선시기 흑산도의 역사―杢島에서 다시 찾는 섬으로―」『흑산도 상라
산성연구』, 목포대 도서문화연구소, 2000.

김경옥, 「남악신도시 개발 예정지역의 촌락사와 역사유적」『남악신도시개발예
정지역내문화유적』, 목포대 박물관, 2000.

______, 「濟州牧場의 設置와 運營―耽羅誌를 중심으로―」『지방사와 지방문화』
4권 1호, 역사문화학회, 2001.

______, 「조선시기 압해도의 이주민과 경제기반」『도서문화』18집, 목포대 도서
문화연구소, 2000.

______, 「조선시기 자은도의 이주민과 사회경제적 변화」『도서문화』21집, 목포
대 도서문화연구소, 2003.

______, 「조선후기 비금도 주민들의 입도와 토지개간」, 목포대 도서문화연구소
워크샵 발표문, 2000.10)

______, 「조선후기 서남해 도서에 대한 국가의 정책변화」2000년 한국사회사학
회 학술대회 발표문, 2000.

______, 「조선후기 서남해 도서지방의 경제기반 변화」『전남사학』14집, 전남사
학회, 2000.6.

______, 「족보를 통해서 본 도서 이주민 연구」『도서문화』20집, 목포대 도서문
화연구소, 2002.

______, 「촌락사와 역사유적」『전남서부권광역상수도사업문화유적지표조사보
고』, 목포대 박물관, 2001.

______, 「탐라지를 통해 본 제주목장 운영」제1회 역사문화학회 워크샵 발표문,
2001.

______, 「한국전쟁기이후 長興 有治 洞契의 組織과 機能 變化」『전남사학』 제
    19집, 전남사학회, 2002.

______, 「향토사 자료의 정보화 방안」『향토사자료의 보존과 지방기록관 설치1』,
    광주 전남문화 정책개발센터 제3회 학술대회, 목포대 호남학연구소,
    2001.

______, 「황성마을의 촌락사와 문화유적」『신안군 신의면 하태지구 지방상수도
    시설 사업지역내 문화유적지표조사보고』, 목포대박물관·신안군, 2002.

______, 「흑산도의 역사유적·민속자료조사보고」『신안군 흑산면 소사지구 지
    방상수도시설 사업지역내 문화유적지표조사보고』, 목포대박물관·신안
    군, 2003.

金正民, 「岩泰島의 地理的 槪觀」『도서문화』1집, 1983.

金鍾先, 「서남해 도서지역의 농지분쟁 및 소작쟁의에 관한 연구(1)-암태도 소
    작쟁의를 중심으로-」『인문과학』1, 목포대, 1984.

______, 「서남해 도서지역의 농지분쟁 및 소작쟁의에 관한 연구(2)-하의삼도농
    지분쟁을 중심으로-」『논문집(인문과학)』7, 목포대, 1986.

______, 「서남해 도서지역의 농지분쟁 및 소작쟁의에 관한 연구(3)」『목포대논
    문집』11-2, 1990.

金海宗, 「宋·元代의 貿易, 新安 海底寶物 <特輯>」『새전남』, 1977.

大和化明, 「朝鮮農民運動의 轉換點-1925年 全羅南道 多島海 地域の 小作爭議分
    析」『歷史評論』413, 1982.

박광순, 「도서지역의 입지적 특징과 산업개발전략-신안제도를 중심으로-」
    『지역개발연구』8(1), 1976.

朴相秀, 「일제시기 전남 도서지역의 농민운동에 관한 연구」, 전남대학교 대학원
    사회학과 석사학위논문, 1993.

박천우, 「문재철 암태도 소작쟁의 야기한 친일 거대지주」『친일파 99인』2, 돌
    베개, 1993.

______, 「韓末 日帝下의 地主制 硏究-岩泰 文氏家의 地主로의 成長과 그 變動」
    연세대 사학과 석사논문, 1983.

박한설, 「나말여초의 서해안교섭사 연구」『국사관논총』7, 1989.

배종무, 「신안군의 역사유적」『신안군의 문화유적』, 목포대 박물관, 1987.

徐米錫, 「신안군의 지리적 배경」『신안군의 문화유적』, 목포대 박물관, 1987.

申順浩, 「新安地域의 社會·空間 構造」『도서문화』7집, 1990.

______, 「智島地域의 社會空間 構造」『도서문화』5집, 1987.

______, 「黑山地域의 社會空間 構造」『도서문화』6집, 1988.

李德基, 「船舶史的側面에서 본 新安海底보물선」『鄕土文化報 8』, 光州日報 鄕土
     文化研究所, 1984.

李敦采, 「黑山島史 研究」『全日鄕土史세미나教材』, 全南日報社, 1978.

이병희, 「고려시기 국제해상교역의 발달과 흑산도」『흑산도 상라산성연구』, 목
     포대 도서문화연구소, 2000.

李秀愛, 「島嶼地方의 村落構造」『도서문화』1집, 1983.

______, 「新安地域의 經濟生活과 家族」『도서문화』7, 1990.

______, 「안좌도지역의 촌락구조-안좌도 방월리 사례연구-」『도서문화』4,
     1986.

李海濬, 「新安 島嶼地方의 歷史文化的 性格」『島嶼文化』7, 木浦大學校 島嶼文
     化研究所, 1990.

______, 「신안군의 역사적 배경」『신안군의 문화유적』, 목포대학박물관, 1987.

______, 「安佐島 地域의 文化背景-安佐島 學術調査의 經緯를 兼하여」『島嶼文
     化』4, 木浦大學校 島嶼文化研究所, 1986.

______, 「岩泰島의 文化遺蹟과 遺物」『島嶼文化』1, 木浦大 島嶼文化研究所,
     1983.

______, 「長山島·荷衣島文化의 背景」『島嶼文化』3, 木浦大學校 島嶼文化研究
     所, 1985.

〈조경·건축학〉

강남주, 『남해의 민속문화』, 둥지, 1991.

김기화, 『한국 농어촌 주거의 채원에 관한 연구』, 서울대 석사논문, 1984) ; 목포
     대 도서문화연구소, 1986.

김지민, 「19세기 한국 남서해 도서지역 민가의 유형적 체계」『한국 건축역사학

회논문집』 제1집, 1992.

______, 「전통문화요소에 바탕을 둔 미래의 도서지역 주거모델개발에 관한 기초연구」『한국건축역사학회 논문집』 제21집, 1999.

______, 「한국 남서해 도서지역의 전통가옥·마을」, 목포대 박물관 학술총서 제17책, 1989.

______, 「한국 남서해 도서지역의 전통가옥·마을」『목포대 박물관 학술총서』 제17책, 1990.

______, 「19세기 한국 남서해 도서지역 민가의 유형적 체계」『한국 건축역사학회 논문집』 제1집, 1992.

______, 「전통문화 요소에 바탕을 둔 미래의 도서지역 주거 모델 개발에 관한 기존연구」『한국 건축 역사학회 논문지』, 제21집, 1999.

______, 「한국 도서지방의 전통민가」『도서문화』 20집, 목포대 도서문화연구소, 2002.

마을유래지 편찬위원회, 『신안군마을 유래지』, 신안군, 1987.

박익수, 「서남해 도서지도 민가에 관한 조사연구」『도서문화』 3집, 목포대 도서문화연구소, 1985.

서주환·진승범, 『경관색채학』, 명보문화사, 1994.

신순호 외, 『한국 도서백서』, 내무부, 1996.

아모스 라포포트(이규목 역), 『주거형태와 문화』, 열화당, 1985.

이규성·김일진, 『한국 전통 마을의 형성과 발전에 관한 연구』, 『건축역사연구』 제3집, 1993.

이재우, 『농가주택』, 건우사, 1986.

이해준, 「신안 도서지역의 역사문화적 성격」, 목포대 『도서문화』 제7집, 1990.

장보웅, 『한국의 민가연구』, 보진재, 1986.

장서준, 「풍수지리의 국면이 갖는 건축적 상상력에 관한 고찰」『대한건축학회지』 제22권 85호, 1978.

전라남도, 『전남해양종합개발계획』, 1996.

전라남도, 『전라남도 서다도해권 관광개발 기본계획』, 1997.

조성기, 『남부지방의 민가에 관한 연구』, 영남대 박사학위 논문, 1985.

한국건축문화연구소, 『농촌주거환경 조사연구보고서』, 주)한샘, 1987.

〈지리학〉

강봉원, 「고고학에 있어서 공간분석의 일례: 방안식 방법을 중심으로」『한국상
　　　　고사학보』, 제19집, 1995.

강준목 외, 「문화재 보존을 위한 수치자료 구축과 공간분석」『한국지형공간정
　　　　보학회논문집』, 제5권 제2호, pp.55~63, 1997.

강준목 외, 「수치정보에 의한 문화재의 공간분석」『한국측지학회지』, 제14권 제
　　　　2호, 1996.

＿＿＿＿, 「황해안의 간석지 발달과 그 퇴적물의 기원」『지리학』 10, 1974, pp. 1~
　　　　12.

권혁재, 「호남평야의 충적지형에 관한 지리학적 연구」『지리학』 12, 1975), pp.
　　　　1~20.

김경수, 「영산강 주변 간석지 개척과정과 경관변화」『문화역사지리』 11, 1999,
　　　　pp.73~94.

＿＿＿＿, 「영산강 유역의 경관변화 연구」, 전남대학교 대학원 박사학위논문,
　　　　2001.

김계현, 『GIS 개론』, 서울: 대영사, 1998.

김의원, 『국토이력서』, 서울: 매일경제신문사, 1985.

김종일, 「영산강 하도변화에 관한 지형학적 연구」, 전남대학교 대학원 박사학위
　　　　논문, 1993.

남궁본, 「동진강 하구 간척촌에 관한 연구」『지리학논총』10, pp.197~212, 1983.

＿＿＿＿, 「천방과 보창배미 개간」『문화역사지리』 2, 1990, pp.1~17.

＿＿＿＿, 「만경강유역의 개척과정과 촌락발달에 관한 연구」『한국지역지리학회
　　　　지』 제3권 제2호, pp.37~87, 1997.

류제현·안민수, 「자은도에 관한 문화생태학적 고찰」『도서문화』 21집, 목포대
　　　　도서문화연구소, 2003.

문병채 외, 「GIS를 이용한 한국 기후지역 구분」『대한지리학회지』, 제33권, 1호,

　　　　pp.17~40, 1998.

______, 「서남해 도서지역 해안개척에 관한 연구」『2001대한지리학회학술발표
　　　　회』, pp.137~152, 2001.

______, 「비금도의 간척지 조성과 그 영향」, 목포대『도서문화』19, pp.285~315,
　　　　2002.

______, 「한국 서남해역의 지리·생태조건과 지역문화」『도서문화』20집, 목포
　　　　대 도서문화연구소, 2002.

문병채, 「GIS를 이용한 자은도의 거주여건 연구」『도서문화』21집, 목포대 도서
　　　　문화연구소, 2003.

박성룡, 「지역사회의 문화지도-청도의 서원, 제실, 정자를 중심으로」『민속학
　　　　연구』7호, pp.125~155, 2000.

박현욱·문병채, 「GIS를 이용한 한국 기후지역 구분」『대한지리학회지』, 제33
　　　　권, 1호, 1998), pp.17~40.

반용부, 「인천해안의 mnd-flat 지형연구」『지리학연구』3, 1977, pp.227~40쪽.

배현미, 문병채, 「비금도 경관자원 개발과 활용」, 목포대『도서문화』19, pp.79~
　　　　99, 2002.

범선규, 「아산만 주변의 경지개척과 경관」, 고려대학교 대학원 석사학위논문,
　　　　1990.

류제헌, 「정보영역설정의 과제와 의의」, 목포대『도서문화』제14집, pp.357~
　　　　361, 1996.

선영란, 「일제하 간척농지 확충을 통한 공동체적 자원이용방식-전남 완도 신
　　　　농장과 정도신농조합의 사례」, 목포대학교『도서문화』16, pp.145~180,
　　　　1998.

송병호, 『멀티미디어 정보검색』, 서울: 나남출판, 1999.

송인성 외, 『전라남도 정보화촉진 기본계획』, 광주: 전라남도, 1997.

송인성·문병채, 「GIS 공간조작 기능을 이용한 최적입지선정 방안에 관한 연구」
　　　　『지역개발연구(전남대)』제37권 1호, 1994, pp.111~145.

송인성·문병채, 「GIS-물류공간분할 프로그램 설계 및 적용에 관한 연구」『한

국지리정보학회 추계학술논문집』, 1998, pp.156~169.

송찬섭, 「17·8세기 신전개간의 확대와 경영형태」『한국사론』12, 1985, pp.231~304.

신순호, 도서지역 문화자원의 활성화 방안, 『도서문화』제16집, 목포대, 1998, pp.393~399.

______, 「자은지역의 인구구조」『도서문화』21집, 목포대 도서문화연구소, 2003.

신순호·조영태, 「자은지역의 사회·공간구조」『도서문화』21집, 목포대 도서문화연구소, 2003.

신호철, 「조선 후기 화전의 확산에 대하여」『역사학보』91, 1981, pp.62~63.

양진경, 「반월면 사리 동족부락에 대한 연구—기원과 발달과정을 중심으로」『지리학논업』, 제7호, 1980.

유사라, 정보학연구와 분석방법론, 나남출판, 1999.

유홍식, 「영산강 하류 저지대의 지형연구」『한국지형학회지』제4권, pp.17~33, 1997.

은고요나, 「영산강유역의 제4기 퇴적층의 퇴적환경과 지화학적 연구」, 전남대학교 대학원 박사학위논문, 1999.

이경식, 「17세기 농지개간과 지주제의 전개」『한국사연구』9, pp.88~125, 1973.

이광규, 「은거제도의 분포와 유형에 관한 연구」『한국문화인류학』, 제7집, pp.1~15, 1975.

이경식, 「17세기 농지개간과 지주제의 전개」『한국사연구』9, 1973, pp.88~125.

이기철, 「문화자원과 지리정보체계」『도서문화』제14집, 목포대, 1996, pp.377~380.

______, 「문화자원과 지리정보체계(GIS)」, 목포대『도서문화』제14집, pp.377~380, 1996.

이문종, 「한강의 홍수와 그에 대한 적응유형에 관한 연구」『지리학』7, pp.24~39, 1972.

______, 「한강의 홍수와 그에 대한 적응유형에 관한 연구」『지리학』7, 1972, pp.24~39.

이영문, 「유적 분포로 본 문화영역과 생활권-전남지방 묘제를 중심으로」, 목포
　　　대 『도서문화』 제14집, pp.397~410, 1996.

이재기·최석근·이현직, 「지형공간정보체계를 이용한 문화재 복원의 자료기반
　　　구축」 『한국지형공간정보학회논문집』, 제2권 제2호, pp.55~65, 1994.

이태욱, 『멀티미디어 저작 도구』, 서울: 도서출판 좋은소프트, 1999.

이태진, 「14·5세기 농업기술의 발달과 신흥사족」 『동양학』 9, 1979, pp.327~46.

＿＿＿, 「16세기 연해지역의 어전개발」 『김철준박사 화갑기념사학논총』, 1983,
　　　pp.419~48

이태진, 「14·5세기 농업기술의 발달과 신흥사족」 『동양학』 9, pp.327~46, 1979.

이헌종, 「영산강 유적 구석기유적의 분포와 연구방법-나주동강면 신발견 유적
　　　을 중심으로」 『지방사와 지방문화』, pp.189~219, 1998.

전경수, 「거주지의 확산과정: 전남진도의 경우」 『한국문화인류학』, 제9집, pp.3
　　　9~65, 1984.

전고필, 『광주·전남지역 문화관광자원의 상품화계획』, 경기대대학원 석사학위
　　　논문, 1997.

전남도, 『전남 도서 해안지역 지질환경연구』, 광주, 1999.

전라남도, 『전라남도 지역정보화촉진 기본계획』, 1997.

정문섭 외, 『공공GIS활용체계구축계획 수립 연구』, 서울: 국토연구원, 1996.

조경만, 「서남해 도서연구의 동향과 문화영역 연구의 필요성」 『도서문화』 제14
　　　집, 목포대, 1996, pp.387~389

＿＿＿, 「서남해지역 문화자원의 활성화 방안」, 목포대 『도서문화』 제16집,
　　　pp.401~417, 1996.

＿＿＿, 「서남해지역 문화자원의 활성화 방안」 『도서문화』 제16집, 목포대,
　　　1998), pp.401~427.

조혜종·전경숙, 『인문지리학요론』, 광주: 전남대학교 출판부, 1998.

최영준, 「강화지역의 해안저습지 간척과 경관의 변화」 『국토와 민족 생활사』,
　　　한길사, pp.175~217, 1997.

최운식 외, 『정보화 시대의 국토와 환경』, 서울: 법문사.

최윤철, 『멀티미디어 배움터』, 서울: 생능출판사, 2000.

최희만, 「전통취락의 연구동향과 과제」 『지리학론구』, 제20호, pp.157~170, 2000.

추명희, 「전남지역 이벤트관광 특성과 변화과정 연구」, 박사학위논문, 전남대대학원, 1999.

Bailey, T. C. and A. C. Gatrell, 『Interactive Spatial Data Analysis』, Longman, Malaysia, (1995).

Bunge, W., 『Theoretical Geography』, The Univ. of Lund, Sweden, (1973).

Clarke, K. C. (ed), 『Getting Started with Geographical Information Systems』, Prentics Hall, New Jersey, (1997).

DeMers, M. N.,「Fundamentals of Geographic Information Systems」, John Wiley & Sons, New York, (1997).

ESRI,「Customizing Arc/Info with AML」, Environmental Systems Research Institute, Redlands, CA, (1996b).

Gendreau, M. and A. Hertz and G. Laporte, "A Taboo) Search Heuristic for the Vehicle Routing Problem," 「Management Science」, Vol. 40, No. 10. (1994), pp. 1276~1290.

Goodchild and Karen K. Kemp, (eds), 「Application Issues in GIS」, NCGIA(National Center Geographic Information Analysis), Santa barbara, (1991), pp.58-4~58-7.

Goodchild, M. F. and R. Haining and S. Wise, "Integrating GIS and spatial data analysis: problems and possibilities," 「International Journal of Geographical Information Systems」, Vol. 6, No. 5, (1992), pp.402~423.

Huxhold, W. E. and A. G. Levinsohn, 「Managing Geographic Information System Projects」, Oxford, New York, (1995).

Jones, C. B., 「Geographic Information Systems and Computer Cartography」, Longman, Singapore, (1997).

Maguire, D. J., (1995), "Implementing Spatial Analysis and GIS Applications for Business and Service Planning," In Paul Longley and Graham Clarke, (eds), 『GIS for Business and Service Planning』, John Wiley & Sons, Glasgow,,

(1995), pp.171~191.

Nyerges, T., "Coupling GIS and spatial analytical models," 『Proceedings of the 5th International Spatial Data Handling Symposium』, University of South Carolina, USA, (1992), pp.534~543.

〈사회학 및 지역개발학〉

김사현, 「전남 진도군 도서문화의 특성」 『아산연구논문집』 8, 아산사회복지사업 재단.

박종철·이종화 외, 「서남해도서개발을 위한 개발제도조건과 잠재력 분석」 『임해지도개발연구』 제10호, 목포대학교 임해지도개발연구소, 1991.1.

박종철·문병채, 「자은도 중심지(면소재지) 공간구조와 개발방안」 『도서문화』 21집, 목포대 도서문화연구소, 2003.

석정칭환, 『역안역개발계획』, 기보당, 1985.

연안관리법, 시행령, 시행규칙, 정보, 1999.8.

『연안통합관리계획을 위한 연구용역』, 해양수산부, 1999.3.

『연안통합관리를 위한 정책토론회』, 한국해양수산개발원, 1998.3.

이수애, 「조도지역의 사회구조」 『도서문화』 제2집 -진도 조도 조사 특집-, 1984.

최재율, 「진도의 사회문화적 특질」 『호남문화연구』 10·11합집, 전남대 호남문화연구소, 1979.

한국관광공사·국토연구원·노무라, 『남해안관광벨트 개발계획(안)』, 1999.9.

〈기타〉

李完根, 「漁村共同體의 法律關係에 관한 研究 -可居島 漁村共同體의 慣習을 中心으로-」, 전남대 법학과 박사학위논문, 1990.

趙榮煥, 「신안군의 보호수」 『신안군의 문화유적』, 목포대박물관, 1987.

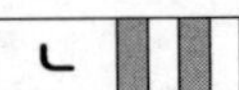

ㅂ

ㅈ